高等职业教育汽车类专业活页式新形态创新教材

汽车构造与原理

主　编　杨　健　沈志平　董　光
副主编　孔春花　彭　浩　尹力卉
参　编　杨　静　王　蕾　冬　丰
　　　　高　洁　郑瑞丽　赵玉霞
　　　　张雪颜　张　静　蔡燕超
　　　　张玉珠　李洪友　王勤军
　　　　郭浩然　郭建文　浦显斌

机械工业出版社

本书以国家职业教育改革为契机，以课程改革为突破口，紧密结合当前行业的发展以及职业岗位群和企业需求的变化，内容来源于企业真实岗位和真实工作任务，融合"有效教学"理念，包括汽车分类与总体构造、发动机总体构造与工作原理、底盘总体构造与工作原理、电气系统总体构造与工作原理。

本书可用作职业学院汽车检测与维修技术、汽车技术服务与营销专业教材，也可用于汽车维修企业员工技能提升培训。

图书在版编目（CIP）数据

汽车构造与原理 / 杨健，沈志平，董光主编. —北京：机械工业出版社，2024.3

高等职业教育汽车类专业活页式新形态创新教材

ISBN 978-7-111-75336-0

Ⅰ.①汽… Ⅱ.①杨…②沈…③董… Ⅲ.①汽车-构造-高等职业教育-教材 Ⅳ.①U463

中国国家版本馆CIP数据核字（2024）第054459号

机械工业出版社（北京市百万庄大街22号　邮政编码100037）
策划编辑：谢　元　　　　　责任编辑：谢　元
责任校对：高凯月　张亚楠　封面设计：张　静
责任印制：单爱军
北京虎彩文化传播有限公司印刷
2024年6月第1版第1次印刷
184mm×260mm・18.5印张・467千字
标准书号：ISBN 978-7-111-75336-0
定价：65.00元

电话服务　　　　　　　网络服务
客服电话：010-88361066　机　工　官　网：www.cmpbook.com
　　　　　010-88379833　机　工　官　博：weibo.com/cmp1952
　　　　　010-68326294　金　书　网：www.golden-book.com
封底无防伪标均为盗版　机工教育服务网：www.cmpedu.com

前言

目前，我国汽车产销量连续 15 年位居全球第一。为了帮助高职院校汽车专业学生以及刚刚接触汽车维修工作的初级工熟悉汽车构造与原理，我们编写了本书。

本书具有以下四个特点：

1）具有工作手册和教材的共同特征，既是工作手册，又是活页式教材，是一种以"做中学，学中做"为特征的职业院校教学培训用书。工作手册、活页式教材内容满足学生在工作现场学习的需要，提供简明易懂的"应知""应会"等现场指导信息，同时，又按照技术技能人才成长特点和教学规律，对学习任务进行有序排列。工作手册、活页式教材丰富了工作过程中需要的指导性信息，剔除了工作中不需要的陈旧知识，拉近了产教之间的距离，随着工作过程的变化教师可以及时调整教学内容。

2）引入"有效教学"理念，在章尾设计有拓展阅读、任务评价、课堂练习等教学评价环节，使学生真正掌握知识与技能。

3）配有完整的课程辅助资源，包括与教材内容相对应的配套课件、动画、视频，并实现了多种介质课程资源的立体化融合。

4）用简洁的文字，配以高清大图，从汽车定义、分类与总体构造入手，详细介绍了汽车发动机、底盘和电气系统的构造与原理。

本书由河南机电职业学院杨健、沈志平、董光任主编，孔春花、彭浩、尹力卉任副主编，杨静、王蕾、冬丰、高洁、郑瑞丽、赵玉霞、张雪颜、张静、蔡燕超、张玉珠、李洪友、王勤军、郭浩然、郭建文、浦显斌参与编写。

具体分工：杨健、董光编写第一章；尹力卉、孔春花、郭建文、杨静、彭浩、冬丰、高洁、郭浩然、浦显斌编写第二章；郑瑞丽、赵玉霞、张雪颜、张静、张玉珠编写第三章；沈志平、蔡燕超、王蕾、李洪友、王勤军编写第四章。

本书在编写过程中得到吉林交通职业技术学院、中鑫之宝汽车服务有限公司、河北益飞特化工科技有限公司等单位的大力支持。本书倾注了各位职业教育专家、一线教师的心血和汗水，在此深表感谢！

由于编者水平有限，书中如有不妥之处，敬请读者不吝指正。

编　者

活页式教材使用注意事项

 根据需要,从教材中选择需要夹入活页夹的页面。

 小心地沿页面根部的虚线将页面撕下。为了保证沿虚线撕开,可以先沿虚线折叠一下。注意:一次不要同时撕太多页。

 选购孔距为80mm的双孔活页文件夹,文件夹要求选择竖版,不小于B5幅面即可。将撕下的活页式教材装订到活页夹中。

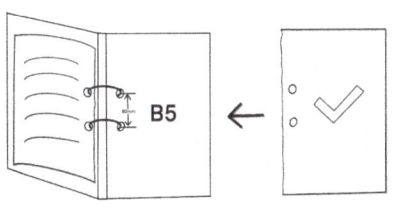

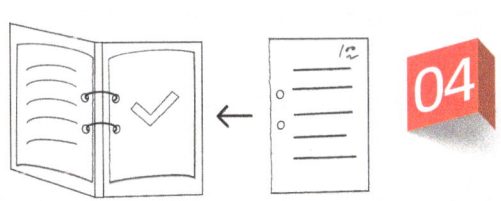 也可将课堂笔记和随堂测验等学习资料,经过标准的孔距为80mm的双孔打孔器打孔后,和教材装订在同一个文件夹中,以方便学习。

温馨提示:在第一次取出教材正文页面之前,可以先尝试撕下本页,作为练习

目录

前言

第一章
汽车分类与总体构造

工作目标 /001
知识引导 /001
相关知识 /002
一、汽车定义 /002
二、汽车总体构造 /012
三、汽车布置形式 /014
拓展阅读 /016
任务评价 /017
课堂练习 /017

第二章
发动机总体构造与工作原理

工作目标 /018
知识引导 /018
相关知识 /019
一、发动机分类 /019
二、基本术语和工作原理 /021
三、曲柄连杆机构 /026
四、配气机构 /040
五、燃油供给与喷射系统 /051
六、进排气系统 /066
七、冷却系统 /074
八、润滑系统 /085
九、点火系统 /093
十、起动系统 /101
拓展阅读 /112
任务评价 /112
课堂练习 /113

第三章
底盘总体构造与工作原理

工作目标 /114
知识引导 /114
相关知识 /115

一、汽车底盘认知 /115
二、传动系统 /116
三、行驶系统 /155
四、转向系统 /174
五、制动系统 /185

拓展阅读 /209
任务评价 /210
课堂练习 /211

第四章
电气系统总体构造与工作原理

工作目标 /213
知识引导 /213
相关知识 /215

一、电源系统 /215
二、照明系统 /228
三、仪表系统 /241
四、辅助电器设备 /244
五、汽车空调系统 /262
六、SRS 被动安全系统 /280

拓展阅读 /287
任务评价 /288
课堂练习 /288

第一章
汽车分类与总体构造

工作目标

知识目标
- 了解不同国家对汽车的定义。
- 掌握汽车总体构造知识。
- 掌握汽车布置形式。

技能目标
- 能掌握不同国家对汽车的分类方法。
- 能熟练分析汽车总体构造。
- 能熟练地对汽车布置形式作出判断。

素养目标
- 严格执行国家汽车分类规范,养成严谨科学的工作态度。
- 养成团队协作精神。
- 能够养成自觉遵守技术标准和要求规定、规范操作、安全、环保、"6S"作业的习惯。
- 能够养成劳动光荣、创造伟大的思维和创新意识。

　　你知道什么是汽车吗?很多人可能都不能很准确地表述。汽车由哪些系统或部件组成?汽车种类很多,你知道它们是如何分类的吗?我们经常看到汽车车身后面有一些标识,它们有什么具体的含义吗?

　　本章将帮助你解答这些疑惑,带你认识汽车的总体构造和分类,通过车身后面的标识判断汽车的基本特征,还可以通过对汽车概念的定义来区别其他车辆,从而加深对汽车的认识,为学习汽车专业知识打下基础。

知识引导

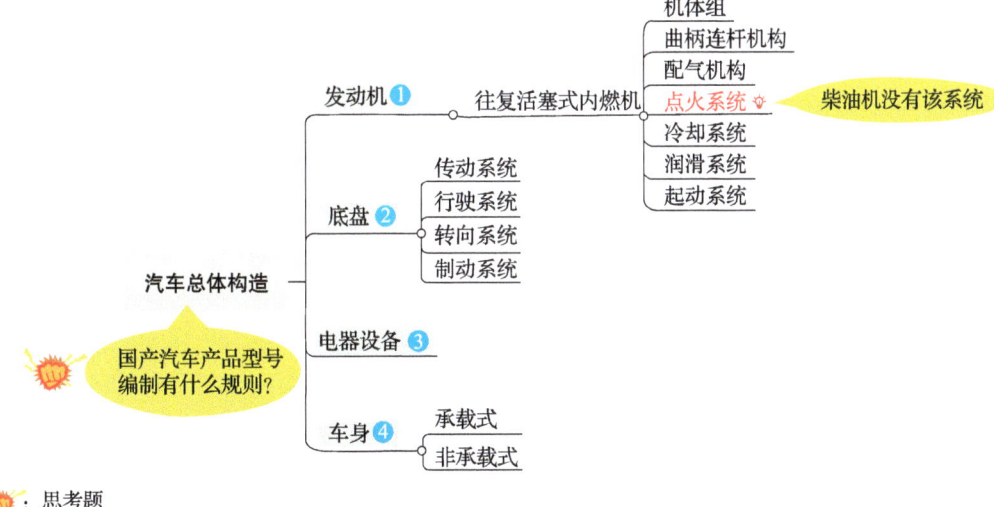

💥 :思考题

相关知识

一、汽车定义

给汽车一个明确且贴切的定义并不是一件易事。不同国家对汽车的定义有所不同，英文中的汽车即"Automobile"，由"Auto"（自己）和"Mobile"（会动的）组成，其意为"自动车"。汽车构造如图1-1所示。

美国汽车工程师学会对汽车的定义是：汽车是由本身携带的动力（不包括人力、畜力和风力）驱动，装有驾驶操纵装置，在固定轨道以外的道路或自然地域上运输客货或牵引其他车辆的车辆。

图1-1 汽车构造

日本对汽车的定义为：不依靠架线和轨道，带有动力装置，能够在道路上行驶的车辆。

德国对汽车的定义为：汽车是使用液体燃料，用内燃机驱动，具有三个或三个以上轮子，用于载运乘员或货物的车辆。

GB 7258—2017《机动车运行安全技术条件》规定，汽车是指由动力驱动，具有四个或四个以上车轮的非轨道承载的车辆，主要用于：载运人员和/或货物；牵引载运货物的车辆或特殊用途的车辆；还包括与电力线相连的车辆（如无轨电车）以及整车整备质量超过400kg的三轮车辆。

由于适用场合、评价角度的不同，国家标准对汽车的分类及规定不尽相同，根据现行的国家标准，汽车分类如图1-2所示。

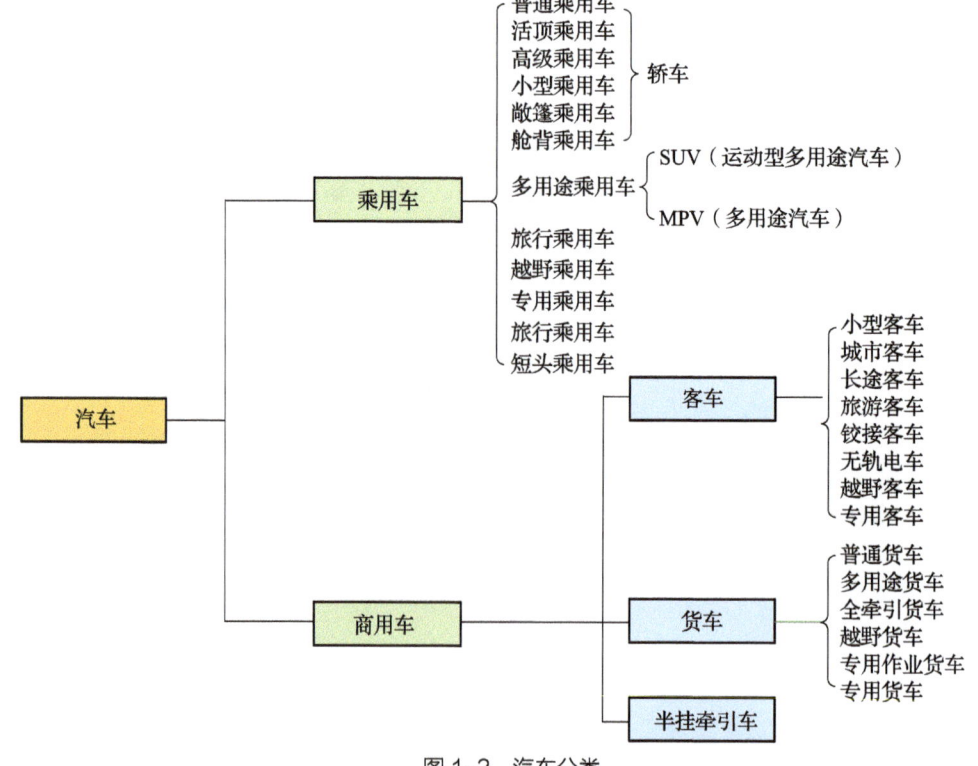

图1-2 汽车分类

（一）GB 7258—2017《机动车运行安全技术条件》对汽车的分类及定义

《机动车运行安全技术条件》对汽车的分类及其定义见表1-1。

表1-1 汽车的分类及定义

序号	类型	定义	备注
1	乘用车	在其设计和技术特性上主要用于载运乘客及其随身行李和/或临时物品的汽车，包括驾驶人座位在内不超过9个座位，也可以牵引一辆轻型挂车	按动力源不同汽车可分为汽油车、柴油车、气体燃料车和电动汽车
2	客车	在其设计和技术特性上主要用于载运乘客及其随身行李的商用车，包括驾驶人座位在内座位数超过9个。有单双层之分	
3	货车	一种主要为载运货物而设计和装备的商用车，也能牵引一辆挂车	

注：该标准规定的车辆分类还包括半挂牵引车和专用作业车。专用作业车是指在其设计和技术特性上用于特殊工作的车辆。例如：道路清洁车辆、垃圾车等。

（二）GB/T 15089—2001《机动车辆及挂车分类》对汽车的分类及定义

《机动车辆及挂车分类》按座位数及最大设计总质量对汽车及挂车进行分类，适用于汽车制造业。根据该标准的规定，汽车及挂车的分类方法见表1-2。

表1-2 汽车及挂车的分类方法

汽车类型			座位数	最大设计总质量/kg	说明
M类 至少有四个车轮并且用于载客的机动车		M_1	≤9	—	包括驾驶人座位在内，座位数不超过9座的载客车辆
		M_2	>9	≤5000	包括驾驶人座位在内，座位数超过9个，且最大设计总质量不超过5t的载客车辆
		M_3	—	>5000	包括驾驶人座位在内，座位数超过9个，且最大设计总质量超过5t的载客车辆
N类 至少有四个车轮并且用于载货的机动车		N_1	—	≤3500	最大设计总质量不超过3500kg的载货车辆
		N_2	—	3500~12000	最大设计总质量超过3500kg，但不超过12000kg的载货车辆
		N_3	—	≥12000	最大设计总质量超过12000kg的载货车辆

注：该标准规定的车辆分类还包括O类和G类。O类指挂车（包括半挂车）；G类指满足一定要求的M类和N类的越野车。

（三）GB/T 3730—2001《汽车和挂车类型的术语和定义》对汽车的分类及定义

《汽车和挂车类型的术语和定义》根据汽车的用途将汽车分为乘用车和商用车。

乘用车是指在设计和技术特性上主要用于载运乘客及其随身行李和/或临时物品的汽车，包括驾驶人座位在内不超过9个座位，也可牵引一辆轻型挂车。依据该标准，乘用车的分类及特征见表1-3。

表1-3　乘用车的分类及特征

序号	术语	特征
1	普通乘用车	车身：封闭式，侧窗中柱有或无。车顶：固定式，硬顶，可部分开启。座位：不少于4个，至少两排。后座椅可折叠或移动。车门：2个或4个侧门，可有一后开启门
2	活顶乘用车	车身：固定侧围框架，可开启式。车顶：硬顶或软顶，至少有两个位置（①封闭；②开启或拆除）；车身可以通过使用一个或数个硬顶部件和/或合拢软顶将开启的车身关闭。座位不少于4个，至少两排；车门：2个或4个侧门；车窗：不少于4个
3	高级乘用车	车身：封闭式。前后座之间可以设有隔板。车顶：固定式，硬顶。有的顶盖一部分可以开启。座位：不少于4个，至少两排。后排座椅前可安装折叠式座椅。车门：4个或6个侧门，也可有一个后开启门。车窗：不少于6个（侧窗）
4	小型乘用车	车身：封闭式。车顶：固定式，硬顶；有的可部分开启。座位：不少于2个，至少一排。车门：2个侧门，也可有一个后开启门。车窗：不少于2个（侧窗）
5	敞篷车	车身：可开启式。车顶：车顶可为软顶或硬顶，至少有两个位置（第一个位置遮覆车身；第二个位置车顶卷收或可拆除）。座位：不少于2个，至少一排。车门：2个或4个侧门。车窗：2个或2个以上侧窗
6	旅行乘用车	车身：封闭式。车顶：固定式，硬顶；有的可部分开启。座位：不少于4个，至少两排。座椅的一排或多排可拆除，或装有向前翻倒的座椅靠背，以提供装载平台。车门：2个或4个侧门，并有一后开启门。车窗：不少于4个（侧窗）
7	越野乘用车	在设计上所有车轮同时驱动（包括一个驱动轴可以脱开的车辆），或其几何特性（接近角、离去角、纵向通过角、最小离地间隙）、技术特性（驱动轴数、差速锁止机构或其他形式机构）和它的性能（爬坡度）允许在非道路上行驶的一种乘用车

注：1. 车窗指一个玻璃窗口，它可由一块或几块玻璃组成（例如通风窗为车窗的一个组成部分）。
　　2. 按照该标准的分类，乘用车还包括舱背乘用车、多用途乘用车、短头乘用车、专用乘用车。

商用车指在设计和技术特性上用于运送人员和货物的汽车（乘用车不包括在内），并且可以牵引挂车。根据该标准，商用车的分类及定义见表1-4。

表1-4　商用车的分类及定义

序号	术语	定义
1	大/中型客车	在设计和技术特性上用于载运乘客及其随身行李的商用车辆，包括驾驶人座位在内座位数超过9座，有单层和双层之分，也可牵引一辆挂车
2	小型客车	用于载运乘客，除驾驶人座位外，座位数不超过16座的客车
3	城市客车	一种为城市内运输而设计和装备的客车。这种车辆设有座椅及站立乘客的位置，并有足够的空间供频繁停站时乘客上下车走动用
4	长途客车	一种为城间运输而设计和装备的客车。这种车辆没有专供乘客站立的位置，但在其通道内可载运短途站立的乘客
5	旅游客车	一种为旅游而设计和装备的客车。这种车辆的布置要确保乘客的舒适性，不载运站立的乘客
6	越野客车	在设计上所有车轮同时驱动（包括一个驱动轴可以脱开的车辆）或其几何特性（接近角、离去角、纵向通过角，最小离地间隙）、技术特性（驱动轴数、差速锁止机构或其他形式机构）和它的性能（爬坡度）允许在非道路上行驶的一种车辆
7	半挂牵引车	装备有特殊装置用于牵引半挂车的商用车
8	大型货车	一种主要为载运货物而设计和装备的商用车，能否牵引一辆挂车均可

(续)

序号	术语	定义
9	普通货车	一种在敞开（平板式）或封闭（厢式）载货空间内载运货物的货车
10	越野货车	在设计上所有车轮同时驱动（包括一个驱动轴可以脱开的车辆）或其几何特性（接近角、离去角、纵向通过角、最小离地间隙）、技术特性（驱动轴数、差速锁止机构或其他形式的机构）和它的性能（爬坡度）允许在坏路上行驶的一种车辆

注：按照该标准，客车还包括铰接客车、无轨电车、专用客车；货车还包括多用途货车、全挂牵引车、专用作业车和专用货车。

（四）公安交通管理部门对机动车的分类及定义

在 GB 7258—2017 及其他相关标准的基础上，公安部文件《机动车登记工作规范》对机动车进一步作出明确规定，要求按照机动车规格术语（表 1-5）和机动车结构术语（表 1-6）的分类栏对应的规格术语和结构术语添加签注机动车行驶证件，如："大型普通客车""微型轿车"。

表 1-5 机动车规格术语

分类		规格术语	说明
汽车	载客	大型	车长大于等于 6m 或者乘坐人数大于等于 20 人。乘坐人数可变，以上限确定。乘坐人数包括驾驶人（下同）
		中型	车长小于 6m，乘坐人数大于 9 人且小于 20 人
		小型	车长小于 6m，乘坐人数小于等于 9 人
		微型	车长小于等于 3.5m，发动机气缸总排量小于等于 1L
	载货	重型	车长大于 6m，总质量大于等于 12000kg
		中型	车长大于等于 6m，总质量大于等于 4500kg 且小于 12000kg
		轻型	车长小于 6m，总质量小于 4500kg
		微型	车长小于等于 3.5m，总质量小于 1800kg
	三轮汽车（三轮农用运输车）		以柴油机为动力，最高设计车速小于等于 50km/h，最大设计总质量不大于 2000kg，车长小于等于 4.6m，宽小于等于 1.6m。高小于等于 2m，具有三个车轮的货车。采用转向盘转向、由传递轴传递动力、有驾驶室且驾驶人座椅后有物品放置空间的、长小于等于 5.2m，宽小于等于 1.8m，高小于等于 2.2m
	低速汽车（四轮农用运输车）		以柴油机为动力，最高设计车速小于 70km/h，最大设计总质量小于等于 4500kg，车长小于 6m，宽小于等于 2m，高小于等于 2.5 m，具有四个车轮的货车

表 1-6　机动车结构术语

分类		结构术语	说明
汽车	载客	普通客车	车身为长方体或近似长方体。单层地板，一厢或两厢式结构，安装座椅的载客汽车
		双层客车	车身为长方体或近似长方体，双层地板，一厢或两厢式结构，安装座椅的载客汽车
		卧铺客车	车身为长方体或近似长方体，双层地板，一厢或两厢式结构，安装卧铺的载客汽车
		铰接客车	车身为长方体或近似长方体，单层地板，由铰接装置连接两个车且连通，安装座椅的载客汽车
		越野客车	车身结构为一厢或两厢，所有车轮能够同时驱动，接近角、离去角、纵向通过角、最小离地间隙等技术参数按照高通过性设计的载客汽车
		轿车	车身结构为两厢且乘坐人数不超过 5 人，或车身结构为三厢式且乘坐人数不超过 7 人的载客汽车，但同一型号车辆可增加乘坐人数的除外
	载货	普通货车	载货部位的结构为栏板的载货汽车，不包括具有自动倾卸装置的载货汽车
		厢式货车	载货部位的结构为封闭厢体且与驾驶室各自独立的载货汽车
		封闭货车	载货部位的结构为封闭厢体且与驾驶室连成一体，车身结构为一厢式载货汽车
		罐式货车	载货部位的结构为封闭罐体的载货汽车

（续）

分类		结构术语	说明
汽车	载货	平板货车	载货部位的地板为平板结构且无挡板的载货汽车
		集装箱车	载货部位为框架结构且无地板，专门运输集装箱的载货汽车
		自卸货车	载货部位具有自动倾卸装置的载货汽车
		特殊结构货车	载货部位为特殊结构，专门运输特定物品的载货汽车。如：运输小轿车的双层结构载货汽车、运输活禽畜的多层结构载货汽车
	其他	半挂牵引车	不具有载货结构，专门用于牵引半挂车的汽车
		专项作业车	装置有专门设备或结构，用于专门作业的汽车。如：洒水车、吸污车、水泥搅拌车、起重车、医疗车等
		三轮汽车	载货部位为栏板结构，具有3个车轮的货车
		普通低速货车	载货部位为栏板结构，具有4个车轮的低速货车
		厢式低速货车	载货部位为封闭厢体结构且与驾驶室各自独立，具有4个车轮的低速货车

（续）

分类		结构术语	说明
汽车	其他	罐式低速货车	载货部位为封闭罐体结构，具有4个车轮的低速货车
		自卸低速货车	载货部位具有自动倾卸装置，具有4个车轮的低速货车

在对机动车签注时，应注意如下几点：

1）分类栏不对应的，不签注规格术语。

2）除微型轿车外，其他轿车、三轮汽车、普通低速货车、厢式低速货车、罐式低速货车、自卸低速货车不签注规格术语。

3）半挂牵引车、使用载货汽车底盘的专项作业车按照载货汽车的规格术语签注；适用载客汽车底盘的专项作业车按照载客汽车的规格术语签注。

除上述汽车分类标准外，公安交通管理部门还按照使用性质将机动车分为营运和非营利两类。

营运汽车是指个人或单位以获取运输利润为目的而使用的机动车；非营运汽车是指个人或单位不以获取运输利润为目的而使用的机动车。按照该标准，汽车的分类见表1-7。

表1-7 按照使用性质对汽车进行分类

分类		说明
营运	公路客运	专门从事公路客运的机动车
	公交客运	城市内专门从事公共交通客运的机动车
	无轨电车	城市内专门从事公共交通客运的无轨电车
	出租客运	以行驶里程和时间计费，将乘客载运至其指定地点的机动车

（续）

分类		说明
营运	旅游客运	专门运载游客的机动车
	货运	专门从事货物运输的机动车
	租赁	专门租赁给其他单位或个人使用，以租用时间或租用里程计费的机动车
非营运	警用	公安机关、监狱、劳动教养管理机关和人民法院、人民检察院用于执行紧急职务的机动车
	消防	公安消防部队和其他消防部门用于灭火的专用机动车和现场指挥机动车
	救护	急救、医疗机构和卫生防疫部门用于抢救危重病人或处理紧急疫情的专用机动车
	工程抢救	防汛、水利、电力、矿山、城建、交通、土地等部门用于抢救公用设施、抢救人民生命财产的专用机动车和现场指挥车
	营转非	原为营运车辆，现改为非营运车辆
	出租营转非	原为出租车辆，现改为非营运车辆
	军用越野车	用于军队执行公务的机动车

普通型乘用车、活顶乘用车、高级乘用车、小型乘用车、敞篷车和舱背乘用车俗称为轿车。它们大部分特征相同，车身封闭或可开启、车顶硬顶或软顶、2排或单排座椅、2~5个座位、有2~6个侧门、2~6个侧窗。轿车外观如图1-3所示。

图1-3 轿车外观

多用途乘用车主要包含运动型多用途汽车（SUV）和多用途汽车（MPV）两种。

SUV全称是Sport Utility Vehicle或Suburban Utility Vehicle，即城郊实用汽车，也称为城市越野车。它具有优于轿车的通过能力，车身高大，离地间隙较高，驾驶舱和行李舱连通，乘坐空间大。目前，部分SUV车型后排座椅可以完全放倒，与行李舱形成平整空间。SUV车型一般具有车顶行李架，可拓展载物空间。但SUV车身高大、轮胎尺寸较大，造成行驶风阻较大，因此SUV车型油耗相对轿车而言没有优势。SUV车型外观如图1-4所示。

图1-4 SUV车型外观

MPV是多用途汽车，从旅行汽车演变而来，集宽大的乘员空间、轿车的舒适性和厢式货车的载物性于一身，一般为两厢结构，布置有5~7个座椅，座椅布置灵活，因车身宽大，因此座椅可布置为多种形式，部分车型座椅具有可旋转、前后移动、折叠等功能，可拓展为会议室、餐厅等多种场所。MPV一般采用轿车底盘，具有接近轿车的舒适性。典型的MPV车型有丰田埃尔法（图1-5）、别克GL8、本田奥德赛等。

图1-5 丰田埃尔法

越野乘用车是通常所说的越野车，是一种为户外越野而设计，可在崎岖地面使用的车辆。越野车通常采用非承载车身、四轮驱动、较高的底盘、更好附着能力的轮胎、较高的进排气管等。越野车借助非承载式车身、四轮驱动系统、大功率发动机及特殊的越野功能（如原地掉头、蠕动行驶），可在非铺装地面（崎岖山路、泥泞地面、沙地）行驶，深受户外运动爱好者的喜爱。东风猛士越野乘用车如图1-6所示。

旅行车是以轿车为基础，把轿车的行李舱加高到与车顶平齐，行李舱空间与乘员空间形成一个整体。它的优点在于既有轿车的舒适性，也有相当大的行李空间，外形相对沉稳。旅行车在欧洲深受欢迎，我国市场上相对较少，大众蔚揽旅行车如图1-7所示。

图1-6 东风猛士越野乘用车　　图1-7 大众蔚揽旅行车

小解释

1）乘用车（图1-8）：指在设计和技术特性上主要用于载运乘客及其随身行李和临时物品的汽车，包括驾驶人座位在内不超过9个座位，可以牵引一辆轻型挂车。

2）商用车（图1-9）：指在设计和技术特性上用于运送人员和货物的汽车，并且可以牵引挂车。

图 1-8　乘用车　　　　　　　　　　图 1-9　商用车

3）半挂牵引车（图 1-10）：指装备有特殊装置用于牵引半挂车的商用车辆。前面有驱动能力的车头叫牵引车，后面没有牵引驱动能力的车叫挂车，挂车是被牵引车拖着走的。

4）轿车（图 1-11）：指供个人使用的、载运少量乘员（2~9 人）的汽车。

图 1-10　半挂牵引车　　　　　图 1-11　轿车

5）客车（图 1-12）：指供公共服务用的、载运较多乘员（9 人以上）的汽车。
6）货车（图 1-13）：指载运货物的运输汽车。

图 1-12　客车　　　　　　　　图 1-13　货车

二、汽车总体构造

汽车主要由发动机、底盘、车身、电器设备四部分组成。汽车总体构造如图 1-14 所示。

（一）发动机

发动机是汽车的动力装置，其作用是使进入发动机气缸的燃料燃烧，并将燃烧产生的热能转变为机械能，输出动力通过底盘传动系统驱动汽车行驶，如图 1-15 所示。

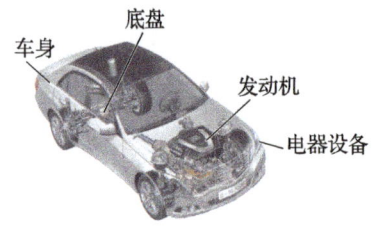 

图 1-14　汽车总体构造　　　　　图 1-15　发动机

汽车上广泛采用往复活塞式内燃机，它由曲柄连杆机构、配气机构、燃油供给与喷射系统、进排气系统、冷却系统、润滑系统、点火系统（仅用于汽油发动机）和起动系统组成。发动机结构如图1-16所示。

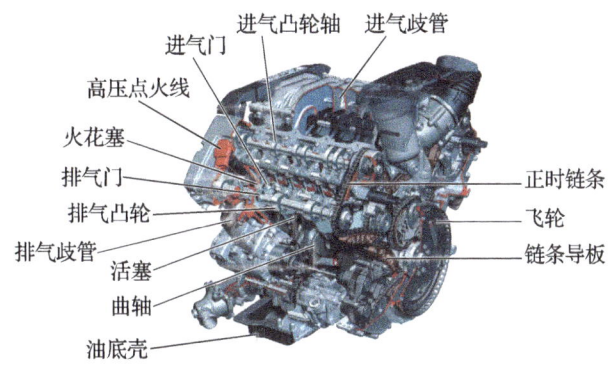

图 1-16　发动机结构

（二）底盘

底盘接收发动机输出的动力并按照驾驶人的意图行驶。底盘是汽车的基体，发动机、车身、电器设备及各种附属设备都直接或间接地安装在底盘上。汽车底盘包括传动系统、行驶系统、转向系统、制动系统。汽车底盘如图1-17所示。

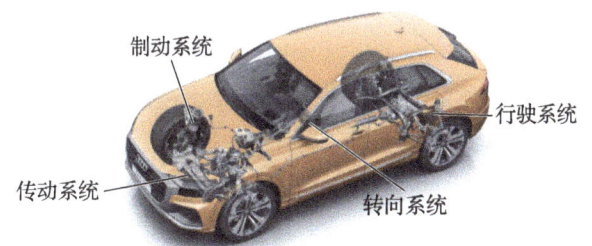

图 1-17　汽车底盘

（三）车身

车身是形成驾驶人和乘客乘坐空间的装置，也可以存放行李等物品，既要保护全体成员的安全，又要保证货物完好无损。换而言之，车身既是安全防护部件，又是承载部件。

车身由本体、内外装饰、车身附件等组成，如图1-18所示。

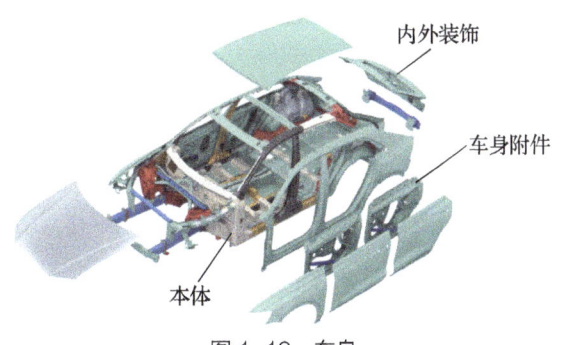

图 1-18　车身

（四）电器设备

电器设备是汽车的重要组成部分，它包括电源、电源保护分配装置（熔丝、继电器）、照明、音响、空调、仪表以及电动门窗/锁等装置。电器设备可提高汽车驾驶的安全性和舒适性。一些高档乘用车采用人工智能技术装置，显著提高了汽车的驾驶安全性与舒适性。汽车电器设备如图 1-19 所示。

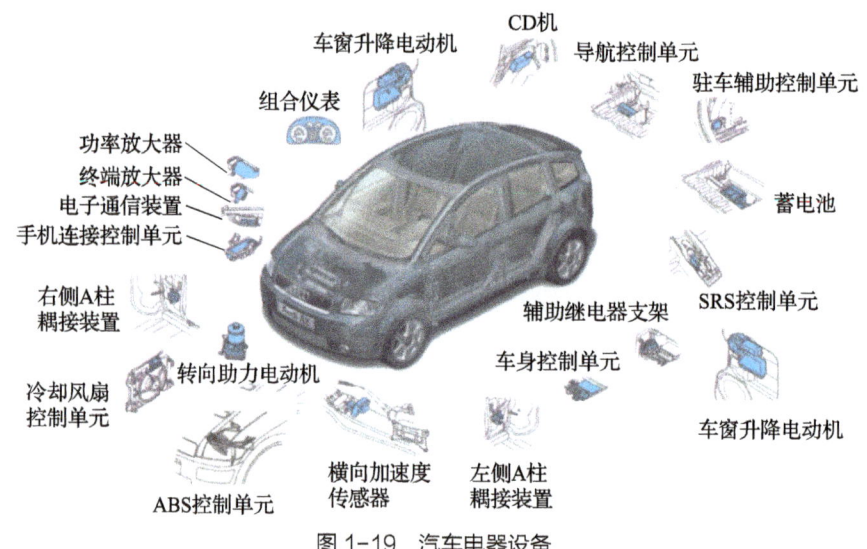

图 1-19　汽车电器设备

三、汽车布置形式

为满足不同的使用要求，汽车的总体构造和布置形式可以各不相同。根据发动机和各个总成的相对位置不同，现代汽车的布置形式通常有前置前驱、前置后驱、中置后驱、后置后驱、全轮驱动 5 种。

（一）前置前驱（FF）

前置前驱（图 1-20）是在轿车上盛行的布置形式，具有结构紧凑、减小轿车重量、降低底板高度、改善高速行驶时的操纵稳定性等特点。发动机可以横置也可以纵置，若采用横置，可以使主减速器的结构简单，但爬坡能力差，豪华轿车一般不采用。

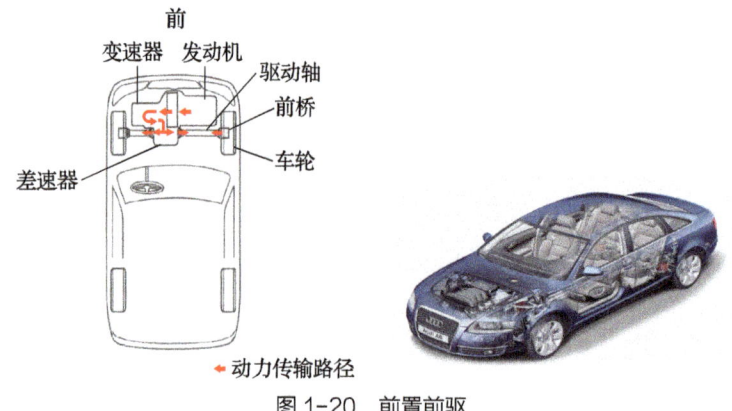

图 1-20　前置前驱

（二）前置后驱（FR）

前置后驱（图 1-21）是传统的布置形式，这种驱动方式传动路线较长，发动机只能采用纵向布置。大多数货车、部分轿车和部分客车采用该形式，其优势为起步加速能力强，四轮负荷平均，但缺点是在转向时容易出现转向过度，需要很好的驾驶技术或先进的电子设备辅助。

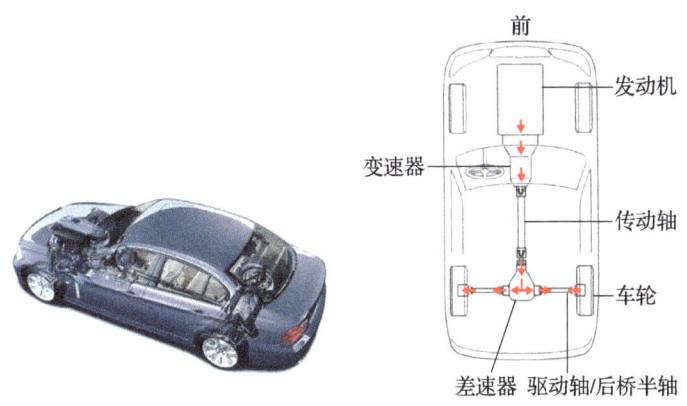

图 1-21　前置后驱

（三）中置后驱（MR）

中置后驱（图 1-22）是目前大多数跑车、方程式赛车所采用的形式。由于此类汽车采用功率和尺寸很大的发动机，将发动机布置在驾驶人座椅之后和后轴之前，有利于获得最佳轴荷分配并提高汽车性能。某些大中型客车也采用这种布置形式，把卧式发动机装在底板下。

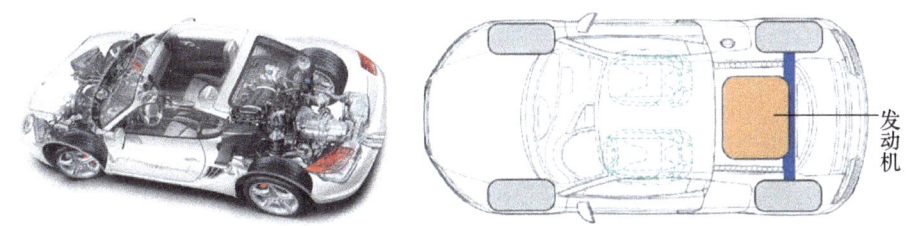

图 1-22　中置后驱

（四）后置后驱（RR）

后置后驱（图 1-23）是目前大中型客车盛行的布置形式，这种驱动方式使传动系统结构紧凑、有利于车身内部布置、有效降低车内噪声等优点。少数高档乘用车也采用这种形式。

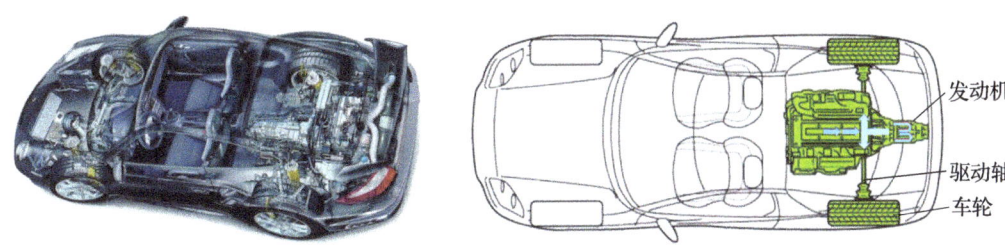

图 1-23　后置后驱

（五）全轮驱动（4WD）

全轮驱动（图1-24）是越野汽车特有的形式，此驱动方式中的所有车轮都是驱动轮。全轮驱动汽车有多个驱动桥，通常发动机前置，在变速器后方装有分动器，以便将动力经几套万向传动装置分别输送到全部驱动桥，并可以进一步降速增矩。

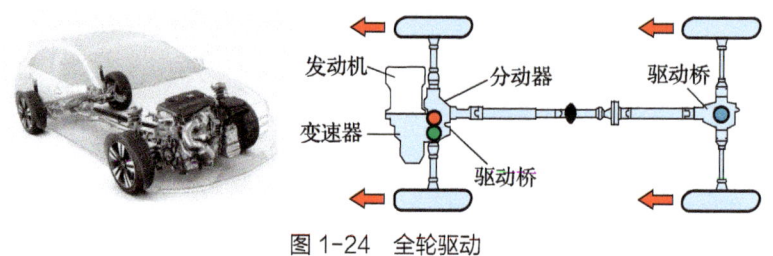

图1-24 全轮驱动

拓展阅读

工匠精神

"工匠精神"对于个人，是干一行、爱一行、专一行、精一行，务实肯干、坚持不懈、精雕细琢的敬业精神；对于企业，是守专长、制精品、创技术、建标准，持之以恒、精益求精、开拓创新的企业文化；对于社会，是讲合作、守契约、重诚信、促和谐，分工合作、协作共赢、完美向上的社会风气。

"工匠精神"可以从六个维度加以界定，即：专注、标准、精准、创新、完美、人本。其中，专注是工匠精神的关键，标准是工匠精神的基石，精准是工匠精神的宗旨，创新是工匠精神的灵魂，完美是工匠精神的境界，人本是工匠精神的核心。

1. 专注。围绕某一产业、某一行业、某一产品、某一部件，做专做精、做深做透、做遍做广、做强做大、做久做远。创业之初，针对自身核心优势，不断深耕细作、精雕细琢、精益求精，即聚焦、聚焦、再聚焦，坚持、坚持、再坚持。兴业之中，针对产品痛点、难点，日之所思、梦之所萦，耐住寂寞、慢工细活，踏踏实实，一以贯之。概括而言，专注包括长期专注、终生专注、多代专注。

2. 标准。做标准是做企业的最高境界。标准包括：员工标准、现场标准、流程标准、设备标准、技术标准、安全标准、环境标准、产品标准等。以流程标准为例，把复杂问题简单化，把简单问题数量化，把数量问题程序化，把程序问题体系化。流程标准形成体系以后，自驱动性、自增长性、自优化性、自循环性，即自运行性，轮回上升。海尔集团首席执行官张瑞敏指出，把简单问题无限次重复下去就是不简单。

3. 精准。精准包括：精准研发、精准制造、精准营销、精准物流、精准服务。不仅每一区段都要做到精准，而且整个过程都要做到精准。就每一区段而言，精准最高目标为：研发做到与用户零距离交互，制造出的产品做到没有缺陷，营销时能使库存为零，物流优化为零时间，服务实现零抱怨。就整个过程而言，第一次就做对，每一次都做对，层层做对，事事做对，时时做对，人人做对。进入互联网时代后，"精准"在技术上又有了新的挑战。一是精准数据；二是精准链接。

4. 创新。创新是"工匠精神"的灵魂。创新既包括迭代式创新，也包括颠覆式创新；既包括微创新，也包括巨创新；还有跨界创新等。"工匠精神"内涵本身也在不断发展。

与"工业4.0"相对应，也应该有"工匠精神4.0"。手工化时代，体现的是工匠精神1.0的内涵；机械化时代，体现的是工匠精神2.0的内涵；自动化时代，体现的是工匠精神3.0的内涵；智能化时代，体现的是工匠精神4.0的内涵。在工业4.0时代，未来工厂能够自行优化，一并控制整个生产过程，还将实现包括人人互联、物物互联、人机互联在内的智能互联。

5. 完美。完美是专注、标准、精准、创新的自然产物和综合体现。完美，即把产品做得像艺术品一样精美、精致，以此实现从质量制造向"艺术制造"的转型。

6. 人本。"工匠精神"的核心在人。产品是人品的物化。过去，产品、人品是分离的；现在，产品、人品是合一的。正如海尔集团董事局主席、首席执行官张瑞敏所言，所谓企业就是"以心换心"，即用员工的"良心"换取顾客的"忠心"。打磨产品的过程，就是打磨自己的内心。个人内心升华的过程，就是产品质量提升的过程。

任务评价

1. 汽车的分类。
2. 汽车的基本组成。

课堂练习

一、填空题

1. 汽车发展第一阶段的代表是1765年英国人发明了_____，揭开了工业革命的篇章。
2. 汽车按驱动形式进行分类，可以分为：_____和_____。
3. 汽车的基本组成包括_____。

二、不定项选择题

1. 关于汽车发动机的叙述，下面说法正确的是：
   A. 发动机为汽车提供动力　　　　　　B. 发动机采用转子式的较为广泛
   C. 发动机可以以汽油为燃料　　　　　D. 发动机可以以柴油为燃料
2. 汽车可以在路面上行驶，是因为有以下哪项部件：
   A. 发动机　　　B. 离合器　　　C. 变速器　　　D. 车轮

三、问答题

1. 请任意列举几项汽车的安全科技与创举。

2. 简述汽车的基本组成。

四、思考讨论题

1. 汽车是怎样分类的？

2. 汽车底盘包括哪些系统？

第二章
发动机总体构造与工作原理

工作目标

知识目标
- 掌握发动机基本术语和工作原理。
- 理解发动机曲柄连杆机构作用和类型。
- 掌握和理解发动机配气机构作用和类型。
- 掌握和理解发动机冷却系统、润滑系统作用和类型。

技能目标
- 能正确指认发动机各部件名称。
- 能正确分析发动机各部件工作过程。
- 能结合润滑系统的组成,讲述机油油路的走向。
- 能分析发动机冷却液循环路线。
- 能识别出不同类型的点火系统。

素养目标
- 培养学生按标准做事,"6S"作业的习惯。
- 培养学生独立完成任务的品格素质、技能素质以及综合素质。
- 敬业乐群,忠于职守完成保养项目。
- 养成团队协作精神,共同完成维护保养任务。
- 养成劳动光荣、创造伟大的思维和创新意识。
- 养成主动思考、自主学习的习惯。
- 在保养工作中做到及时发现问题、分析问题、解决问题。
- 培养知识总结、综合运用、语言表达的能力。

　　发动机是汽车的动力源,那么发动机是如何工作的呢?汽油发动机和柴油发动机工作过程有什么差异?我们如何根据发动机参数来了解发动机基本特征?

　　本章将学习四冲程发动机工作原理和发动机基本术语。通过学习,大家会知道发动机是如何通过消耗燃料以产生动力来驱动汽车行驶的。

知识引导

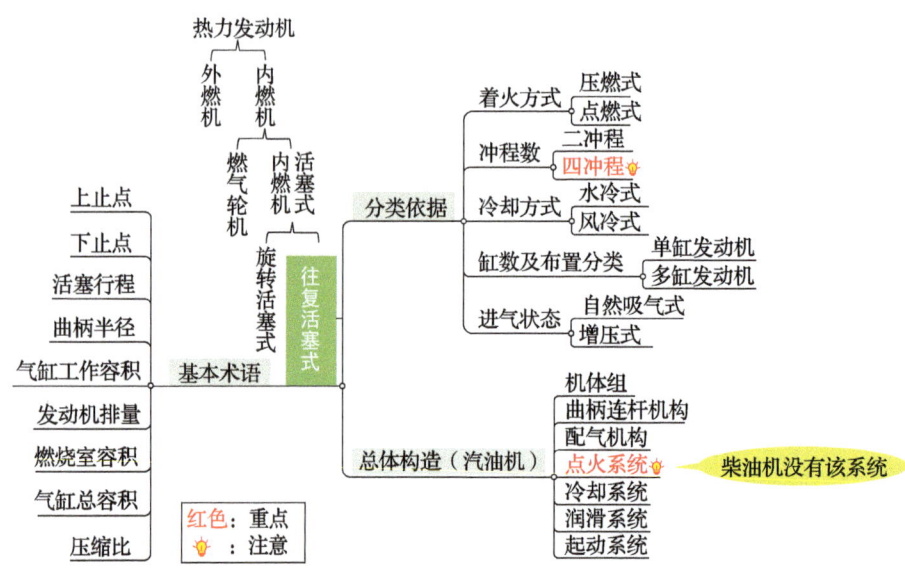

相关知识

一、发动机分类

发动机是汽车的动力源,是将某一种形式的能量转化为机械能的机器。现代汽车所应用的发动机多数为内燃机,但无论是以汽油机为代表的点燃式内燃机,还是以柴油机为代表的压燃式内燃机,都是将燃料燃烧放出的热能转化为机械能,并且通过传动系统进行有效输出的机器,如图2-1所示。

发动机发展过程是以蒸汽机为代表,到现在追求节能、环保为核心的发动机,如图2-2所示。

图2-1 内燃机　　图2-2 节能、环保发动机

目前汽车常用发动机按照所用燃料一般可分为汽油发动机、柴油发动机和燃气发动机。本书重点介绍前两种发动机。

(一)发动机根据使用燃料进行分类

1. 汽油发动机

汽油发动机转速高、重量轻、噪声小,起动容易,制造成本低,如图2-3所示。

汽油发动机所使用的燃料为汽油,汽油发动机的每个工作循环都经历进气、压缩、做功、排气四个行程。在进气行程中,燃油喷射系统将汽油喷入气缸,与进入气缸的空气混合成可燃混合气。可燃混合气在压缩行程中被压缩,达到一定温度和压力时再使用火花塞点燃,使可燃混合气燃烧膨胀做功,将汽油的化学能转化为机械能,并通过传动系统驱动车辆行驶。

图2-3 汽油发动机

2. 柴油发动机

柴油机压缩比大、热效率高,经济性能和排放性能都比汽油机好,如图2-4所示。

柴油发动机所使用的燃料为柴油,每个工作循环同样经历进气、压缩、做功、排气四个行程。与汽油发动机不同的是,柴油发动机进气行程只吸入空气,在压缩行程中先加压空气,空气被压缩达到一定的温度、压力时,将柴油喷入气缸。压缩空气的温度足以点燃柴油,因此柴油发动机不需要火花塞。

图2-4 柴油发动机

（二）根据气缸数及布置进行分类

只有一个气缸的称为单缸发动机，有两个及以上气缸的称为多缸发动机。多缸发动机根据气缸排列方式不同可分为直列式、对置式和 V 型等形式。

1. 按气缸数目分类

单缸发动机和多缸发动机如图 2-5 所示。

图 2-5 单缸发动机和多缸发动机

2. 按气缸排列分类

直列式发动机如图 2-6 所示，V 型发动机如图 2-7 所示，VR 型发动机如图 2-8 所示，水平对置型发动机如图 2-9 所示，W 型发动机如图 2-10 所示。

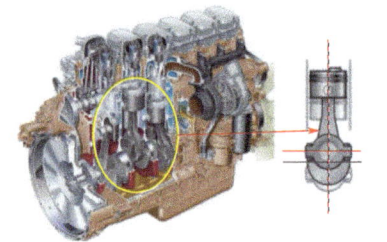

图 2-6 直列式发动机

图 2-7 V 型发动机

图 2-8 VR 型发动机

图 2-9 水平对置型发动机

图 2-10 W 型发动机

3. 按进气状态分类

自然吸气式发动机是指进入气缸前的空气或可燃混合气未经压气机压缩的发动机，如图 2-11 所示；增压式发动机是指进入气缸前的空气或可燃混合气已经在压气机内压缩，从而增大进气密度，提高发动机功率，如图 2-12 所示。

图 2-11 自然吸气式发动机

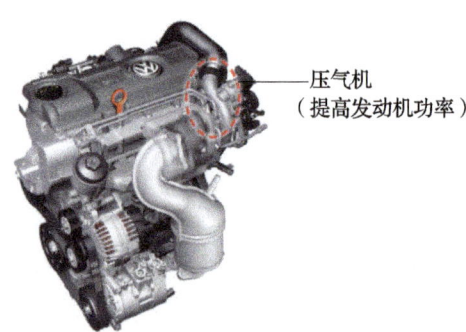

图 2-12 增压式发动机

过去，汽车虽以四冲程、多缸、水冷、自然吸气式发动机为主，但汽车使用增压式发动机日趋增多。

二、基本术语和工作原理

汽油发动机构造如图 2-13 所示。发动机气缸内装有活塞，活塞通过活塞销连接连杆，而连杆与曲轴相连接。发动机工作时，活塞在气缸内往复运动，然后通过连杆推动曲轴转动。

发动机是如何工作的呢？首先我们先学习一下发动机术语。

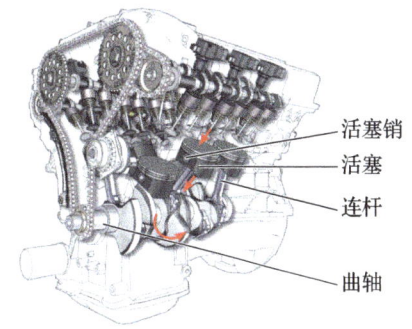

图 2-13　汽油发动机构造

（一）发动机术语

发动机基本术语包括：上/下止点、活塞行程、燃烧室容积、气缸总容积、气缸工作容积、发动机排量、压缩室、压缩比等。

1. 上止点

上止点是活塞在气缸内做往复直线运动时，向上运动到的最高位置，如图 2-14 所示。

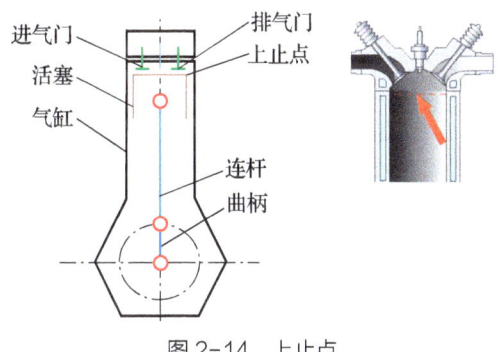

图 2-14　上止点

2. 下止点

下止点是活塞在气缸内做往复直线运动时，向下运动到的最低位置，如图 2-15 所示。

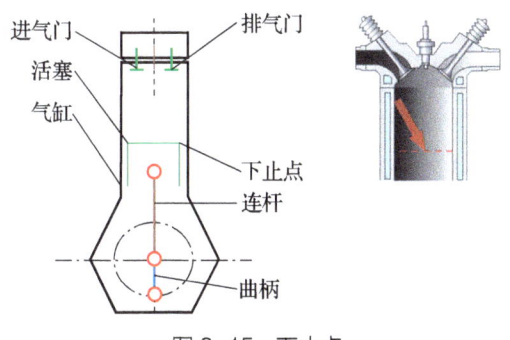

图 2-15　下止点

3. 活塞行程

活塞行程是活塞在两个止点间移动的距离，即上下止点间的距离，如图 2-16 所示。

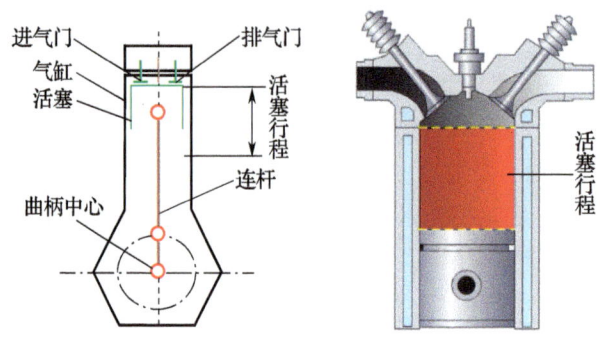

图 2-16 活塞行程

4. 燃烧室容积

燃烧室容积是活塞处于上止点时，其顶部与气缸盖之间的容积，如图 2-17 所示。

5. 气缸总容积

气缸总容积是活塞处于下止点时，其顶部与气缸盖之间的容积，如图 2-18 所示。

6. 气缸工作容积

气缸工作容积是气缸总容积与燃烧室容积之差，即活塞在上下止点间运动所扫过的容积，如图 2-19 所示。

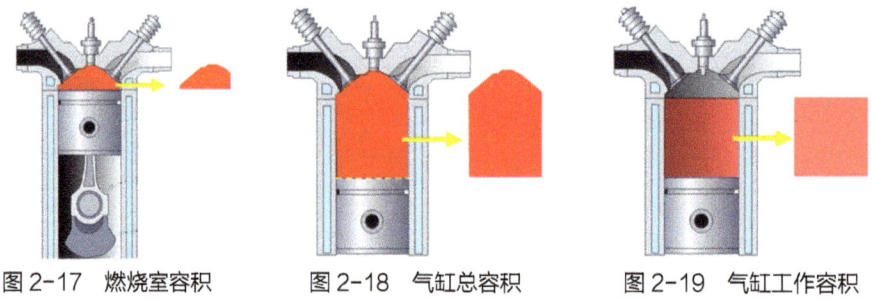

图 2-17 燃烧室容积　　图 2-18 气缸总容积　　图 2-19 气缸工作容积

7. 发动机排量

发动机排量是多缸发动机各缸工作容积的总和，如图 2-20 所示。

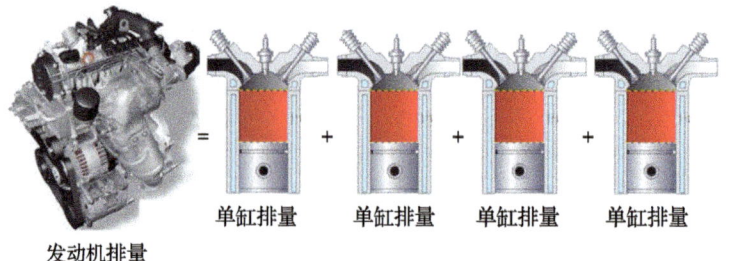

图 2-20 发动机排量

8. 压缩室

压缩室是活塞到达上止点位置时活塞以上的空间，如图 2-21 所示。此时燃烧室的容积最小。

9. 压缩比

压缩比是气体压缩前容积与压缩后容积的比值，即气缸总容积与燃烧室容积之比，如图 2-22 所示。

压缩比是大小表示活塞由下止点运动到上止点时气缸内的气体被压缩的程度。压缩比越大，压缩终了时气缸内的气体压力和温度就越高。

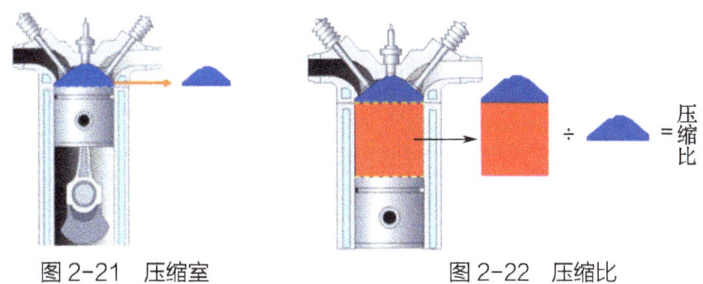

图 2-21　压缩室　　　　图 2-22　压缩比

（二）发动机工作原理

1. 四冲程汽油发动机

汽油机是将汽油和空气混合后的可燃混合气吸入发动机气缸内（直喷汽油机是吸入空气），用电火花强制点燃使其燃烧，产生热能而膨胀做功。

先将可燃混合气（或纯空气）吸入气缸内，压缩并点燃，在气缸内产生高温、高压的气体，推动活塞经连杆使曲轴旋转而做功，同时将燃烧后的废气排出气缸。完成一次进气、压缩、做功、排气的过程，称为一个工作循环。每完成一个工作循环，曲轴转动两圈（720°），活塞上下往复运动四次，称为四冲程发动机，如图 2-23 所示。

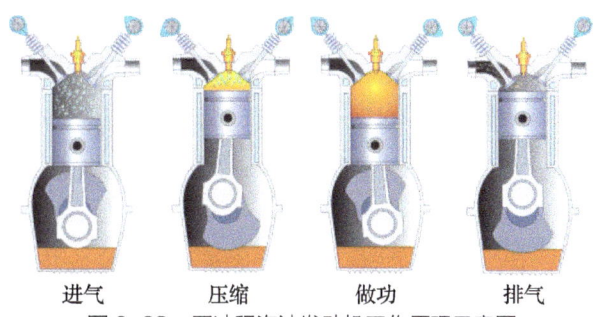

进气　　压缩　　做功　　排气

图 2-23　四冲程汽油发动机工作原理示意图

（1）进气行程

曲轴带动活塞从上止点向下止点移动，进气门开启，排气门关闭。活塞顶部空间增大，气缸内压力降低到小于外界大气压，产生真空吸力。空气和汽油混合后形成可燃混合气通过进气管道、进气门被吸入气缸。由于进气系统有阻力，进气终了时气缸内气体压力约为 0.07~0.09MPa，仍低于大气压力。气体在高温机件和残余气加热下，温度上升到 80~130℃，如图 2-24 所示。

（2）压缩行程

进气结束，进排气门都关闭。曲轴带动活塞由下止点向上止点运动，活塞顶部的可燃混合气被压缩。压缩终了时，混合气压力达到 0.68~1.47MPa，温度可达 300~500℃，如图 2-25 所示。

（3）做功行程

当压缩行程活塞接近上止点时，进排气门都处于关闭状态，火花塞发出电火花点燃可燃混合气，混合气迅速燃烧使气体温度和压力急剧升高，推动活塞向下止点运动，带动连杆运动，并使曲轴旋转做功，对外输出功率，如图2-26所示。做功行程中，瞬间最高压力可达4~6MPa，温度可达2000~3000℃。

（4）排气行程

曲轴带动活塞从下止点向上止点运动，排气门打开，进气门关闭。在活塞和废气自身的压力作用下，废气经排气门排出气缸。活塞到达上止点后排气结束。由于排气系统存在一定阻力，而且燃烧室占有一定空间，在燃烧室中会残留少量废气，如图2-27所示。排气终了时，气缸内气体压力为0.1~0.12MPa，温度为500~800℃。

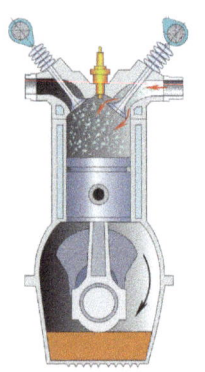 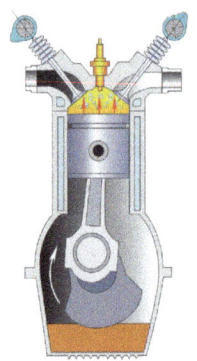 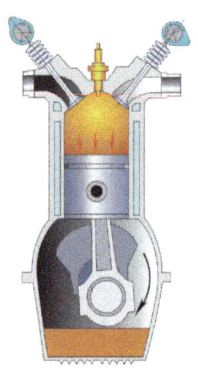 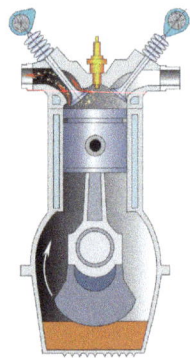

图2-24 进气行程　　图2-25 压缩行程　　图2-26 做功行程　　图2-27 排气行程

2. 四冲程柴油发动机

四冲程柴油机的工作循环同样包括进气、压缩、做功和排气四个行程。在各个行程中，进、排气门的开闭和曲柄连杆机构的运动与汽油机完全相同。只是由于柴油和汽油的使用性能不同，使柴油机和汽油机在混合气形成方法及点火方式上有着本质差别。四冲程柴油发动机工作原理如图2-28所示。

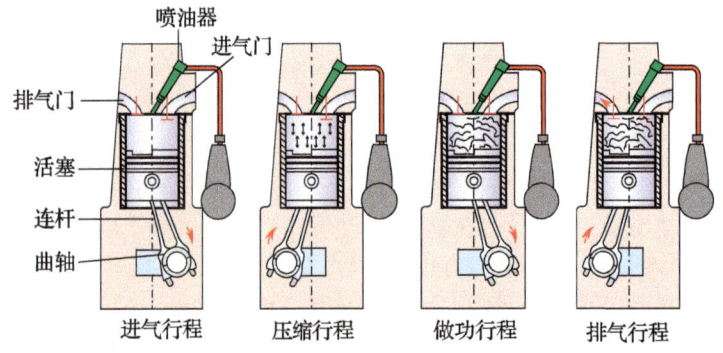

图2-28 四冲程柴油发动机工作原理

（1）进气行程

在柴油机进气行程中，被吸入气缸的只是纯净的空气。由于柴油机进气系统阻力较小，残余废气的温度较低，因此进气行程结束时气缸内气体的压力较高（0.085~0.095MPa），温度较低（310~340℃）。

（2）压缩行程

因为柴油机的压缩比大，所以压缩行程终了时气体压力高达3~5MPa，温度高达

750~1000℃。

(3) 做功行程

在压缩行程结束时，喷油泵将柴油泵入喷油器，并通过喷油器喷入燃烧室。因为喷油压力很高，喷油孔直径很小，所以喷出的柴油呈细雾状。细微的油滴在炽热的空气中迅速蒸发，并借助于空气的运动，迅速与空气混合形成可燃混合气。由于气缸内的温度远高于柴油的自燃点，因此柴油随即自行着火燃烧。燃烧气体的压力、温度迅速升高，体积急剧膨胀。在气体压力的作用下，活塞推动连杆，连杆推动曲轴旋转做功。在做功行程中，燃烧气体的最大压力可达 6~9MPa，最高温度可达 1800~2200℃。做功行程结束时，压力为 0.2~0.5MPa，温度为 1000~1200℃。

(4) 排气行程

排气终了时，气缸内残余废气的压力为 0.105~0.120MPa，温度为 700~900℃。

3. 二冲程汽油发动机

二冲程汽油机的工作循环是在两个活塞行程，即曲轴旋转一周的时间内完成的。在四冲程汽油机中，常把排气过程和进气过程合称为换气过程。在二冲程汽油机中换气过程是指废气从气缸内被新气扫除并取代的过程。这两种汽油机工作循环的不同之处主要在于换气过程，如图 2-29 所示。

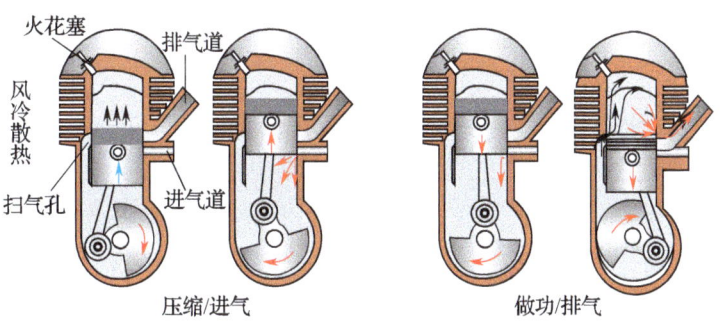

图 2-29 二冲程汽油发动机工作循环

第一行程（压缩/进气）：活塞向上运动，将三排孔（进气孔、排气孔、扫气孔）都关闭，活塞上部开始压缩。当活塞继续向上运动时，活塞下方打开了进气孔，可燃混合气进入曲轴箱内。

第二行程（做功/排气）：当活塞接近上止点时，火花塞产生火花点燃可燃混合气，混合气燃烧膨胀产生巨大的热能推动活塞向下运动。活塞继续向下运动，进气孔关闭，曲轴箱内的可燃混合气受到压缩，当活塞接近下止点时，排气孔打开，气体排出。

小解释

大气压：大气对浸在它里面的物体产生的压强叫大气压强，简称大气压或气压。大气压强随高度变化，通常把 101kPa 的大气压强叫作标准大气压。它大约相当于 760mm 汞柱所产生的压强。

（三）发动机主要性能指标

发动机是汽车最重要的部分，被称为"汽车的心脏"。发动机类型有很多，结构和工作原理也有很大的差异，而发动机性能好坏直接影响整车的性能。

发动机主要性能指标用来评价发动机性能优劣和维修时质量好坏。汽车发动机有效性能指标主要有动力性能指标、经济性能指标和运转性能指标。

1. 动力性能指标

（1）有效转矩

发动机通过飞轮对外输出的平均转矩称为有效转矩。有效转矩与外界加于发动机曲轴上的阻力矩相平衡。

（2）有效功率

发动机通过飞轮对外输出的功率称为有效功率。它等于有效转矩与曲轴角速度的乘积。发动机的有效功率可以用台架试验方法测定，也可用测功器测定有效转矩和曲轴转速。

在发动机产品标牌上规定的功率及其相应的转速分别称作标定功率和标定转速。标定功率是发动机所能发出的最大功率。按照汽车发动机可靠性试验方法的规定，汽车发动机应能在标定工况下连续运行 300~1000h。

2. 经济性能指标

经济性能指标主要用发动机燃油消耗率表示，是指发动机每发出 1kW 有效功率在 1h 内所消耗的燃油量。燃油消耗率越低，发动机经济性越好。

3. 运转性能指标

发动机运转性能指标主要指排气品质、噪声、起动性能等。

（1）排气品质

发动机排放的废气中含有对人体有害的物质，主要有害排放物是 NO_x（氮氧化物）、HC（碳氢化合物）、CO（一氧化碳）及排气颗粒。有害排放物会对大气形成公害，我国制定的发动机排放法规日趋严格。

（2）噪声

噪声会刺激人的神经，造成失眠、记忆力衰退，甚至导致神经衰弱等疾病。因此必须用法规形式对其进行限制。汽车噪声是城市噪声的主要来源，发动机噪声又是汽车主要噪声源。GB 1495—2002《汽车加速行驶车外噪声限值及测量方法》对属于不同分类的汽车规定了噪声限值。

（3）起动性能

起动性能好的发动机在一定温度下能可靠而迅速地起动，起动期磨损越小，消耗功率越少。我国相关标准规定：不采用特殊低温起动措施，汽油机在 -10℃、柴油机在 -5℃ 以下的气温条件下起动，15s 以内发动机能自行运转。

三、曲柄连杆机构

曲柄连杆机构是发动机实现工作循环并完成能量转换的主要运动部分。在做功行程中，它将燃料燃烧产生的热能转变为机械能推动活塞往复运动，对外输出动力。工作原理与骑自行车一样，人通过脚蹬把上下的力变为旋转的力，通过链条带动链轮使自行车行驶，如图 2-30 所示。

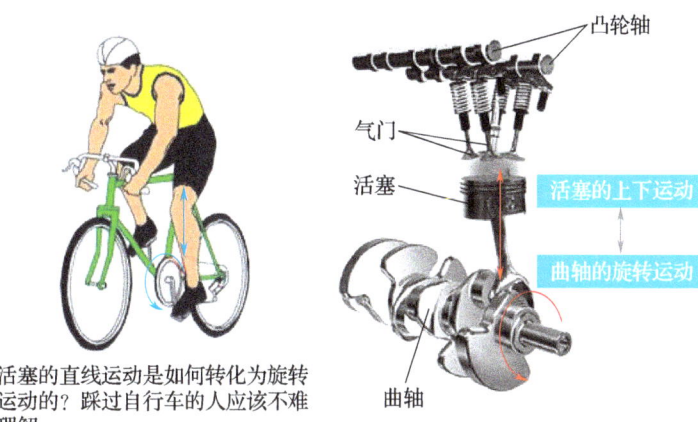

活塞的直线运动是如何转化为旋转运动的？踩过自行车的人应该不难理解

图 2-30　自行车力的传递

在其他行程中，则依靠曲柄和飞轮的转动惯性、通过连杆带动活塞上下运动，为下一次做功创造条件。

曲柄连杆机构把燃料燃烧后产生的气体作用在活塞顶上的膨胀压力转变为曲轴旋转的转矩，不断输出动力。

曲柄连杆机构由机体组、活塞连杆组、曲轴飞轮组三部分组成，如图 2-31 所示。

发动机工作时，曲柄连杆机构直接与高温高压气体接触，曲轴转速又很高，活塞往复运动的线速度相当大，同时与可燃混合气、燃烧后产生的废气接触，曲柄连杆机构工作条件相当恶劣，它要耐高温、高压和化学腐蚀作用。

（一）机体组

机体组主要由气缸体、气缸盖、气缸垫、油底壳等组成。机体组是发动机的支架，是曲柄连杆机构、配气机构和发动机各系统主要零部件的装配基体。

气缸盖用来封闭气缸顶部，并与活塞和气缸壁一起形成燃烧室。另外，气缸盖和基体内的水套和油道以及油底壳，又分别是冷却系统和润滑系统的组成部分。机体组如图 2-32 所示。

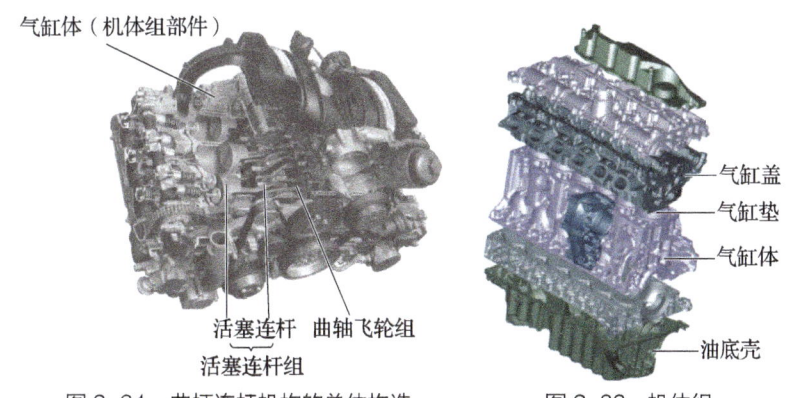

图 2-31　曲柄连杆机构的总体构造　　图 2-32　机体组

1. 气缸体

气缸体是发动机的主体，是安装活塞、曲轴及其他零件和附件的支撑骨架。气缸体上部为活塞在其中的往复运动做导向的圆柱形空腔称为气缸，下部为支承曲轴的上曲轴箱，有支撑曲轴的主轴承座孔和供曲轴运动的空间，如图2-33所示。在气缸体侧壁上有主油道，前、后壁和中间隔板上也有油道，为运动件进行润滑；在气缸体的壁上还有冷却水道，以便将发动机多余的热量带走，保持发动机的工作温度。

图2-33 气缸体

发动机大修时需进行气缸体平面度（图2-34）和气缸体磨损检查（图2-35）。气缸磨损检查时应在气缸体上部距气缸上平面10mm处、气缸中部以及气缸下部距缸套下部10mm处，各取3点，按气缸体纵横两个方向测量气缸的直径。取同一平面不同方向的两个直径差值的一半，作为该平面的圆度误差，取计算出的3个不同平面的圆度误差值，以最大的值为该缸的圆度误差。如果计算出的圆度误差超过规定值，则应进行修复。

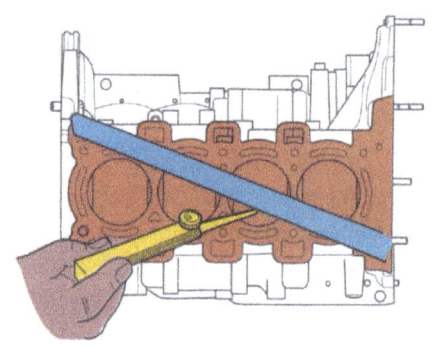

图2-34 气缸体平面度检查

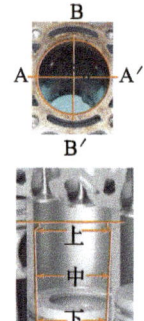

图2-35 气缸体磨损检查

2. 气缸盖

气缸盖安装在气缸体上方，用来封闭气缸顶部，并与活塞顶和气缸壁一起形成燃烧室，并作为凸轮轴、摇臂或挺柱及进、排气歧管的支撑。气缸盖内安装有冷却水道、机油油道、气门组件，并设有喷油器（直喷发动机）、火花塞安装位置（汽油机）。气缸盖如图2-36所示。

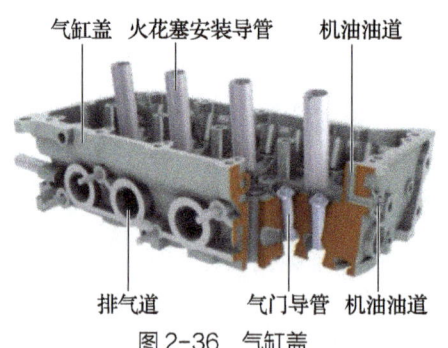

图2-36 气缸盖

3. 气缸垫

气缸垫安装在气缸盖与气缸体之间，其作用是保证气缸盖与气缸体结合面间的密封，防止水道漏水、燃烧室漏气和机油道漏油，如图2-37所示。气缸垫有金属-石棉气缸垫、金属-复合材料气缸垫和纯金属气缸垫等多种，一般具有一定的弹性，可补偿结合面的平面度误差，发动机大修时需更换气缸垫，如图 2-38 所示。

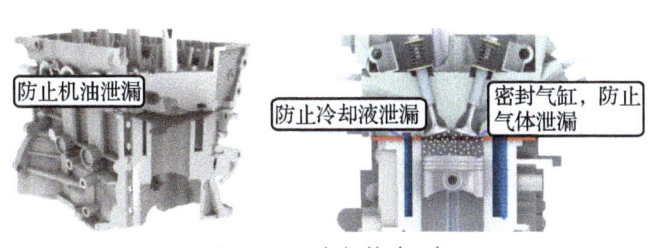

a）金属-石棉气缸垫

b）金属-复合材料气缸垫

图 2-37 气缸垫（一）　　　　　　图 2-38 气缸垫（二）

4. 油底壳

油底壳安装在发动机底部，如图 2-39 所示，其主要作用是储存机油和封闭机体或曲轴箱。油底壳上固定有机油尺导管，并安装有放油螺栓，部分发动机的油底壳上还安装有机油温度传感器。油底壳一般采用薄钢板冲压或铝合金铸造而成。

（二）活塞连杆组

活塞连杆组包括活塞组和连杆组两部分，如图 2-40 所示。活塞组主要由活塞、活塞销和活塞环组成；连杆组主要由连杆、连杆盖、连杆轴瓦、连杆螺栓和连杆衬套组成。在发动机做功行程中，燃料燃烧的压力作用在活塞顶上，通过活塞销传给连杆，推动连杆做往复运动，进而通过连杆推动曲轴做旋转运动，对外输出动力。

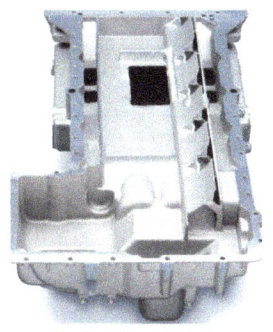

图 2-39 油底壳

1. 活塞

活塞的主要作用是承受气缸中的燃烧压力，并将此压力通过活塞销和连杆传递给曲轴。此外，活塞还与气缸盖、气缸壁共同组成燃烧室，如图 2-41 所示。

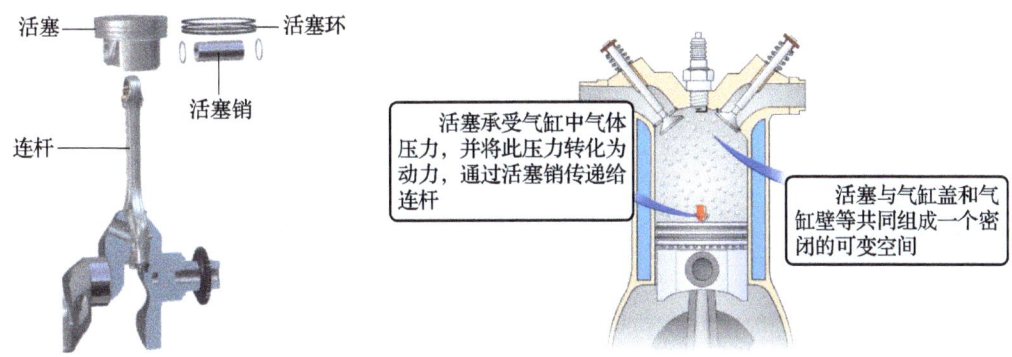

图 2-40 活塞连杆组　　　　　　图 2-41 活塞的主要作用

汽车发动机目前广泛采用的活塞材料是铝硅合金。铝合金活塞具有质量小、导热性好的优点；其缺点是热膨胀系数大，高温工作时，强度和硬度下降较快。车用柴油机因其活塞需受高热、高机械负荷，故也有采用合金铸铁和耐热钢作为活塞材料的。

活塞由活塞顶、活塞头和活塞裙组成，如图 2-42 所示。活塞头是燃烧室的组成部分，其形状与燃烧室形状有关，是活塞顶至最后一道油环槽下端面之间的部分。活塞油环槽以下的部分称为活塞裙，可使活塞在气缸内沿直线运动。

在汽油发动机上可以采用平顶、凸顶或凹顶活塞。活塞环部分通常有三个用于固定活塞环的环形槽，活塞环的作用是防止漏气和漏油（密封）。活塞环岸位于环形槽之间。位于第一个活塞环上方的环岸称为火力岸。一套活塞环通常包括两个气环和一个油环。活塞销座是活塞内活塞销的支撑部位，它是活塞内承受最大负荷的部件之一。活塞裙或多或少地围在活塞下部，负责承受侧向力和使活塞保持直线运行，如图 2-43 所示。

活塞顶部积炭可用刮刀清除。活塞的主要磨损部位是裙部，测量时用外径千分尺从距离下边缘约 10mm，与活塞销轴线错开 90°处测量，如图 2-44 所示。

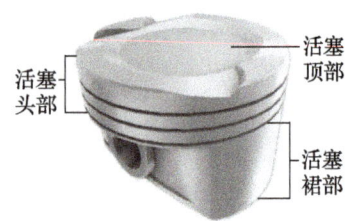
图 2-42 活塞

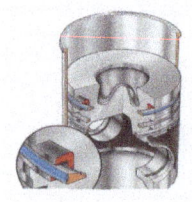
图 2-43 活塞结构

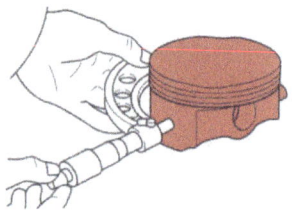
图 2-44 检测活塞

2. 活塞环

活塞环有气环和油环两种，如图 2-45 所示。

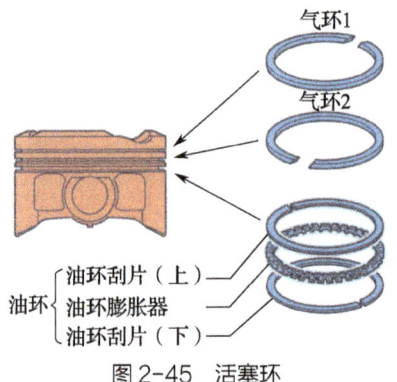
图 2-45 活塞环

气环又称压缩环，其作用是保证活塞与气缸壁之间的密封，防止高温高压的燃气窜入曲轴箱，同时将活塞头的热量传给气缸壁，由冷却液带走，防止活塞温度过高，如图 2-46 所示。油环的作用是刮除气缸壁上多余的机油，经活塞上的回油孔流回油底壳，并在气缸壁上布油，使气缸壁涂上一层均匀的机油膜，减少活塞与气缸壁的磨损，如图 2-47 所示。

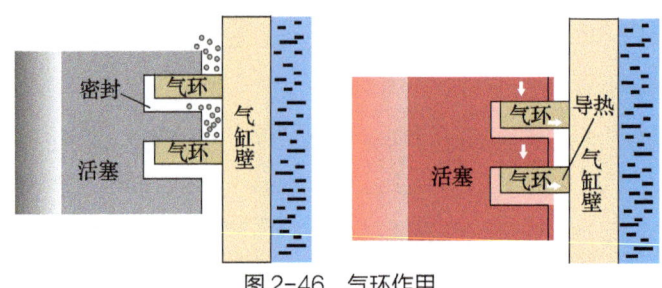
图 2-46 气环作用

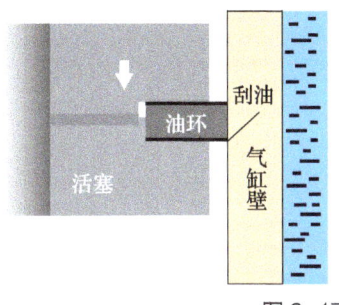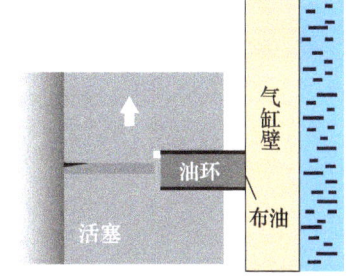

图 2-47 油环作用

发动机大修时,需按照图 2-48 所示的方法检查活塞环与环槽的间隙;还需检查活塞环端隙,按图 2-49 所示将活塞环压入气缸至活塞环行程的底部,使用塞尺测量活塞环的端隙。

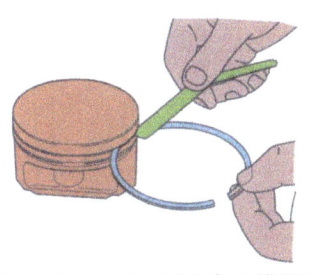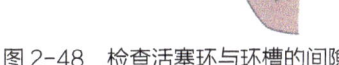

图 2-48 检查活塞环与环槽的间隙　　图 2-49 检查活塞环端隙

3. 活塞销

活塞销的作用是连接活塞和连杆小头,将活塞承受的气体压力传给连杆。活塞销要在高温下承受较大的冲击载荷,且润滑条件差,因此要求活塞销具有足够的强度、刚度和耐磨性,且重量要轻,通常制成空心圆柱体,如图 2-50 所示。

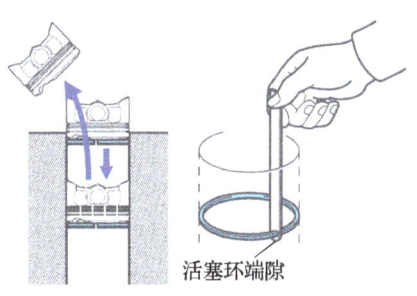

图 2-50 活塞销

活塞销与活塞销座孔、连杆小头衬套孔的连接配合方式有两种,即全浮式和半浮式,如图 2-51 所示。

全浮式活塞销能在连杆小头衬套孔和活塞销座孔内做自由转动,可以保证活塞销沿圆周磨损均匀,因此应用较为普遍。为防止活塞销轴向窜动而损坏气缸壁,在活塞销座两端装有弹性卡环来限位。

半浮式活塞销用螺栓将活塞销夹紧在连杆小头孔内,这时活塞销只在活塞销孔内转动,在连杆小头孔内不转动。因而连杆小头孔内不装衬套,活塞销座孔内也不安装挡圈。

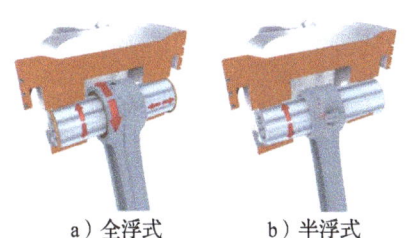

a) 全浮式　　b) 半浮式

图 2-51 活塞销连接配合方式

4. 连杆和连杆轴瓦

活塞的直线运动通过连杆转化为曲轴的转动。此外,连杆还要将燃烧压力产生的作用力由活塞传至曲轴上,如图 2-52 所示。

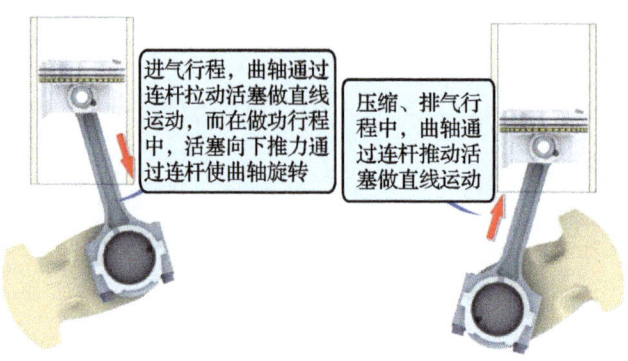

图 2-52 连杆作用

连杆组由连杆小头、杆身和连杆大头等组成,如图 2-53 所示。

连杆小头安装活塞销以连接活塞,连杆大头通过连杆轴瓦与曲轴的连杆轴颈连接。连杆身一般制成"工"字形或"Ⅱ"形,以便在满足刚度基础上减轻重量。

梯形连杆小连杆头的横截面呈梯形,在小连杆头处从连杆轴端部到连杆端部逐渐变细,如图 2-54 所示。

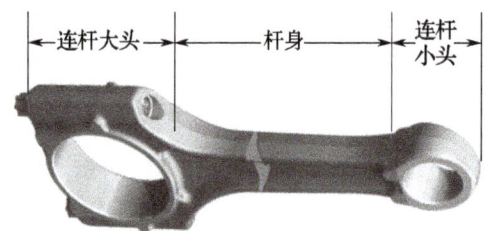

图 2-53 连杆组

图 2-54 梯形连杆

这样可以进一步减轻重量,节省了"未承受负荷"一侧的材料,而承受负荷一侧则为整个轴承宽度。此外,还能缩小活塞销孔间距,这意味着活塞销弯曲度较低。

为了减小摩擦阻力和降低磨损,连杆大头孔内装有连杆轴瓦。轴瓦分上、下两个半片,目前多采用薄壁钢背轴瓦,在其内表面浇铸有耐磨合金层,如图 2-55 所示。

连杆弯曲、扭曲的检验在连杆检测器上进行,如图 2-56 所示。

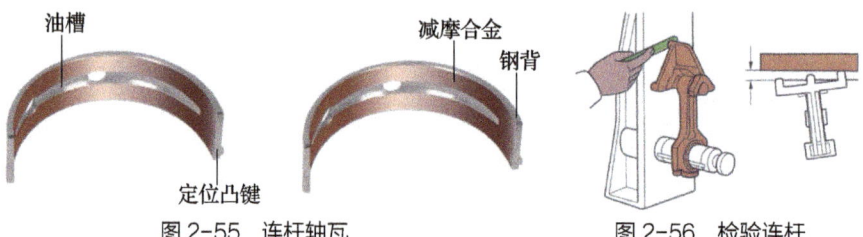

图 2-55 连杆轴瓦   图 2-56 检验连杆

检查连杆变形时,将连杆轴承装好,活塞销装入连杆小头,再将连杆大头固定在连杆检测器的定心轴上,然后把三点式量规的 V 形槽贴紧活塞销,用塞尺测量连杆检测器平面与量规指销之间的间隙。

对弯曲的连杆,可用压力机或连杆校正器上的校弯工具压直。对扭曲的连杆,可夹在台虎钳上,用连杆校正器上的校扭工具校正。

(三)曲轴飞轮组

曲轴飞轮组由曲轴、飞轮、正时齿轮、平衡机构等组成,如图 2-57 所示。

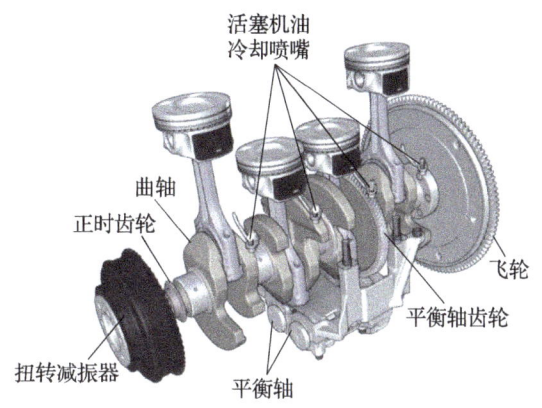

图 2-57　曲轴飞轮组

曲轴飞轮组的作用是将连杆传递的活塞往复直线运动转变为曲轴的旋转运动，为汽车行驶和其他需要动力的机构输出转矩。同时，曲轴飞轮组还负责储存能量，以克服发动机非做功行程的运动阻力，使发动机平稳运行，如图 2-58 所示。

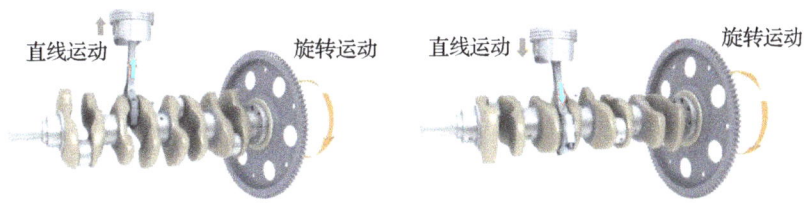

图 2-58　曲轴飞轮组的作用

曲轴飞轮组安装在曲轴箱内，如图 2-59 所示。

1. 曲轴

（1）曲轴的组成

曲轴由前端轴、主轴颈、连杆轴颈、曲柄、平衡块和后端凸缘等组成，如图 2-60 所示。一个连杆轴颈（曲柄销）及其两端的曲柄（曲柄臂）及相邻两个主轴颈构成一个曲拐。曲拐的数目取决于发动机的气缸数目及其排列方式，例如，直列式发动机的曲拐数等于气缸数，而 V 型和对置式发动机的曲拐数为气缸数的一半。

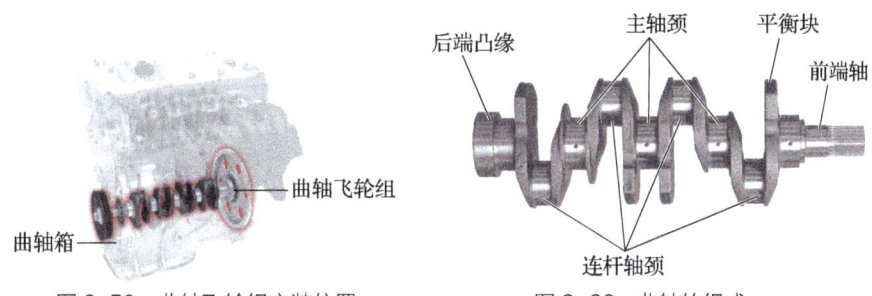

图 2-59　曲轴飞轮组安装位置　　　　图 2-60　曲轴的组成

（2）曲轴的布置与多缸发动机的工作顺序

曲轴的形状和各曲拐的相对位置取决于气缸数、气缸排列形式和发动机的工作顺序。

在选择各缸的工作顺序时，应力求各缸的做功间隔均匀，即发动机每完成一个工作循环，各缸都应点火做功一次。对于缸数为 i 的四冲程发动机，其点火间隔角为 $720°/i$；连续做功的两缸相距要尽可能远,以减轻主轴承负荷和避免进气行程中发生"抢气"现象;V型发动机左右两列应交替点火。常见多缸发动机的曲拐布置和点火顺序如下所述。

1)四冲程直列四缸发动机曲拐布置和点火顺序。四冲程直列四缸发动机的点火间隔角为720°/4=180°,四个曲拐在同一平面内,如图2-61所示。发动机气缸工作顺序为1-3-4-2或1-2-4-3。发动机工作循环见表2-1。

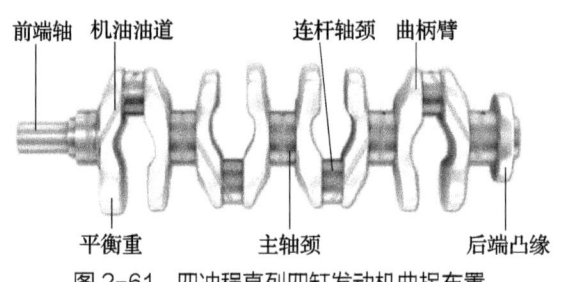

图2-61 四冲程直列四缸发动机曲拐布置

表2-1 四冲程直列四缸发动机工作循环表(气缸工作顺序:1-3-4-2)

曲轴转角/(°)	1缸	2缸	3缸	4缸
0~180	做功	排气	压缩	进气
180~360	排气	进气	做功	压缩
360~540	进气	压缩	排气	做功
540~720	压缩	做功	进气	排气

2)四冲程直列六缸发动机曲拐布置和点火顺序。四冲程直列六缸发动机的点火间隔角为720°/6=120°,6个曲拐互成120°,如图2-62所示。发动机气缸工作顺序为1-5-3-6-2-4或1-4-2-6-3-5,前者应用较为普遍。发动机工作循环见表2-2。

图2-62 四冲程直列六缸发动机曲拐布置

表2-2 四冲程直列六缸发动机工作循环表(气缸工作顺序:1-5-3-6-2-4)

曲轴转角/(°)		1缸	2缸	3缸	4缸	5缸	6缸
0~180	0~60	做功	排气	进气	做功	压缩	进气
	60~120						
	120~180			压缩	排气		
180~360	180~240	排气	进气			做功	压缩
	240~300						
	300~360			做功	进气		
360~540	360~420	进气	压缩			排气	做功
	420~480						
	480~540			排气	压缩		
540~720	540~600	压缩	做功			进气	排气
	600~660			进气	做功		
	660~720		排气			压缩	

3）四冲程 V 型六缸发动机的曲拐位置和点火顺序。V 型六缸发动机的做功间隔角仍为 120°，3 个曲拐互成 120°，右列气缸用 R 表示，由前向后气缸号分别为 R1、R2、R3；左列气缸用 L 表示，气缸号分别为 L1、L2、L3。其工作循环见表 2-3。

表 2-3　四冲程 V 型六缸发动机工作循环表

曲轴转角 / (°)		R1	R2	R3	L1	L2	L3
0 ~ 180	0 ~ 60	做功	排气	进气	做功	进气	压缩
	60 ~ 120						
	120 ~ 180			压缩	排气		
180 ~ 360	180 ~ 240	排气	进气			压缩	做功
	240 ~ 300						
	300 ~ 360			做功	进气		
360 ~ 540	360 ~ 420	进气	压缩			做功	排气
	420 ~ 480						
	480 ~ 540			排气	压缩		
540 ~ 720	540 ~ 600	压缩	做功			排气	进气
	600 ~ 660						
	660 ~ 720		排气	进气	做功		压缩

检测曲轴轴颈时，先用外径千分尺在油孔两侧测量，然后旋转 90°再测量。同一截面最大直径与最小直径之差的 1/2 为圆度误差；轴颈各部位测得的最大与最小直径差的 1/2 为圆柱度误差。圆度、圆柱度误差大于 0.020mm 时，应按修理尺寸磨修。轴颈直径达到其使用极限时，应更换曲轴。

（3）曲轴径向圆跳动量检查

- 使用百分表和磁力固定架。
- 把曲轴放置在 V 形架内，转动曲轴，在其他主轴颈上测量径向圆跳动量，如图 2-63 所示。

如图 2-64 所示，取不同的轴向位置进行径向测量。如果超过标准值，就要修理或更换曲轴。

例如：B5244S 发动机曲轴径向圆跳动量标准值：

- 主轴颈径向量跳动量：最大 0.040mm。
- 主轴颈径向偏差：0.019~0.043mm。

图 2-63　曲轴径向圆跳动量检查

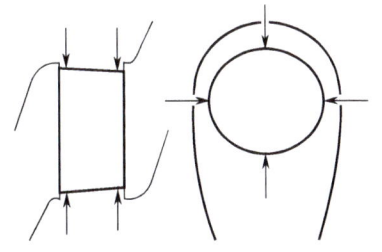

图 2-64　曲轴径向圆跳动量测量点

（4）主轴颈和连杆轴颈磨损检查

随着发动机的使用时间延长，主轴颈与连杆轴颈会逐步磨损，可以用外径千分尺测量主轴颈或连杆轴颈在其径向的差值（不均匀磨损），如图 2-65 所示。

- 主轴颈或连杆轴颈严重磨损，或不均匀磨损量超过 0.02mm 时，就要修理或更换曲轴。

例如，B6304T4 发动机标准数据如下：

连杆大端曲轴轴颈

- 直径标准：50mm。
- 轴承凹座宽：（26±0.15）mm。
- 最大平行度误差（相对主轴承中轴）：0.015mm。
- 最大直径变动量：0.01mm。

主轴轴颈

- 直径标准：65mm。
- 轴承凹座宽：（26±0.15）mm。

图 2-65 主轴颈和连杆轴颈磨损检查

2. 飞轮

由于发动机各个缸的做功是不连续的，所以发动机转速也是变化的。当发动机转速增高时，飞轮的动能增加，把能量储存起来；当发动机转速降低时，飞轮动能减少，把能量释放出来。飞轮可以用来减少发动机运转过程的速度波动，如图 2-66 所示。

飞轮通常位于曲轴后端，即发动机与变速器之间，如图 2-67 所示。它可以在做功行程期间储存能量并于稍后释放能量。借助飞轮的这种能量可以克服"空行程"和越过止点。

飞轮还可以提高发动机惯量。物体惯量越高，其运动阻力越大，使其重新停止运动的阻力也越大。因此以冲击形式出现的较小运动激励只能缓慢转化为运动，以这种方式缓冲的物体不太容易产生振动。

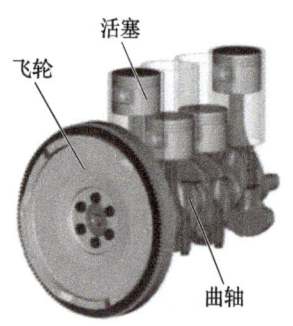

图 2-66 飞轮安装位置

图 2-67 飞轮和离合器

飞轮由齿圈、离合器定位销、挡圈、固定螺栓、轴承等组成，飞轮是摩擦式离合器的主动件；在飞轮轮缘上镶嵌有供起动发动机用的飞轮齿圈；有的飞轮上还刻有上止点记号，用来校准点火正时或喷油正时。

飞轮与曲轴之间应有严格不变的相对位置，运转时需保持平衡。飞轮的类型有实体飞轮和双质量飞轮。图 2-68 所示为实体飞轮。

图 2-68 实体飞轮

在手动变速器车辆上，发动机燃烧过程的周期性会使传动系统内产生扭转振动。手动变速器车辆可能会产生变速器噪声而且可能会传递到车身上。为了避免出现这种情况，采用双质量飞轮，如图2-69所示。

将原来的一个飞轮分成两个部分：一部分保留在原来发动机一侧的位置上，起到原来飞轮的作用，用于起动和传递发动机的转矩，这一部分称为初级质量；另一部分则放置在传动系统变速器一侧，用于提高变速器的转动惯量，这一部分称为次级质量。两部分飞轮之间有一个环形的油腔，在腔内装有弹簧减振器，由弹簧减振器将两部分飞轮连接为一个整体。次级质量能在不增加飞轮的惯性矩的前提下提高传动系统的惯性矩，令共振转速下降到怠速转速以下，如图2-70所示。

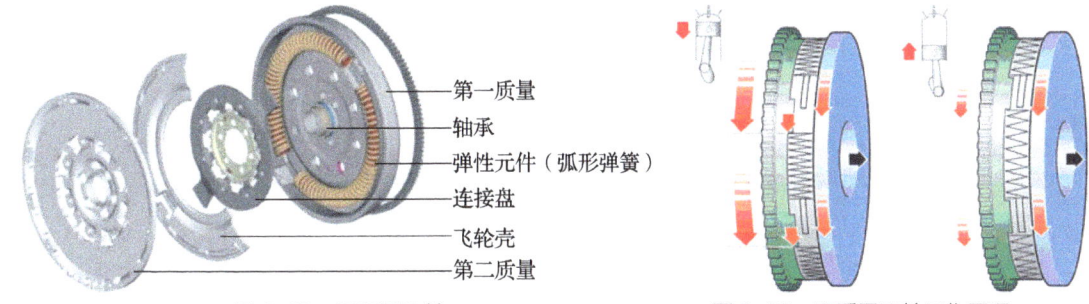

图2-69 双质量飞轮　　　　图2-70 双质量飞轮工作原理

由次级质量与变速器之间的摩擦片来完成两部分飞轮质量的离合，这样就可以衰减发动机的旋转振动，减轻变速器的负荷。双质量飞轮的次级质量与变速器的分离和结合是由一个不带减振器的刚性离合器盘来完成的，由于离合器没有减振器，质量明显减小。而减振器被组装在双质量飞轮系统中，能在离合器盘中滑动，可以明显改善同步性，换档更容易。

在国内，一汽–大众的手动档轿车率先采用双质量飞轮。

飞轮主要损伤有工作面磨损、齿圈磨损或折断。如果工作面沟槽深度大于0.5mm，应进行磨削；更换飞轮时，必须刻上正时标记并进行动平衡。飞轮、曲轴磨削后，要重新进行曲轴动平衡试验。

3. 扭转减振器

在发动机的工作过程中，连杆只有在做功行程产生作用在曲轴上的力，因此这个作用力是呈周期性变化的，从而造成曲轴的扭转振动。

实际上传递到发动机曲轴上的能量并不均衡。因为一方面在循环进行的燃烧过程中总是以间歇方式向曲轴施加作用力，另一方面由于连杆角度发生变化，向曲轴传递作用力的方式也不断变化。

因此，曲轴总是以间歇方式加减速。这样会造成曲轴扭转振动。这种振动可能会导致曲轴及其连接部件损坏。尤其是在特定转速下，扭转振动可能产生共振并导致发动机损坏，为了克服这种现象采用扭转减振器，如图2-71所示。

扭转减振器安装在曲轴前端，即动力输出端相对侧。它由一个固定盘（小质量块）和一个飞轮齿圈（大质量块）组成。这两个部件通过一个橡胶垫连接在一起，因此二者可以相对扭转几度。固定盘用螺栓连接在曲轴的前部端面上，如图2-72所示。扭转减

图2-71 扭转减振器

振器用于补偿曲轴的扭转振动。突然加速时，飞轮齿圈的转动比曲轴晚几度，松开加速踏板时则正好相反。

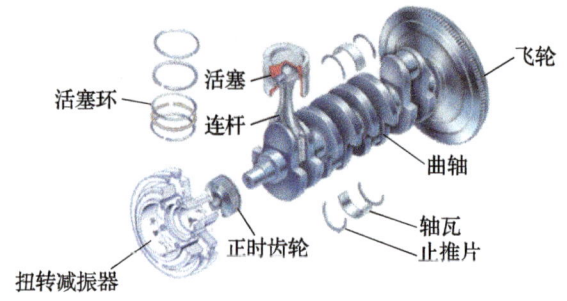

图 2-72　扭转减振器安装位置

4. 正时齿轮（正时带轮）

正时齿轮是将发动机曲轴的动力传递给配气机构工作的齿轮，如图 2-73 所示。正时齿轮有三种传动方式：正时带传动、链传动、齿轮传动。

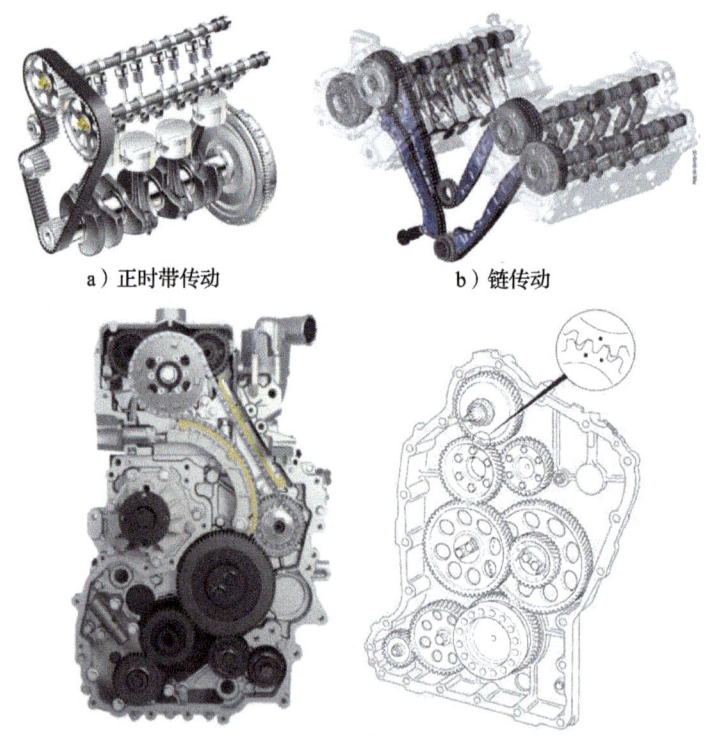

a）正时带传动　　b）链传动

c）齿轮传动

图 2-73　正时齿轮传动方式

乘用车发动机的正时齿轮均采用正时带传动，这种传动方式具有结构简单、噪声小、运转平稳、传动精度高、同步性好等优点，但其强度较低，经长期使用后易老化、拉伸变形或断裂，该正时带在外罩内，呈封闭状态，不便观察其工作状况。

5. 平衡机构

平衡机构由平衡轴和平衡重组成，如图 2-74 所示，在曲轴的曲柄臂上设置的平衡重用来平衡旋转惯性力及其力矩，可使发动机运转平稳，并减小曲轴主轴承的负荷。

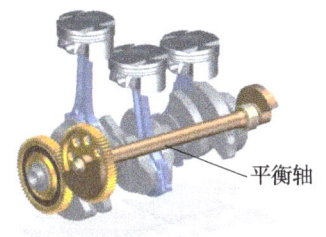 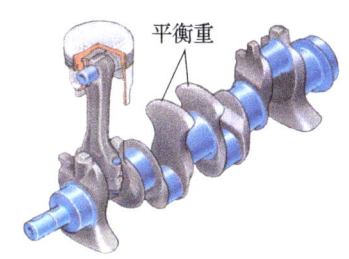

图 2-74 平衡轴和平衡重

往复惯性力及其力矩的平衡则需要专门的平衡机构——平衡轴,以减少发动机振动,降低发动机磨损。

(1) 平衡重

四/六缸等直列发动机的旋转惯性力和旋转惯性力矩是外部平衡的,但内部不平衡,曲轴仍承受内弯矩的作用,给曲轴造成了弯曲载荷。因此,通常在曲柄的相反方向设置平衡重,使其产生的力矩与惯性力矩相平衡。

平衡重在曲拐的对面,用来平衡发动机不平衡的离心力和离心力矩及一部分往复惯性力。无平衡重会引起中心杆偏移,有平衡重,中心杆就不会偏移,如图 2-75 所示。

平衡重可以与曲轴制成一体,也可以单独制成后再用螺栓固定在曲轴上,称为装配式平衡重。曲

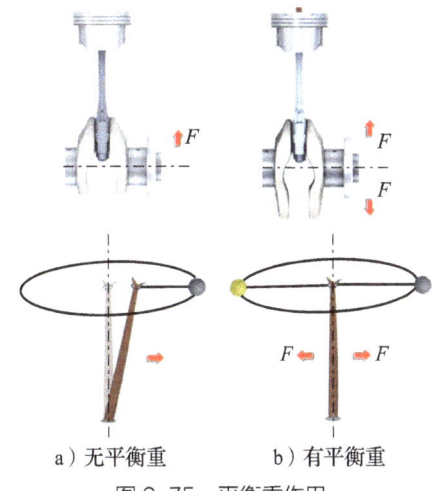

a) 无平衡重　　b) 有平衡重

图 2-75 平衡重作用

轴做动平衡试验时,对不平衡的曲轴常在其偏重的一侧钻去部分质量,如图 2-76 所示。

图 2-76 曲轴动平衡试验

(2) 平衡轴

当发动机处在工作状态时,活塞的运动速度非常快,而且速度变化很不均匀。当活塞位于上下止点位置时,其速度为零,但在上下止点中间位置的速度则达到最高。由于活塞在气缸内做往复高速直线运动,因此必然会在活塞、活塞销和连杆上产生较大的惯性力。虽然连杆上的配重可以有效地平衡这些惯性力,但只有一部分运动质量参与直线运动,另一部分参与了旋转。因而除了上下止点位置外,其他惯性力并不能完全达到平衡状态,此时发动机便产生了振动,如图 2-77 所示。

平衡轴可以改善发动机的运行平稳性和噪声特性。通过装有平衡重块且朝相反方向旋转的两根轴可实现平衡目的。

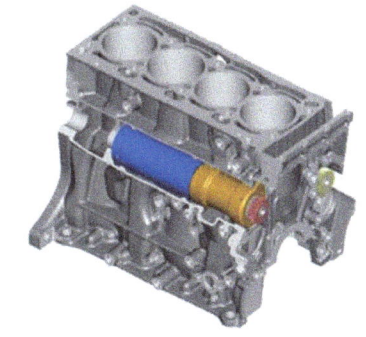

图 2-77 平衡轴

V型发动机平衡轴一般安装在缸体的V形夹角内,如图2-78所示,直列发动机的平衡轴一般安装在曲轴的下方,如图2-79所示,用辅助链轮驱动,平衡轴与曲轴转速相同,旋转方向与曲轴相反。平衡轴有单平衡轴和双平衡轴两种。

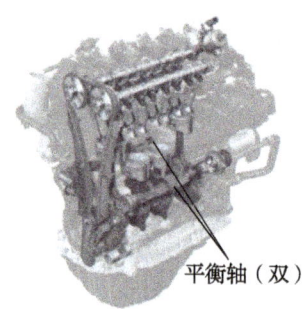

图2-78 V型发动机平衡轴　　图2-79 直列发动机平衡轴

单平衡轴采用单一平衡轴,利用齿轮传动方式进行工作,通过曲轴旋转带动固连的平衡轴驱动齿轮、平衡轴从动齿轮以及平衡轴,如图2-80所示。单平衡轴可以平衡占整个振动比例相当大的一阶振动,使发动机振动得到明显改善,在单缸和小排量发动机中应用较为广泛。

双平衡轴则采用链传动或齿轮传动方式带动两根平衡轴转动,如图2-81所示。其中,一根平衡轴与发动机转速相同,可以消除发动机的一阶振动;另一根平衡轴的转速是发动机转速的2倍,可以消除发动机的二阶振动,从而达到更加理想的减振效果,在大排量汽车上较为常用。

图2-80 单平衡轴　　图2-81 双平衡轴

四、配气机构

配气机构主要由气门组和气门传动组组成。配气机构是发动机进气和排气控制机构,汽车发动机一般采用气门式配气机构。配气机构按照发动机的工作顺序和工况要求,准时打开和关闭各气缸的进、排气门,使新鲜的可燃混合气或空气能充分地进入气缸,做功后产生的废气能及时、彻底地排出。当进、排气门关闭时,能保证气缸密封性。配气机构组成如图2-82所示。

配气机构必须周期性地为发动机供应新鲜空气,并排出所产生的废气。四冲程发动机吸入新鲜空气和排出废气的过程称为换气过程。

在换气过程中,进气和排气通道通过进气门和排气门周期性地开启和关闭。进气门和排气门使用提升式气门。气门运动的时间和顺序由凸轮轴决定。

按照发动机每个气缸内所进行的工作循环和点火次序的要求,定时开启和关闭气缸的进、排气门,使新鲜可燃混合气(汽油机)或空气(柴油机)得以及时进入气缸,废气得以及时从气缸排出。

配气机构的结构因配气机构的布置形式不同而有些差异，如图 2-83 所示。

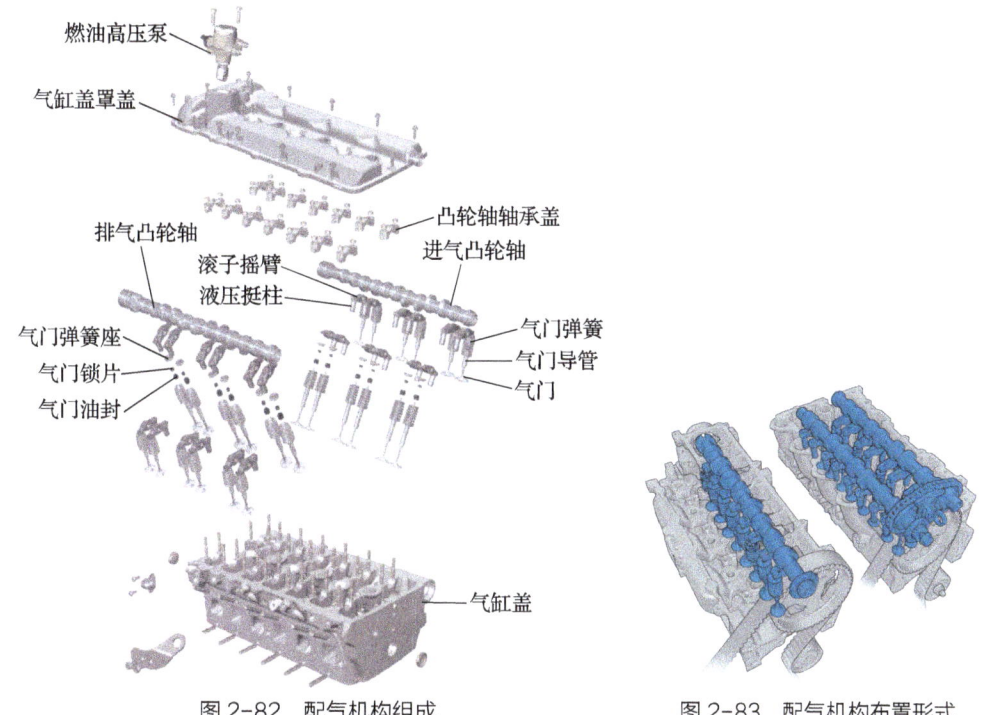

图 2-82　配气机构组成　　　　图 2-83　配气机构布置形式

（一）气门组

气门组的作用是实现气缸的密封。气门组包括气门、气门弹簧、气门座、气门导管和气门弹簧锁片等零部件，如图 2-84 所示。

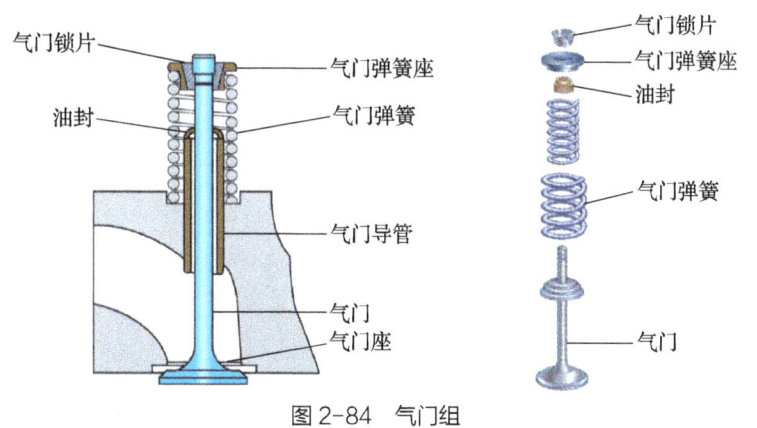

图 2-84　气门组

1. 气门

在进气行程，进气门开启，吸进空气与燃油的混合气（或者纯空气）。在排气行程，排气门开启，排出燃烧废气。在压缩行程和做功行程，进排气门都关闭以保持燃烧室的密封。

由于气门暴露在高温高压区域，须用特殊钢材制成。一般而言，为增加进气量，进气门直径大于排气门直径。

气门如图 2-85 所示，由气门头部和气门杆组成。

气门头部有平顶、球面顶和喇叭形顶三种，如图 2-86 所示。气门头部接受的热量一部分经气门座圈传给气缸盖；另一部分则通过气门杆和气门导管也传给气缸盖，最终都被气缸盖水套中的冷却液带走。为了增强传热，气门与气门座圈的密封锥面必须严密贴合。因此，二者要配对研磨，研磨之后不能互换。

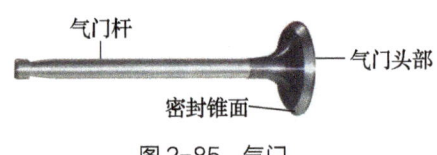

图 2-85 气门

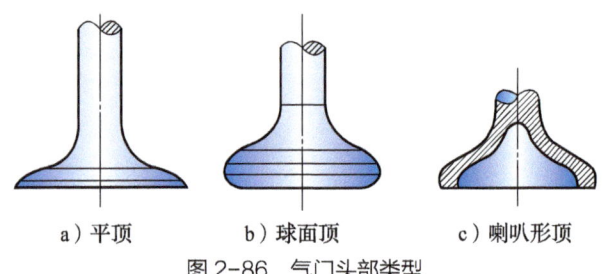

图 2-86 气门头部类型

气门头部的结构及其特点见表 2-4。

表 2-4 气门头部的结构及其特点

类型	特点
平顶	结构简单，制造方便，吸热面积小，质量也较小，进、排气门都可采用，目前应用广泛
球面顶（凸顶式）	适用于排气门，因为其强度高，排气阻力小，废气的清除效果要好，但球形的受热面积大，质量和惯性力大，加工较复杂
喇叭形顶（凹顶式）	凹顶头部与杆部的过渡部分具有一定的流线型，可以减少进气阻力，故适用于进气门，但其顶部受热面积大，而不宜用于排气门

气门头部平面是一个锥面，其作用是与气门座圈接触，形成良好的密封。一般气门漏气就是因为该锥面密封不良所致。

为了保证进气门的进气量，通常进气门的气门锥角一般为 30° 或者 45°。排气门处于高温状态工作，为了保障足够的强度，气门锥角一般为 45°，如图 2-87 所示。

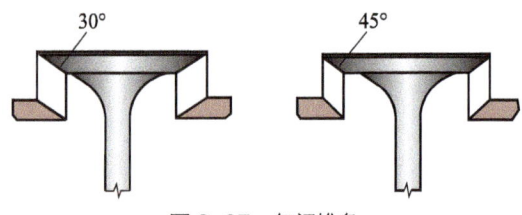

图 2-87 气门锥角

2. 气门弹簧

气门弹簧的功用是保证气门及时落座并与气门座或气门座圈紧密贴合，同时也可防止气门在发动机振动时因跳动而破坏密封。气门弹簧多为螺旋弹簧，向气门关闭方向施加张力。大多数发动机每个气门用一个气门弹簧，但有的发动机每个气门用两个弹簧（同心安装内外两个弹簧），为防止发动机高速运转时气门振动，常用不等螺距弹簧或双弹簧。气门弹簧如图 2-88 所示。

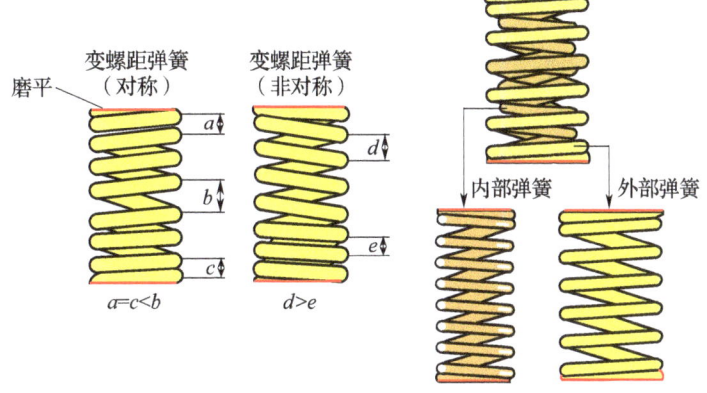

图 2-88 气门弹簧

3. 气门座

气缸盖上的进、排气道与气门锥面相结合的部位称为气门座。气门座是压嵌入气缸盖中的。当气门关闭时，气门工作面与气门座紧密地接触，使燃烧室保持密封性。气门座也将热量从气门传递到气缸盖，使其冷却。通常气门座加工成锥面，以便与气门工作面配合。气门座接触面宽度一般为 1.0～1.4mm。气门座及间隙如图 2-89 所示。

4. 气门导管

气门导管的功用是为气门的运动提供导向作用，保证气门做往复直线运动，使气门与气门座能正确贴合。气门杆与气门导管之间一般留有 0.05～0.12mm 的间隙，使气门杆能在导管中自由运动。气门导管依靠配气机构工作时飞溅起来的机油润滑。气门导管安装位置及润滑方式如图 2-90 所示。

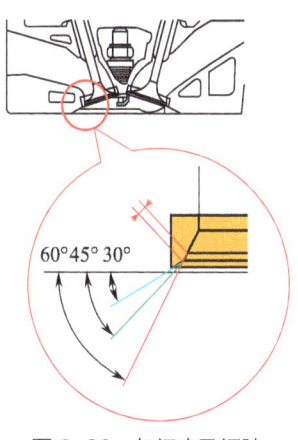

图 2-89 气门座及间隙

气门穿过气缸盖上的气门导管，其头部和气门座贴合，将气缸密封，如图 2-91 所示。为了能让气门在导管内上下运动，气门和导管之间存在一定间隙。发动机工作时，气缸盖上有许多飞溅的机油，为了防止机油从气门杆部漏至燃烧室，在气门导管的上面装有气门油封。有时，发动机尾气冒青烟，很有可能是气门油封损坏，导致发动机燃烧机油所致。

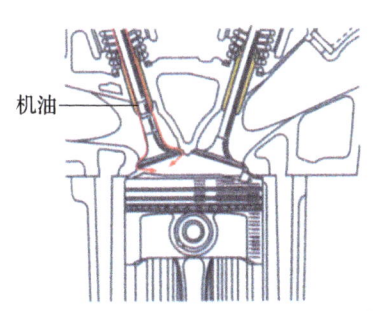

图 2-90 气门导管安装位置及润滑方式

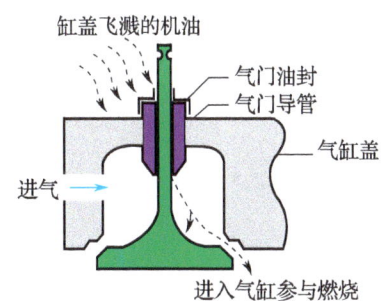

图 2-91 气门穿过气缸盖上的气门导管

气门导管的磨损情况可通过测量气门导管与气门杆配合间隙间接检查，发动机分解清洗后，直接测量气门导管内径和气门杆直径，两者之差即气门杆与气门导管的配合间隙。

气门导管与气门杆配合间隙若超过允许极限时,则换用一个新气门重新进行检查,根据测量结果确定是否需要更换气门或气门导管,必要时两者一起更换。

配气机构工作的状态对发动机的性能有重大的影响,因此对于配气机构的测量及检查是发动机维修过程中的一个重要项目。

将气门向外拉出 2~3mm,使百分表杆头顶住气门头。沿着百分表顶杆轴向晃动气门,观察并记录百分表指示的变化数值,如图 2-92 所示。

例如:B6304T 气门和气门导管之间的间隙,标准数据如下:

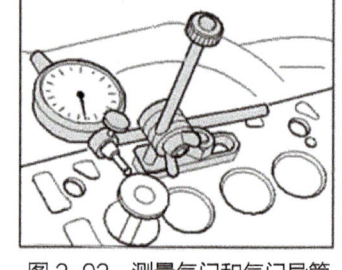

图 2-92　测量气门和气门导管之间的间隙

新组件间导管间隙
- 进气:0.03~0.06mm
- 排气:0.031~0.07mm

旧组件的最大间隙
- 进气/排气:0.50mm

例如:奥迪发动机气门和气门导管之间的间隙,标准数据如下:

新组件间导管间隙
- 进气:0.04~0.05mm
- 排气:0.05~0.06mm

旧组件的最大间隙
- 进气/排气:0.80mm

例如:奔驰发动机气门和气门导管之间的间隙,标准数据如下:

新组件间导管间隙
- 进气:0.035~0.05mm
- 排气:0.04~0.06mm

旧组件的最大间隙
- 进气/排气:0.80mm

例如:宝马发动机气门和气门导管之间的间隙,标准数据如下:

新组件间导管间隙
- 进气:0.04~0.060mm
- 排气:0.05~0.07mm

旧组件的最大间隙
- 进气/排气:0.50mm

5. 气门弹簧锁片

气门弹簧锁片安装在气门杆头下方的气门锁夹槽中,用来连接气门弹簧和气门,确保气门不会跌落,如图 2-93 所示。

气门弹簧锁片的连接方式有夹紧式和非夹紧式两种,如图 2-94 所示。

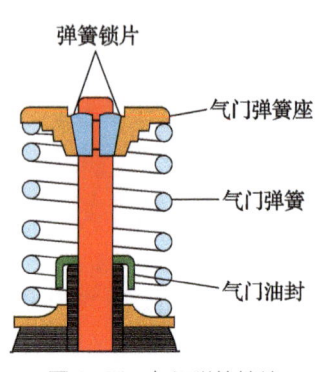

图 2-93　气门弹簧锁片

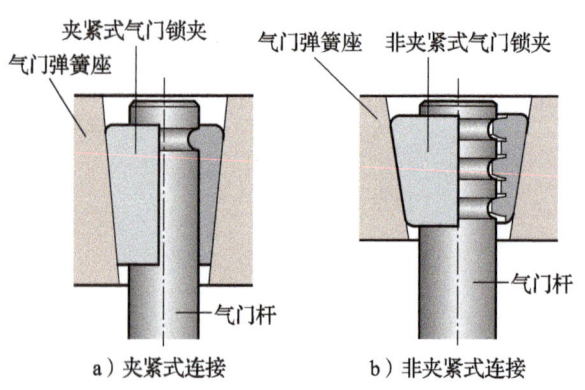

图 2-94　气门弹簧锁片的连接方式

采用非夹紧式连接时，处于安装状态下的两部分气门弹簧锁片相互支撑。这样可使气门弹簧锁片与气门杆之间留有允许气门旋转的间隙。这种旋转有助于气门运行和气门座清洁。轴向作用力通过三个卡在气门杆凹槽内的气门锁夹凸缘传递。因此气门弹簧锁片需进行淬火硬化处理。

采用夹紧式连接时，安装后两部分气门弹簧锁片之间留有一定的间隙。因此气门弹簧片夹紧在气门锁夹之间，以防止其旋转。这种夹紧式气门弹簧锁片尤其适用于高转速发动机。夹紧式气门弹簧锁片的一个优点是重量较轻（比三列式气门片夹轻 50% 左右）。此外，气门弹簧作用力不是以结构连接方式通过气门杆上的凹槽传递，而是以附着力方式传递。

（二）气门传动组

气门传动组的功用是按照发动机工作循环和点火次序开启或关闭气门，并保证气门有足够的开度和适当的气门间隙。气门传动组主要由凸轮轴、挺柱、推杆（下置式）和摇臂等组成。气门传动组如图 2-95 所示。

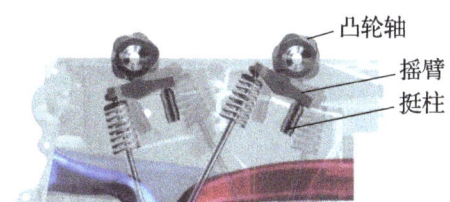

图 2-95 气门传动组

1. 凸轮轴

凸轮轴的功用是驱动及控制各缸进、排气门的开启与闭合。凸轮轴控制换气过程和燃烧过程，其主要任务是开启和关闭进、排气门。凸轮轴由曲轴驱动，其转速与曲轴转速之比为 1:2，即凸轮轴转速只有曲轴转速的一半。凸轮轴上凸轮形状，即凸轮横截面轮廓决定了气门行程用来控制进气门与排气门的开启与关闭。

凸轮轴一般采用优质合金钢模锻而成。凸轮与轴颈表面经过热处理，具有足够的硬度和耐磨性，如图 2-96 所示。

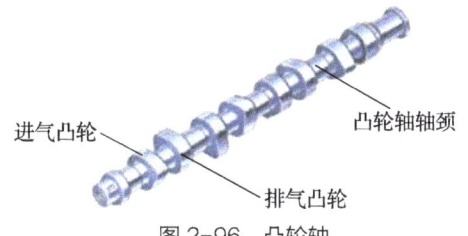

图 2-96 凸轮轴

凸轮轴上各缸进气凸轮（或者排气凸轮）称为同名凸轮。从凸轮轴的前端来看，各缸同名凸轮的相对位置按发动机做功顺序逆凸轮轴转动方向排列，如图 2-97a 所示，四缸发动机同名凸轮间夹角为 90°；如图 2-97b 所示，六缸发动机同名凸轮间夹角为 60°。

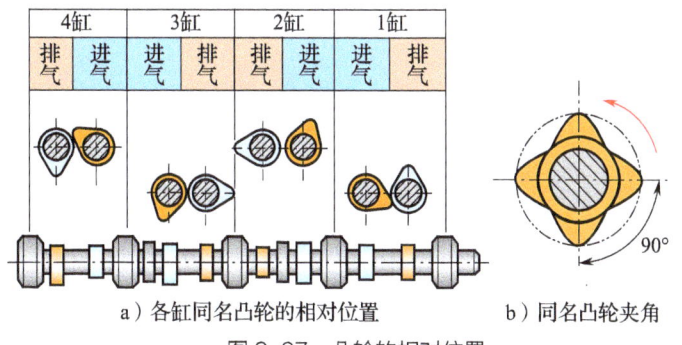

a）各缸同名凸轮的相对位置　　b）同名凸轮夹角

图 2-97 凸轮的相对位置

根据凸轮轴安装位置或驱动气门的方式不同,气门传动组可以分为顶置凸轮轴直接驱动式、顶置凸轮轴摇臂驱动式和下置凸轮轴推杆驱动式三种,如图2-98所示。

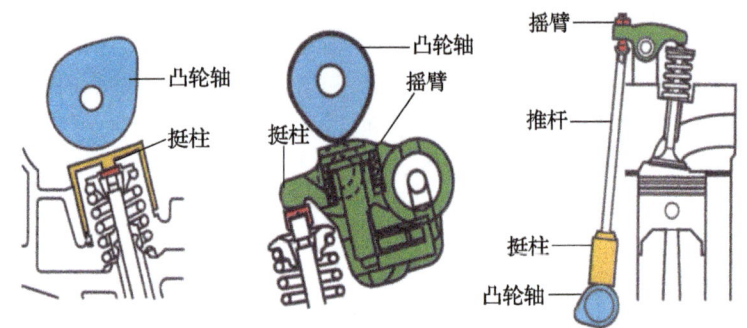

a)顶置凸轮轴直接驱动式　b)顶置凸轮轴摇臂驱动式　c)下置凸轮轴推杆驱动式

图2-98　凸轮轴安装位置或驱动形式

(1)检查凸轮轴跳动量

检查凸轮轴弯曲变形可用其两端轴颈外圈或两端的中心孔当基准,测量中间一道轴颈的径向圆跳动量,如图2-99所示。

将凸轮轴放置在V型架上,缓慢转动凸轮轴观察百分表指针变化并记录,计算凸轮轴中间轴颈的椭圆度。凸轮轴径向圆跳动量一般为0.01~0.03mm,允许极限一般为0.05~0.10mm。如果跳动量超过0.10mm极限值,可对凸轮轴进行冷压校正,必要时应更换凸轮轴。

(2)凸轮轴向间隙检查

将凸轮轴置于气缸盖上,利用一字螺丝刀缓慢前后移动凸轮轴,观察百分表指针变化并记录,计算凸轮轴的轴线间隙。通常标准止推间隙:0.08~0.35mm。如果气缸盖上的凸轮轴座磨损,造成止推间隙过大,则要更换气缸盖,否则更换凸轮轴,如图2-100所示。

(3)凸轮轴轴颈直径测量

使用千分尺分别测量进、排气凸轮轴凸轮的直径,如果测量值低于参考数值,就必须更换凸轮轴,如图2-101所示。

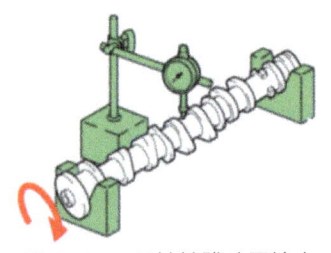 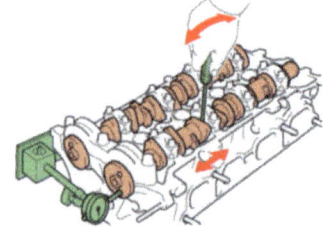 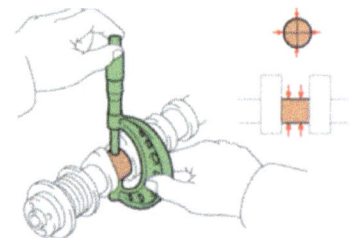

图2-99　凸轮轴跳动量检查　　图2-100　凸轮轴向间隙检查　　图2-101　凸轮轴轴颈直径测量

2. 挺柱

挺柱的作用是把凸轮传来的作用力传给推杆或气门。挺柱分为机械挺柱和液压挺柱(也称气门间隙调节器),现代发动机大部分采用液压挺柱。液压挺柱可以确保发动机在所有运行条件下气门间隙始终为零,即使发动机长时间运行后也无需进行气门间隙调节,如图2-102所示。

采用液压挺柱可以实现无间隙气门控制,如图2-103所示。液压挺柱可确保气门控制机构在所有运行条件下无间隙地工作且能补偿因磨损所造成的长度变化。

一种常用的液压挺柱元件是液压支撑元件。这种元件主要由液压缸、活塞和带有压缩弹簧的球阀组成。发动机运转时，机油从发动机机油循环系统经过环形集油槽和油孔流入活塞内部和液压缸中。

图 2-102　液压挺柱

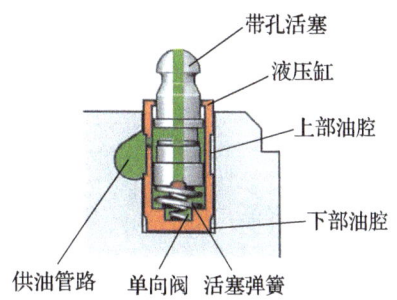

图 2-103　液压挺柱的结构

如图 2-104 所示，出现气门间隙时，活塞弹簧将活塞从液压挺柱元件液压缸中压出，直至压杆的凸轮滚轮靠在凸轮上。因此活塞下的压力腔扩大，压力下降。球阀（单向阀）打开，机油流入下部油腔中。上部和下部油腔之间的压力平衡时，阀门关闭。

只要凸轮在摇臂的滚柱轴承上运行，活塞就有负载，下部压力腔内开始增压。增压促使球阀立即关闭。因为压力腔内的机油无法压缩，所以该支撑元件起"液压刚性连接"作用，如图 2-105 所示。

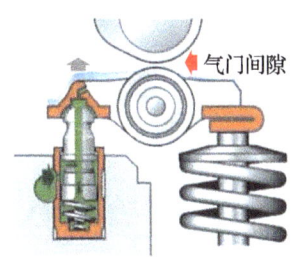

图 2-104　出现气门间隙时

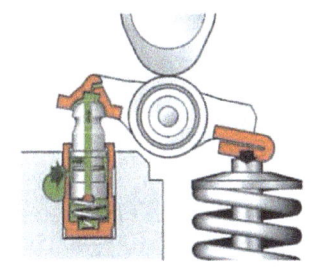

图 2-105　气门被驱动

桶状挺柱采用桶状结构，如图 2-106 所示。

液压挺柱安装在凸轮与气门之间，由挺柱体、单向阀、单向阀回位弹簧、单向阀回位弹簧座、柱塞回位弹簧、气门、气门推杆和柱塞等组成，如图 2-107 所示。

图 2-106　桶状挺柱

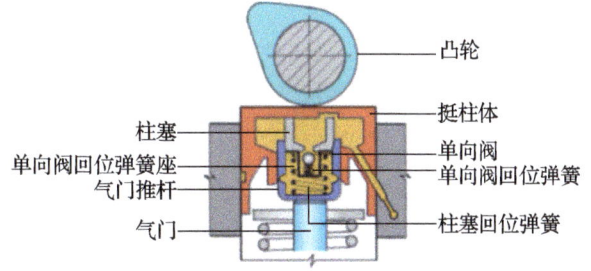

图 2-107　液压挺柱的安装位置和组成

液压挺柱检查：

1）用手指按压柱塞的阻力情况，如果柱塞可以被压下，则用专用工具给液压挺柱重新注油。

2）如图 2-108 所示，使用销子（直径为 15mm）按下球阀。

3）将液压挺柱浸入干净的机油中，反复按压柱塞，如图 2-109 所示，直至无气泡排出挺柱。

4）如图 2-110 所示，用手指按压柱塞检查柱塞的阻力情况。

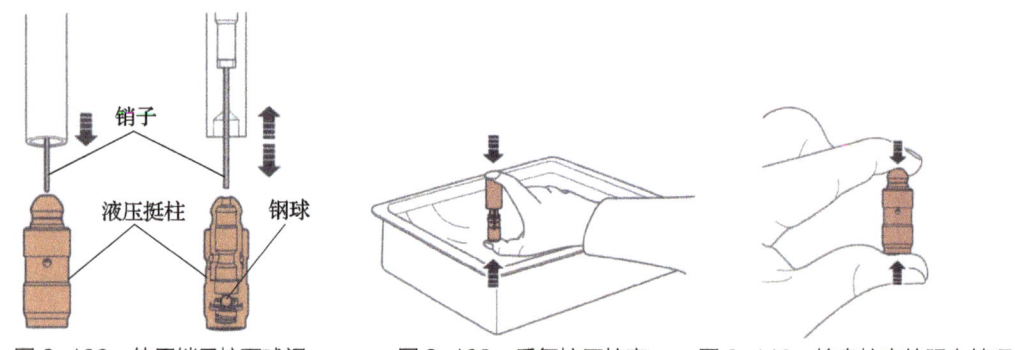

图 2-108　使用销子按下球阀　　图 2-109　反复按压柱塞　　图 2-110　检查柱塞的阻力情况

5）如果再尝试三次以后柱塞可被压下，应更换新的摇臂挺柱组件。

3. 摇臂

摇臂的作用是将推杆或凸轮轴传来的力改变方向，作用到气门杆尾部以推开气门。摇臂实际上是一个中间带有圆孔的不等长双臂杠杆，如图 2-111 所示。下置凸轮轴式气门驱动机构的摇臂短臂端与推杆相连，并有螺栓孔，用来安装气门调整螺栓，长臂端驱动气门，工作原理如图 2-112 所示。

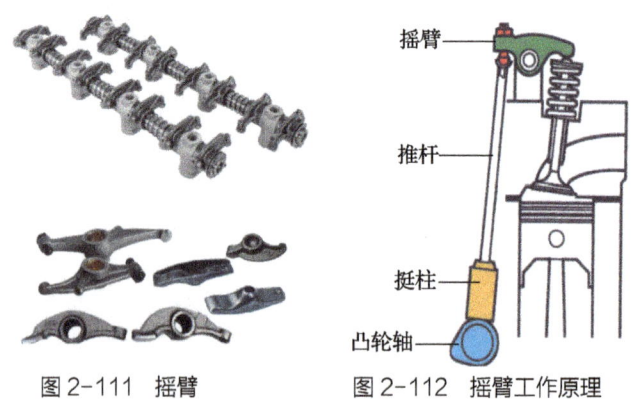

图 2-111　摇臂　　图 2-112　摇臂工作原理

滚子凸轮摇臂如图 2-113 所示，摇臂一端支撑在液压挺柱上，另一端靠在气门上，凸轮轴的凸轮从上面压向摇臂中间的滚轮上。

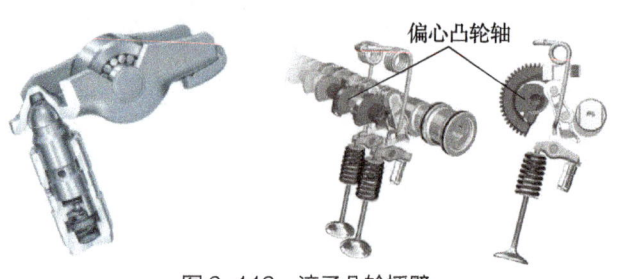

图 2-113　滚子凸轮摇臂

（三）配气相位和正时

1. 配气相位

理论上，发动机进气门应在活塞处于上止点时开启，到下止点时关闭；排气门则应在活塞处于下止点时开启，到上止点时关闭。但是，实际发动机转速都很高，活塞的每一行程历时都极短，往往会使发动机充气不足或排气不干净，造成发动机功率下降。因此，汽车发动机采取延长进、排气时间的方法改善进、排气情况，即气门开启和关闭的时刻分别提前或延迟一定的曲轴转角。

用曲轴转角表示的进、排气门开闭时刻和开启持续时间称为配气相位，又称气门正时。

用曲轴转角的环形图表示的配气相位称为配气相位图，如图2-114所示。

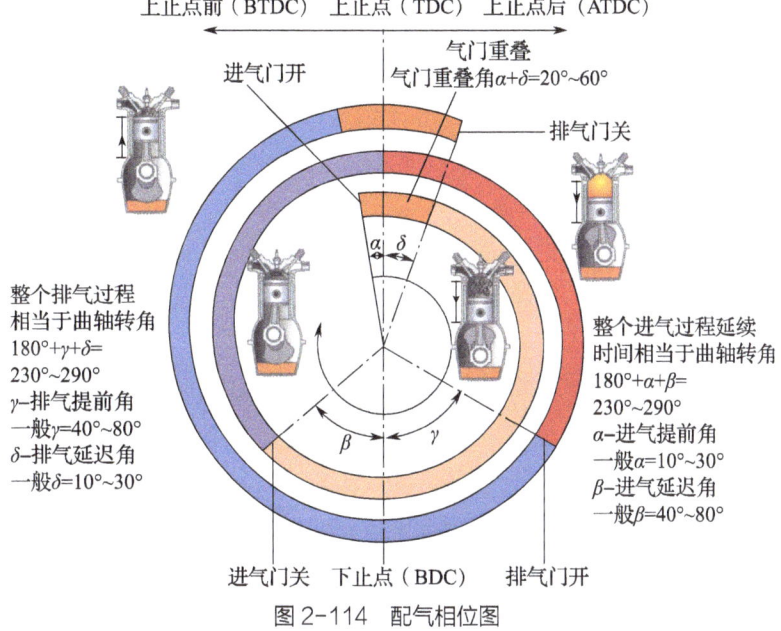

图2-114 配气相位图

2. 可变正时

传统发动机由最常用转速确定最佳配气相位，且固定不变，气门升程由凸轮形状决定，也固定不变。发动机配气相位不是根据发动机的工作状况不同而改变。

实际上发动机在高转速时吸气和排气的时间是非常短的，要想达到更高的充气效率，就必须延长气缸的吸气和排气时间，也就是要求增大气门的重叠角；而发动机在低转速时，过大的气门重叠角则容易使得废气倒灌，吸气量反而会下降，从而导致发动机怠速不稳，低速转矩偏低。

可变配气相位可以根据发动机转速和工况的不同而进行调节，使得发动机在高速和低速下都能获得理想的进、排气效率，如图2-115所示。

（1）链条张紧式凸轮轴正时调节机构

链条张紧式凸轮轴正时调节机构通过改变凸轮轴链条的张紧度从而改变配气正时。该机构只能对凸轮轴进行调节。该机构由凸轮轴调节阀、调节活塞、链条张紧器滑块、止动销等组成，如图2-116所示。

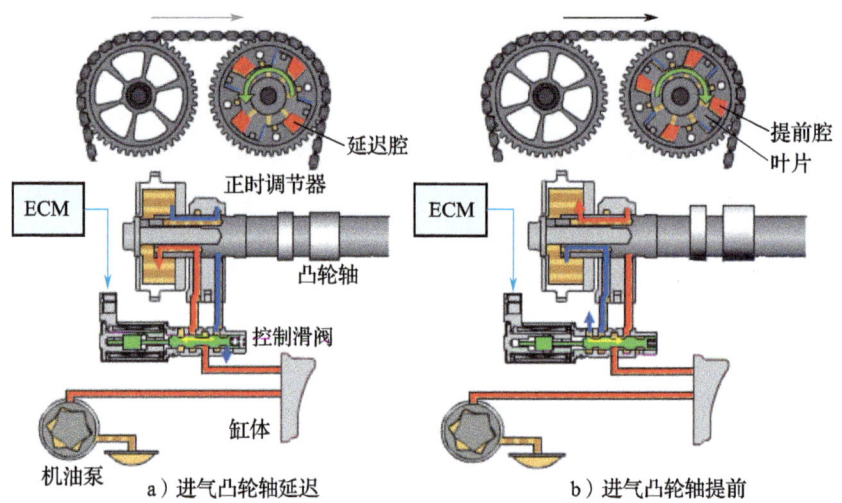

图 2-115 可变配气相位

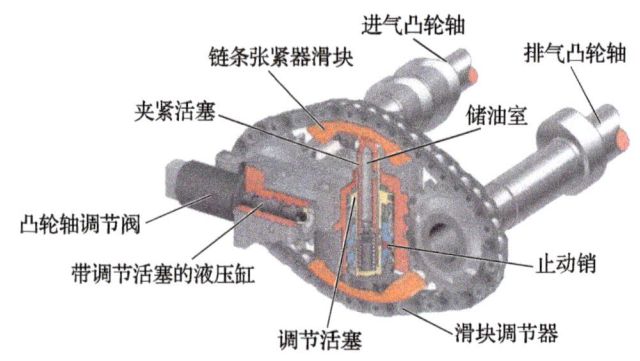

图 2-116 链条张紧式凸轮轴正时调节机构

1)功率调节(图 2-117)。发动机关闭和起动时没有机油压力或机油压力低调节活塞一直处于被锁止状态,该位置称为基本位置或滞后位置。此时进气门延时关闭,由于气流速度和转速较高,虽然活塞已经再次向上运动,但可燃混合气仍然继续涌入气缸,充气效率更高,发动机工作在大功率工况。

2)转矩调节(图 2-118)。当机油压力达到一定值时,机油压力就作用到锁止螺栓面

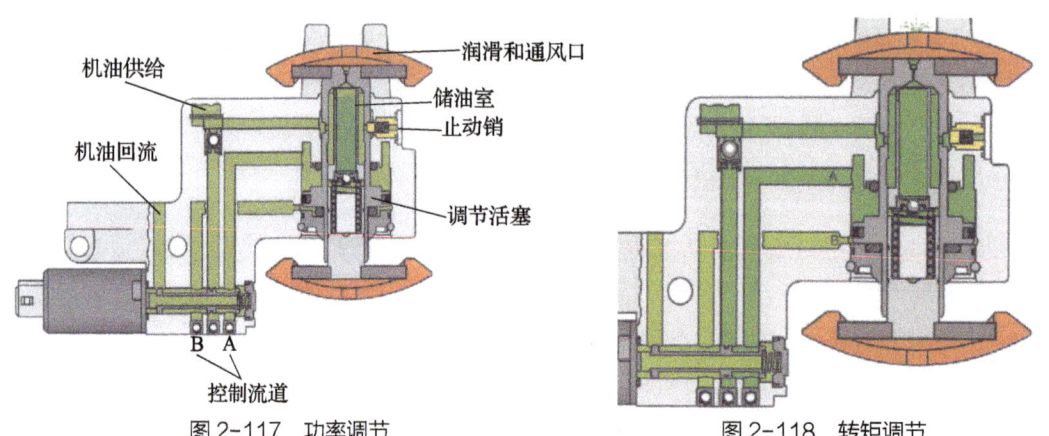

图 2-117 功率调节　　　　　图 2-118 转矩调节

上,机油压力作用方向与弹簧力作用方向相反。于是,止动销松开调节活塞,这样就可按发动机控制单元的控制指令向"提前"方向进行调节。在中低转速工况,发动机可获得最大的转矩输出。

(2)叶片式凸轮轴正时调节装置

叶片式凸轮轴正时调节装置安装在每根需要调节的凸轮轴上,与凸轮轴链轮组合在一起。调节器由转子、定子、油压分配器阀门、弹簧锁销等组成。转子焊接在进气凸轮轴上,定子直接作用在控制链条上,分配器阀门用一个带左旋螺纹的螺钉固定在凸轮轴上。

发动机控制单元使用空气流量传感器和发动机转速传感器的信号作为计算所需要的主信号。此外,还将冷却液温度传感器的信号作为修正信号,将霍尔式传感器信号作为识别到进气凸轮位置的反馈信号。

调节器的位置由凸轮轴调节的电磁阀门来确定,它由发动机控制单元通过一个脉冲宽度调制信号进行控制。

停车后,调节器就锁定在延后位置上,这个功能通过弹簧锁销来实现。当机油压力超过 0.5bar($1bar=10^5Pa$)时便会解锁。叶片式凸轮轴正时调节装置如图 2-119 所示。

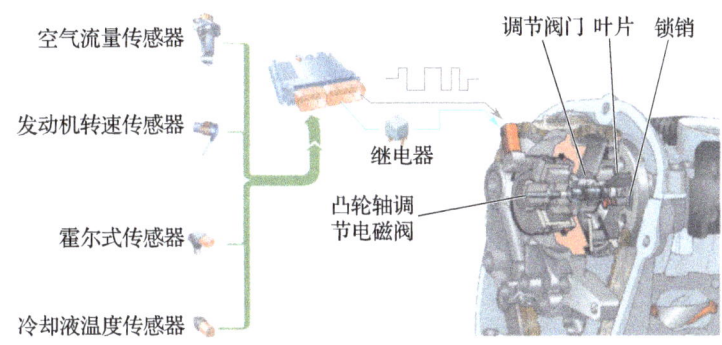

图 2-119 叶片式凸轮轴正时调节装置

叶片式凸轮轴正时调节装置由壳体和叶片组成。壳体连接着凸轮轴正时齿轮,叶片连接着凸轮轴。壳体顺时针转动,叶片沿顺时针方向的腔称为前腔,沿逆时针方向的腔称为后腔,如图 2-120 所示。

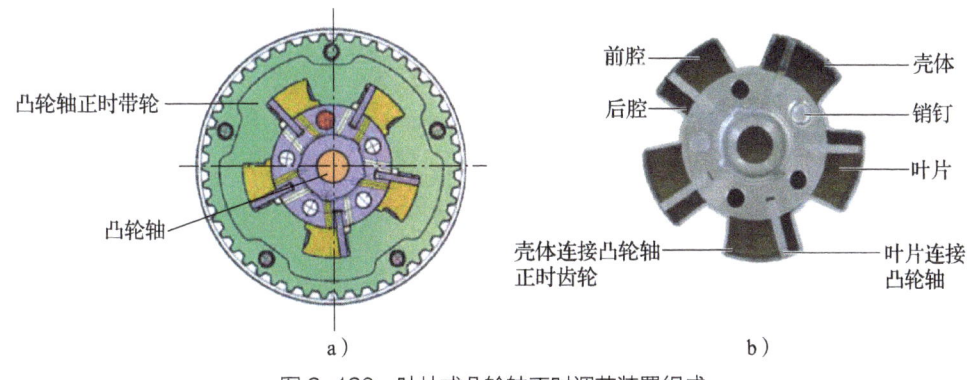

图 2-120 叶片式凸轮轴正时调节装置组成

五、燃油供给与喷射系统

燃油供给与喷射系统的功用是根据发动机工况的不同要求,准确地计量空气与燃油的混合比，并将一定数量和压力的燃油喷射到进气歧管或直接喷射到气缸中。燃油供给与喷射系统主要由燃油箱、燃油泵、燃油滤清器、燃油管、燃油分配轨和喷油器等组成，如图2-121所示。

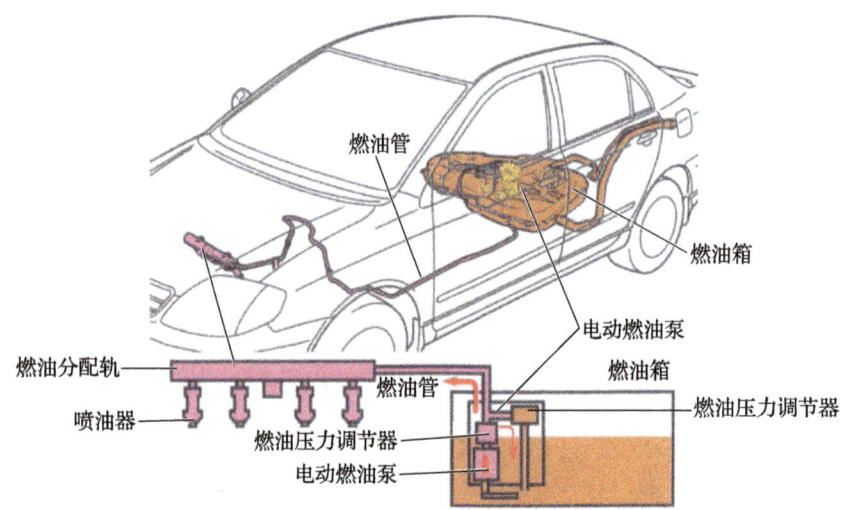

图 2-121　燃油供给与喷射系统组成

（一）电子燃油喷射系统总体构成

电子燃油喷射系统（EFI），是以电控单元为控制中心，利用安装在发动机上的各种传感器测出发动机的各种运行参数，再按照 ECU 中预存的控制程序精确地控制喷油器的喷油量，使发动机在各种工况下都能获得最佳空燃比的可燃混合气。电子燃油喷射系统的组成如图 2-122 所示。

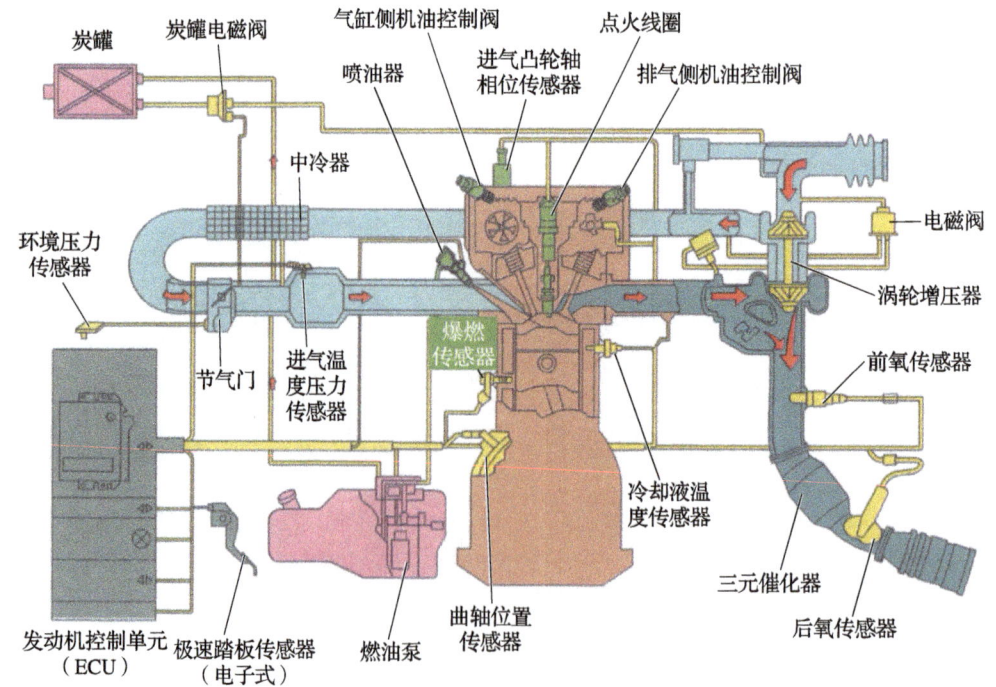

图 2-122　电子燃油喷射系统的组成

（二）燃油供给系统零部件

燃油供给系统主要由燃油箱、燃油滤清器、电动燃油泵、燃油压力调节器、燃油分配轨及喷油器等组成，如图 2-123 所示。

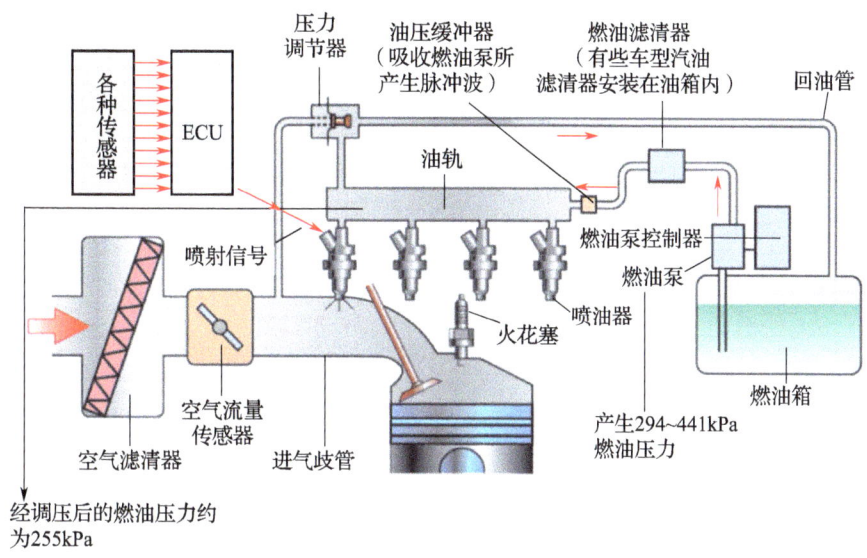

图 2-123　燃油供给系统组成

燃油系统的主要功能为将燃油箱的燃油经过燃油泵的作用，将燃油产生 294～441kPa 的液压油，经燃油滤清器滤清后，将具有脉冲波的液压油送到油压缓冲器减缓液压油的脉冲波。

经油压缓冲器减缓脉冲波的液压燃油，再送压力调整器之压力调节后，储存在油轨中。各缸的喷油器进油口在油轨的储油室中取得稳压的燃油送往喷油器的出油孔待命。喷油器一旦接获 ECU 的指令，开启喷油器的针阀，喷油器便开始喷油，针阀关闭则停止喷油。以喷油器针阀开启时间的长短来控制每一个工作循环的喷油量。

1. 燃油箱

燃油箱是用来储存燃油的，其容量大小与车型和发动机排量有关，如图 2-124 所示。

燃油箱内部有一个油井用来安装电子燃油泵，保证能吸到液体的燃油。燃油液位计也安装在燃油箱内。

燃油箱是用塑料或金属制成的矩形空箱，大多数燃油箱内部装有隔板。油箱隔板可防止汽车在转弯和制动时，燃油在油箱内的摇动，如图 2-125 所示。

图 2-124　燃油箱

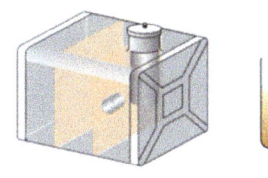

图 2-125　燃油箱内部结构

燃油箱加油盖上安装一个压力/真空阀。当燃油箱内部压力很高时，压力阀被打开，燃油蒸气排放到大气中去。当燃油箱内形成一定真空时，真空阀就打开。

目前，为了达到环境保护的要求，燃油箱都有一条与炭罐相连的通道。炭罐将原先蒸发到大气中的燃油蒸气储存在炭罐内，然后当发动机工作时，再将炭罐内汽油蒸气送到发动机燃烧，如图 2-126 所示。

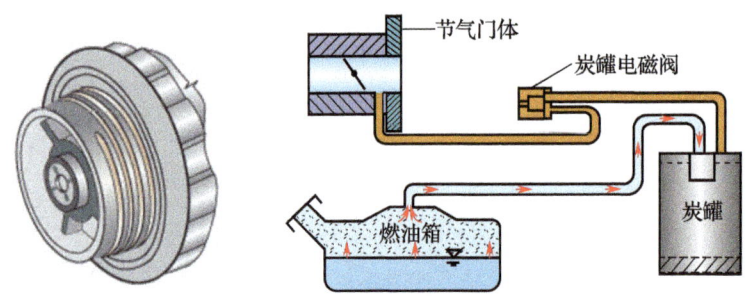

图 2-126　压力/真空阀和炭罐

2. 燃油滤清器

燃油从炼制、运输、出售到加注于油箱储存，在这段时间，燃油中总会有水分及杂质掺杂其中。为了防止燃油中的水分、杂质堵塞喷油器，造成喷油器的阻塞或损坏。这些杂质进入气缸，也容易刮伤气缸壁，影响发动机寿命。

使用燃油滤清器的目的是除去燃油系统中的细小颗粒，减少零件的磨损，并避免喷油器的堵塞。

燃油滤清器中通常使用带有褶皱的滤纸进行滤清。燃油滤清器是一个带有进口和出口的密闭容器，燃油从进油口进入，通过滤清材料的外部，再从滤清材料的中心，从出油口流出，如图 2-127 所示。很多汽车都在出油口处并联回油口。回油口处安装限压阀，当出油口的需求量较大时，回油口的压力较小，限压阀关闭。当出油口的需求量较小时，回油口的压力较大，限压阀打开，多余的燃油流回燃油箱。

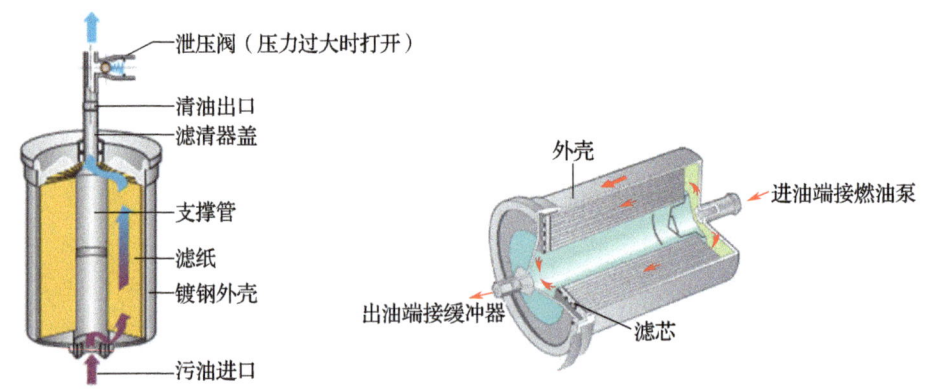

图 2-127　燃油滤清器的结构

汽油机所使用的燃油滤清器外壳必须能承受 450kPa 以上的油压。滤芯则采用纸质滤芯，可过滤直径 10μm 以上的杂质，如图 2-128 所示。

燃油滤清器通常安装于油箱出口处，或发动机舱燃油管路径上的适当位置。有些汽油滤清器采用免保养式燃油滤

图 2-128　金属外壳燃油滤清器

清器，将汽油滤清器安装于油箱内，并将燃油泵包覆于燃油滤清器内。在正常使用的情况下，此式燃油滤清器可使用10万km以上。图2-129所示为包含燃油滤清器的燃油泵总成。

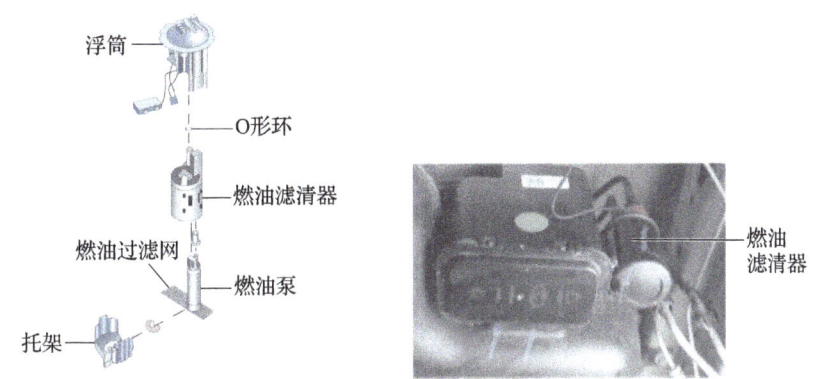

图2-129 包含燃油滤清器的燃油泵总成

滤清器的使用寿命是有限的，应根据车辆行驶里程，使用的燃油质量情况及时更换，以保证发动机稳定行驶。

3. 电动燃油泵

电动燃油泵将燃油从油箱中吸出，并通过喷油器供给各气缸。如图2-130所示，电动燃油泵一般安装在油箱内，浸在燃油中。目前汽车一般采用滚柱式和叶片式燃油泵。

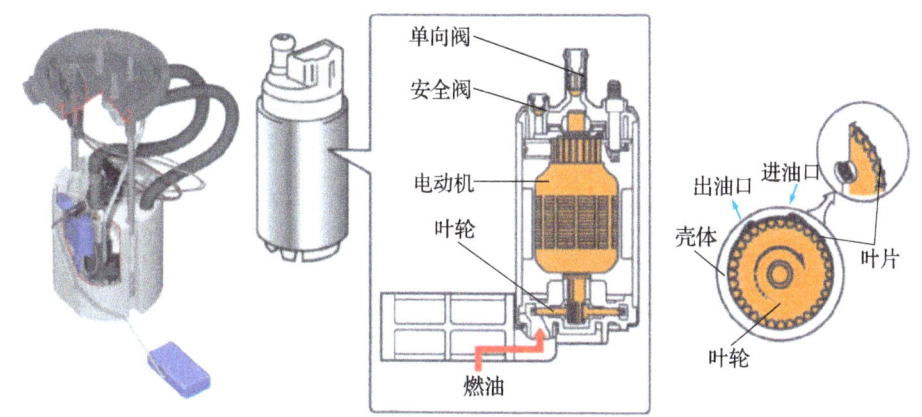

图2-130 电动燃油泵

（1）滚柱式燃油泵

当转子旋转时，位于转子槽内的滚柱在离心力的作用下，紧压在泵体内表面上，对周围起密封作用，在相邻两个滚柱之间形成工作腔。在燃油泵运转过程中，工作腔转过出油口后，其容积不断增大，形成一定的真空度，当转到与进油口连通时，将燃油吸入；而吸满燃油的工作腔转过进油口后，容积不断减小，使燃油压力提高，受压燃油流过电动机，从出油口输出，如图2-131所示。

（2）叶片式燃油泵

转子旋转时，叶片在离心力和压力油的作用下，尖部紧贴在定子内表面上。这样两个叶片与转子和定子内表面所构成的工作容积，先由小到大吸油，再由大到小排油，叶片旋转一周时，完成两次吸油与排油，如图2-132所示。

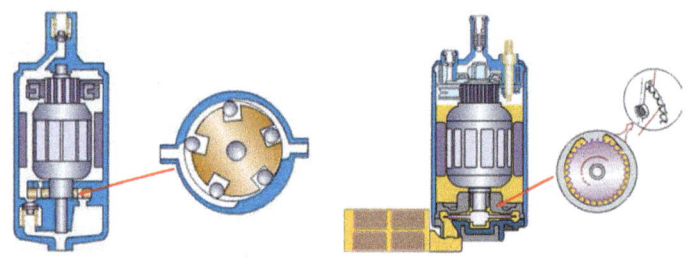

图2-131 滚柱式燃油泵　　　图2-132 叶片式燃油泵

（3）电动燃油泵工作原理

燃油泵电动机通电时，会驱动涡轮泵叶轮旋转，由于离心力的作用，叶轮周围小槽内的叶片贴紧泵壳，将燃油从进油室带往出油室，如图2-133所示。

由于进油室的燃油不断被带走，所以形成一定的真空度，将燃油从进油口吸入；出油室燃油不断增多，燃油压力升高，当达到一定值时，则顶开单向阀经出油口输出。单向阀还可在油泵不工作时阻止燃油流回油箱，使油路中有一定的残余压力，便于下次起动，如图2-134所示。

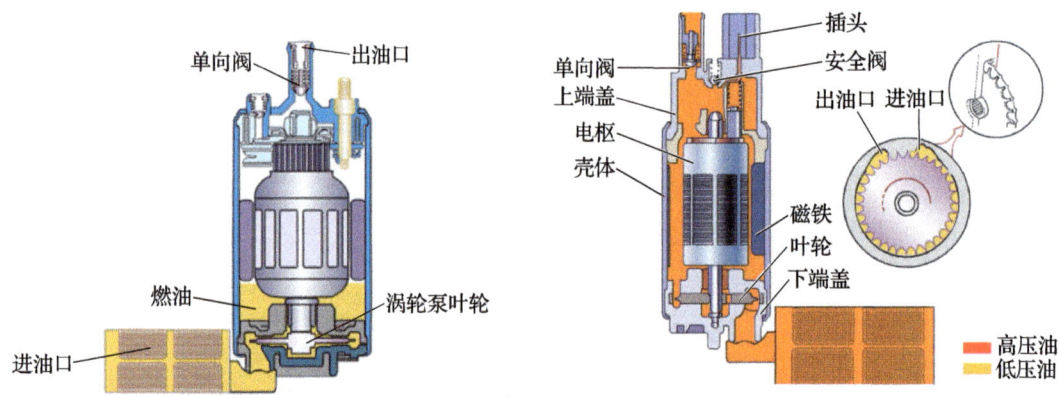

图2-133 电动燃油泵通电时的工作状态　　　图2-134 电动燃油泵低油压时工作状态

当油路出现堵塞，燃油工作压力上升到400kPa时，安全阀打开，高压汽油同泵的吸入侧连通，汽油在泵和电动机内部循环，这样可以防止燃油压力的上升不高于设定燃油压力，如图2-135所示。

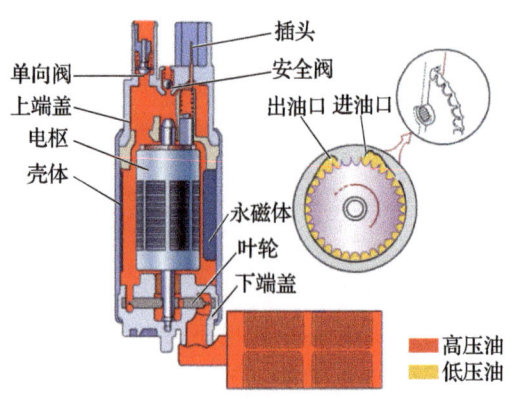

图2-135 燃油泵安全阀打开

（4）高压共轨系统高压泵

燃油系统由低压系统和高压系统两部分组成，如图2-136所示。

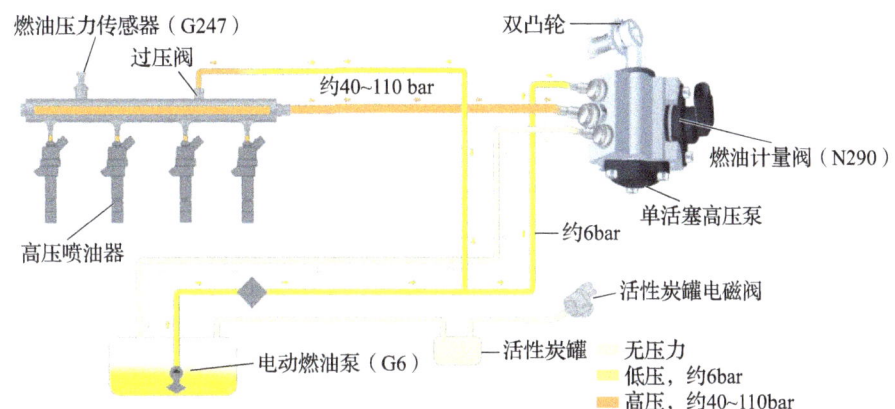

图2-136　低压系统和高压系统

在低压系统中，电动燃油泵将约6bar（1bar=10^5Pa）的燃油经滤清器供应给高压泵。从高压泵来的回油直接进入燃油箱。

在高压系统中，单活塞高压泵将40~110bar（取决于负荷和转速）的燃油送入燃油分配管，分配管再将燃油分配给四个高压喷油器。过压阀用于保护工作在高压下的部件。它在压力高于120bar时会打开。过压阀打开时，流出的燃油会进入高压泵的供油管内。

高压共轨系统采用单活塞高压泵，如图2-137所示。

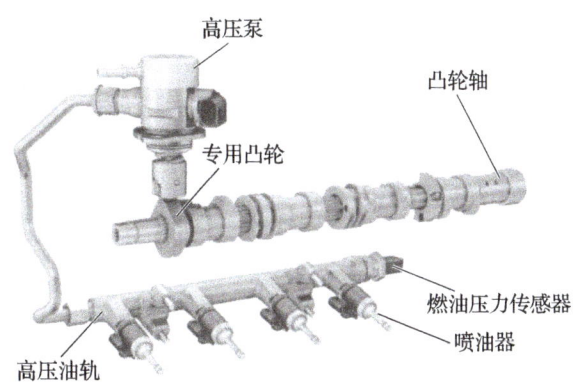

图2-137　单活塞高压泵

单活塞高压泵的供油量是可调的，单活塞高压泵由凸轮轴经双凸轮来机械式驱动。电动燃油泵给高压泵供应最高为6bar的预压力。高压泵再产生供油轨内所需要的高压。

当活塞向下运动时，压力约为6bar的燃油从油箱内的泵中经进油阀流入泵腔内，如图2-138所示。

当活塞向上运动时，燃油就被压缩了，在压力超过油轨内压力时，燃油就被送入燃油分配管。燃油计量阀（可控阀）位于泵腔和燃油入口之间，如图2-139所示。

如果燃油计量阀在供油行程结束前打开了，那么泵腔内的压力会卸掉，燃油就会流到燃油进入口内。在泵腔和燃油分配管之间有一个单向阀，它在燃油计量阀打开时可阻止油轨内的压力下降，如图2-140所示。

为了调节供油量，燃油计量阀从油泵凸轮的下止点到某一行程之间是关闭的。当达到所需要的轨内压力时，燃油计量阀打开，这样就可防止轨内压力继续升高。

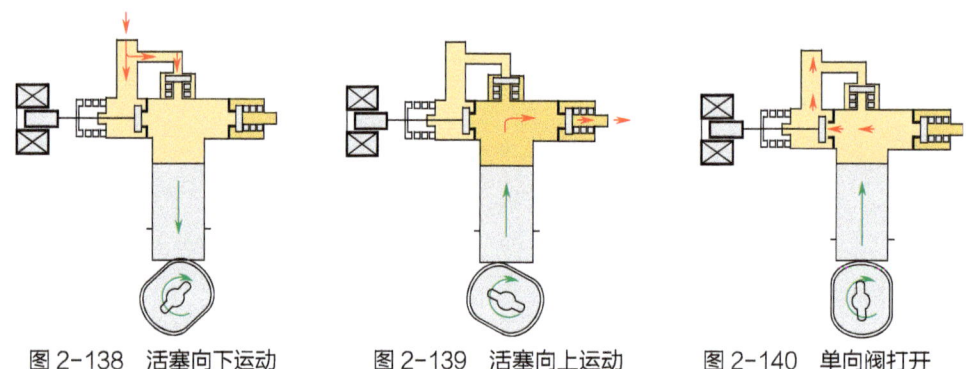

图2-138 活塞向下运动　　图2-139 活塞向上运动　　图2-140 单向阀打开

4. 燃油压力调节器

燃油压力调节器（图2-141）一般安装在燃油分配轨上，其功用是根据进气歧管内绝对压力的变化来调节系统油压，保持喷油器的喷油绝对压力恒定，使喷油器的喷油量只取决于喷油器的开启时间。

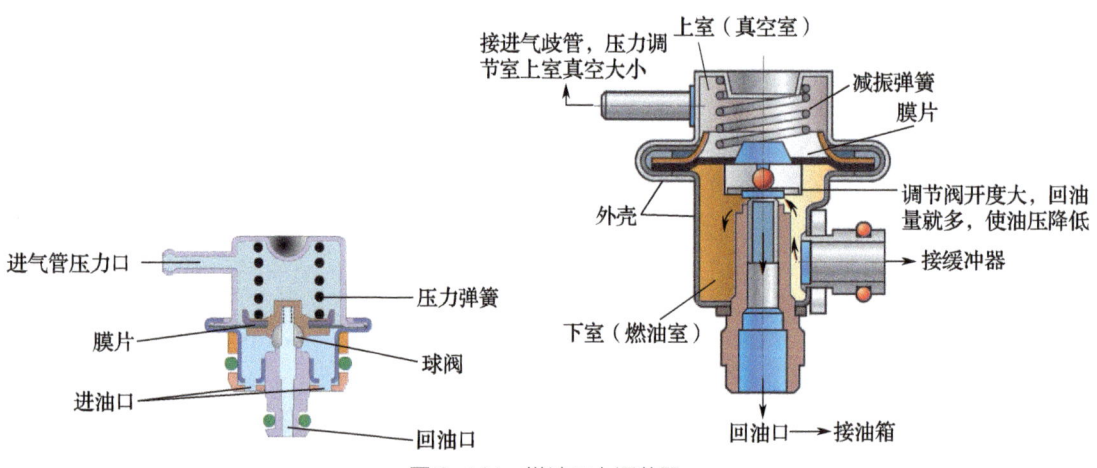

图2-141 燃油压力调节器

当系统油压超过规定值时，燃油压力克服弹簧压力，将膜片向下压，打开阀门，与回油通道接通，系统压力降低，回到规定值。

如果进气歧管真空度变大，为了维持燃油导轨内部与进气歧管内部的压力差恒定，就必须降低系统油压。把进气歧管真空度引入弹簧室，能够减小膜片上方螺旋弹簧的作用力，进而减小打开阀门的压力，使系统油压下降到规定值，如图2-142所示。

当电动燃油泵停止工作时，在膜片和螺旋弹簧力的作用下使阀门关闭，保持油路中的残余压力。

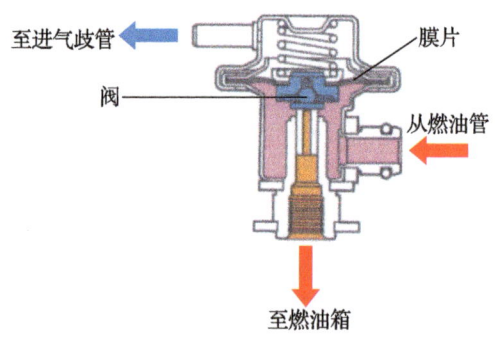

图2-142 燃油压力调节器工作原理

5. 燃油分配轨

燃油分配轨的功用是将燃油均匀、等压地分配给各喷油器，同时还具有储油续压的作用，如图2-143所示。

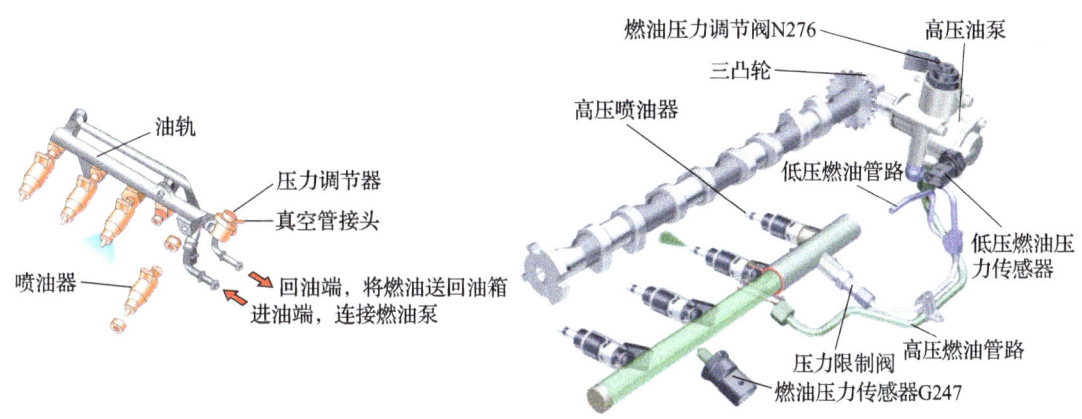

图2-143　燃油分配轨

燃油从燃油泵泵出，经滤清器后流入燃油分配轨。燃油分配轨用螺栓安装在进气歧管下部的固定座上，其上安装有喷油器，如图2-144所示，燃油压力调节器保持正常的系统压力，压力过高时，多余的燃油经燃油压力调节器的回油口流回燃油箱。

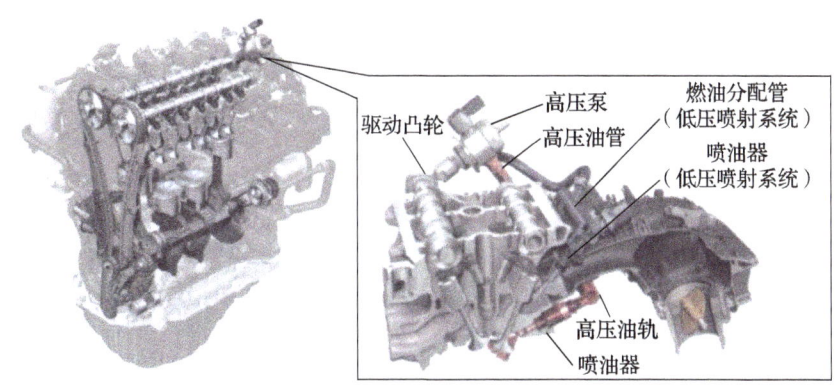

图2-144　燃油分配轨安装位置

6. 喷油器

根据计算机提供的脉冲宽度，喷油器根据发动机不同工况的需要，定时、定量地向气缸内喷射燃油，如图2-145所示。

a）歧管喷射喷油器　　　　b）缸内喷射喷油器

图2-145　喷油器

（1）歧管喷射喷油器

喷油器有 2 个接脚，一为电源接脚（接 12V 电源），二为搭铁接脚（连接到 ECU），由 ECU 控制与搭铁间的导通性。喷油器构造如图 2-146 所示。

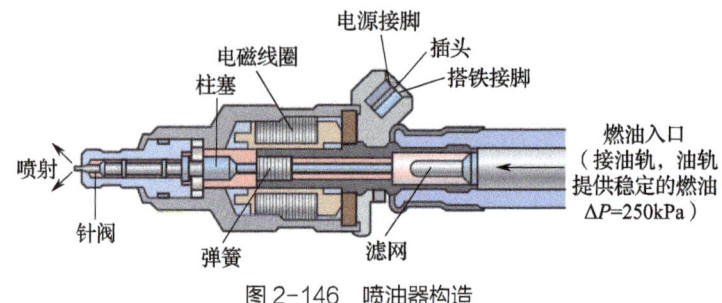

图 2-146　喷油器构造

（2）缸内喷射喷油器

高压喷油器是燃油分配管（轨）和燃烧室之间连接体。

高压喷油器的任务是：计量出一定量燃油，并将这些燃油在燃烧室中的一定区域中雾化，以便形成所需要的均匀燃油混合气（分层充气或均质充气），如图 2-147 所示。

由于燃油分配管（轨）和燃烧室之间有压力差，所以在高压喷油器动作时燃油就被直接送入燃烧室。

通电时电磁线圈产生电磁力，将衔铁及针阀吸起，打开喷孔燃油经针阀头部的轴针与喷孔之间的环形间隙高速喷出；断电时，电磁力消失，衔铁及针阀在回位弹簧的作用下将喷孔封闭，喷油器停止喷油，如图 2-148 所示。

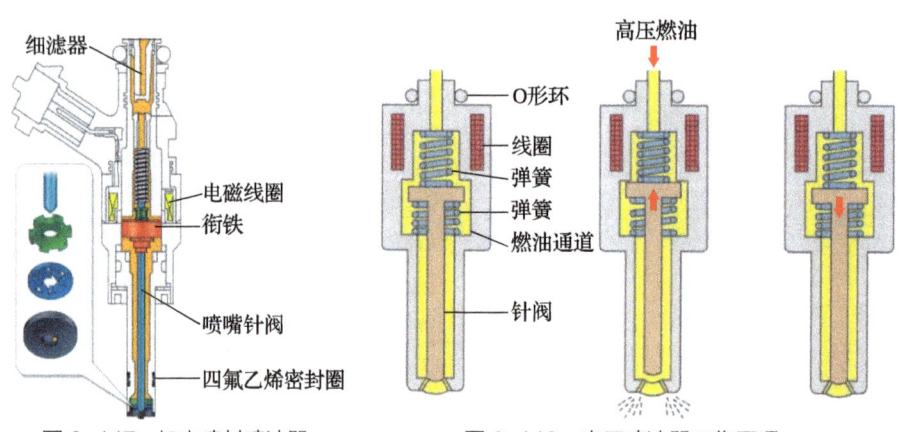

图 2-147　缸内喷射喷油器　　图 2-148　高压喷油器工作原理

（3）喷束准备

混合气制备受喷束准备即喷束形状、喷束角度和油滴大小的影响。为此，喷油器装备有一个有许多定径小孔的喷油孔圆盘，但是混合气制备也受进气管和气缸盖几何形状的影响。有以下几种喷油器可供使用：

● 锥形喷束喷油器

从定径小孔喷射出来的各燃油喷束共同构成了一个喷束锥。锥形喷束进入进气门与进气管壁之间的开口内。

锥形喷束阀应用于单进气门发动机，如图 2-149 所示。

- 双喷束喷油器

双喷束喷油器应用于带有双进气门的发动机。在双喷束喷油器中喷油孔圆盘小孔的设计是双喷束喷油器喷出两个燃油喷束，分别供给两个进气门，如图 2-150 所示。

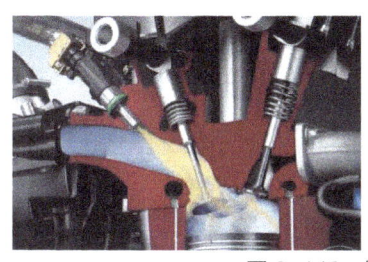
图 2-149　锥形喷束喷油器

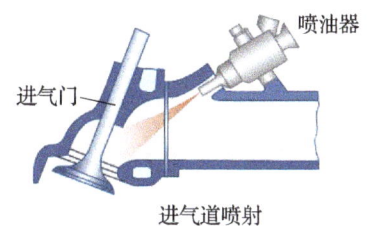

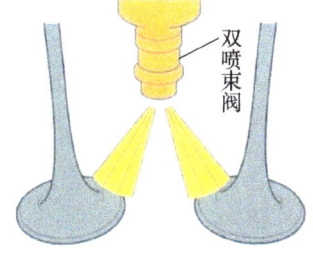
图 2-150　双喷束喷油器

- 空气环流式喷油器

另一种改善混合气制备的方法是采用空气环流式喷油器，如图 2-151 所示。空气通过一个附加进气口输入到喷油孔圆盘的出口位置。窄小的间隙使空气流速很高，从而使燃油与空气混合得更均匀，雾化效果更好。

（三）电子燃油喷射系统零部件

1. 空气流量传感器

空气流量传感器用于测量发动机进气量，进气量是用来确定基本喷油量的主要依据之一。

它一般设置在空气滤清器与节气门体之间，也有的安装在空气滤清器上，还有的将空气流量传感器与节气门体制成一体安装在发动机上。目前常用的是热线式空气流量传感器与热膜式空气流量传感器，如图 2-152 所示。

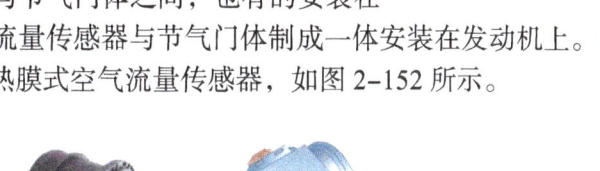

图 2-151　空气环流式喷油器

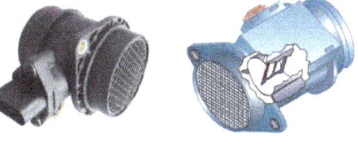
图 2-152　热线式空气流量传感器与热膜式空气流量传感器

热膜式空气流量传感器的结构如图 2-153 所示，热膜式空气流量传感器采用热平衡原理来检测空气流量。因此，只要测出热膜电流的大小，便可以计算出空气流量。当空气流量变化时，控制电路利用惠斯通电桥平衡原理，通过控制热膜电流大小来保持恒定温差。

空气质量流量传感器中有两个热敏电阻器，一个测量空气流量（R_s），另一个测量空气温度（R_t）。

电阻器 R_s 和 R_t 与 R_1 和 R_2 一起构成一个桥接电路。设计电桥时，通过控制电桥电流，对照 R_t 所测量的进气温度，使 R_s 受热至 130℃ 的恒定过热温度。

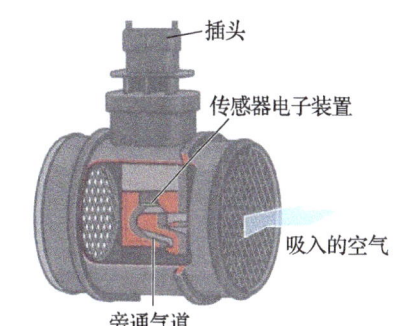
图 2-153　热膜式空气流量传感器的结构

电阻器 R_s 通过空气质量流量传感器进行冷却。因此必须增大加热电流,以保持温差。因而,通过 R_s 的电流就是空气质量流量率的量度标准。通过测量该电流获得的输出信号反映出空气质量流量的非线性特性。由于 R_t 受温度影响,因此该特性基本上由空气温度决定。

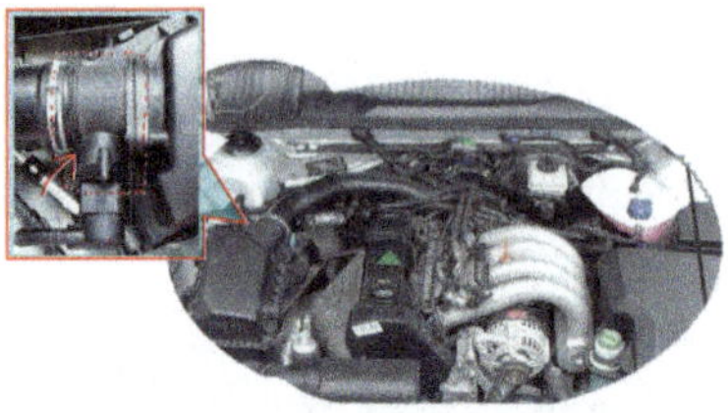

空气流量传感器安装在空气滤清器和节气门之间,如图 2-154 所示。

图 2-154 空气流量传感器安装位置

2. 燃油压力传感器

在整个系统中,燃油压力传感器的作用是测量燃油分配管(轨)内的燃油压力。

燃油压力作为电压值送往发动机控制单元,用于调节燃油压力。

传感器内集成有分析用的电子装置,这个电子装置的供电电压为 5V。压力增大时,电阻变小,于是信号电压升高,如图 2-155 所示。

大众 EA888 1.8/2.0T 发动机采用双喷射系统,在高低压燃油油轨上分别安装有高压燃油压力传感器和低压燃油压力传感器,发动机控制单元根据这两个传感器信号分别调节高低压燃油系统的压力。高低压燃油压力传感器安装位置如图 2-156 所示。

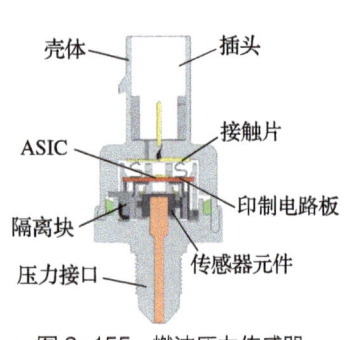

图 2-155 燃油压力传感器

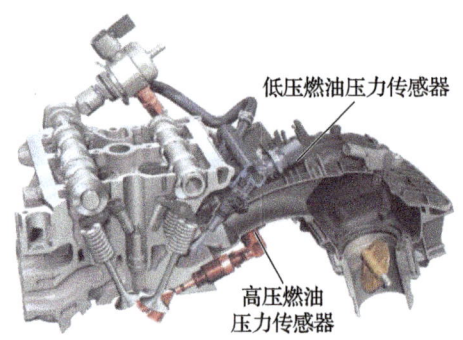

图 2-156 高低压燃油压力传感器安装位置

(1)低压燃油压力传感器

低压燃油压力传感器安装在通向两个高压燃油泵的进油管路中。它测量低压燃油系统的燃油压力,并将信号发送到发动机控制单元,发动机控制单元利用这个信号控制低压燃油系统。发动机控制单元按照传感器信号向燃油泵控制单元发送信号,使其根据这个信号按需调节电子燃油泵。

(2)高压燃油压力传感器

高压燃油压力传感器应用于直喷发动机,它测量高压燃油系统的燃油压力,并将信号发送到发动机控制单元。发动机控制单元对这个信号进行分析,并通过两个燃油计量阀调节燃油分配器管路内的压力。如果燃油压力传感器失灵,则无法建立燃油高压。发动机以燃油低压状态紧急运行会导致功率和转矩下降。

3. 进气歧管绝对压力传感器

进气歧管绝对压力传感器简称 MAP。它以真空管连接进气歧管,随着发动机不同的转速负荷,感应进气歧管内的真空变化并转换成电压信号,供 ECM 电脑修正喷油量和点火正时角度,如图 2-157 所示。

图 2-157 进气歧管绝对压力传感器

进气歧管绝对压力传感器测量因发动机负荷和转速变化而导致的进气歧管压力变化。

它将这些压力变化转换为电压输出。例如，发动机减速滑行时节气门关闭，将产生一个相对较低的进气歧管绝对压力输出。这些信号是发动机 ECU 计算喷油时间和点火时间的主要依据。

进气歧管绝对压力与真空度相反。当进气歧管压力高时，真空度就低。进气歧管绝对压力传感器安装位置如图 2-158 所示。

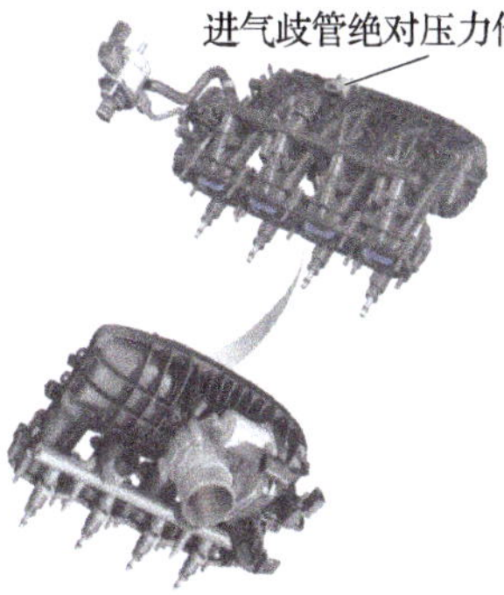

图 2-158 进气歧管绝对压力传感器安装位置

4. 节气门位置传感器

节气门位置传感器通常装在节气门体上，如图 2-159 所示。

将节气门位置信号传给 ECU，然后将它转变为节气门开度，如图 2-160 所示，计算机根据此参数进行如下控制。

图 2-159 节气门位置传感器

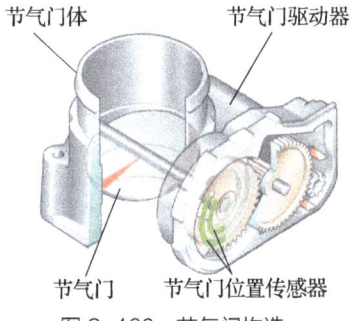

图 2-160 节气门构造

在怠速时，ECU 控制怠速转速，并且控制炭罐和 EGR 阀的开闭。

气门全开时，ECU 会使发动机在开环的情况下运行，供给最大的燃油。

加速时，ECU 监视节气门位置的变化（确定混合气的情况），额外地供给燃油。

减速时，ECU 监视节气门位置的变化（确定混合气的情况），切断燃油供给，减少 HC 和 CO 排放，提高燃油经济性。

电子节气门体总成安装在进气总管上，如图 2-161 所示。它包含一个节气门执行器电动机和两个节气门位置传感器：节气门位置传感器 1（TPS1）和节气门位置传感器 2（TPS2）。

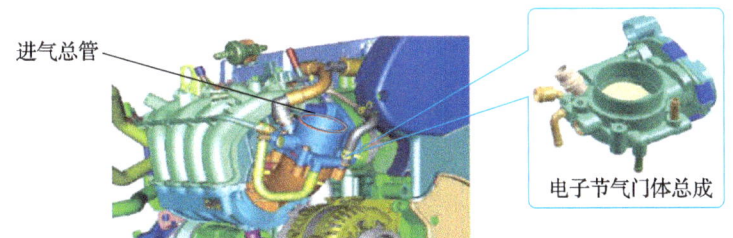

图 2-161 节气门位置传感器安装位置

5. 冷却液温度传感器

冷却液温度传感器（缩写为 CTS）主要功用为检测发动机冷却液出水口的温度，此处的冷却液温度就是发动机温度。发动机温度和发动机点火正时控制、喷射浓度修正、怠速控制及冷却系统风扇控制等关系都极为密切。CTS 便是将冷却液温度信号转换成电压信号送 ECU 工作，如图 2-162 所示。

图 2-162　冷却液温度传感器

汽车使用的冷却液温度传感器通常是一个热敏电阻，随着温度的变化电阻发生改变。随着温度的升高，电阻降低的热敏电阻叫作 NTC 热敏电阻。目前汽车上使用最多的是 NTC 热敏电阻，它随着温度的升高电阻降低，使得当温度升高时，流过电阻的电压下降，消耗的能量减少，如图 2-163 所示。

当发动机冷却液温度改变时，传感器向电控单元输送的信号电压发生改变。冷却液温度传感器安装在冷却水套中，如图 2-164 所示。

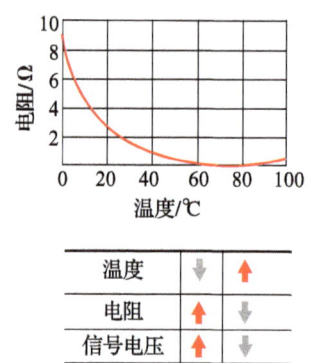

冷却液温度传感器

图 2-163　冷却液温度传感器变化曲线　　图 2-164　冷却液温度传感器安装位置

6. 曲轴位置传感器

发动机转速传感器（曲轴位置传感器）是发动机控制系统中最重要的传感器之一，如图 2-165 所示，可提供发动机的曲轴转角位置、气缸行程的位置信号及转速信号，以此确定发动机的基本喷油量、喷油正时、点火提前角及点火顺序。

图 2-165　曲轴位置传感器

（1）电磁式传感器（可变磁阻传感器）

电磁感应发动机转速传感器也被称为电磁式传感器（可变磁阻传感器），它由磁感应收集器和磁阻轮组成，如图 2-166 所示。

磁感应收集器中心处有块永磁铁，磁铁末端有线圈围绕。磁阻轮的四周有轮齿和特定间隙的沟槽，如图 2-166 所示。

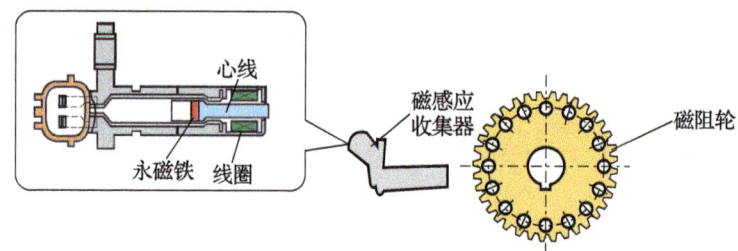

图 2-166　电磁式传感器

（2）霍尔式传感器

曲轴传感器向 ECU 发送曲轴位置信号。曲轴上装有一个 60 齿大小的铁磁增量轮，去掉了 2 个轮齿，扫描 58 个轮齿的轮齿顺序。曲轴传感器设计为依据霍尔原理工作的主动式传感器。ECU 为传感器提供 5~12V 供电和搭铁连接。

传感器通过信号导线向 ECU 发送一个数字信号。转速达到大约 20r/min 后就会发送一个可进行分析的有效信号。如果控制单元测量到某个齿间距离是前后齿间距离的两倍以上，就会将其识别为齿隙。该齿隙被分配给气缸 1 的某个特定曲轴位置。ECU 此时使曲轴位置同步化。之后每接收一个低电平信号，曲轴就会继续转动 6°。为使 ECU 能够根据需要调节点火系统和燃油喷射系统，必须进行准确分配。因此将两次电平变化（例如高电平变为低电平）之间的时间间隔分为较小的时间单位，如图 2-167 所示。

图 2-167 霍尔式传感器

曲轴位置传感器一般安装于曲轴前端、中部或变速器壳体靠近飞轮的位置，如图 2-168 所示。

大众曲轴位置传感器安装在发动机缸体 4 缸位置上，如图 2-169 所示。

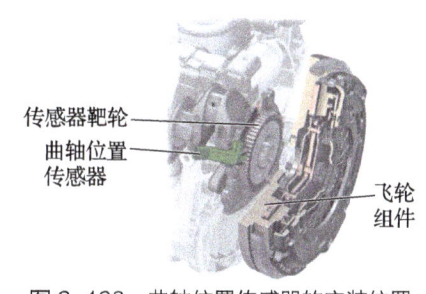

图 2-168 曲轴位置传感器的安装位置

图 2-169 大众曲轴位置传感器安装位置

7. 凸轮轴位置传感器

采集配气凸轮轴的位置信号，并输入 ECU，以便 ECU 识别气缸 1 压缩上止点，从而进行顺序喷油控制、点火时刻控制和爆燃控制。此外，凸轮轴位置信号还用于发动机起动时识别出第一次点火时刻。因为凸轮轴位置传感器能够识别哪一个气缸活塞即将到达上止点，所以称为气缸识别传感器，如图 2-170 所示。

图 2-170 凸轮轴位置传感器

（1）凸轮轴位置传感器作用

发动机控制模块使用凸轮轴位置传感器的信号来确定凸轮轴的角度位置，如图 2-171 所示。凸轮轴为四齿齿轮，由凸轮轴位置传感器进行检测。由于轮齿的宽度不等，发动机控制模块可确定检测的是哪个轮齿，从而确定凸轮轴处于哪

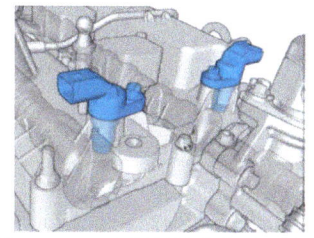

图 2-171 凸轮轴位置传感器作用

个操作周期。

发动机控制模块识别了凸轮轴的操作周期，即可确定应由哪个气缸点火。如果发动机发生熄火或爆燃，发动机控制模块还可确定是哪个气缸出现了问题。凸轮轴位置的信息也用于调整凸轮轴 CVVT 装置。

（2）凸轮轴位置传感器安装位置

双可变气门正时系统的进、排气凸轮轴各有一个凸轮轴位置传感器，如图 2-172 所示。凸轮轴位置传感器通常是霍尔式，安装在气门室盖后部，传感器头部对应凸轮轴末端的信号转子。

大众凸轮轴位置传感器安装在凸轮轴正时带轮上，如图 2-173 所示。

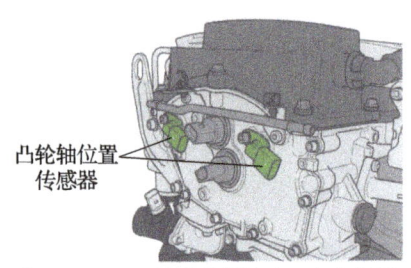
图 2-172 凸轮轴位置传感器安装位置

图 2-173 大众凸轮轴位置传感器安装位置

8. 爆燃传感器

爆燃传感器安装在发动机缸体上，对四缸直列式发动机，它装在 1 缸、2 缸和 3 缸、4 缸之间；对 V 型发动机，每侧有一个或二个爆燃传感器。目前应用最多的是宽频带共振型压电式传感器，如图 2-174 所示。

爆燃传感器安装在气缸体上，发动机在工作中，一旦发生爆燃或有爆燃时，产生的高频振动波与爆燃传感器内部的压电组件产生共振效果（其共振频率为 25kHz），爆燃传感器内的压电组件遂送出一个高电压信号送 ECU，如图 2-175 所示。

大众发动机爆燃传感器安装在发动机缸体上，如图 2-176 所示。

图 2-174 爆燃传感器

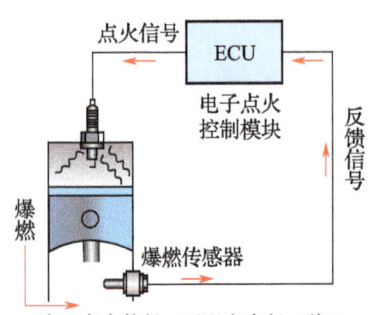
图 2-175 爆燃传感器工作原理

图 2-176 大众发动机爆燃传感器安装位置

六、进排气系统

进气系统的作用是为发动机可燃混合气的形成提供必要的空气，并计算和控制燃油燃烧时所需要的空气量，如图 2-177 所示。空气经节气门体、空气滤清器、进入进气总管，再分配到各缸进气歧管，在进气歧管内，空气与喷油器喷出的燃油混合后被吸入气缸内燃烧。

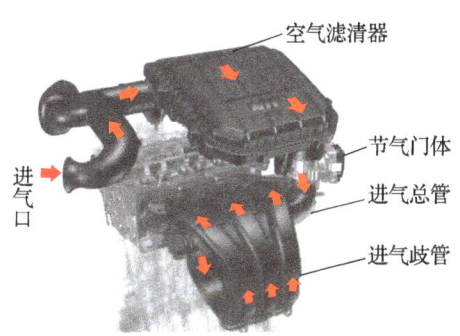

图 2-177 进气系统

（一）进气系统零部件

1. 空气滤清器

空气滤清器用来滤清空气中所含的尘土，以减少气缸、活塞和活塞环等零件的磨损，延长发动机的使用寿命。空气滤清器如图 2-178 所示。

图 2-179 所示为纸质干式空气滤清器，它通过用树脂处理的纸质滤芯对空气进行过滤。纸质滤芯的寿命取决于纸面大小（通常呈波折状以增大过滤面积）及空气本身的清洁程度。该滤清器重量轻、结构简单、滤清效果好、安装及保养方便，因此在汽车上得到广泛应用。

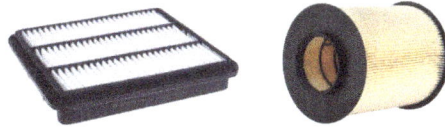

图 2-178 空气滤清器

油浴式空气滤清器是用金属纤维制成的，由浸于滤清器壳底部储有机油的滤芯来过滤空气，常用于沙漠路况、灰尘大的路况下行驶的汽车，如图 2-180 所示。

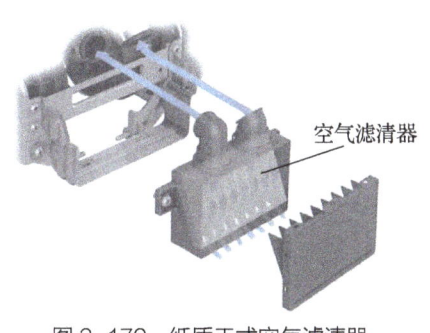

图 2-179 纸质干式空气滤清器

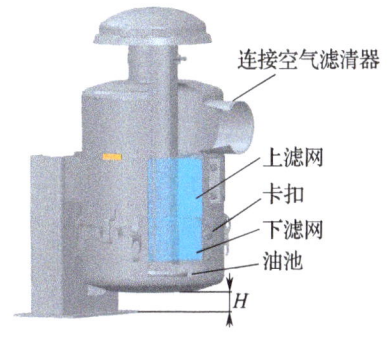

图 2-180 油浴式空气滤清器

空气滤清器在使用一段时间后，会被过滤掉的杂质堵塞，会导致发动机进气阻力增加，充气效率降低，出现混合气燃烧不完全等故障现象。如果空气滤清器堵塞严重，滤清器前后表面的压力差增大，滤纸表面的薄弱部位会因为压力增加而被灰尘颗粒击穿，灰尘颗粒进入发动机后会加速发动机的磨损，因此需要定期更换空气滤清器。

汽车空气滤清器一般每 15000km（或 1 年）更换一次，如果行驶环境比较恶劣，更换间隔还需要缩短，如图 2-181 所示。

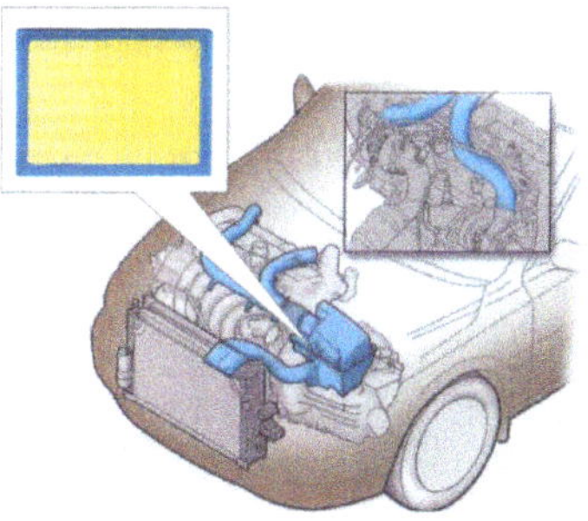

图 2-181 空气滤清器安装位置

2. 进气歧管

进气歧管的功用是将空气或可燃混合气引入气缸，它要保证进气充分及各缸进气量均匀一致。进气歧管多用铝合金或铸铁制造，有些也采用复合塑料制造，如图 2-182 所示。

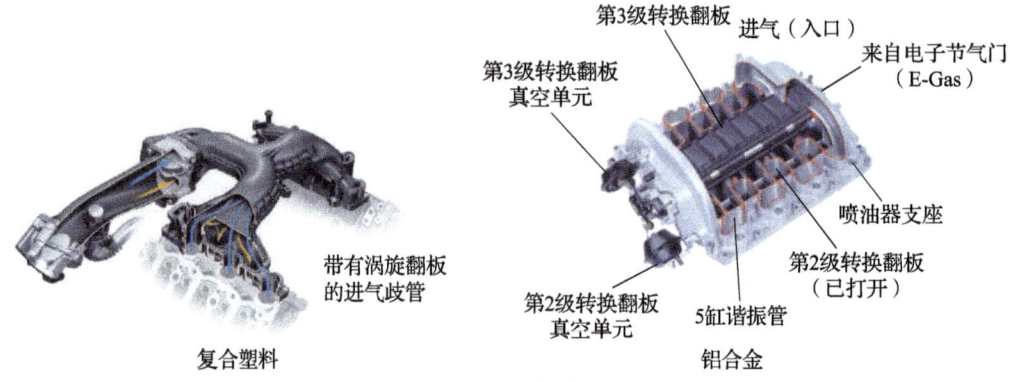

图 2-182 进气歧管

进气歧管的结构如图 2-183 所示。为提高充气效率，进气歧管的形状、容积都进行了专门的设计，充分利用空气的惯性增压作用，增大进气量。

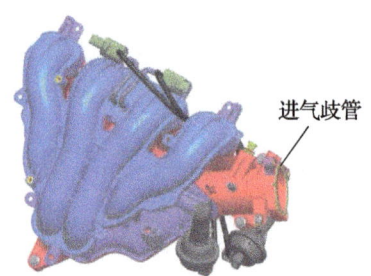

图 2-183 进气歧管的结构

（二）进气增压系统

进气增压系统主要有可变进气增压系统与涡轮增压系统，涡轮增压系统是一种动力增压控制系统，如图 2-184 所示。

可变进气增压系统是通过改变进气管的长度或横截面积，来调节高低速时发动机进气量的大小。

按其动力源不同，可分为废气涡轮增压、机械增压等，如图 2-185 所示。

图 2-184 涡轮增压系统

a) 废气涡轮增压

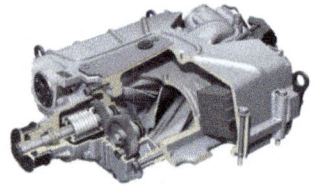

b) 机械增压

图 2-185 增压系统分类

1. 废气涡轮增压系统

废气涡轮增压是利用发动机排气的动力，驱动涡轮做高速旋转，带动同轴上的压缩机叶片，对燃烧所需的空气进行预压缩，增大气体密度，如图 2-186 所示。

这样，在发动机排量随转速不变的情况下，增加每个进气行程进入燃烧室的空气量，增加供油量，达到提

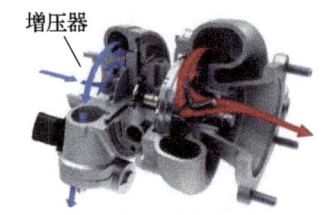

图 2-186 废气涡轮增压系统工作原理

高燃烧效率和燃油经济性的目的。废气涡轮增压系统如图 2-187 所示。

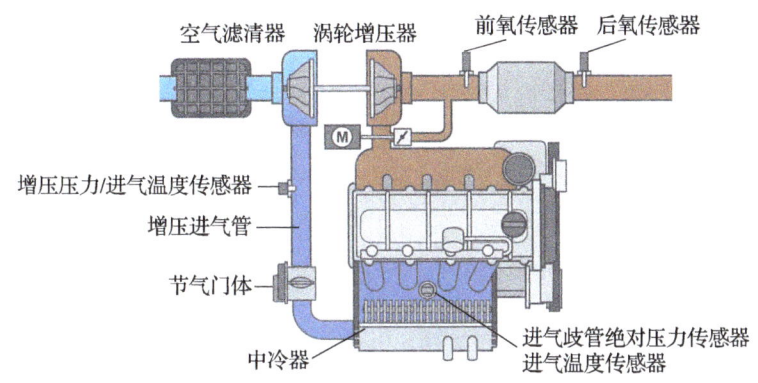

图 2-187　废气涡轮增压系统

涡轮增压器一般安装在进气歧管上，涡轮增压器主要由外壳、涡轮、压气机叶轮、增压压力调节器等组成。涡轮增压器外观及剖视图如图 2-188 所示。蜗壳入口与发动机排气口相连，出口与排气总管连接。压气机入口与空气滤清器后方的进气管连接，出口与进气歧管或进气中冷装置连接。发动机排出的废气驱动涡轮旋转，带动压气机叶片旋转，将进气增压后压入发动机。

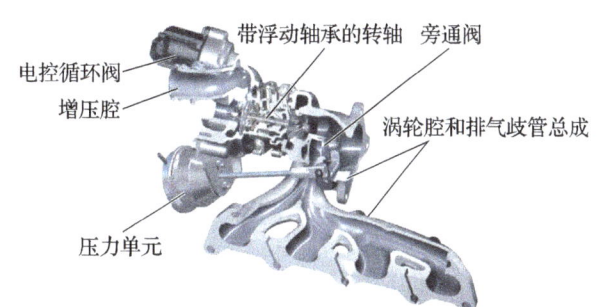

图 2-188　涡轮增压器外观及剖视图

传统废气涡轮增压系统存在两个问题：

1）发动机转速很高时，涡轮转速很高（超过 100000r/mim），空气量超出实际需求。

2）发动机处于怠速或小负荷工况时，涡轮达不到应有的转速，空气压缩不足，发动机增压效果不明显。

可调叶片式涡轮增压系统能够在发动机整个转速范围内调整进气增压的压力。当发动机转速低时，叶片开度减小，废气流通截面减小，废气流速增加，废气涡轮转速增大，进气压力升高；当发动机转速高时，叶片开度增大，废气流通截面增大，废气流速降低，使废气涡轮转速维持在正常范围内，以稳定进气压力，如图 2-189 所示。

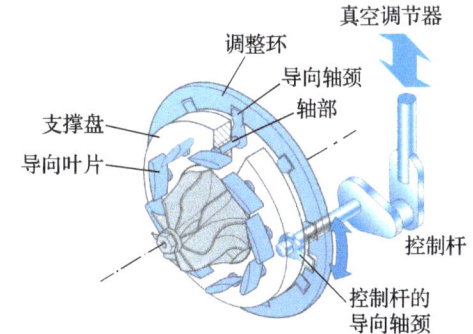

图 2-189　可调叶片式涡轮增压系统

2. 机械增压系统

机械增压系统采用传动带与曲轴带轮连接，如图 2-190 所示。利用发动机转速来带动机械增压器内部叶片，以产生增压空气送入发动机进气歧管内。它的工作温度范围在 70~100℃。机械增压系统如图 2-191 所示。

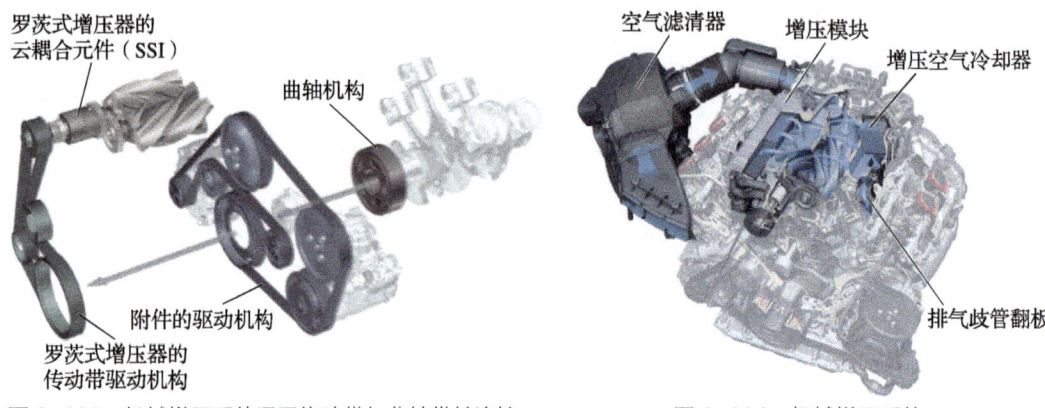

图 2-190　机械增压系统采用传动带与曲轴带轮连接　　图 2-191　机械增压系统

机械增压系统组成如图 2-192 所示。

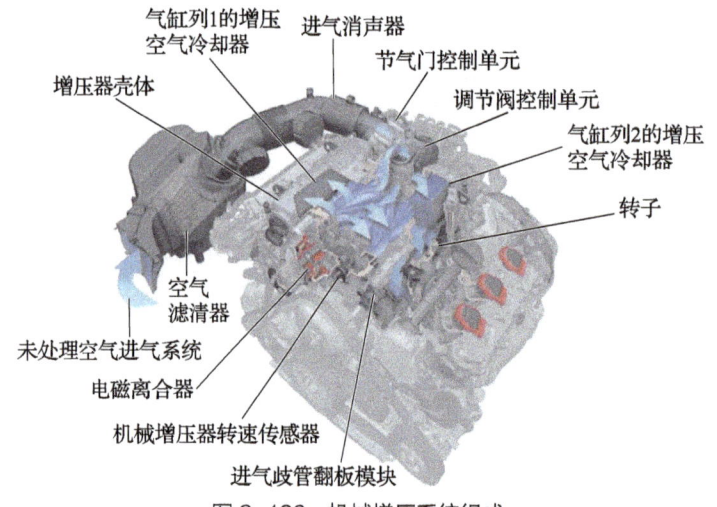

图 2-192　机械增压系统组成

机械增压器是一种旋转转子式结构装置,如图 2-193 所示。

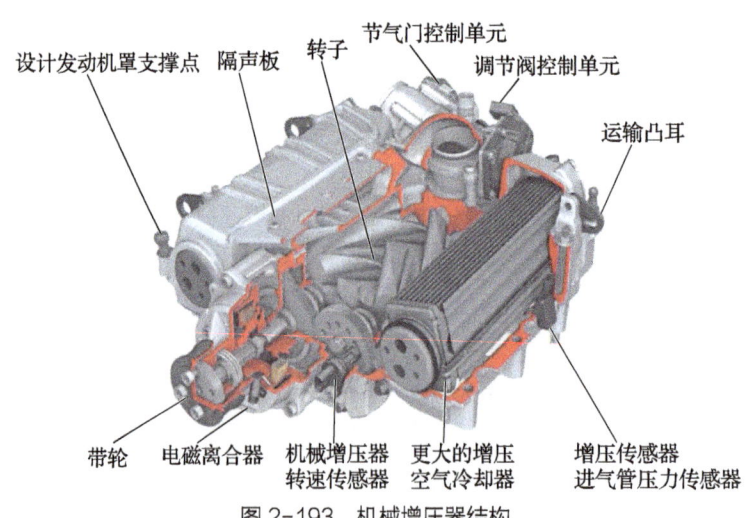

图 2-193　机械增压器结构

增压器壳体内有两个转子同步转动，但方向相反，于是两个转子工作起来就像在"彼此咬合"，如图 2-194 所示，在工作时（转子转动），叶片和外壁之间的空气就被从空气入口（吸入侧）输送到空气出口（压力侧）。

增压器通过电磁离合器（图 2-195）与发动机曲轴连接或断开。部分发动机还带有增压空气冷却器，增压后的空气流经增压冷却器，冷却后被吸入气缸。

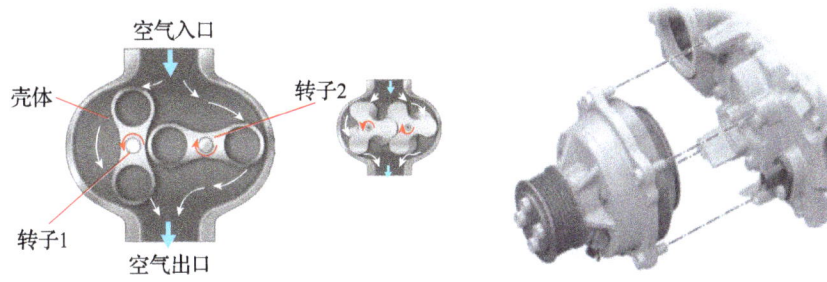

图 2-194　机械增压器工作原理　　　　图 2-195　增压器电磁离合器

（三）排气系统整体构造

排气系统将发动机燃烧后的废气排出气缸，同时通过净化装置减少废气中的污染物，并降低排气噪声。排气系统主要由排气管、三元催化器、消声器、排气管以及氧传感器等组成，如图 2-196 所示。V 型发动机一般有两个排气歧管，采用双排气装置。

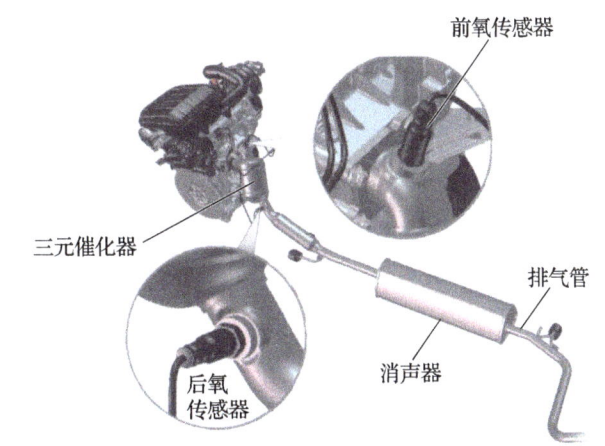

图 2-196　排气系统

1. 氧传感器

氧传感器是电控汽油喷射系统进行回馈控制的传感器，安装在排气管上，如图 2-197 所示。

图 2-198 所示为氧传感器构造图。其主体是由二氧化锆（ZrO_2）制成的陶瓷体，并在陶瓷体内、外镀一层薄薄的铂（Pt），以利于产生触媒作用。

氧传感器监测废气中氧的浓度，并将信息反馈给控制单元，调整喷油量，从而实现发动机的闭环控制，改善发动机的燃烧，减少有害气体的排放。氧传感器安装在排气管上。排气管上还安装有净化废气的三

图 2-197　氧传感器

元催化器。常见的车用氧传感器有平板式氧传感器和宽带氧传感器两种，如图 2-199 所示。

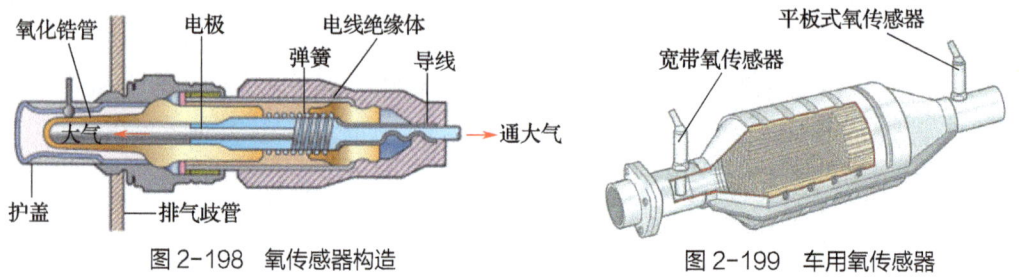

图 2-198 氧传感器构造　　　　　图 2-199 车用氧传感器

（1）平板式氧传感器

当汽车排气管废气一侧的氧浓度低时，在氧传感器电极之间产生一个高电压（0.6~1V），这个电压信号被送到 ECU 放大处理，ECU 把高电压信号看作浓混合气。当排气管中的氧浓度高时，在氧传感器电极之间产生一个低电压（0.09~0.5V），这个电压信号被送到 ECU 放大处理，ECU 把低电压信号看作稀混合气。根据氧传感器的电压信号，ECU 按照尽可能接近 14.7∶1 的空燃比来稀释或加浓混合气。因此氧传感器是电子控制燃油计量的关键传感器。氧传感器只有在高温时（端部达到 300℃）其特性才能充分体现，才能输出电压，如图 2-200 所示。

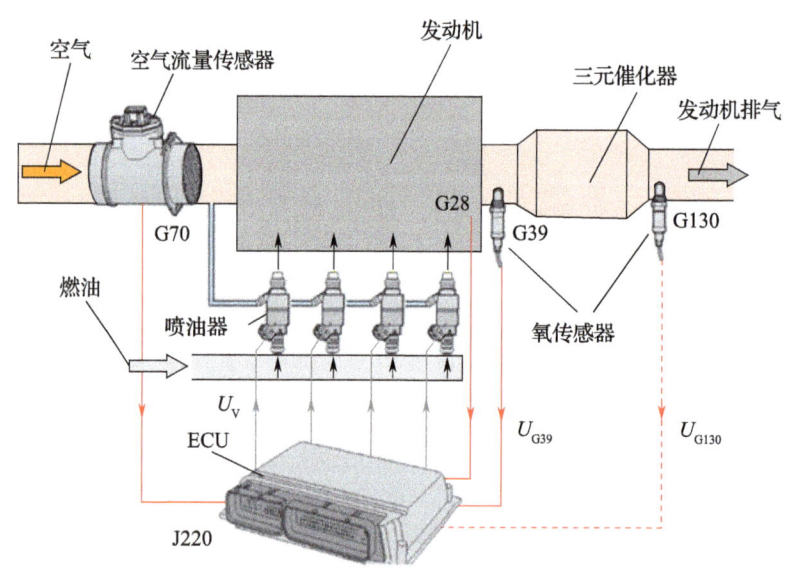

图 2-200 平板式氧传感器

（2）宽带氧传感器

当废气中的 O_2 浓度低时，感应出 >450mV 的感应电动势。ECU 收到此信号，遂发出减少喷油量的指令，调整混合比浓度变稀。因混合比变稀，废气中的 O_2 浓度提高，感应电动势下降，直到其电动势 = 450mV 为止，ECU 减少喷油量指令解除。

当废气中的 O_2 浓度高时，感应出 <450mV 的感应电动势，ECU 便下达增加喷油量指令，使混合比变浓，直到信号电压 = 450mV 为止。发动机可以靠氧传感器及反馈控制电路，使发动机能保持在理论混合比或理论混合比附近工作，以达到环保、节油目的，如图 2-201 所示。

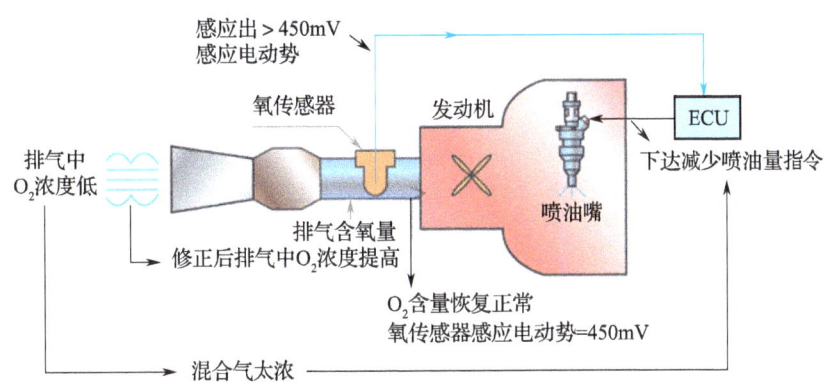

图 2-201 宽带氧传感器工作原理

2. 三元催化器

汽油发动机废气中，对人类和环境危害最大的有害物质是 HC、NO_x 和 CO。当废气中的 HC、NO_x 和 CO 通过三元催化器内部蜂巢状的陶瓷载体时，温度较高的 CO 和 HC 在催化剂（铅和钯）的作用下与氧发生反应，生成无害的水和二氧化碳；NO_x 则在催化剂的作用下被还原为无害的氧气和氮气。三元催化器安装在排气管后方，在温度达到 260℃ 时才会工作。如图 2-202 所示。

图 2-202 三元催化器

三元催化器的结构如图 2-203 所示，主要由外壳、反应层（催化层）、支架、绝热层和空气层等组成。

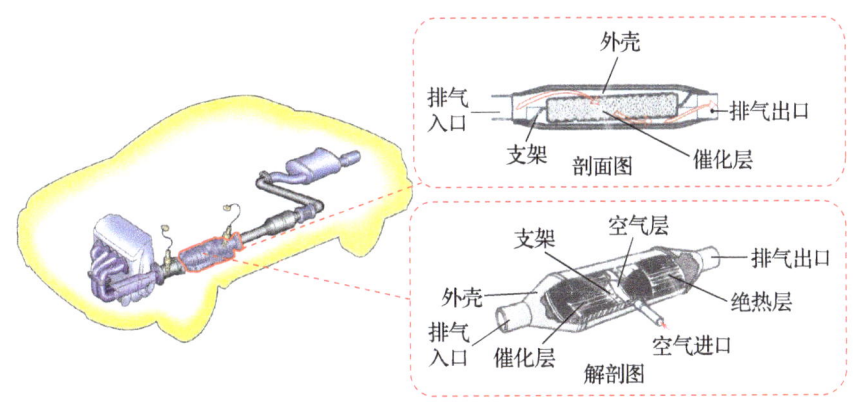

图 2-203 三元催化器的结构

各部分的作用如下：

1）外壳：保护绝热层和反应层。

2）催化层：通过催化剂的催化反应将废气中的 CO、HC 和 NO_x 氧化或还原，达到净化的目的。催化剂由铂、铑、钯三种金属组成，被陶瓷材料所包裹，如图 2-204 所示。

3）支架：固定催化器。

4）绝热层：排气管的温度会使催化器的温度上升，氧化需要热量，反应过程也会产生热量，为维持热量和防止催化器的

图 2-204 催化层的结构

外部变得更热，一般都安装绝热层。

5）空气层和空气进口：在含氧量较少的情况下，采用补充空气的方法，促使氧化反应的进行。

3. 消声器

汽车消声器主要用于降低发动机工作时产生的噪声。汽车排气管由两个长度不同的管道组成，这两个管道先分开再交汇，由于这两个管道的长度差值等于汽车所发出声波波长的一半，使得两列声波在叠加时发生干涉相互抵消而减弱声强，使传过来的声音减小，从而起到消声的效果，如图 2-205 所示。

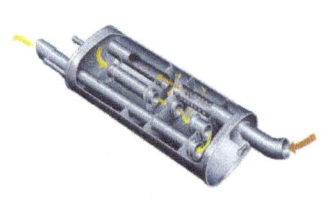
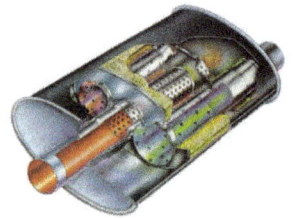

图 2-205 消声器

七、冷却系统

冷却系统的主要工作是将热量散发到空气中以防止发动机过热，但冷却系统还有其他重要作用。汽车发动机在适当的高温状态下运行状况最好。如果发动机变冷，就会加快组件的磨损，从而使发动机效率降低并且排放出更多污染物。因此，冷却系统的另一个作用是使发动机尽快升温，并使其保持恒温，如图 2-206 所示。

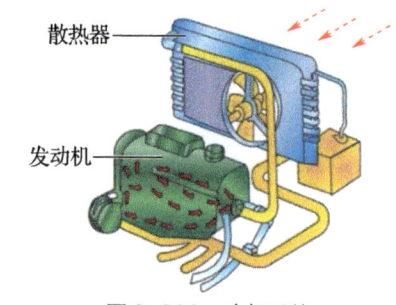

图 2-206 冷却系统

发动机冷却系统为强制循环水冷系统，就是利用水泵来提高冷却液的压力，强行使冷却液在发动机中循环流动，将受热零件吸收的部分热量及时散发出去，保证发动机在最适宜的温度状态下工作，如图 2-207 所示。

水冷系统主要由水泵、节温器、散热器、风扇等组成，其功用是对工作中的发动机进行适当冷却，保证发动机在正常工作温度下持续运行，如图 2-208 所示。

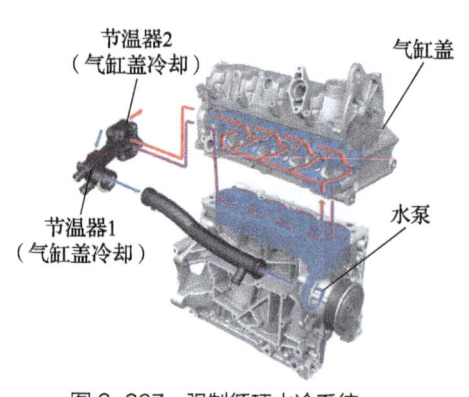

图 2-207 强制循环水冷系统

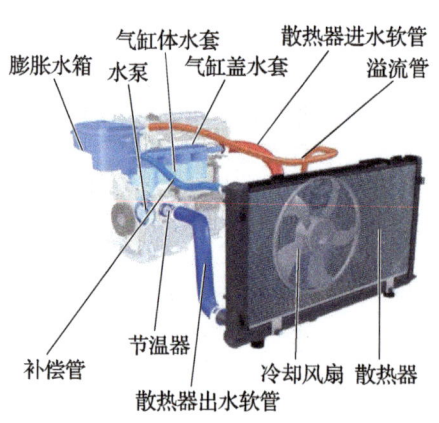

图 2-208 水冷系统组成

发动机有风冷却发动机和水冷却发动机之分，如图2-209所示。以空气为冷却介质的冷却系称为风冷系，以冷却液为冷却介质的称水冷系。

a）风冷却发动机

b）水冷却发动机

图2-209 发动机冷却系分类

在冷却系统中，其实有两个散热循环：一个是冷却发动机的循环系统，另一个是车内取暖循环系统。这两个循环都以发动机为中心，使用同一冷却液。

1. 节温器

节温器是控制冷却液流动路径的阀门。通过控制冷却液通往散热器的流量来保证发动机在最短时间内达到工作温度，且在发动机运行过程中保证其始终维持在正常的工作温度范围内，如图2-210所示。

节温器有底部旁路和直列式旁路两种类型。

（1）节温器类型

汽车节温器有蜡式节温器和电子控制节温器两种。目前大多数发动机采用的是蜡式节温器。有些轿车发动机采用电子控制节温器。节温器安装于缸盖出水口处（所谓"出口水温控制法"）或缸体进水口处（所谓"进口水温控制法"），来控制冷却液通向散热器的流量，如图2-211所示。

图2-210 节温器

a）蜡式节温器

b）电子控制节温器

图2-211 节温器类型

蜡式节温器构造如图2-212所示。

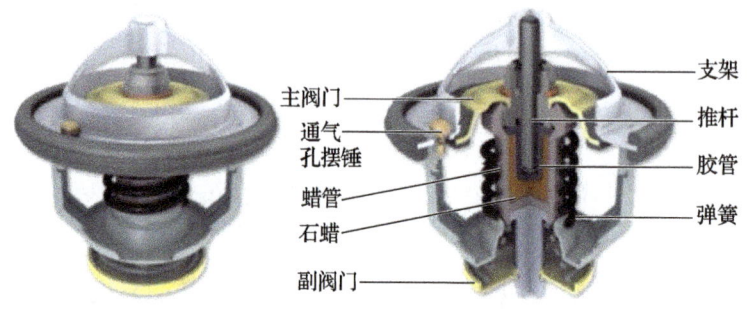

图 2-212 蜡式节温器构造

（2）蜡式节温器工作原理

蜡式节温器根据冷却液温度的高低，打开或关闭冷却液通向散热器的通道。

当冷却液温度低于84℃时，节温器主阀门关闭，副阀门开启。冷却液在冷却系统中进行小循环，循环路径为水泵 → 气缸体前端 → 水套 → 气缸盖 → 气缸盖后出口 → 回水管 → 节温器副阀门 → 水泵，如图2-213所示。由于冷却液不经过散热器，可使发动机温度迅速升高。

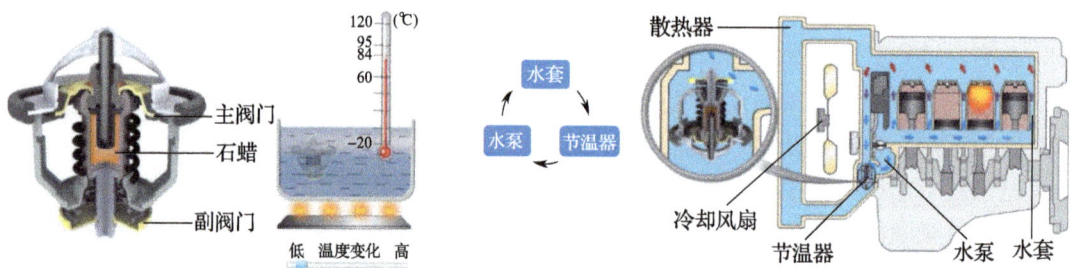

a）当冷却液温度低于84℃时，蜡式节温器状态　　b）当冷却液温度低于84℃时，冷却液进行小循环

图 2-213 冷却液进行小循环

当冷却液温度介于84~95℃时，石蜡受热膨胀，节温器主阀门部分开启，副阀门部分关闭，如图2-214所示。冷却液进行混合循环，循环路径为水泵 → 气缸体前端 → 水套 → 气缸盖 → 气缸盖后出口 → 回水管 → 节温器副阀门 → 水泵；另一路，经回水管 → 散热器 → 节温器主阀门 → 水泵。由于冷却液部分经过散热器，保证了冷却液的正常工作温度。

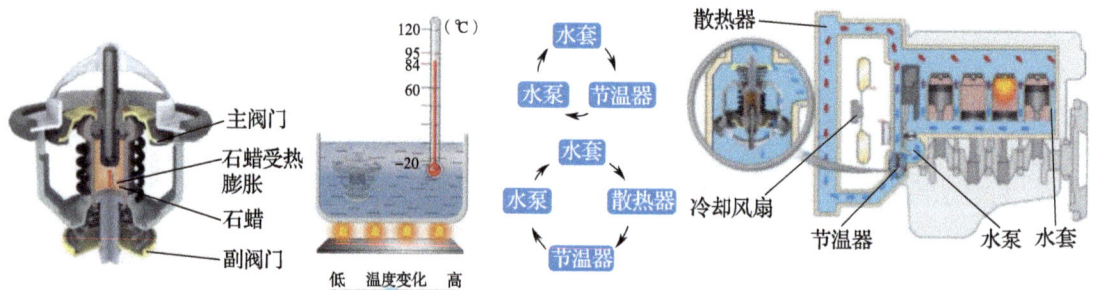

a）当冷却液温度介于84~95℃时，蜡式节温器状态　　b）当冷却液温度介于84~95℃时，冷却液进行混合循环

图 2-214 冷却液进行混合循环

当冷却液温度高于95℃时，石蜡膨胀量增大，主阀门全开，副阀门全关，如图2-215所示。冷却液进行大循环，即循环路径为水泵 → 气缸体前端 → 水套 → 气缸盖 → 气缸盖

后出口 → 回水管 → 散热器 → 节温器主阀门 → 水泵。由于冷却液全部经过散热器，可使冷却液迅速降温，保证了发动机正常工作。

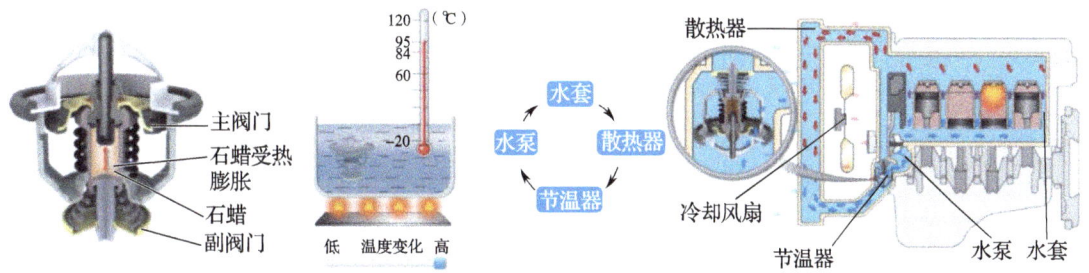

a）当冷却液温度高于95℃时，蜡式节温器状态　　b）当冷却液温度高于95℃时，冷却液进行大循环

图 2-215　冷却液进行大循环

（3）电子控制节温器

电子控制节温器如图 2-216 所示。

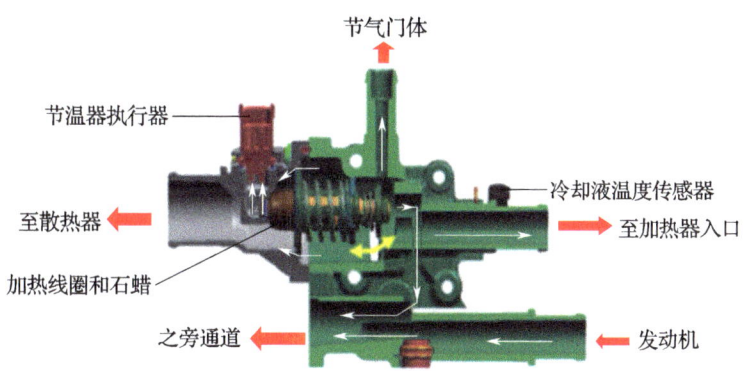

图 2-216　电子控制节温器

电子控制节温器工作媒介是石蜡，ECM 利用脉宽调制（PWM）信号驱动加热线圈。加热线圈加热石蜡，当石蜡液化膨胀发生位移，节温器阀门开启，冷却系统进入大循环。与传统机械式节温器相比，电子控制节温器具有更快的响应速度和更宽的工作温度范围，如图 2-217 所示。

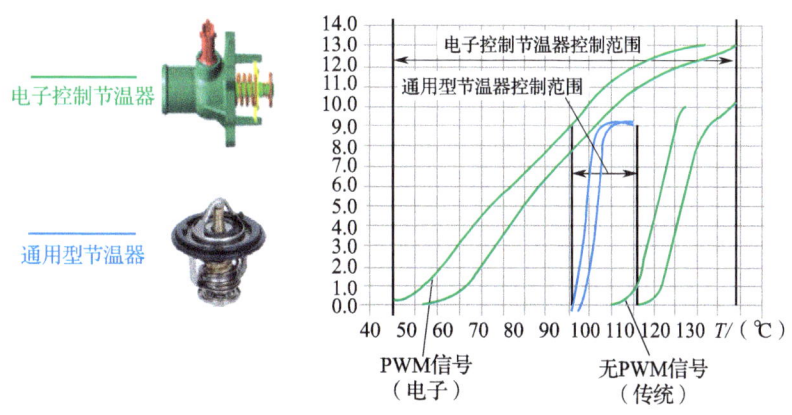

图 2-217　电子控制节温器工作温度范围

2. 水泵

水泵是一个与驱动轴、支座和叶轮预先组装在一起的单元。水泵驱动轴在输送侧支撑叶轮，在驱动侧支撑带有法兰的泵壳体和正时带轮。用于壳体与支撑轴之间的轴密封件布置在输送侧与驱动侧之间，水泵的使用寿命主要取决于此密封件的功能，如图2-218所示。

（1）水泵构造

水泵由水泵盖、带轮、水泵轴及轴承、水泵叶轮和水封装置等组成，如图2-219所示。其功能是对冷却液加压，保证冷却液在冷却系统中循环流动。

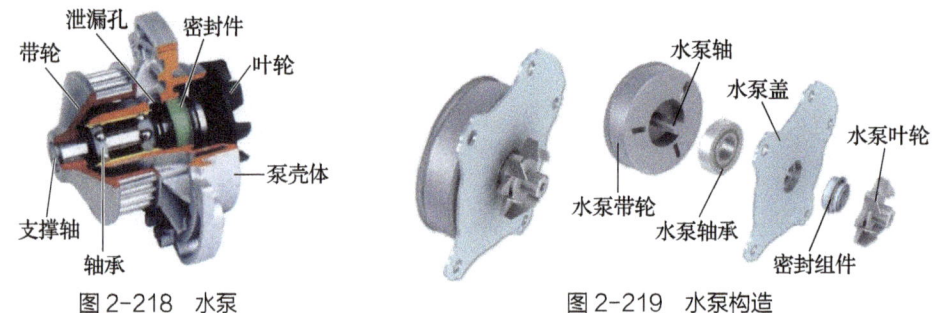

图2-218 水泵　　　　　图2-219 水泵构造

（2）水泵的工作原理

水泵的工作原理如图2-220所示。水泵的进水管与散热器相连，水泵的出水管则与气缸水道相通。水泵的叶轮由风扇带轮带动，而风扇带轮由曲轴带轮通过传动带驱动。当叶轮旋转时，水泵中的冷却液被轮叶带动一起旋转，在离心力作用下，冷却液向叶轮的边缘甩出，并且沿切线方向从出水管处被压送到发动机水套内的循环管路。同时，叶轮中心处的压力下降，散热器中的冷却液经进水管吸入到叶轮中心。如此反复，冷却液在水泵的作用下循环流动。

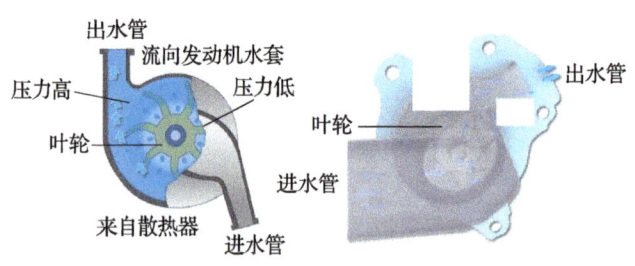

图2-220 水泵的工作原理

3. 散热器

散热器利用流进散热器芯缝隙中的空气流来带走散热器中冷却液的热量，达到降低冷却液温度的目的，如图2-221所示。

（1）散热器结构

散热器由进水室、出水室和散热器芯、散热器盖等组成，如图2-222所示。较高温度的冷却液从发动机气缸盖上出水管流出，进入进水室，然后进入散热器芯。热的冷却液由于向空气散热而变冷，冷却风扇调节流经散热器的冷空气量，冷空气吸收冷却液散发出的热量而升温，冷却液通过水泵抽吸从出水室出水口流出。散热器是一个热交换器。

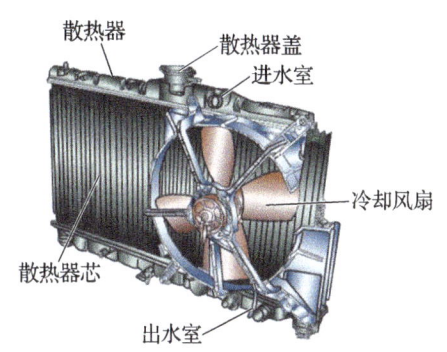

图 2-221 散热器　　　　　　　图 2-222 散热器结构

（2）散热器分类

按照散热器中冷却液流动方向，可将散热器分为横流式和纵流式两种，如图 2-223 所示。横流式散热器芯横向布置，左右两端分别是进、出水室，冷却液由进水室横向流过散热器芯进入出水室。纵流式散热器芯竖直布置，上接进水室，下连出水室。冷却液由进水室自上而下地流过散热器芯进入出水室。轿车都采用横流式散热器，可降低机舱高度，改善车身前端的空气阻力。

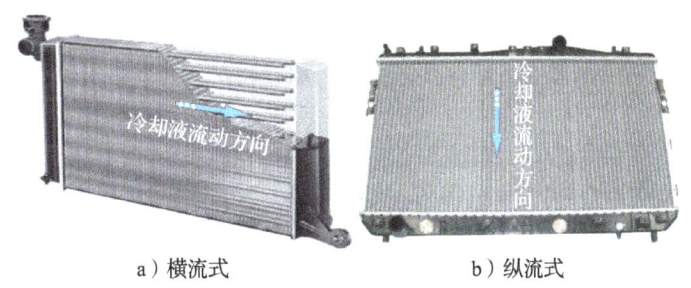

a）横流式　　　　　　　b）纵流式

图 2-223 散热器分类

（3）散热器芯

散热器芯有多种结构形式。管片式散热器芯由散热管和散热片组成，散热管是焊接在进、出水室之间的直管，作为冷却液通道。在散热管的表面焊有散热片以增大散热面积，提升散热能力。管带式散热器芯由散热管和波形散热带组成，板式散热器芯的冷却液通道由大量的金属薄板焊接而成。传统散热器芯通常用导热性好的材料（如黄铜）制造，现在更多采用铝制造，如图 2-224 所示。

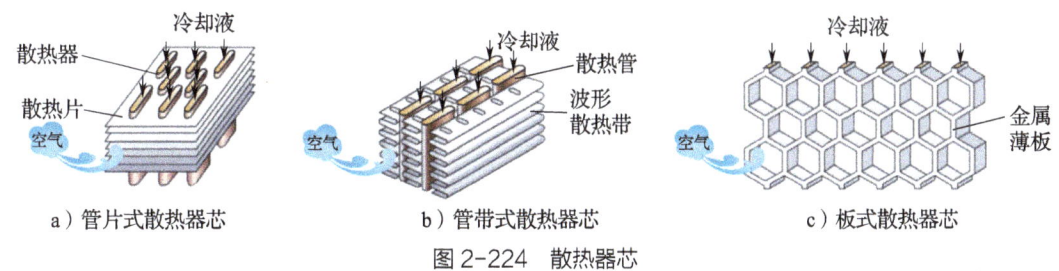

a）管片式散热器芯　　　b）管带式散热器芯　　　c）板式散热器芯

图 2-224 散热器芯

（4）散热器工作原理

将冷却液所含热量，通过流动空气散发，使冷却液迅速得到冷却，维持发动机正常工作温度，如图 2-225 所示。

冷却液在散热器芯内流动，空气从散热器芯外通过。热的冷却液由于向空气散热而变冷，冷空气则因为吸收冷却液散出的热量而升温。散热器通过加大冷却液与空气的接触面积，利用空气流动降低冷却液热量，达到散热效果，如图 2-226 所示。

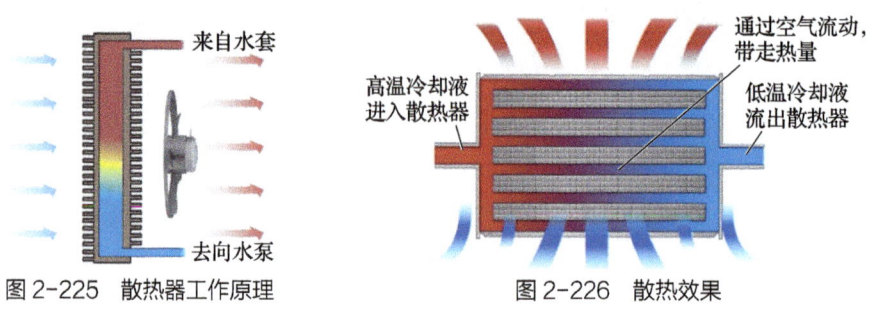

图 2-225　散热器工作原理　　　　　图 2-226　散热效果

4. 散热器盖

汽车上广泛采用闭式水冷系统，该水冷系统的散热器盖具有压力阀和真空阀，可自动调节冷却系统内的压力，改善冷却效果。散热器盖结构如图 2-227 所示。

散热器盖工作原理如图 2-228 所示。发动机工作时，冷却液温度逐渐升高，容积膨胀使冷却系统内的压力增大。当压力超过预定值时，散热器盖压力阀开启，部分冷却液流入补偿水桶。发动机停机后，冷却液温度下降，水冷却系统内压力随之减小。当压力降到大气压力以下出现真空时，真空阀开启，部分冷却液被吸回散热器。

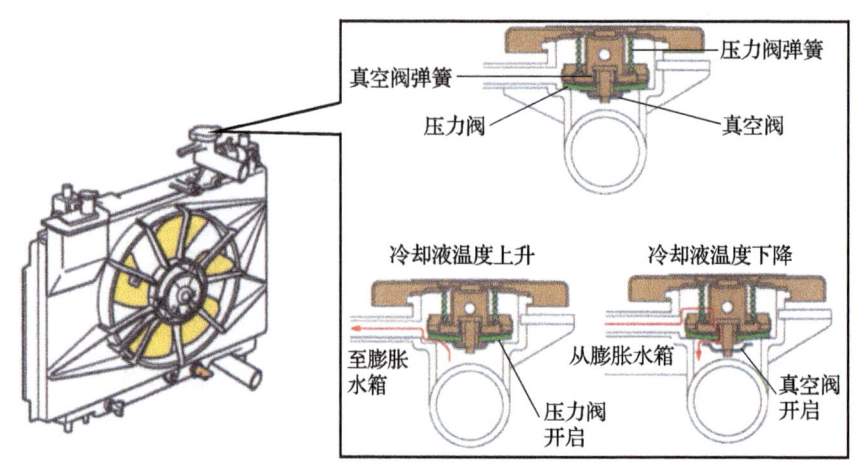

图 2-227　散热器盖结构

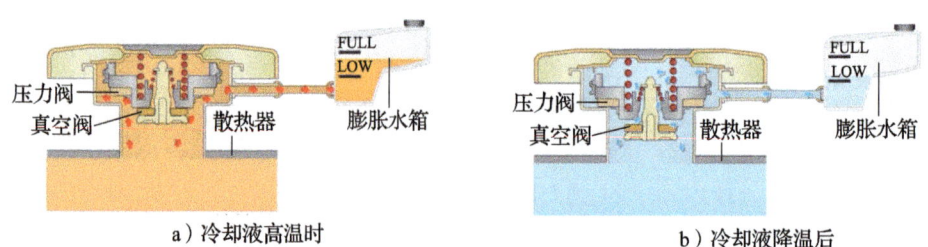

a）冷却液高温时　　　　　　b）冷却液降温后

图 2-228　散热器盖工作原理

5. 冷却风扇

冷却风扇（图 2-229）安装在散热器的后面，冷却风扇促进散热器的通风，提高散热器的热交换能力。

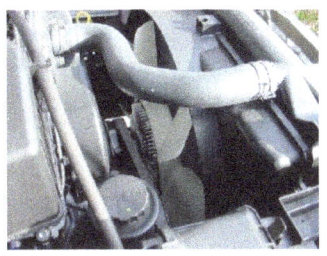

图 2-229 冷却风扇

（1）机械式风扇

机械式风扇的结构简单、价格便宜、故障率低。但是机械式风扇的平衡性不好，不利于高转速发动机，这会影响发动机瞬间转矩提升，散热性能不好。因此，机械式风扇一般用于大转矩低转速的发动机，例如大型货车或客车，如图 3-230 所示。

（2）硅油风扇

硅油风扇不会影响发动机瞬间转矩提升，能够依靠发动机的冷却液温度控制风扇转速。但是硅油风扇结构复杂、维修价格高，如图 2-231 所示。

图 2-230 机械式风扇　　图 2-231 硅油风扇

V 带驱动的冷却风扇，其风扇转速和发动机转速成正比。

装有温控液力耦合器的冷却风扇通过感知流过散热器气流的温度来控制风扇转速。温控液力耦合器包含 1 个用硅油的液力离合器。通过 V 带传递至风扇的转动力是受工作室的硅油量来控制的。

当发动机处于低温时，风扇转速降低，有利于发动机暖机和减少噪声。当发动机处于高温时，风扇转速增加，向散热器供应足量的空气，从而提高冷却效果，如图 2-232 所示。

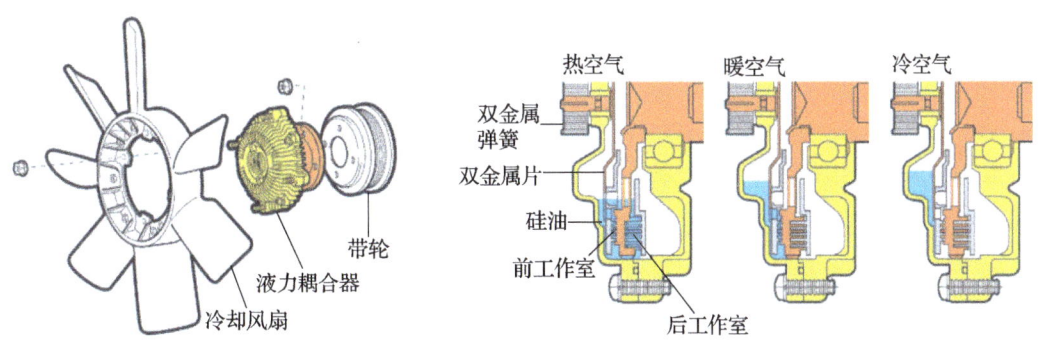

图 2-232 硅油风扇工作原理

（3）电子风扇

由 ECU 控制风扇转动，电子风扇结构简单，能够依靠发动机的冷却液温度、负荷等数据控制风扇转速，能给发动机提供稳定的散热，平衡发动机的工作温度。缺点是系统控制逻辑复杂，维修不方便，如图 2-233 所示。

图 2-233 电子风扇

电动冷却风扇系统能感知冷却液温度，只当温度过高时，才供给足量的空气。在正常温度下，风扇停转，这样可使发动机逐渐变暖，且降低燃料消耗和噪声，如图 2-234 所示。

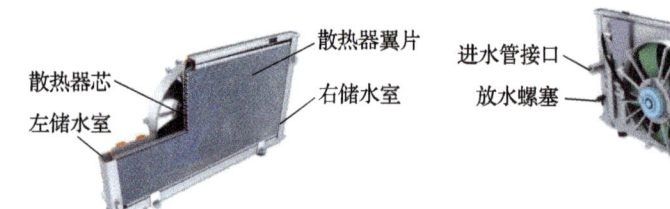

图 2-234 电动冷却风扇系统

电动冷却风扇转速可在 3 个档位间转换或转换至无级，来调节冷却性能，使它与冷却液温度和空调器运行保持同步。

风扇是由直流永磁电动机带动风扇工作的，电动机由定子、转子、电刷和前盖组成，如图 2-235 所示。

1）电子风扇电动机工作原理：电动机通过电刷在线圈中形成电流流动，产生电磁场，线圈在电磁力作用下产生旋转运动，实现了将电能转换为机械能，如图 2-236 所示。

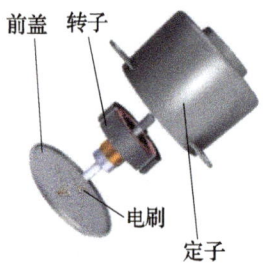 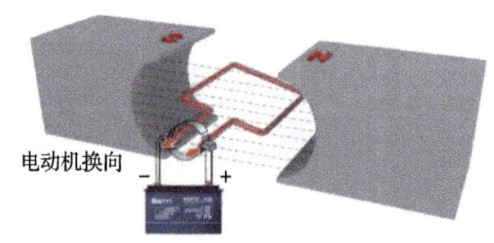

图 2-235 直流永磁电动机　　　图 2-236 电子风扇电动机工作原理

2）电子风扇安装位置。电子风扇安装在散热器后方，如图 2-237 所示。

3）电子风扇结构。电子风扇由电动机、导风罩、冷却风扇组成，如图 2-238 所示。

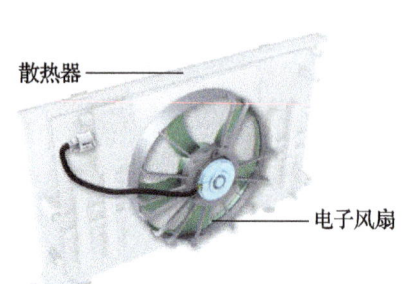 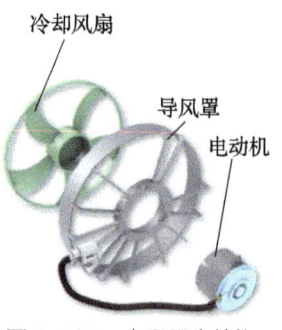

图 2-237 电子风扇安装位置　　　图 2-238 电子风扇结构

4)电子风扇工作原理。风扇转速取决于冷却液温度高低和空调系统的工作状态。通常情况下,电子风扇转速分两个档位运行,冷却液温度在93~98℃之间时,风扇低速旋转;冷却液温度达到105℃时,风扇高速旋转,如图2-239所示。

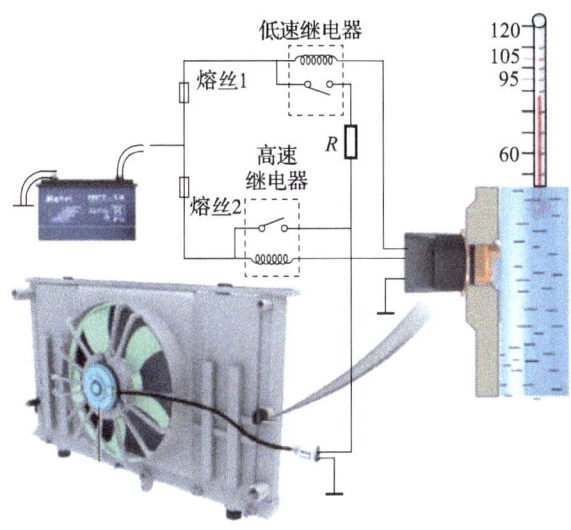

图2-239 电子风扇工作原理

(4)微机控制电动冷却风扇工作原理

微机控制电动冷却风扇的风扇转速由发动机ECU控制,如图2-240所示。以卡罗拉车型为例,其工作特性为:

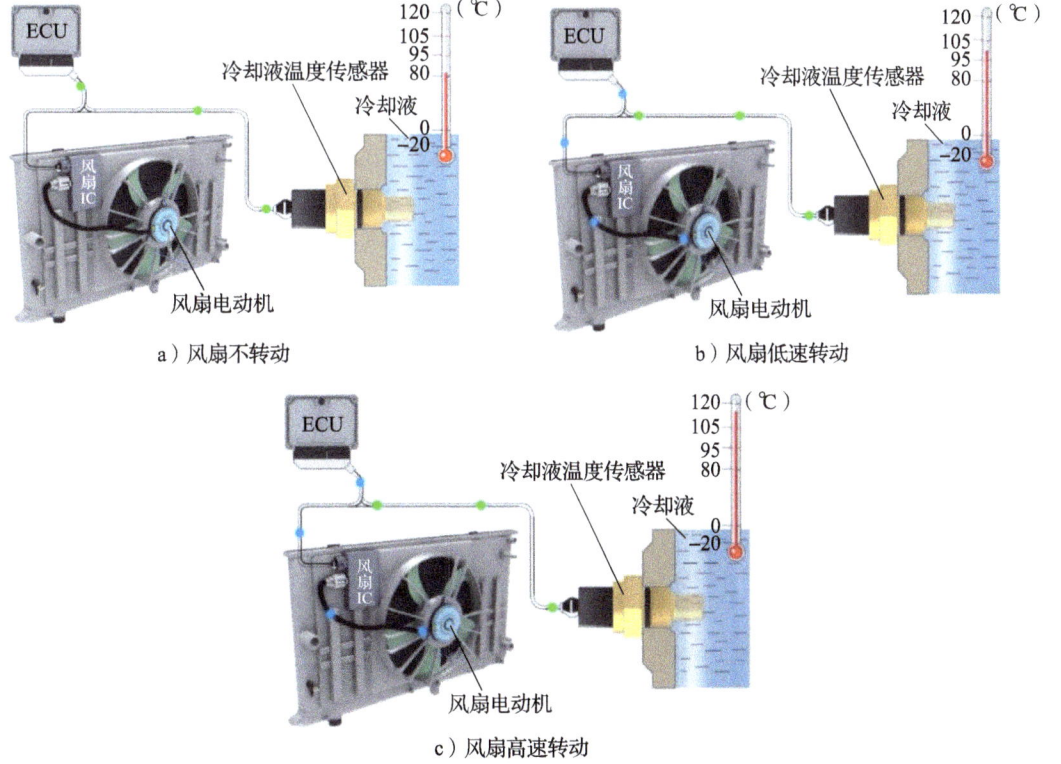

图2-240 微机控制电动冷却风扇

1）当发动机冷却液温度低于95℃时，微机控制风扇电动机不工作，风扇不转动。
2）当冷却液温度处于95~105℃之间时，微机控制风扇电动机低速运转，风扇低速转动。
3）当冷却液温度达到105℃时，微机控制风扇电动机高速运转，风扇高速转动。

6. 冷却水道

冷却液出水口分水喉管将冷却水道（图2-241）分为多个分水道。分水道的作用是使多缸发动机各气缸的冷却强度均匀一致。铜制或不锈钢制的分水道直接铸在机体上，沿其纵向设有出水孔，并与机体水套相通，离水泵越远，出水孔越大，分水道数目通常与气缸数相同。

冷却液在水泵中增压后，经分水道进入发动机的机体水套，冷却液从水套壁周围流过并吸热而升温，然后向上流入气缸盖水套并吸热后，经节温器及散热器进水软管流入散热器。在散热器中冷却液向流过散热器周围的空气散热而降温，最后冷却液经散热器出水软管返回水泵，如此循环往复。

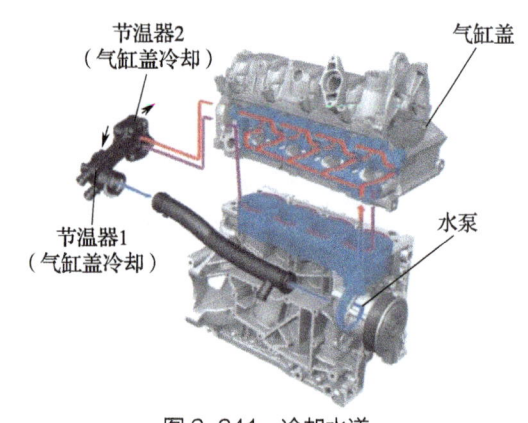

图2-241 冷却水道

7. 膨胀水箱

膨胀水箱与散热器相连，以便储存从散热器溢出的冷却液，并防止它流到外面。

（1）膨胀水箱结构

膨胀水箱多用塑料制造并用软管与溢流管和补偿管相连接。它主要由膨胀水箱盖、溢流管接口、补偿管接口、壳体等组成。在膨胀水箱的外表面上刻有两条标记线："低"线和"高"线，膨胀水箱内冷却液面应位于两条标记线之间，如图2-242所示。

（2）膨胀水箱的工作原理

膨胀水箱有溢流和补偿的作用。溢流即当冷却液受热膨胀时，部分冷却液通过溢流管从散热器中流入膨胀水箱，如图2-243所示。

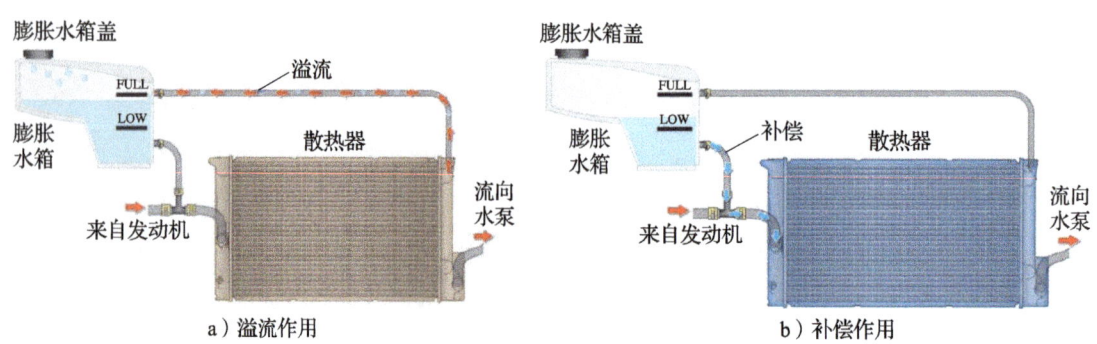

a）溢流作用　　b）补偿作用

图2-243 膨胀水箱的工作原理

补偿即当冷却液降温后，散热器内冷却液体积变小，膨胀水箱内冷却液经补偿管被吸回散热器。膨胀水箱还可消除水冷系统中的气泡。

当冷却液受热膨胀时，部分冷却液流入膨胀水箱；而当冷却液降温时，部分冷却液又被吸回散热器，所以冷却液不会溢失。膨胀水箱内的液面有时升高，有时降低，而散热器却总是为冷却液所充满。在膨胀水箱的外表面上刻有两条标记线："低"线和"高"线，膨胀水箱内的液面应位于两条标记线之间。若液面低于"低"线时，应向膨胀水箱内补充冷却液。在向膨胀水箱内添加冷却液时，液面不应超过"高"线。

八、润滑系统

发动机润滑系统的功用是在发动机工作时连续不断地将足量、压力和温度适宜的清洁机油，输送到运动副的摩擦表面，并在摩擦表面间形成油膜，从而减小摩擦阻力、降低功率消耗、减轻机件磨损，以达到提高发动机工作可靠性和耐久性的目的。发动机润滑系统组成如图 2-244 所示。

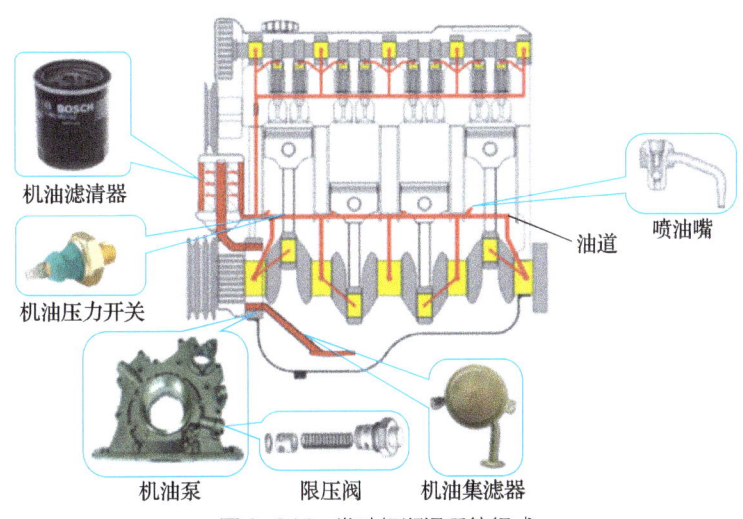

图 2-244 发动机润滑系统组成

润滑方式有压力润滑、飞溅润滑、润滑脂润滑三种方式。

概念复习

干摩擦：是指不存在任何外来介质时零件与零件接触表面之间相互运动的摩擦。

液体摩擦：若两摩擦表面间有充足的机油，它能将相对运动着的两金属表面分隔开。此时，只有液体之间的摩擦，称为液体摩擦，又称为液体润滑。

边界摩擦：两摩擦表面间油膜厚度小于 1μm，不足以将两金属表面分隔开机油存在，所以相互运动时，两金属表面微观的高峰部分将互相搓削，这种状态称为边界摩擦。

黏度：是表示机油的稀稠程度的物理量，液体流动时，其分子之间产生的阻力叫黏度。黏度过大，运动阻力大，冷却和清洗作用差；黏度过小，机油易流失，加大磨损，密封差。因此各类汽车必须严格按照生产厂规定的黏度选用规定牌号机油。

（一）发动机润滑系统作用

发动机的主要运动件均处于高温、高压、高速及大负荷的运动状态，各相对运动件之间（例如活塞和缸壁、曲轴和轴瓦之间），若得不到润滑，会因剧烈的干摩擦而造成零件磨损甚至严重损坏，以及增加发动机的功率损耗。为使发动机能正常工作、延长使用寿命，需要对发动机中的运动表面进行润滑。

润滑系统的润滑作用就是在发动机工作时连续不断地把数量足够、温度适当的洁净机油输送到全部传动件的摩擦表面，并在摩擦表面之间形成油膜，实现液体摩擦，如图2-245所示。

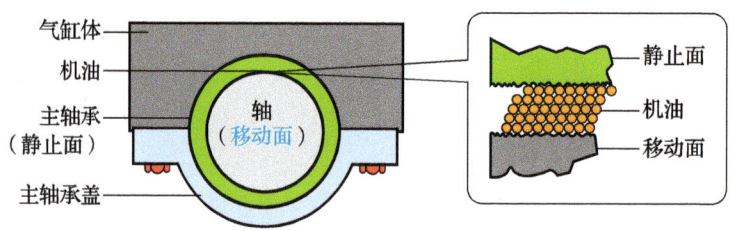

图2-245 润滑系统的润滑作用

发动机工作时，很多传动零件都是在很小的间隙下作高速运动的，如曲轴主轴颈与主轴承，曲柄销与连杆轴承、凸轮轴颈与凸轮轴承、活塞和活塞环与气缸壁面、配气机构各运动副及传动齿轮副等。尽管这些零件的工作表面都经过精细的加工，但放大来看这些表面是凹凸不平的。各个机件的金属表面之间发生强烈的摩擦不仅增加发动机的功率消耗，加速零件工作表面的磨损，而且还可能由于摩擦产生的热将零件工作表面烧损，致使发动机无法运转。

这时发动机需要对各个机件进行润滑，简单地说，润滑就是使相互摩擦的表面分离，如图2-246所示。机油的任务是降低相对移动表面之间的摩擦并减少或完全避免产生磨损。

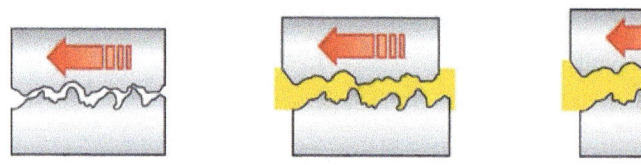

图2-246 润滑就是使相互摩擦的表面分离

1. 压力循环润滑系统

在压力循环润滑系统中机油泵通过钟形吸油集滤器将油底壳中的机油吸出，经过机油通道和机油冷却器将其压入机油滤清器中。机油泵过压阀是一个安全阀门。它可以防止机油压力过高而损坏发动机部件。由机油滤清器壳体内的机油压力调节阀对机油压力进行调节。一旦机油压力达到最大允许的压力值，通往油底壳的阀门就会打开，如图2-247所示。

端盖中的旁通阀负责在即使机油滤清器堵塞的情况下也可以可靠地供油。

机油回流锁止器可以在发动机静止时防止机油滤清器空转。机油压力开关通过机油压力显示信号告知驾驶人机油压力是否已建立（机油指示灯熄灭）及是否低于最小机油压力（机油指示灯亮起）。

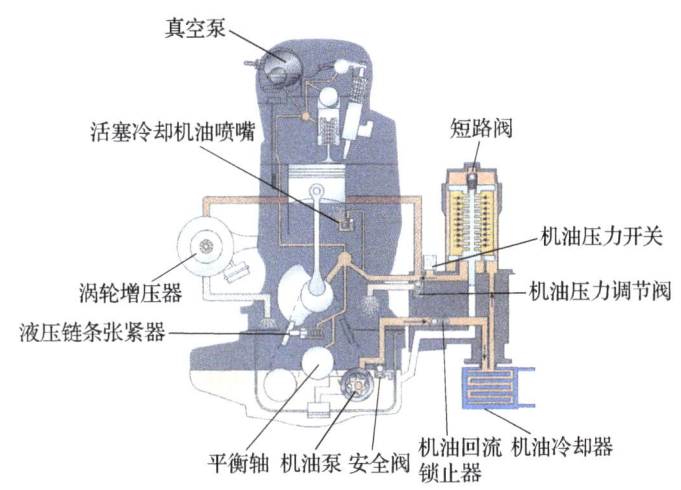

图 2-247　压力循环润滑系统

机油滤清器将过滤后的机油输送至主油道中。通过压力油或喷射油对各个运动部件进行润滑：

- 压力油

气缸盖中的主油道通过油孔进行分流，机油主油道通过油孔通向曲轴的主轴承。曲轴中的油孔将机油导向连杆轴承。

机油通过一条垂直油道通向液压挺柱和凸轮轴轴承。机油经过一条纵向内嵌于凸轮轴中的油孔流向所有凸轮轴轴承并由此回流到油底壳中。机油通过一个油孔输送至正时链条、链条张紧器和涡轮增压器。

- 喷射机油

从机油喷嘴喷出且甩到活塞顶上的机油向下滴落并通过连杆头中的油孔流向活塞销。这些机油同时对活塞进行冷却。此外，从曲轴抛上来的喷射油还要润滑气缸工作面。

2. 飞溅润滑

气缸壁、配气机构的凸轮、挺柱等均采用飞溅润滑，如图 2-248 所示。

3. 润滑脂润滑

润滑脂润滑是靠人工将润滑脂填充在机壳中来实现润滑的。这种方法主要用于转速不超过 3000r/min、温度不超过 115℃的滚动轴承及圆周速度在 4.5m/s 以下的摩擦副、重载荷的齿轮、蜗轮副及链、钢丝绳等，如图 2-249 所示。

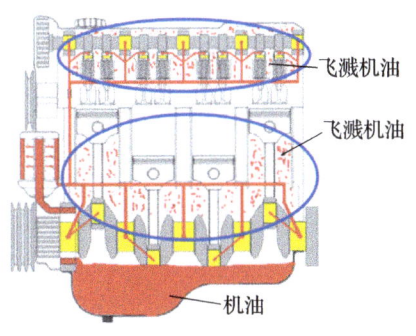

图 2-248　飞溅润滑

图 2-249　润滑脂润滑

典型发动机润滑油路如图 2-250 所示。

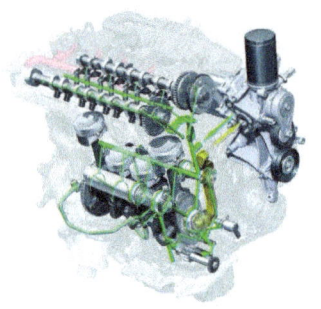

图 2-250　典型发动机润滑油路

（二）润滑系统主要零部件

1. 机油泵

机油泵将一定量的机油从油底壳中抽出经机油泵加压后，源源不断地送至各零件表面进行润滑，维持机油在润滑系中的循环。机油泵大多装于曲轴箱内，也有些柴油机将机油泵装于曲轴箱外面，机油泵都采用齿轮驱动方式，通过凸轮轴、曲轴、链条或正时齿轮来驱动，如图 2-251 所示。

图 2-251　机油泵

机油泵有多种类型，汽车机油泵目前多采用以下形式。

（1）齿轮机油泵

在这种机油泵中两个外啮合齿轮相互啮合在一起，其中一个是驱动齿轮，如图 2-252 所示。发动机带动旋转时将机油从抽吸室输送至压力室，其效率为 0.8~0.9。

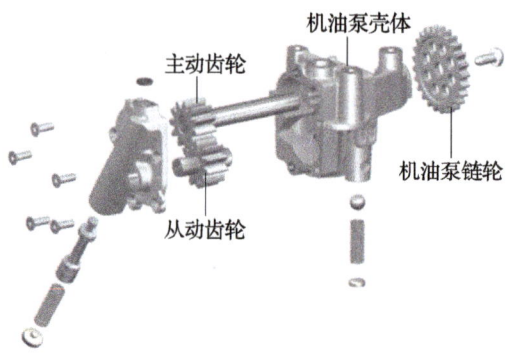

图 2-252　齿轮机油泵

（2）转子机油泵

转子泵由一个内啮合外转子和一个外啮合内转子组成。内转子为被驱动部件。外转子在内转子齿轮上滚动并以这种方式在机油泵壳体内旋转。

内转子比外转子少一个轮齿,因此转动一圈时液体由一个外转子齿隙输送至下一个齿隙。

转动时吸油侧空间增大,同时压力侧空间相应减小。这种结构可在输送量较大的情况下产生较高的压力,如图 2-253 所示。

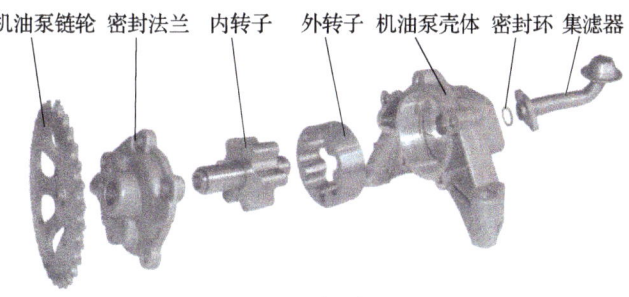

图 2-253 转子机油泵

转子机油泵通常安装在前端盖上,由主动齿轮(内转子,8 个齿)、从动齿轮(外转子,9 个齿)组成,如图 2-254 所示。无论何种类型机油泵,从动齿轮要比主动齿轮多一齿。

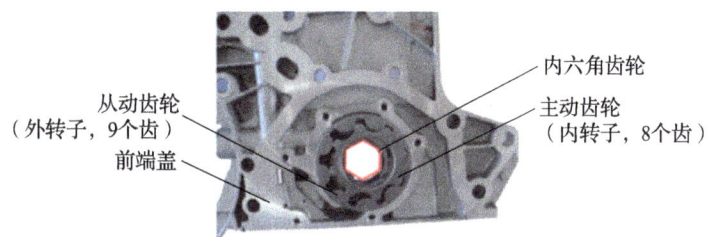

图 2-254 转子机油泵安装位置

(3)往复式滑阀机油泵

往复式滑阀机油泵由泵轴和转子组成,转子通过滑阀与外转子连接在一起,如图 2-255 所示。

(4)月形齿轮泵

月形齿轮泵有一个内齿轮和一个偏心安装的外齿轮。

一个新月形隔板将吸油室和高压油室隔开,由曲轴驱动其内齿轮。机油通过沿新月形隔板的上、下边的齿隙进行输送,如图 2-256 所示。

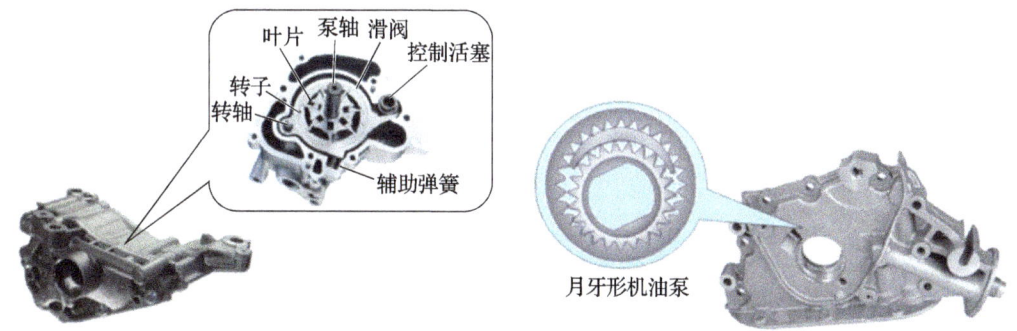

图 2-255 往复式滑阀机油泵 　　图 2-256 月形齿轮泵

内、外轮的啮合阻止机油从高压油室流入到吸油室中,当发动机低转速运转时可以高效输送机油。

检查转子式机油泵时，先将泵壳和泵盖分开，检查内、外转子之间的径向间隙。标准值为 0.02～0.16mm，维修极限为 0.20mm。如果间隙测量值超过使用极限，则应更换内、外转子。

2. 机油滤清器

发动机工作过程中，金属磨屑、尘土、高温下被氧化的积炭和胶状沉淀物、水等不断混入机油。机油滤清器的作用是滤掉这些机械杂质和胶质，保持机油的清洁，延长其使用期限。机油滤清器应具有滤清能力强、流通阻力小、使用寿命长等性能。

轿车发动机上普遍只设有一个集滤器和一个全流式机油滤清器。汽车每行驶约 5km，机油会被机油滤清器滤清一遍，如图 2-257 所示。

与主油道串联的叫全流式滤清器，发动机工作时机油全部经滤清器滤清。机油从纸滤芯的外围进入滤清器中心，然后经出油口流进机体主油道。机油流过滤芯时杂质被截留在滤芯上。如果滤清器使用时间达到更换周期，就应拆下滤清器，换上新滤清器。机油滤清器的滤芯还可以采用其他纤维滤清材料制作。

（1）类型

机油滤清器分为分离式和整体式两种，如图 2-258 所示。

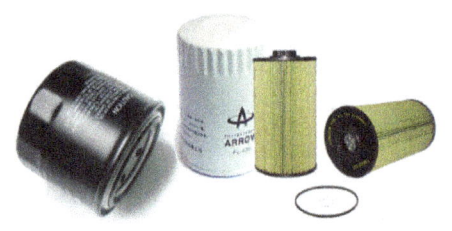

图 2-257 机油滤清器

a）分离式　　b）整体式

图 2-258 机油滤清器的类型

（2）机油滤清器的结构

图 2-259 所示为机油滤清器的结构。汽油发动机普遍采用整体式机油滤清器，滤芯大都使用纸质材料，当使用一段里程后，即应将整个滤清器换新。一般机油滤清器每使用 7000~10000km 即应换新，为了不致让旧机油对新滤清器造成太大的工作负担而影响其寿命，通常于更新机油时一并更换。

图 2-259 机油滤清器的结构

（3）工作原理

发动机工作时，机油泵将油底壳中的机油经集滤器过滤出较大杂质后吸入，形成一定压力后输送到机油滤清器中，如图 2-260 所示。

如果所供机油油压太高或流量过大，则机油经机油泵上的溢流阀返回机油入口；如果从机油泵出口出来的机油压力超过预定压力时，机油压力克服限压阀弹簧作用力，顶开阀门，一部分机油从侧面通道流入油底壳内，使油道内的油压下降至设定的正常值。如果机油滤清器堵塞，油压升高，则机油不经过机油滤清器，由机油滤清器盖上的旁通阀直接进入主油道，如图 2-261 所示。

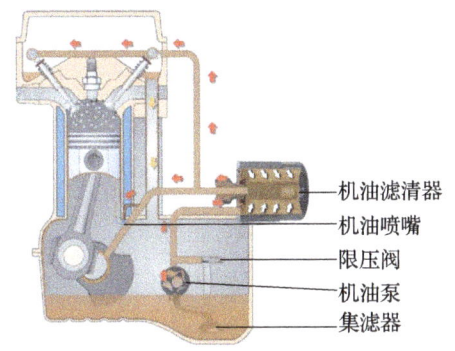
图 2-260 机油滤清器的工作原理

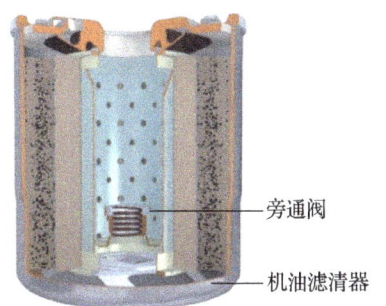
图 2-261 机油滤清器盖上的旁通阀

3. 机油冷却器

机油冷却器将机油温度控制在合理的范围之内，延长机油的使用寿命。冷车发动时，冷却液温度的升高速度高于机油温度的升高速度，机油冷却器可以依靠冷却液对机油加热。随着发动机转速的提高，摩擦产生的热量越来越多，会造成发动机机油过热，影响发动机润滑效果，所以现代发动机大都安装机油冷却器来降低机油的温度。

在高性能大功率的强化发动机上，由于热负荷大，必须装设机油散热器。机油散热器布置在机油油路中，其工作原理与发动机冷却液散热器工作原理相同（图 2-262）。发动机机油散热器分为风冷式和水冷式两类。

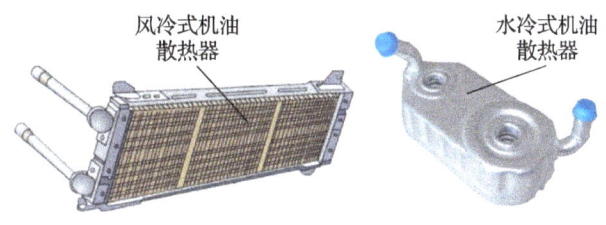
图 2-262 机油散热器

（1）风冷式机油散热器　利用汽车行驶时的迎面风对机油进行冷却。这种机油散热器散热能力大，多用于赛车及热负荷大的增压汽车上。但是风冷式机油散热器在发动机起动后，需要很长的暖机时间才能使机油达到正常的工作温度，所以普通轿车上很少采用，如图 2-263 所示。

（2）水冷式机油散热器　外形尺寸小，布置方便，且不会使机油冷却过度，机油温度稳定，因而在轿车上使用广泛，如图 2-264 所示。

图 2-263 风冷式机油散热器

（3）典型机油冷却器的结构　机油冷却器和机油滤清器都安装在机油冷却器—机油滤清器支架上。支架上还安装了散热器的进水管和出水管。支架和散热器上有对应的进水孔、出水孔、机油泵流入机油冷却器和流向机油滤清器的孔。科鲁兹机油冷却器如图 2-265 所示，大众轿车机油冷却器如图 2-266 所示。

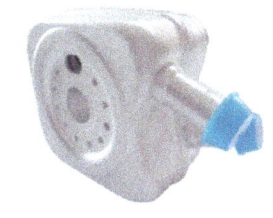
图 2-264 水冷式机油散热器
（轿车上使用广泛）

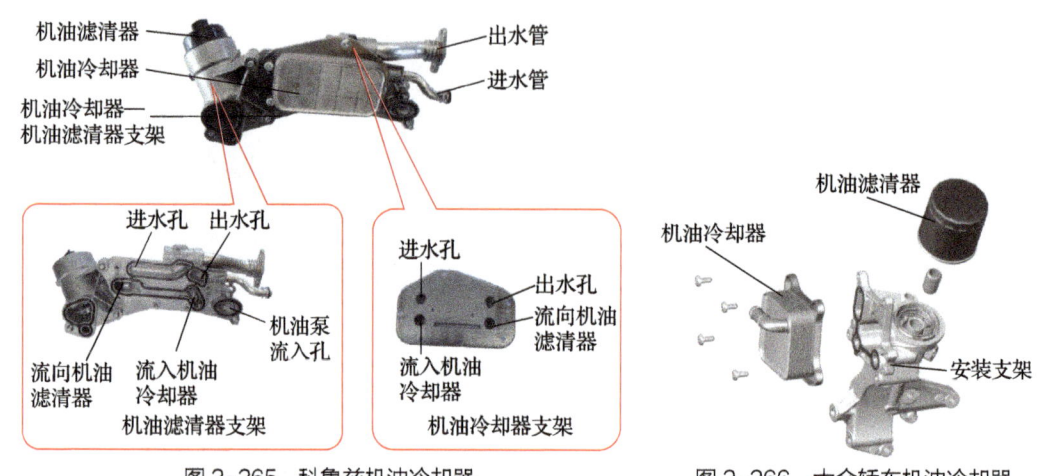

图 2-265 科鲁兹机油冷却器　　图 2-266 大众轿车机油冷却器

（三）可调式润滑系统

1. 结构和功能

可调式润滑系统是指润滑系统可以根据发动机转速和工况自动调节润滑系统的机油供给量，低速低负荷工况下机油泵以低功率运行，以降低消耗；高速高负荷工况机油泵以高功率运行提高供油量，以保证发动机润滑良好。可调式润滑系统如图 2-267 所示。

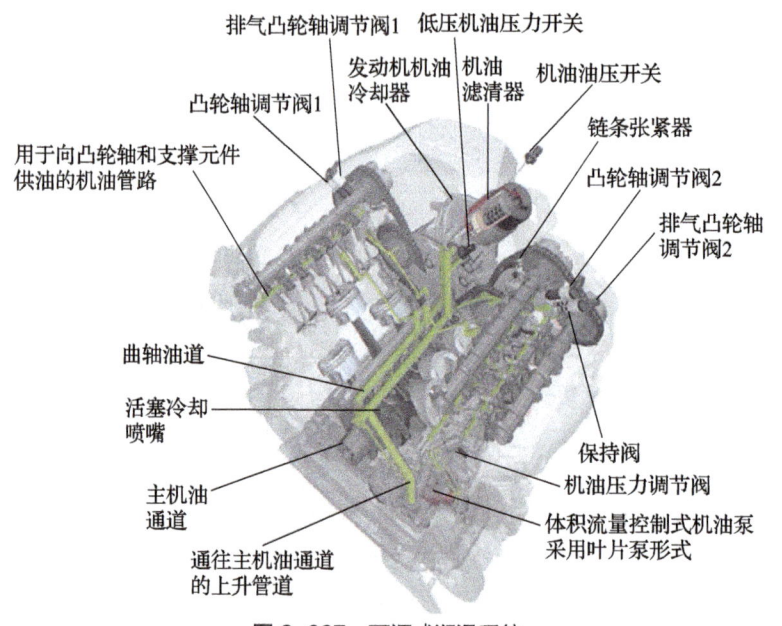

图 2-267 可调式润滑系统

2. 工作原理

（1）机油泵

机油泵采用带有调节滑块的两档式叶片泵，如图 2-268 所示。

（2）低压工况

机油压力调节阀通过发动机控制单元打开或关闭通往控制

图 2-268 机油泵

面的通道。泵所产生的机油压力作用到两个控制面上，并将调整环进一步扭转，泵腔变小，由此减少输油量，油压下降，机油泵以较低的驱动功率运行，从而降低了消耗，如图2-269 所示。

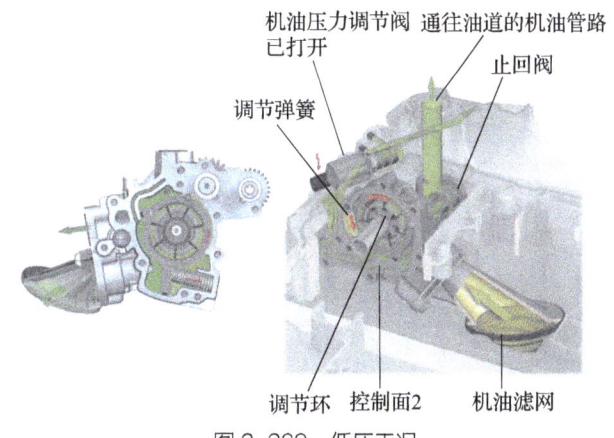

图 2-269　低压工况

在低压工况下，机油压力约为 1.5bar。如果机油压力调节阀的电动控制功能失效，机油泵便会持续以高压力水平进行输送。

（3）高压工况

当发动机转速逐渐提高后，将切换到高压档。此时，机油压力调节阀被关闭。这样，调节环控制面上的机油流便被中断。此时，调节弹簧将调节环推回，机油泵的内室因此扩大，机油泵的输送功率上升，油压被调节到高压力水平，从控制面被压回的机油通过机油压力调节阀排入油底壳，如图 2-270 所示。

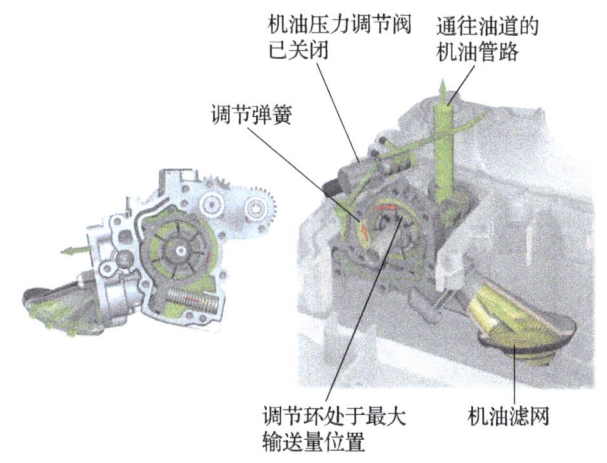

图 2-270　高压工况

当发动机转速降低后，油压在延迟 5s 后被重新转换到低压力水平。

在高压工况下，机油压力约为 3.3bar。为防止系统油压过高（例如当机油温度很低时，机油非常黏稠的情况下），在泵中集成了一个安全阀，它能在大约 11bar 时打开。

九、点火系统

汽油发动机工作时，气缸内的可燃混合气是由电火花点燃的。点火系统的作用是根据发动机的工作状态，按照发动机的工作顺序，在合适的时刻供给火花塞以足够能量的高压电，使其电极间产生火花，确保能点燃混合气，燃烧后做功推动活塞运动。点火系统如图2-271所示。

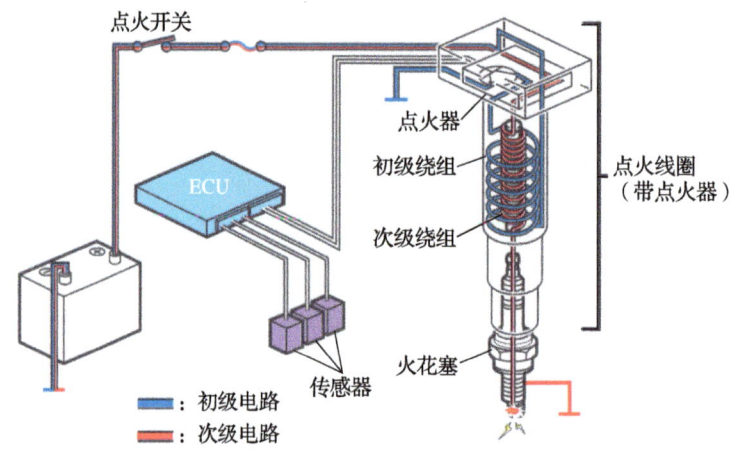

图 2-271　点火系统

（一）点火系统总体构成

计算机点火控制系统主要由各类传感器、电子控制单元（ECU）和点火执行器 3 部分组成，如图 2-272 所示。计算机点火控制系统由 ECU 根据各传感器提供的信号，确定点火时刻，并发出点火控制信号，点火器根据发动机控制单元指令，控制点火绕组初级回路的导通和截止。

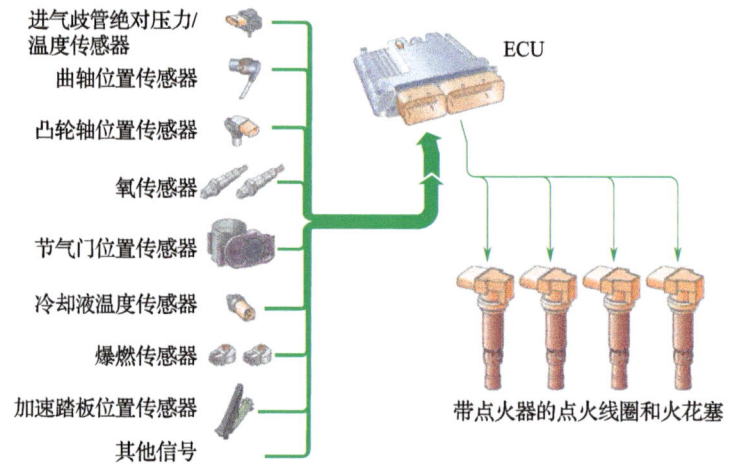

图 2-272　计算机点火控制系统组成

无分电器计算机控制点火系统具有电子配电功能，根据高压配电方式的不同分为同时点火方式和独立点火方式两种，其工作原理也各不相同。

1. 同时点火

同时点火一般采用一个点火线圈同时对两个气缸进行点火，即双缸点火方式。这种点火方式利用一个点火线圈对活塞接近压缩行程上止点和排气行程上止点的两个气缸同时点火，如图 2-273 所示。这种方式可减少点火线圈的数量，但如果一个气缸的火花塞或高压线出现故障,则会同时影响两个气缸的工作。

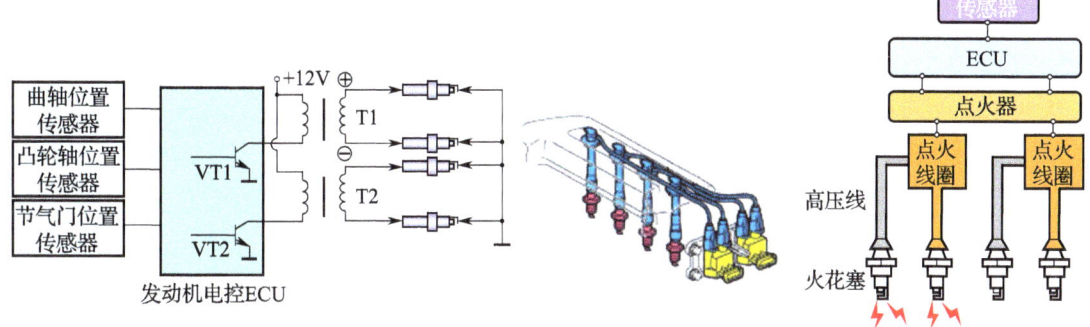

图 2-273　同时点火

2. 独立点火

独立点火是一个缸的火花塞配一个点火线圈,各个独立的点火线圈直接安装在火花塞上,独立向火花塞提供高压电,各缸直接点火,如图 2-274 所示。此结构去掉了高压线,可以使高压电能的传递损失和对无线电的干扰降低到最低水平。ECU 可单独对每一个气缸的点火正时进行调整,提高燃烧效率。例如,如果爆燃传感器检测到 3 缸点火后产生爆燃,则 ECU 会单独减小 3 缸的点火提前角。

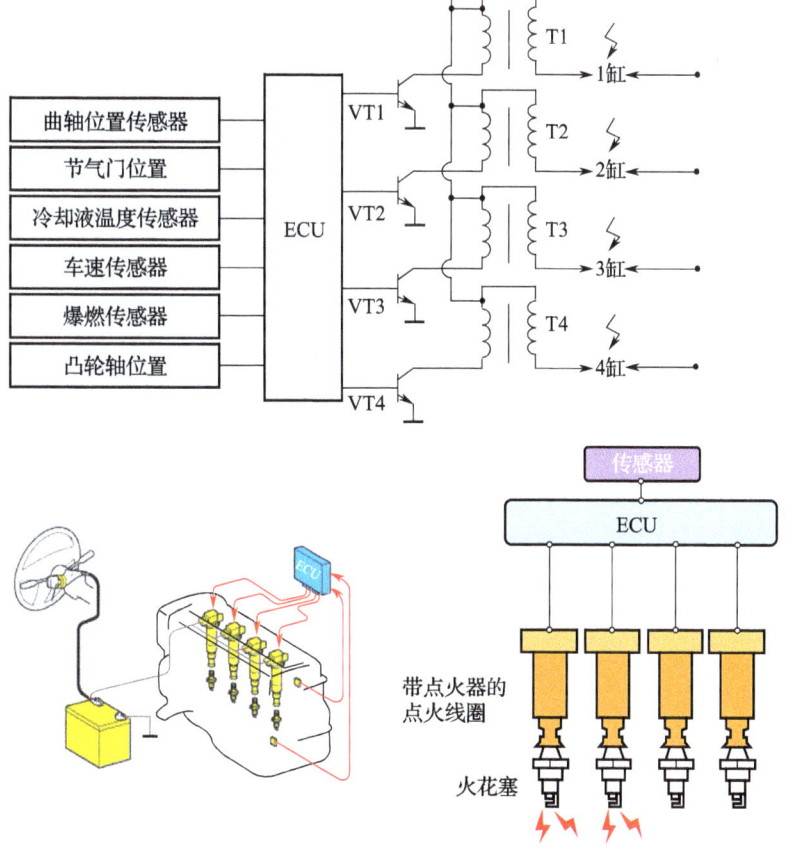

图 2-274　独立点火

（二）点火系统主要零部件

1. 点火线圈

点火线圈是点火系统的心脏。它的目的是建立近似 12.6V 的低蓄电池电压到一个足够高到跳过火花塞间隙并点燃油气混合的电压。该线圈能产生近似 30000~60000V 的电压，用此高压电来点燃气缸中的混合气，如图 2-275 所示。

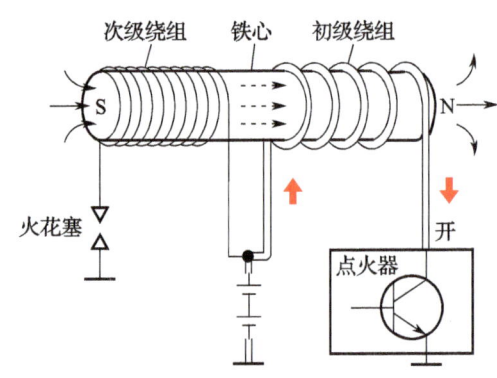

图 2-275　点火线圈

（1）点火线圈工作原理

初级和次级绕组都环绕在铁心上。次级绕组的匝数大约是初级绕组的 100 倍。初级绕组的一端连接在点火器上，次级绕组的一端连接在火花塞上。两个绕组各自的另一端则连接在蓄电池上，如图 2-276 所示。

流向初级绕组的电流：

当发动机运转时，根据发动机 ECU 输出的点火正时信号，蓄电池的电流通过点火器流到初级绕组。结果，在绕组周围产生磁力线，此绕组在中心包含一个磁心，如图 2-277 所示。

图 2-276　点火线圈工作原理

电流停止流向初级绕组：

当发动机继续运转时，点火器根据 ECU 输出的点火正时信号（IGT）快速地停止流向初级绕组的电流。其结果是初级绕组的磁通量开始减小。

因此，通过初级绕组的自感和次级绕组的互感，在阻止现存磁通量衰减的方向上产生的电动势（EMF）。

自感效应产生约为 500V 的电动势，而与其相伴的次级绕组互感效应产生约为 30kV 的高压电动势。这样火花塞就产生火花放电。初级电流切断越迅速及初级电流值越大，则相应的次级电压也愈高，如图 2-278 所示。

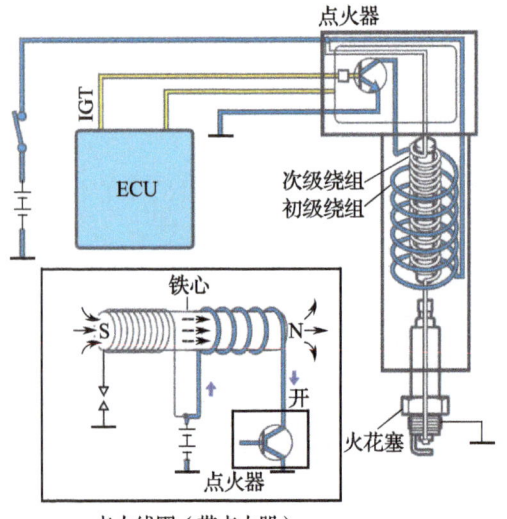

图 2-277　流向初级绕组的电流

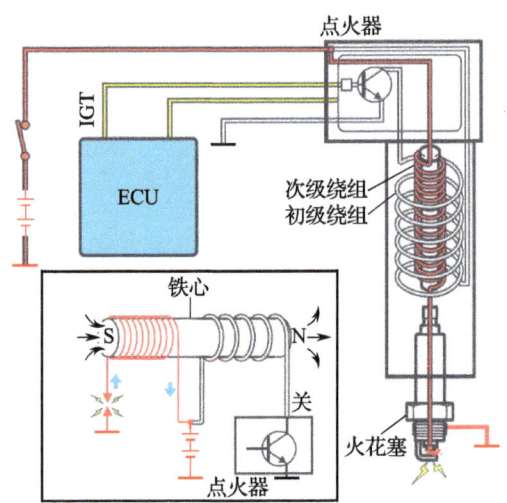

图 2-278　电流停止流向初级绕组

（2）点火线圈的检查

1）电阻检查。使用万用表电阻档测量点火线圈初级绕组和次级绕组的电阻，并与标准值比较，以此来判断点火线圈是否短路或断路。为使测量更准确，测量前应断开点火线圈线束插接器，具体操作步骤如下：

测量初级绕组电阻：将万用表置于"Ω"档，测量初级绕组的电阻。大多数初级绕组的电阻为1～30Ω，有些初级绕组电阻可能低于1Ω。标准电阻应参见相应车型维修手册。

测量次级绕组电阻：将万用表置于"kΩ"档，测量点火线圈的两个高压输出端子或初级绕组正极与次级绕组输出端子之间的电阻，多数次级绕组的电阻为6~300Ω。标准电阻应参见相应车型维修手册。

2）绝缘检查。使用万用表电阻档测量点火线圈任一接柱与外壳之间的电阻，电阻应不小于50MΩ，否则说明点火线圈绝缘不良，应更换点火线圈。

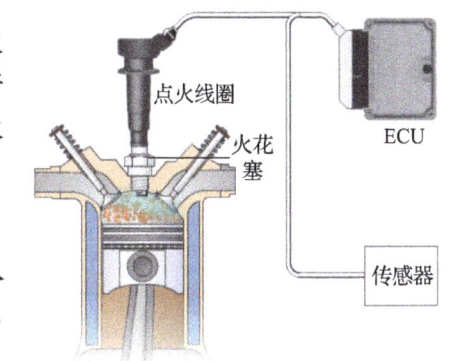

2. 火花塞

火花塞的作用是将点火线圈产生的高压电引入发动机的燃烧室内，在其电极间隙中形成电火花，点燃混合气，如图2-279所示。

火花塞由金属壳体、中心电极、搭铁电极、中心电极导体、绝缘体等组成，如图2-280所示。

图2-279 火花塞的作用

火花塞分热型和冷型两种。与气缸盖的接触面积大的火花塞，称热型火花塞；与气缸盖的接触面积小的火花塞，称冷型火花塞。

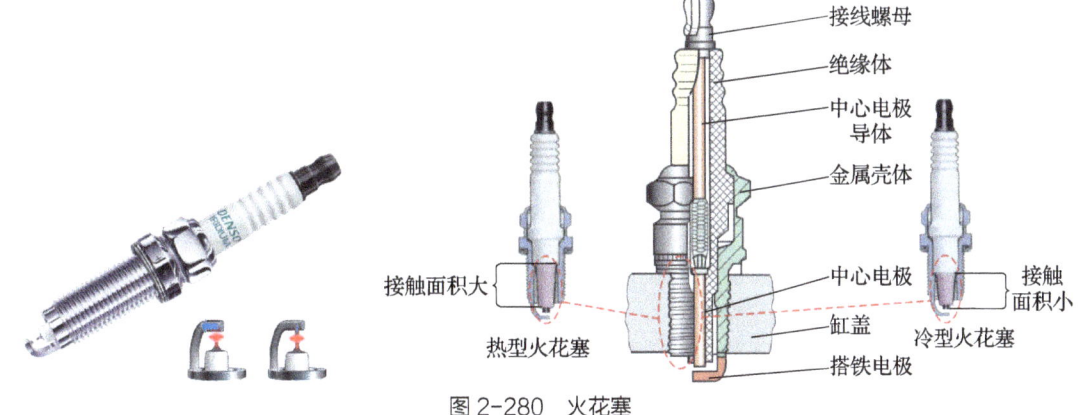

图2-280 火花塞

（1）火花塞的作用

火花塞的作用是把点火线圈产生的高压电引入发动机气缸，在火花塞电极的间隙之间产生火花点燃混合气。火花塞的工作环境极为恶劣，以一台普通四冲程汽油机的火花塞为例，在进气行程时温度只有60℃，压力90kPa；而在点火燃烧时，温度会瞬间上升至3000℃，压力达到4000kPa；这种急冷急热的交替频率很高，不是一般材料所能应付得了，还要保证绝缘性能，因此对火花塞的材料要求也就很苛刻了。

（2）火花塞类型

普通火花塞的火花可产生电磁干扰使电子设备失灵。这一类型的火花塞含有陶瓷电阻器来防止这一现象发生。

在铂金火花塞和铱金火花塞上，中心电极和与其相对的搭铁电极都覆盖着铂金和铱金的薄层。所以，这样的火花塞，其使用寿命较常规火花塞更长。

由于铂金和铱金都耐磨，所以这些火花塞的中心电极可以制作得很小，仍能具有优良的引燃火花性能，如图2-281所示。

铂金火花塞上，铂金是焊在中心电极和搭铁电极的顶端的。中心电极的直径较常规火花塞的要小。

铱金火花塞上，铱金（比铂金有更高的抗磨能力）是焊在中心电极顶端的，但焊在搭铁电极上的仍是铂金。中心电极的直径较铂金火花塞更小。

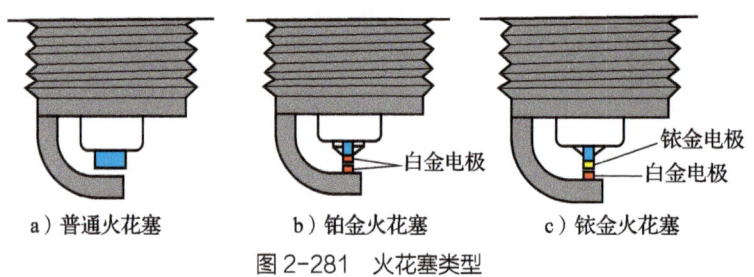

a）普通火花塞　　b）铂金火花塞　　c）铱金火花塞

图2-281　火花塞类型

（3）火花塞热值

火花塞热值实际上是指受热和散热能力的一个指标，其自身所受热量的散发量，称为热值，如图2-282所示。

能够大量散热的称为冷型火花塞，也就是高热值火花塞。冷型火花塞（高热值）的绝缘体裙部相对较短，由于散热途径比较短，散热相对较多，所以不易造成中心电极温度的上升。

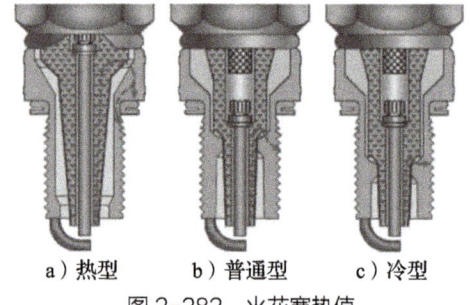

a）热型　　b）普通型　　c）冷型

图2-282　火花塞热值

相对散热量较小的叫作热型火花塞，也就是低热值火花塞。热型火花塞（低热值）的绝缘体裙部较长，当气缸内温度布置均匀时，火花塞裙部越长，受热面积就越大，传导热量的距离就越长，所以散热少，中心电极温度上升较高。

选择火花塞考虑的因素较多，如发动机型号、冷却方式、冲程数、燃油标号和使用环境温度及常用工况等。一般汽车出厂时已将火花塞型号确定，在安装尺寸相符的情况下，用户可根据环境温度、道路条件、机器新旧对火花塞的热值做选择。如国产火花塞标准条件下一般采用的热值型号为6，当气温低于5℃时，就应选用热值再低一级的火花塞以保证火花塞裙部的工作温度。对于旧发动机而言，选用热值低一级的火花塞，可抵制因机件磨损窜油对火花塞的污染。

很多时候汽车会出现发动机冷、热机起动都较困难，有时要起动多次，发动机才能着车。着车后，怠速不稳、抖动、加速不良、动力不足，频繁出现怠速自行熄火现象，油、气消耗量增大。这是由于火花塞的损坏导致的。

（三）根据火花塞的颜色判断发动机工作状态

1. 火花塞颜色检查

火花塞的电极正常颜色为棕白色，如果电极烧黑并附有积炭，则说明存在故障。检查时可将火花塞与缸体导通，用中央高压线触接火花塞的接线柱，然后打开点火开关，观察高压电跳位置。如电跳位置在火花塞间隙，则说明火花塞作用良好，否则需换新，见表 2-5。

表 2-5　根据火花塞的颜色判断发动机工作是否正常

类型	实物	描述
正常		1. 正常的火花塞 正常的火花塞是浅棕色的
有故障		2. 有故障的火花塞 （1）发动机烧机油 火花塞有严重积炭是机油流到了燃烧室，俗称烧机油。此时排气管会冒出滚滚蓝烟
		（2）火花塞太湿 火花塞的热值太低或者是电控系统故障
		（3）火花塞上有玻璃一样的东西 空气滤清器密封有问题，结果砂子进入燃烧室里。在燃烧高温的作用下融化在了火花塞上
		（4）火花塞上有熔化的铝球 火花塞上粘了很多小的熔化的铝球。这是因为点火角提前太多，结果点火的高温来不及散发，结果活塞熔化的铝粘到了火花塞上
		（5）火花塞发白 是混合气太稀造成发动机过热。如果不处理，会使发动机出现严重故障
		（6）火花塞上有黑色绒状积炭 故障的原因有：空滤太脏、汽油压力过高、油压调节器真空管断裂、氧传感器损坏、电控系统故障等
		（7）火花塞电极短路 积炭太多了把电极都连到一块了。一般是发动机内部积炭太多，结果松了以后掉到火花塞上了。这时需要拆开发动机清理内部积炭了。
		（8）火花塞烧蚀 故障的原因有：火花塞热值匹配有误、点火角提前太多、混合气稀、冷却系统温度过高、润滑系统缺机油等
		（9）火花塞中心电极变短 保养时没有更换火花塞

(续)

类型	实物	描述
有故障		（10）火花塞中心电极变圆 火花塞使用的时间太长了，这样的火花塞点火的时候耗电量很大，而且会使发动机工作不良
三极		3. 三极火花塞 （1）正常三极火花塞
三极		（2）三极火花塞间隙过大 在保养时要进行更换
三极		（3）三极火花塞磁心断裂
三极		（4）火花塞中心电极变短 保养时没有进行更换火花塞

2. 火花塞的检查

1）目视检查。火花塞在高温、高压环境中工作，同时受到燃油中化学添加剂的腐蚀，因此故障率较高，要及时更换。正常工作的火花塞绝缘体裙部呈浅棕色或灰白色，轻微的积炭和电极烧蚀属正常现象。目视检查火花塞的电极和绝缘体外观是否出现以下现象：

- 火花塞烧损，例如火花塞绝缘体起皱、破裂，电极烧蚀、熔化等。
- 火花塞上有沉积物，例如积炭、积油、积灰等。
- 火花塞电极间隙过大或过小，使点火性能下降。

2）电极间隙检查。使用塞尺检查火花塞电极间隙，间隙值应符合规定。火花塞的电极间隙一般为 0.6～1.2mm，具体数据参见相应车型维修手册。测量时，用规定厚度的塞尺插入火花塞电极间隙中，感觉稍有阻力即为合适，否则需用专用工具通过弯曲火花塞侧电极来调整电极间隙。

3）火花塞跳火检查。断开全部喷油器插头，使其不能喷油。取出带点火器的点火线圈和火花塞。重新将火花塞安装到点火线圈内，连接点火器插接器。将火花塞搭铁，然后起动起动机带动曲轴和凸轮轴转动，检查火花塞的跳火情况。如果跳火位置在火花塞间隙中，说明火花塞作用良好，如图 2-283 所示。

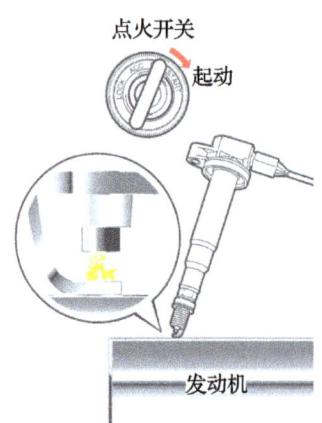

图 2-283 火花塞跳火检查

注意：
- 火花试验时，转动曲轴不得超过 5~10s。

十、起动系统

要使发动机由静止状态过渡到工作状态,必须先用外力转动发动机的曲轴,使活塞进行往复运动,使气缸内的可燃混合气燃烧,膨胀做功,推动活塞向下运动使曲轴旋转,发动机才能自行运转,工作循环才能自动进行。因此,曲轴在外力作用下开始转动到发动机开始自动地怠速运转的全过程,称为发动机的起动。完成起动过程所需的装置,称为发动机的起动系统。起动系统示意图如图 2-284 所示。

起动系统由蓄电池、起动机、起动继电器、点火开关和相关线路组成。起动机在点火开关和起动继电器的控制下,将蓄电池的电能转化为机械能,带动发动机飞轮齿圈使曲轴转动,完成发动机的起动,如图 2-285 所示。

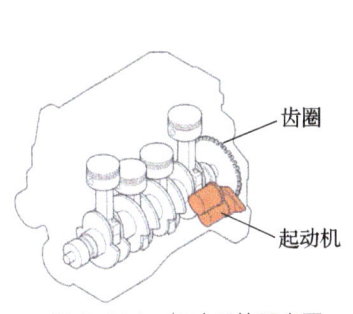

图 2-284 起动系统示意图

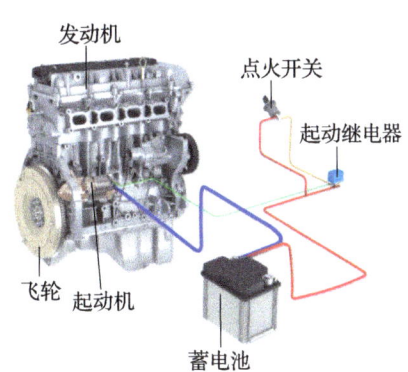

图 2-285 起动系统组成

(一)起动系统主要零部件

1. 直流电动机

直流电动机的作用是将蓄电池输入的电能转换为机械能,产生使发动机运转的电磁转矩。直流电动机主要由电枢(转子)、磁极(定子)、换向器、电刷、电刷架、端盖等部件构成。起动机的分解图如图 2-286 所示。

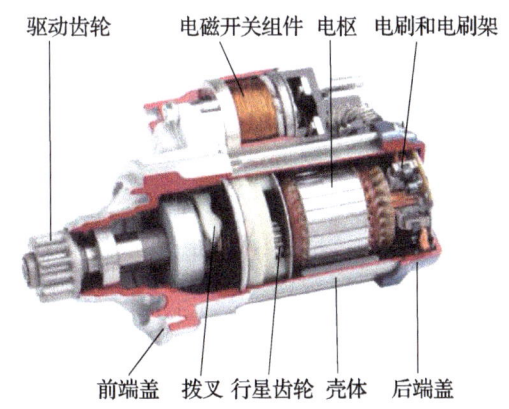

图 2-286 起动机的分解图

(1)电枢

电枢的作用是产生电磁转矩,其由电枢轴、换向器、电枢铁心、电枢绕组等组成,如图 2-287 所示。为了获得足够大的转矩,通过电枢绕组的电流一般为 200~600A,因此电枢绕组采用的都是较粗的矩形截面的铜线绕制而成。电枢绕组各线圈的端头均匀地焊接在换向器片上，通过换向器和电刷将蓄电池的电流引进来。

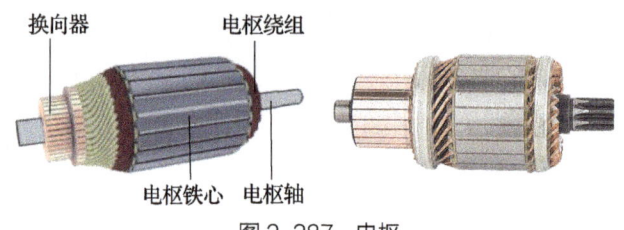

图 2-287　电枢

（2）磁极

磁极的作用是产生磁场，由固定在机壳上的磁极铁心和励磁绕组组成，其结构如图 2-288 所示。为增大磁场强度，一般采用 4 个磁极，两对磁极相对交错地安装在电动机定子内壳上。起动机中的直流电动机的励磁绕组是串联方式连接的，故电动机称为直流串励电动机。励磁绕组一端接在外壳的绝缘接线柱上，另一端与两个非搭铁的电刷相连。

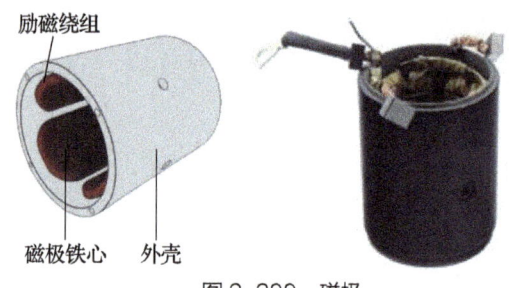

图 2-288　磁极

（3）电刷与电刷架

电刷和电刷架如图 2-289 所示，电刷和电刷架的作用是将电流引入电动机，使电枢产生定向转矩。电刷置于电刷架中，通过弹簧压紧在换向器上。电刷架一般为框式结构，其中正极电刷架与端盖绝缘固装，负极电刷架直接搭铁。

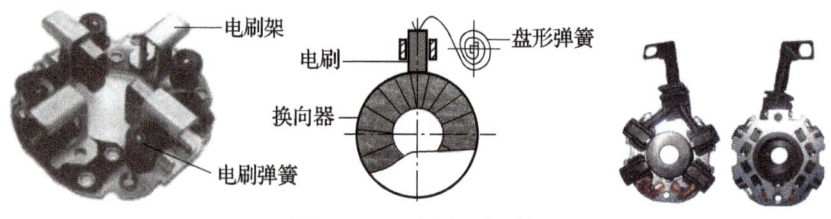

图 2-289　电刷和电刷架

2. 传动机构

传动机构主要是离合机构，离合机构的作用是在发动机起动时，使起动机驱动齿轮啮入飞轮齿圈，将起动机转矩传给发动机曲轴；而在发动机起动后，使驱动齿轮打滑与飞轮齿圈自动脱开，以防止飞轮带动电枢高速旋转，造成电枢绕组"飞散"。滚柱式离合器是目前国内外汽车起动机中使用最多的一种。滚柱式离合器使通过改变滚柱在梁形槽中的位置来实现分离和接合。它具有结构简单、坚固耐用、体积小、重量轻、工作可靠等优点，其结构如图 2-290 所示。

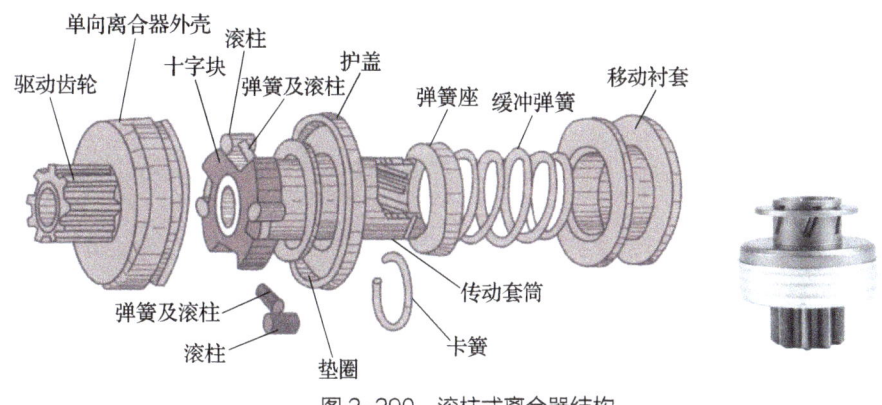

图 2-290 滚柱式离合器结构

3. 控制装置

控制装置主要是电磁开关，如图 2-291 所示，电磁开关的作用是控制电动机与蓄电池之间的电路的通断，从而控制起动机的工作。电磁开关主要由牵引线圈（吸引线圈或吸拉线圈）、保持线圈、复位弹簧、活动铁心、接触片等组成。它安装于直流电动机壳体上方。

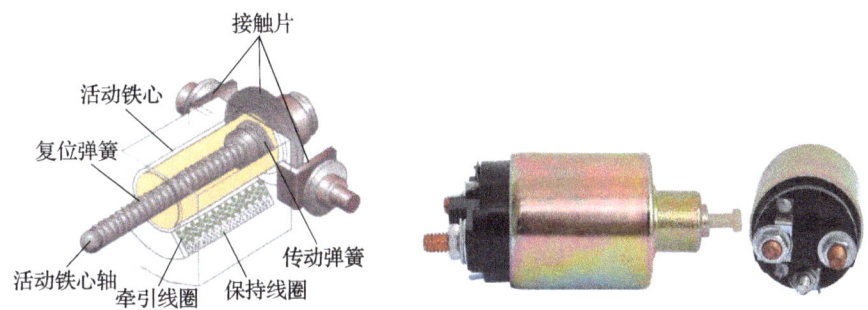

图 2-291 控制装置

（二）起动机的类型

普通型起动机如图 2-292 所示。

减速型起动机如图 2-293 所示。

星型齿轮减速起动机如图 2-294 所示。

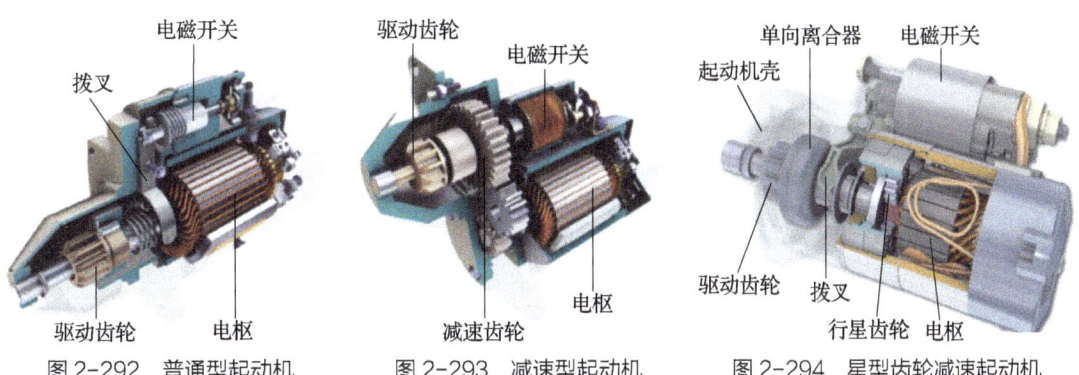

图 2-292 普通型起动机　　图 2-293 减速型起动机　　图 2-294 星型齿轮减速起动机

1. 普通型起动机

驱动齿轮与电枢在同一轴上并以相同转速旋转。连接到磁性开关插入件上的驱动杆推动驱动齿轮并使它与齿圈啮合，如图 2-295 所示。

2. 减速型起动机

减速型起动机使用一台紧凑的高速电动机。减速型起动机通过减速齿轮降低电枢的转速来增加转动力矩。电磁开关的动铁心直接推动与它在同一轴上的驱动齿轮，并使它与齿圈啮合，如图 2-296 所示。

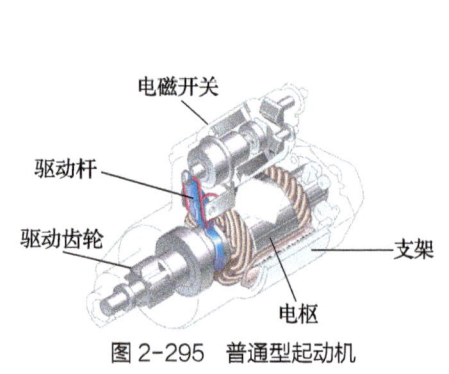

图 2-295　普通型起动机　　　　图 2-296　减速型起动机

3. 星型齿轮减速起动机

星型齿轮减速起动机有一行星齿轮，用来降低电枢的转速。驱动齿轮通过传动杆与齿圈相啮合，与传统型同样，如图 2-297 所示。

4. 行星齿轮减速－磁场永磁铁式

行星减速－起动机在磁场线圈中使用永磁铁。啮合／脱开齿轮的运作与星型起动机一样，如图 2-298 所示。

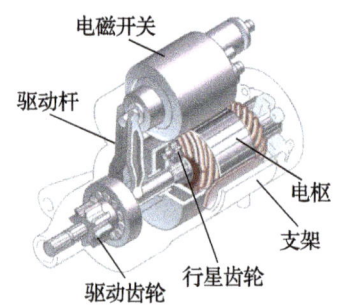
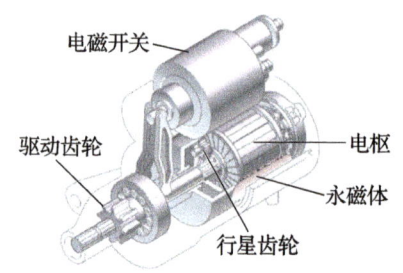

图 2-297　星型齿轮减速起动机　　　图 2-298　行星齿轮减速－磁场永磁铁式

（三）起动机组成与构造

1. 起动机组成

起动机包括电磁开关、电枢、轭铁、电刷和电刷架、减速齿轮、超越离合器、驱动齿轮和螺旋花键等部件，组成如图 2-299 所示。

2. 起动机结构

（1）电磁开关

电磁开关用作流到起动机的电流的主开关，并

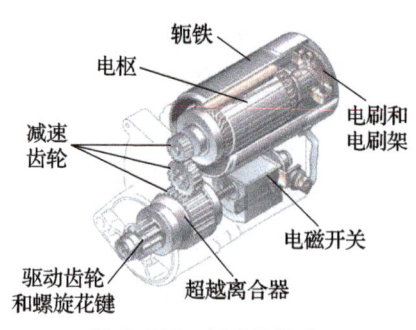

图 2-299　起动机组成

且通过推、拉控制驱动齿轮。吸拉线圈绕制比保持线圈密，吸拉线圈的电动势也比保持线圈大，如图 2-300 所示。

（2）电枢和球轴承

电枢生成起动机的旋转力，球轴承支撑着高速转动的电枢，如图 2-301 所示。

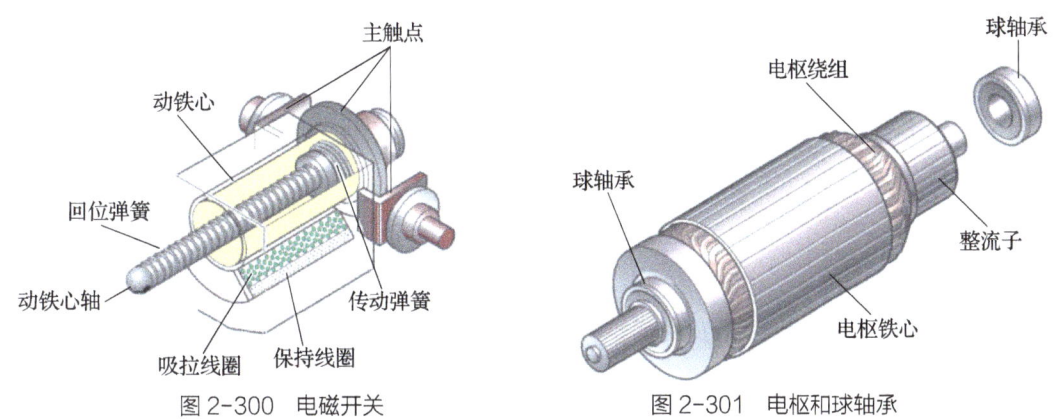

图 2-300　电磁开关　　　　　　　图 2-301　电枢和球轴承

（3）轭铁

轭铁产生起动机运行所需的磁场。它也用作励磁绕组磁极铁心的外壳及磁力线的通道。励磁绕组与电枢绕组串联连接，如图 2-302 所示。

（4）电刷和电刷架

电刷用电刷弹簧压住电枢整流器，使电流从绕组以固定的方向流到电枢。电刷用铜－石墨制成，它具有优良的导电及耐磨特性。电刷和电刷架如图 2-303 所示。

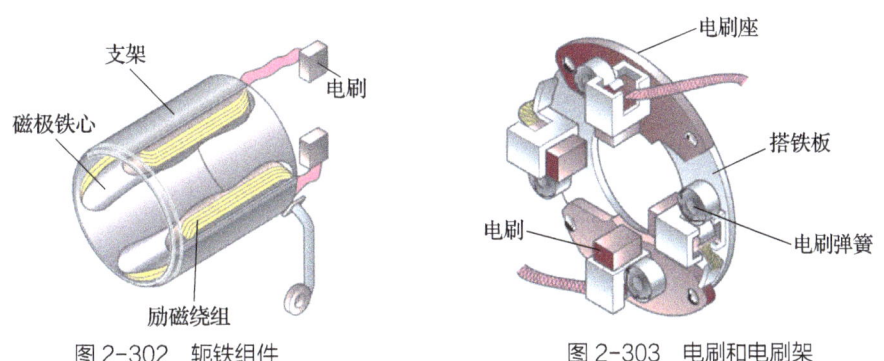

图 2-302　轭铁组件　　　　　　　图 2-303　电刷和电刷架

（5）减速齿轮

减速齿轮将起动机的旋转力传输到驱动齿轮，并且也通过减慢起动机转速来增加力矩。减速齿轮以 1/3 到 1/4 的减速比来降低起动机的转速，它内装超速离合器，如图 2-304 所示。

（6）超速离合器

超速离合器将起动机的转动力矩经传动驱动齿轮传输到发动机。

为了防止发动机起动前引起的高速旋转损坏起动机，超速离合器是一种带滚子的单向离合器，如图 2-305 所示。

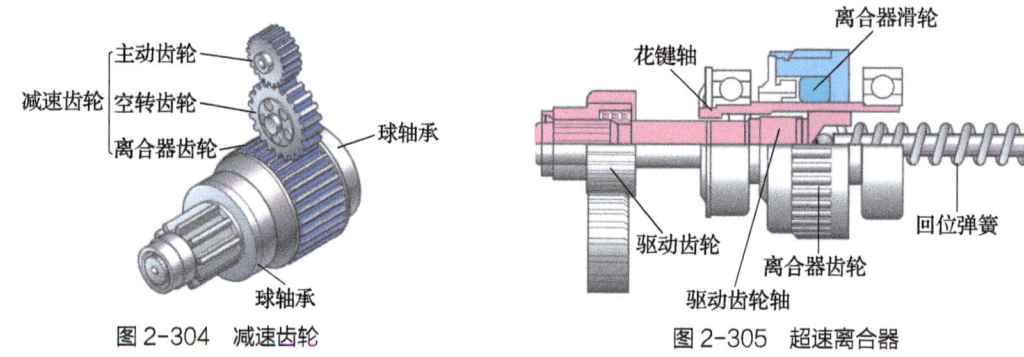

图 2-304 减速齿轮　　　　　　图 2-305 超速离合器

（7）驱动齿轮和螺旋花键

驱动齿轮和齿圈通过相互牢固啮合将起动机的旋转力传输给发动机。驱动齿轮必须倒角以便能良好地啮合。螺旋花键将起动机旋转力转变成驱动齿轮的驱动力，也支持驱动齿轮的啮合和脱开，如图 2-306 所示。

（8）行星齿轮机构

行星齿轮支架有三个行星齿轮。行星齿轮在内侧与太阳（中心）齿轮啮合，在外侧与内齿圈相啮合。一般内齿圈是固定的，不转动，如图 2-307 所示。

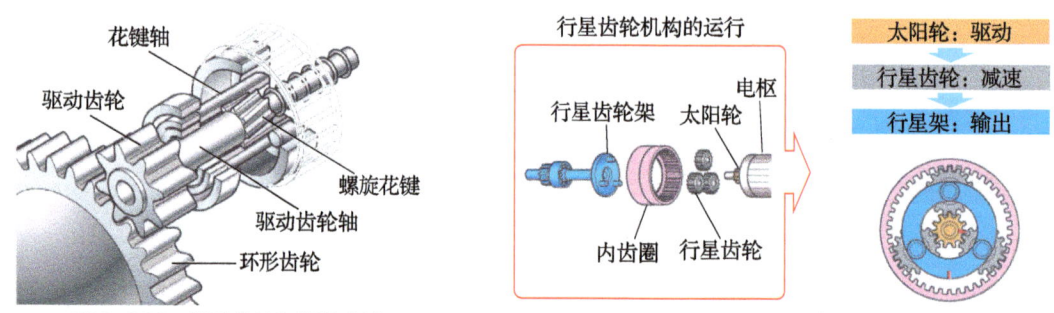

图 2-306 驱动齿轮和螺旋花键　　　　　　图 2-307 行星齿轮机构

行星类型的减速比是 1∶5，与减速型相比，它的电枢较小、转速较快，为了减小运行噪声，内齿圈使用塑料。行星起动机有缓冲装置，它吸收过多的力矩，防止内齿圈损坏，如图 2-308 所示。

当太阳轮被电枢驱动时，行星齿轮沿内齿圈旋转，并且行星架也旋转。结果使行星架转速被降下来，使驱动齿轮的转矩增大，如图 2-309 所示。

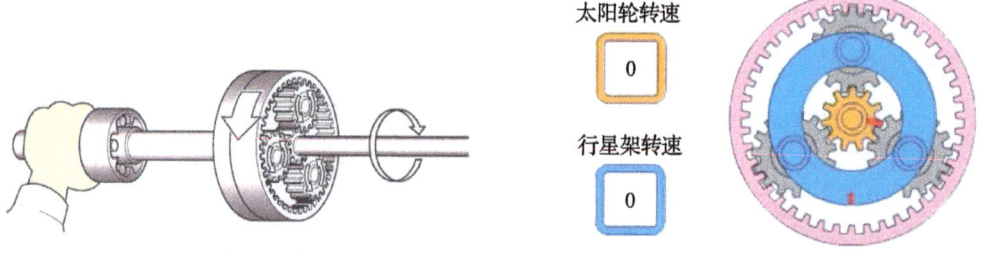

图 2-308 行星类型的减速比 1∶5　　　　　　图 2-309 驱动齿轮的转矩增加过程

通过转动内齿圈，与内齿圈啮合的离合器板产生滑动，过度的力矩被吸收，缓冲装置如图 2-310 所示。

（9）励磁绕组

起动机用两种永磁铁来代替传统起动机中的励磁绕组，这两种永磁铁是：主永磁铁和极间磁铁。主磁铁和极间磁铁在磁轭内交替布置。这可以使主磁铁与极间磁铁之间产生的磁通量加入主磁铁产生的磁通量中。除了能增加磁通量，这种结构可以使整个磁轭的长度减短，如图 2-311 所示。

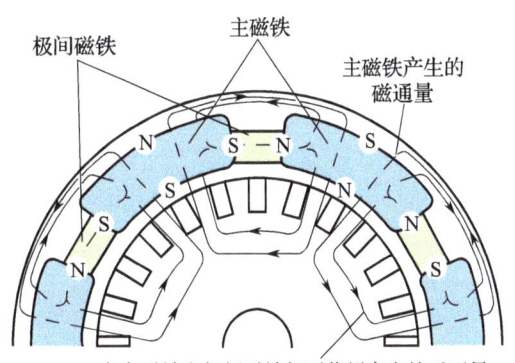

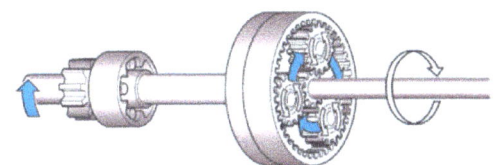

图 2-310 缓冲装置

图 2-311 励磁绕组

（四）起动机工作原理

1. 电磁开关

电磁开关有两个功能：
- 电动机的 ON/OFF。
- 驱动齿轮的啮合和脱开。

当起动机操作时，磁性开关以三步进行操作：
- 吸拉。
- 保持。
- 返回。

图 2-312 所示为起动机的工作过程。

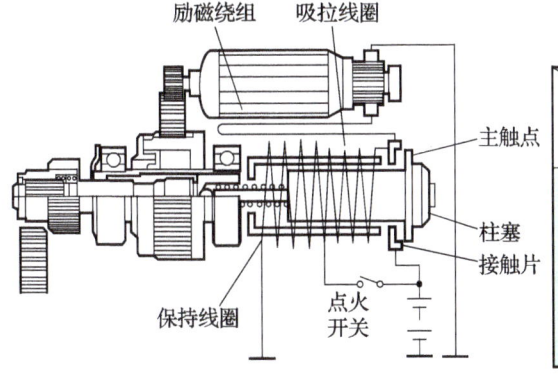

		两个功能	
		电动机的 ON/OFF	驱动齿轮的啮合和脱开
三步	吸拉	转向ON	啮合
	保持	保持ON	旋转力传输
	返回	转向OFF	脱开

图 2-312 起动机工作过程

小提示：
如果吸拉线圈开路，则它不能吸引动铁心，并使起动机不能起动（无磁性开关运行的声音）。

如果主触点接触不良,则难于让电流流到励磁绕组和电枢绕组,并且起动机的旋转会慢下来。

如果在保持线圈开路,它无法使动铁心保持位置,这会引起动铁心反复移进移出。

(1)吸拉

当点火开关转到START(起动)位时,蓄电池电流流到吸拉线圈和保持线圈。电流然后从吸拉线圈经励磁绕组到电枢绕组,以低速旋转线圈。在保持线圈和吸拉线圈内的磁动势磁化磁铁心,这样,磁性开关的动铁心被吸入极心。通过这一吸入操作,驱动齿轮被推出,并与齿圈啮合,接触板将主接触开到ON。

图2-313总结了吸引步骤中的电流情况。为了保持操作电磁开关的电压,某些车型在点火开关与电磁开关之间有一个起动机继电器。

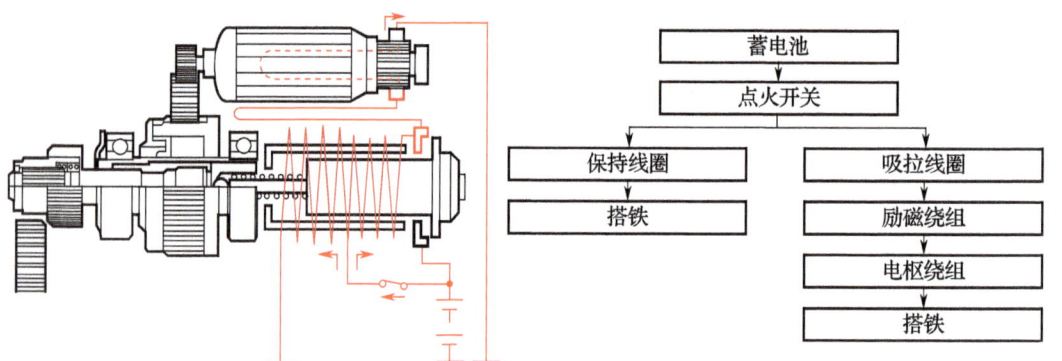

图2-313 吸拉过程

(2)保持

当点火开关转到ON时,无电流流经吸引线圈,励磁绕组和电枢绕组直接从蓄电池得到电流。电枢绕组随后便开始高速旋转,发动机进行起动。此时,动铁心只是由保持线圈所施加的磁力固定到位,因为无电流流过吸引线圈。

图2-314总结了保持步骤时的电流情况。

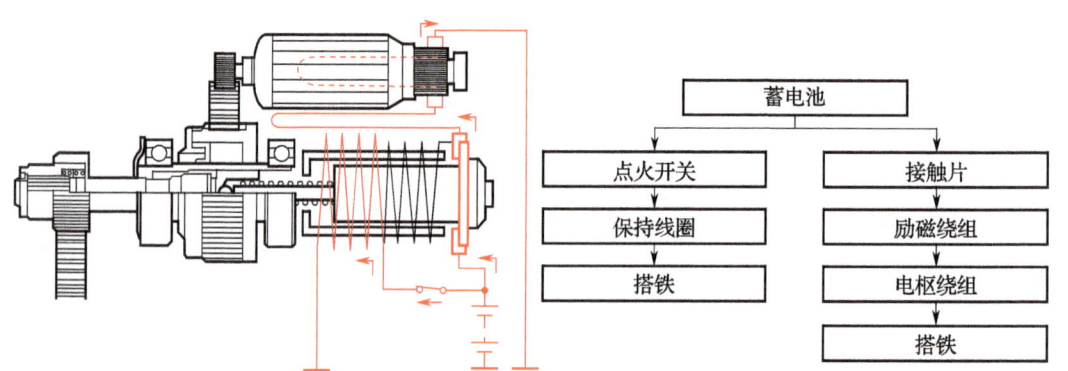

图2-314 保持过程

(3)返回

当点火开关从START转到ON时,电流从主接触侧经吸引线圈流到保持线圈。此时,由于吸引线圈与保持线圈形成的磁力相互抵消,它们失去了使动铁心保持位置的力。因此，动铁心由回位弹簧的力拉回，并且接触关到 OFF，停止起动机的旋转。

图表 2-315 总结了返回步骤时的电流情况。

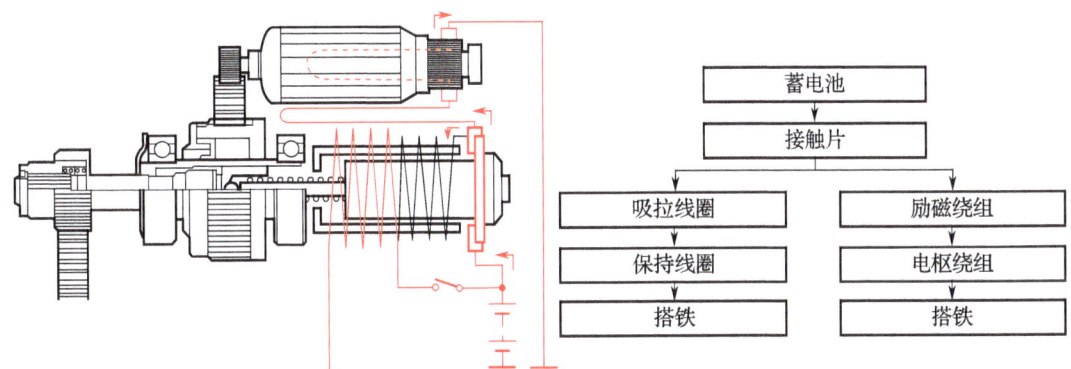

图 2-315 返回过程

2. 超速离合器

（1）发动机起动时

当离合器齿轮（外侧）旋转比花键轴（内侧）快时，离合器的滚子被推到较狭窄的部分，这样，离合器齿轮的旋转力便传递到花键轴，如图 2-316 所示。

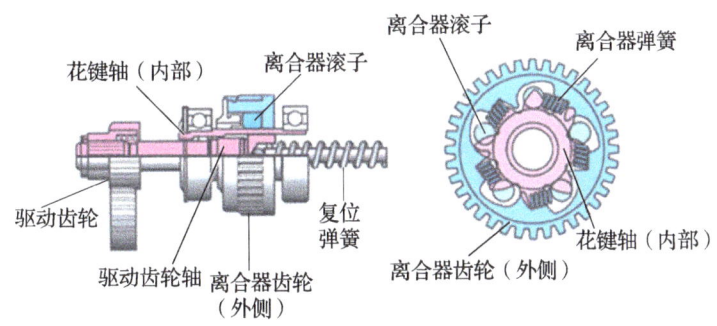

图 2-316 发动机起动时

（2）发动机起动后

当花键轴（内侧）转得比离合器齿轮（外侧）快时，离合器滚子被推到宽的一侧，引起离合器齿轮空转，如图 2-317 所示。

如果作为超速离合器工作的单向离合器打滑，即使起动机旋转，发动机也不能起动。

3. 啮合/脱开机构

啮合/脱开机构有两种功能，如图 2-318 所示。

- 使驱动齿轮与齿圈啮合。
- 使驱动齿轮与齿圈脱开。

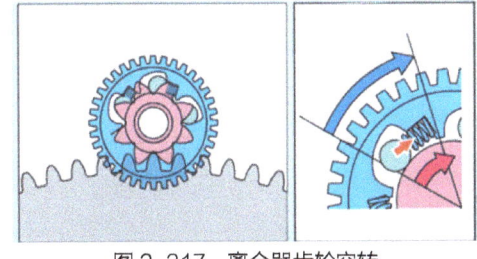

图 2-317 离合器齿轮空转

1）当驱动齿轮的端面通过磁性开关的吸引作用与齿圈接触时，驱动弹簧被压缩。然后接触开到 ON，电枢的旋转力增加。一部分的旋转力被花键轴变成推力推出驱动齿轮。

换言之，驱动齿轮利用磁性开关的吸引力以及电枢的旋转力和螺旋花键的推力而与齿圈啮合，如图2-319所示。

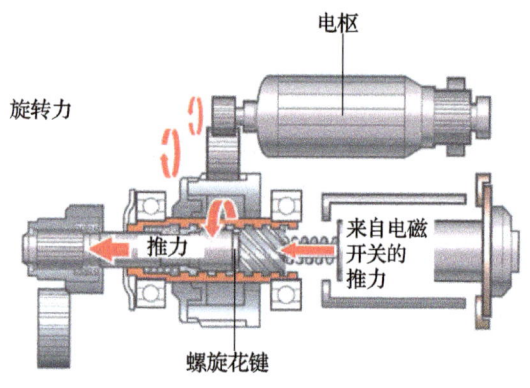

图2-318 啮合/脱开机构

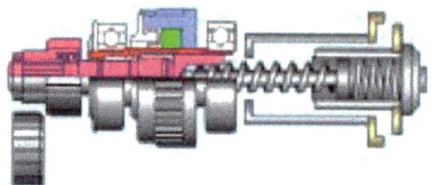

图2-319 驱动齿轮的端面与齿圈接触

小提示：

驱动齿轮和齿圈必须倒角以便于啮合，如图2-320所示。

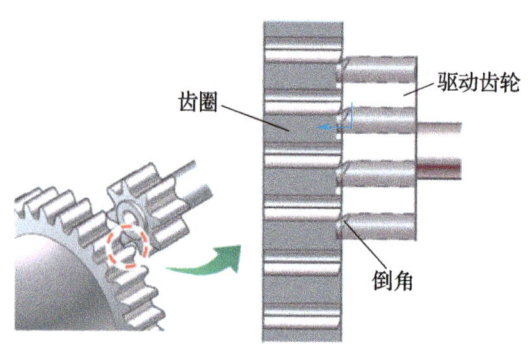

图2-320 驱动齿轮和齿圈须倒角

2）当驱动齿轮转动齿圈时，这两个齿轮的齿道上施加有很大压力。

当发动机起动后，因为发动机转速（齿圈）比驱动齿轮快，齿圈便开始旋转驱动齿轮。一部分的旋转力被螺旋花键轴变成脱开推出驱动齿轮的推力。超越离合器齿轮不允许通过环形齿轮驱动驱动齿轮来将起动机的旋转力传到驱动齿轮上。结果施加到齿面上的力减小，驱动齿轮比较容易被脱开，如图2-321所示。

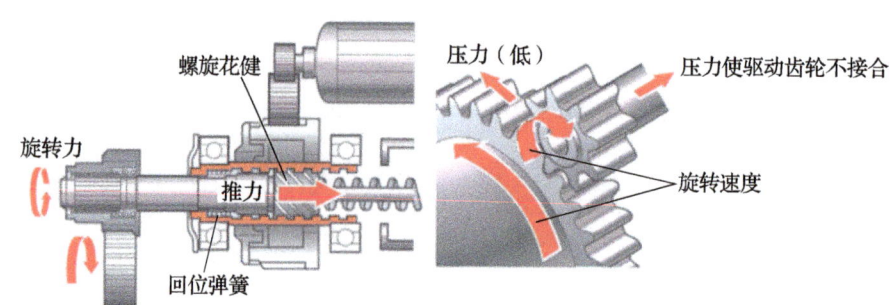

图2-321 驱动齿轮转动齿圈

电磁开关的吸引力消失后，压缩的复位弹簧将驱动齿轮往回推并使之与齿圈脱开，如图2-322所示。

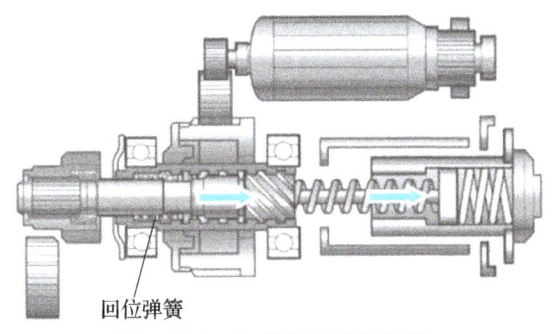

图 2-322 电磁开关吸引力释放

（五）起动机故障诊断

1. 检查蓄电池端子电压

当起动机起动时，由于大量的电流流出，蓄电池端子电压下降。尽管发动机起动前蓄电池电压正常，但是只有在起动时蓄电池有一定量的电压，起动机才能正常转动。因此，在发动机起动时，必须检查下列端子电压，如图 2-323 所示。

将点火开关旋到 START，测量蓄电池的端子电压。

标准：9.6V 或以上。

如果低于 9.6V 则需更换电池。

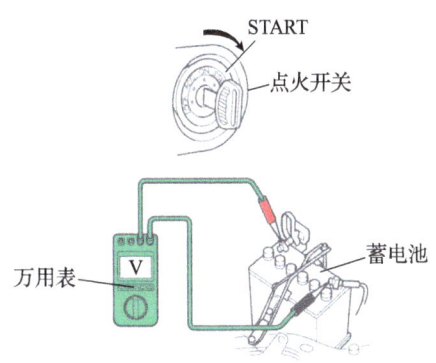

图 2-323 检查蓄电池端子电压

小提示：

● 如果起动机不运行，或者如果旋转缓慢，首先要检查蓄电池正常与否。

● 即使测得的端子电压正常，有污物或锈蚀的端子也会由于电阻增加而引起起动不良，从而导致当点火开关旋到 START 时，由蓄电池施加到起动机上的实际电压降低了。

2. 检查端子 30 号接线柱的电压

将点火开关旋到 START，测量起动机端子 30 号接线柱与搭铁之间的电压。

标准：8.0V 或以上。

如果电压低于 8.0V，则需修理或更换起动机电缆，如图 2-324 所示。因为起动机的型号不同，端子 30 号接线柱的位置和外观会有不同，通过查阅修理手册进行确定。

3. 检查端子 50 号接线柱的电压

将点火开关旋到 START，测量起动机端子 50 号接线柱与搭铁之间的电压，如图 2-325 所示。

标准：8.0V 或以上。

如果电压低于 8.0V，则需检查熔丝、点火开关、空档起动开关、起动机继电器、离合器起动继电器、离合器起动开关等，一次检查一项，参照线路图。更换或修理有故障的部件。

有离合器起动开关的汽车上，如果不踩下离合器踏板，起动机不会工作。

带防盗系统的车辆中，如果此系统被触发，有些车型的起动机不会起动，因为即使点火开关在 START 位置，起动机继电器仍保持在开路状态。

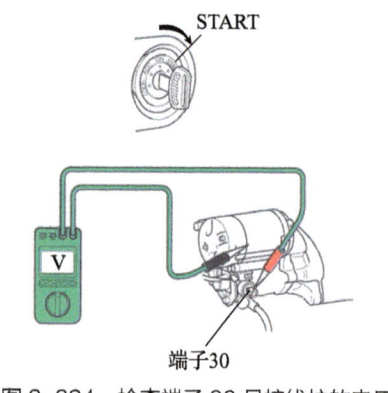

图 2-324　检查端子 30 号接线柱的电压　　图 2-325　检查端子 50 号接线柱的电压

拓展阅读

精益求精

　　工匠精神的核心在于对待工作执着专注、精益求精、追求卓越。面对谱写更加出彩绚丽篇章的生动实践，从老师学生、党员干部、到专业人才、基层群众，各行业、各领域、各年龄劳动者都应以工匠精神对待工作、以卓越品质做好工作，以每个人的精彩凝结出事业的出彩。

　　社会各界也要弘扬工匠精神。习近平总书记强调，劳动者素质对一个国家、一个民族发展至关重要。这些高素质的劳动者不仅要有高水平的专业技术，掌握尖端技术、富有创新能力，还要有精益求精的工作作风，心无旁骛、专注笃定。但是，随着先进制造业的蓬勃发展，我们对胸怀工匠精神的高素质劳动者的需求只会越来越大。这就需要在全社会大力弘扬工匠精神，营造精益求精的浓厚氛围，厚植发展的坚实根基。

　　治玉石者，既琢之而复磨之，治之已精，而益求其精也。

　　让我们大力弘扬好精益求精的工匠精神，以更加负责的态度投入工作、更高的标准开展工作、更卓越的追求完成工作，牢牢把握重大战略机遇期，埋头苦干、奋勇争先，谱写新时代更加出彩的绚丽篇章！

任务评价

1. 汽车发动机的基本术语及工作原理。
2. 曲柄连杆机构主要部件的构造。
3. 配气机构主要部件的构造。
4. 汽油燃油供给系统主要部件的构造。
5. 柴油燃油供给系统主要部件的构造。
6. 进气系统及排气净化系统的构造。
7. 冷却系统主要部件的构造。
8. 润滑系统主要部件的构造。

9. 点火系统主要部件的构造。

课堂练习

一、填空题

1. 点火系统的功用是_____；其主要组成部件是_____。
2. 润滑系统的组成主要包括_____。
3. 常见的排气净化装置有_____。

二、不定项选择题

1. 关于汽油机与柴油机的叙述，下面说法正确的是：
   A. 汽油机和柴油机燃料可以通用
   B. 汽油机的压缩比要比柴油机的大
   C. 柴油机的压缩比要比汽油机的大，因为柴油的燃点高
   D. 发动机的压缩比越大越好
2. 关于汽油燃油直接喷射系统，下列说法正确的是：
   A. 高压油泵是纯电动驱动的
   B. 高压油泵是机械驱动的，不需要 ECU 的控制
   C. 高压油泵是机械驱动的，但仍需要 ECU 的控制
   D. 高压油泵是机电一体的，但与 ECU 没有关系
3. 关于冷却系统的主要作用，下列说法正确的是：
   A. 防冻　　　　　B. 防沸　　　　　C. 防腐蚀
   D. 防锈、防水垢　E. 散热

三、问答题

1. 列举汽油发动机的工作循环。

2. 列举配气机构的组件。

四、思考讨论题

1. 排气再循环装置的功用是什么？

2. 配气机构预留气门间隙，都有哪些作用？气门间隙过大有什么影响？过小有什么影响？

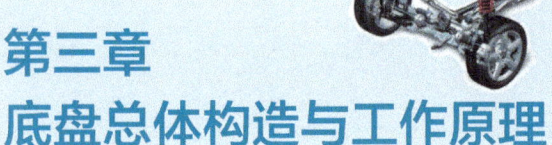

第三章
底盘总体构造与工作原理

工作目标

知识目标
- 能掌握底盘系统工作原理。
- 能掌握和理解汽车传动系统作用和类型。
- 能掌握和理解汽车转向系统作用和类型。
- 能掌握和理解汽车制动系统作用和类型。
- 能掌握和理解汽车行驶系统作用和类型。

技能目标
- 能正确指认底盘系统各部件名称。
- 能正确分析底盘系统各部件工作过程。
- 能结合制动系统的组成,讲述制动系统的工作过程。
- 能分析不同类型的行驶系统。
- 能识别不同类型的转向系统。

素养目标
- 严格执行汽车底盘故障诊断规范,养成严谨科学的工作态度。
- 养成团队协作精神。
- 能够"最大化"利用有限时间。
- 阅读资料划出关键技术点,归纳整理故障诊断方法。
- 能够找出"简单"的技术系统诊断方法。
- 能够清晰、友好且有趣地向他人口头转述信息。
- 能够完成棘手的任务。
- 树立目标并制订实现目标的计划。
- 客观公正地自评和评价他人。
- 能够与合作伙伴良好地交流和相互理解。
- 能够养成自觉遵守技术标准和要求规定、规范操作、安全、环保、"6S"作业的好习惯。
- 能够养成劳动光荣、创造伟大的思维和创新意识。

　　汽车由发动机、底盘、车身和电器设备四大部分组成,底盘是汽车的基础。它由传动系统、行驶系统、转向系统和制动系统组成,其功用是接受发动机的动力,使汽车能够按照驾驶人的操纵正常行驶。其中,传动系统用于传递发动机动力;行驶系统用于支撑整车重量和实现行驶;转向系统用于控制汽车行驶方向;制动系统用于控制汽车行驶速度。一般,可以将转向系统和制动系统合称为控制系统。

　　本章将学习底盘系统构造和工作原理。通过学习,大家会知道底盘是如何传递动力来驱动汽车行驶的。

知识引导

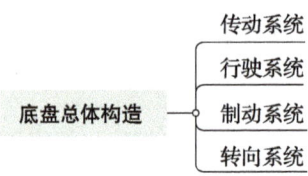

相关知识

一、汽车底盘认知

底盘的作用是支撑、安装汽车发动机及其各部件、总成,形成汽车的整体造型,并接受发动机的动力,使汽车产生运动,保证正常行驶,如图 3-1 所示。

发动机输出的动力靠传动系统传递到驱动轮。传动系统具有减速、变速、倒车、中断动力、轮间差速和轴间差速等功能,与发动机配合工作,能保证汽车在各种工况条件下的正常行驶,并具有良好的动力性和经济性,如图 3-2 所示。

图 3-1 底盘的作用　　图 3-2 发动机发出的动力靠传动系统传递到驱动轮

因此,任何形式的传动系统都必须具备这五项功能:实现汽车减速增矩、实现汽车变速、实现汽车倒车、必要时中断传动系统的动力传递、使车轮具有差速功能。

汽车底盘由传动系统、行驶系统、转向系统和制动系统四部分组成。

1. 传动系统

汽车传动系统是指从发动机到驱动轮之间所有动力传递装置的总称,如图 3-3 所示。

其功用是将发动机输出的动力传给驱动轮。不同的汽车,其底盘的组成稍有不同,如载货汽车及部分轿车,其底盘一般由离合器、手动变速器、万向传动装置(万向节和传动轴)、驱动桥(主减速器、差速器、半轴、桥壳)等组成;而现代轿车采用自动变速器的越来越多,其底盘包括自动变速器、万向传动装置、驱动桥等,即用自动变速器取代了离合器和手动变速器;如果是越野汽车(包括 SUV,即运动型多功能车),还应包括分动器。

2. 行驶系统

汽车行驶系统一般由车架、悬架、车桥和车轮等组成。车轮通过轴承安装在车桥两边,车桥通过悬架与车架(或车身)连接,车架(或车身)是整车的装配基体。行驶系统的功用是支撑并承受车内、车外各种载荷的作用,把传动系统传来的动力转化为汽车行驶的牵引力,保证汽车平顺行驶,如图 3-4 所示。

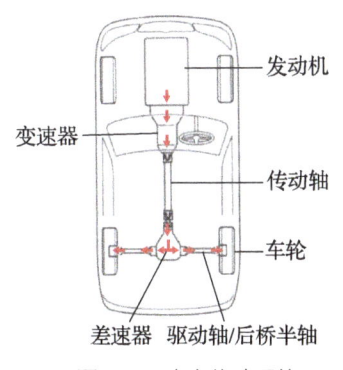 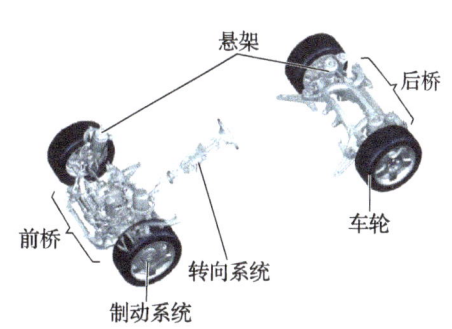

图 3-3 汽车传动系统　　图 3-4 汽车行驶系统

3. 转向系统

用来改变或保持汽车行驶或倒退方向的一系列装置称为汽车转向系统。汽车转向系统的功能就是按照驾驶人的意愿控制汽车的行驶方向。汽车转向系统对汽车的行驶安全至关重要，因此汽车转向系统的零件都称为保安件，如图 3-5 所示。

4. 制动系统

当汽车行驶在宽阔平坦、车流和人流较少的路况下，可以通过高速行驶提高运输生产效率。但在汽车行驶过程中也会遇到复杂多变的路面状况，例如进入弯道、行经不平道路、两车交会、突遇障碍物等，为了保证行驶安全，就要求汽车在尽可能短的距离内将车速降低，甚至停车，如图 3-6 所示。

- 使行驶中的汽车按照驾驶人的要求进行减速或停车。
- 使已停驶的汽车在各种道路条件下安全、稳定地驻车。
- 使下坡行驶的汽车速度保持稳定。

图 3-5 转向系统

图 3-6 制动系统

一般而言，汽车制动系统由两个部分组成，分别为：

- 行车制动系统。
- 驻车制动系统。

二、传动系统

传动系统将发动机输出的动力准确、可靠地传输至驱动轮，如图 3-7 所示。

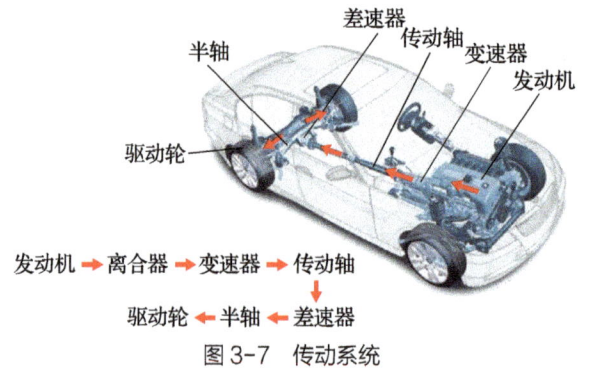
图 3-7 传动系统

传动系统应具备以下功用：

（1）减速增矩

发动机输出的功率是其转速与转矩的乘积。实验证明，发动机在高转速下输出的转矩远不足以驱动汽车行驶。所以汽车上安装有变速器、主减速器等部件来降低发动机输出的转速，从而使发动机输出的转矩增大。

（2）满足操控要求

发动机飞轮输出的转速通常会在很小的范围内波动。而汽车行驶时由于路况的变化，要求汽车速度能在某一范围内自由变换，可增可减，且汽车行驶方向可前可后，并能在发动机运转时切断与发动机的动力连接，这些都需要通过传动系统来实现。

（3）满足转向需要

为防止驱动轮在转弯时因内侧和外侧轮胎转速相同而造成轮胎磨损加剧及转向不灵活，传动系统在动力传递至驱动轮前，安装了差速器与半轴来传递动力，从而使得两侧驱动轮能以不同速度转动。

（4）适应路况

汽车行驶时路面上的凹凸不平使车架与车轮的相对位置不断发生变化，传动系统应能适应变速器与驱动轮间相对长度与角度的变化，从而可靠地传递动力。

目前汽车的传动系统主要有机械传动系统和液力传动系统两种。

1. 机械传动系统的组成

机械传动系统主要由离合器、变速器、万向传动机构（传动轴、半轴）、驱动桥（主减速器、差速器）等组成，发动机前置前驱的汽车无传动轴。机械传动系统的动力传递路线为发动机→离合器→变速器→传动轴（发动机前置前驱的车辆没有传动轴）→主减速器→差速器（主减速器和差速器安装在一起）→半轴→驱动轮，如图3-8所示。

2. 液力传动系统的组成

液力传动系统主要由液力变矩器、自动变速器、万向传动机构（传动轴、半轴）、驱动桥（主减速器、差速器）等组成。液力传动系统的动力传递路线为发动机→液力变矩器→自动变速器→传动轴→主减速器→差速器（主减速器和差速器安装在一起）→半轴→驱动轮，如图3-9所示。

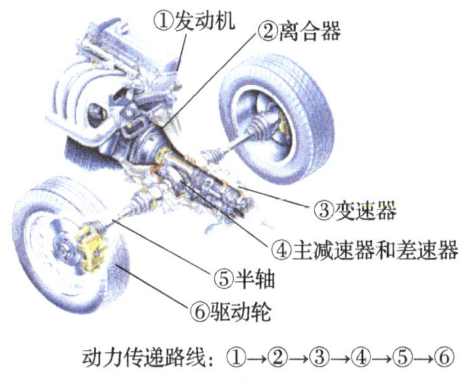

图3-8 机械传动系统的组成

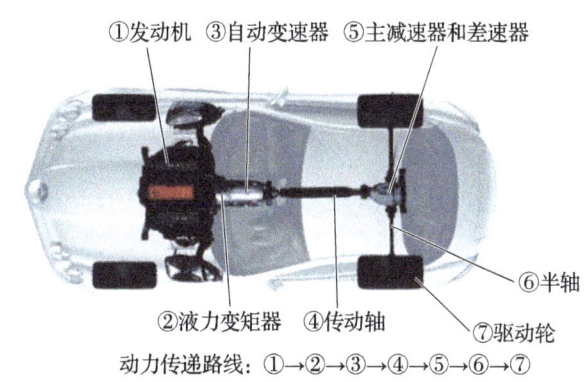

图3-9 液力传动系统的组成

（一）传动系统的常见布置形式

1. 发动机前置后轮驱动（FR）

发动机前置后轮驱动（FR）的示意图如图3-10所示。它是汽车广泛采用的一种布置形式，适用于大型车辆以及中、高级轿车。这种布置形式使各轴载荷分配均匀，操控稳定性好，但存在传动系统部件多、重量大、传动轴贯穿全车的缺点。

2. 发动机前置前轮驱动（FF）

发动机前置前轮驱动（FF）的示意图如图 3-11 所示。该布置形式一般用于大多数普通轿车。这种布置形式可以降低汽车底板高度，减轻汽车重量并且有明显的不足转向，可抗侧滑，缺点是上坡驱动力较小，前桥结构复杂。

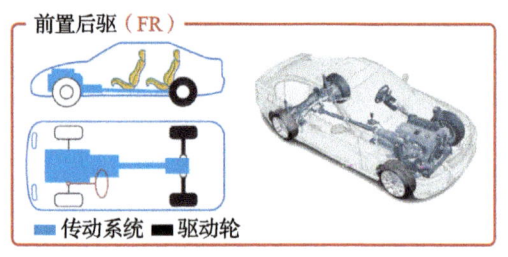

图 3-10　发动机前置后轮驱动（FR）的示意图

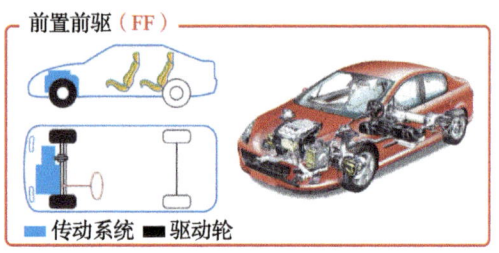

图 3-11　发动机前置前轮驱动（FF）的示意图

3. 发动机后置后轮驱动（RR）

发动机后置后轮驱动（RR）的示意图如图 3-12 所示。这种布置形式是目前大、中型客车流行的布置形式，而现代轿车采用后置发动机的仅有保时捷 911 系列跑车和 Smart fortwo 微型车等。这种布置形式的优点是结构紧凑，缺点是易出现过度转向。

4. 全轮驱动（4WD）

全轮驱动（4WD）一般为越野汽车传动系统采用的布置形式，如图 3-13 所示。这种布置形式的优点是四轮均提供动力，驱动力最大，通过性、动力性好，缺点是传动系统效率低、油耗高。

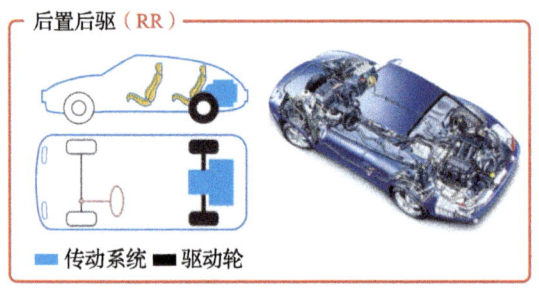

图 3-12　发动机后置后轮驱动（RR）的示意图

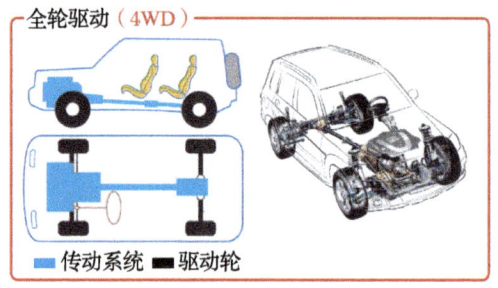

图 3-13　全轮驱动（4WD）的示意图

5. 中置后轮驱动（MR）

中置后轮驱动（MR）是目前大多数跑车及方程式赛车所采用的形式，某些大中型客车也采用这种布置形式。这种布置形式将发动机布置在驾驶人座椅之后和后轴之前，有利于获得最佳轴荷分配和提高汽车性能。这种布置形式的缺点是车内座位数减少且乘坐舒适性有所降低。

（二）离合器

离合器安装在发动机与变速器之间，是传动系统中直接与发动机相连的部件，负责接合和切断发动机与变速器之间的动力传递，如图 3-14 所示。

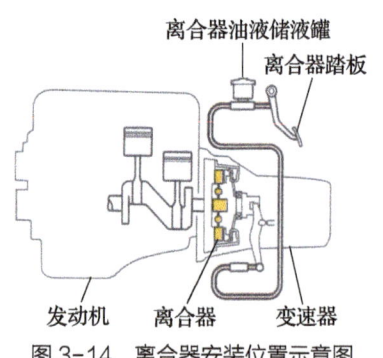

图 3-14　离合器安装位置示意图

当驾驶人踩下离合器踏板后,切断了从发动机传递到变速器或驱动桥的动力。随着驾驶人慢慢抬起离合器踏板,离合器将发动机和变速器或驱动桥逐渐连接起来,车辆开始移动。本章以手动变速器为例,对组成零件进行介绍,如图3-15所示。

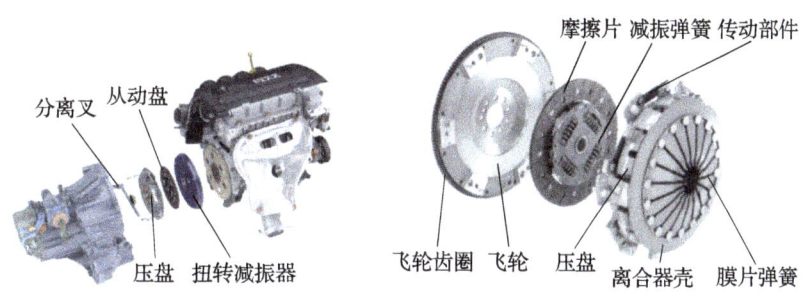

图3-15 手动变速离合器组成

对于离合器的基本要求为:主动部分和从动部分可以暂时分离,又可以逐渐接合,并且有可能在传动过程中发生相对滑转,其具体功用如下。

1)保证汽车的平稳起步。汽车起步时,驾驶人缓慢抬起离合器踏板,使离合器的主、从动部分逐渐接合。当驱动力足以克服汽车起步阻力时,汽车便由静止开始逐渐加速,实现平稳起步。

2)保证变速器换档平顺。汽车在行驶过程中,传动系统为适应不断变化的行驶条件,需要不断变换档位。对于普通齿轮变速器,换档时不同档位的齿轮副要退出或进入啮合,这就要求换档前踩下离合器踏板,中断发动机的动力传动,以便原有齿轮副退出啮合,同时使新齿轮副啮合部位的速度逐渐相等,因此进入啮合时冲击减轻,使换档工作平顺。

3)防止传动系统过载。汽车紧急制动时,若没有离合器,发动机因与传动系统刚性相连使转速急剧下降,其所有运动件将产生很大的惯性力矩,会造成传动系统过载而使其机件损坏。有了离合器,当传动系统承受载荷超过离合器所能传递的最大转矩时,离合器会通过主、从动部分之间的相对运动(滑转)来消除这一危险,从而达到过载保护的目的。

1. 离合器的分类

按照从动盘数目不同,离合器可分为单片式离合器(图3-16)和双片式离合器(图3-17),单片式离合器常用于轿车和轻型货车,双片式离合器因能传递较大的转矩,多用于重型车辆上。

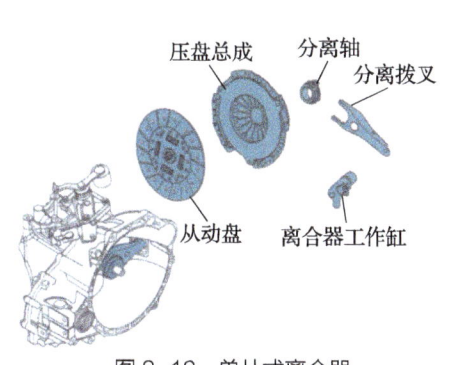

图3-16 单片式离合器

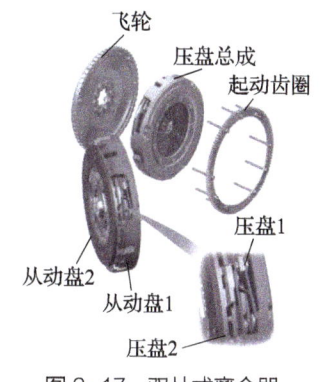

图3-17 双片式离合器

按压紧弹簧结构形式不同，离合器可分为螺旋弹簧离合器（图 3-18）和膜片弹簧离合器（图 3-19）。螺旋弹簧离合器采用若干弹簧作为压紧弹簧，可沿压盘的圆周或中央布置，因此又分别称为周布弹簧离合器、中央弹簧离合器。

膜片弹簧离合器利用一个膜片弹簧起压紧作用，膜片弹簧离合器结构如图 3-20 所示。膜片弹簧离合器目前应用较为广泛。

图 3-18　螺旋弹簧离合器　　图 3-19　膜片弹簧离合器

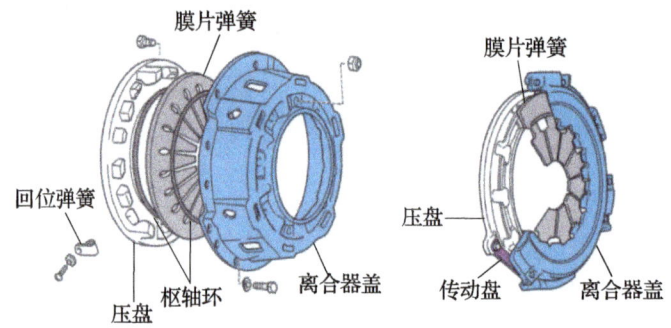

图 3-20　膜片弹簧离合器结构

2. 离合器组成

膜片弹簧离合器由主动部件、从动部件、压紧机构和操纵机构组成，如图 3-21 所示。

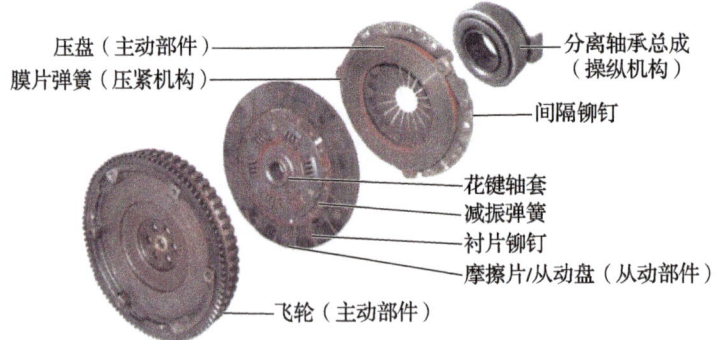

图 3-21　膜片弹簧离合器组成

（1）主动部件

主动部件包括飞轮压盘总成（含离合器盖）等，如图 3-22 所示。离合器盖用螺栓固定在飞轮上。传动片一端用铆钉铆在离合器盖上，另一端用螺钉连接在压盘上。这样，发动机转动时，动力经飞轮、离合器盖、传动片传到压盘，然后飞轮、离合器盖、传动片、压盘一起旋转。

（2）从动部件

从动部件包括从动盘和变速器输入轴等，如图 3-23 所示。

图 3-22　主动部件　　　　　　　　　　图 3-23　从动部件

从动盘如图 3-24 所示，离合器正常接合时，它分别与飞轮、压盘相接触；从动盘通过离合器毂装在手动变速器输入轴（从动轴）的花键上。从动盘一般带有减振板，以防止传动系统的扭转振动使机件受到交变冲击载荷，导致机件损坏。

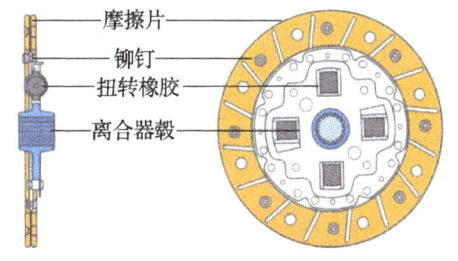
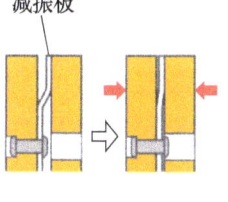
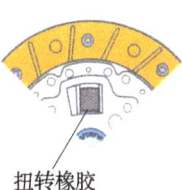
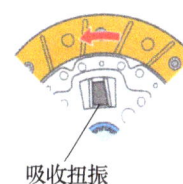

图 3-24　从动盘

（3）压紧机构

压紧机构包括压紧弹簧和支撑装置等，如图 3-25 所示。压紧机构是利用膜片弹簧的压紧作用，膜片弹簧将压盘和从动盘压向飞轮，使飞轮、从动盘和压盘压紧在一起。发动机转矩靠飞轮与从动盘接触面之间的摩擦作用传递到从动盘上，从动盘与从动轴通过花键轴套连接，从而可以把动力传递给从动轴，再经过从动轴传给变速器。

图 3-25　压紧机构

（4）操纵机构

操纵机构包括离合器踏板、主缸、工作缸、分离轴承、分离拨叉等，如图 3-26 所示。当踩下离合器踏板时，在离合器主缸中就建立起液压，压力通过液压软管送到离合器工作缸，此压力用于移动分离拨叉，分离拨叉推动分离轴承移动来实现对离合器的操纵。

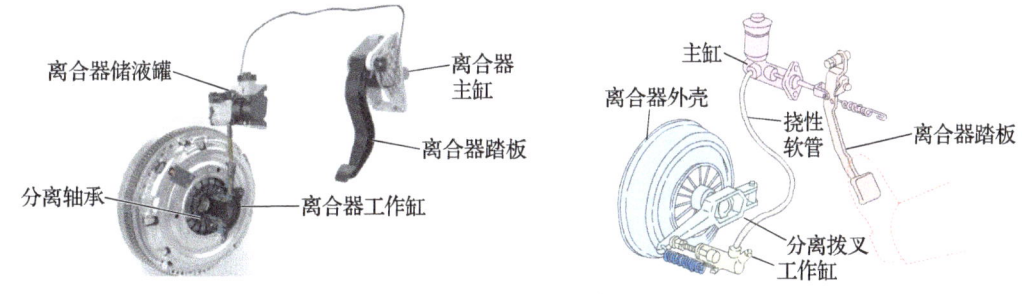

图 3-26　操纵机构

主、从动部件和压紧机构是保证离合器处于接合状态，并能传递动力的基本装置，而操纵机构主要是使离合器分离的装置。

3. 离合器的工作原理

未踩下离合器踏板时，膜片弹簧的外圆周对压盘产生压紧力使离合器处于接合状态。踩下离合器踏板时，分离轴承推动膜片弹簧，使膜片弹簧外圆周向后翘起，压盘离开飞轮表面，使离合器分离。

离合器处于接合状态时，膜片弹簧将压盘、离合器从动盘、飞轮互相压紧，发动机转矩经飞轮及压盘，以摩擦力矩的形式传递到从动盘，进而传递给变速器输入轴，再经变速器输入轴向传动系统输出，如图 3-27 所示。

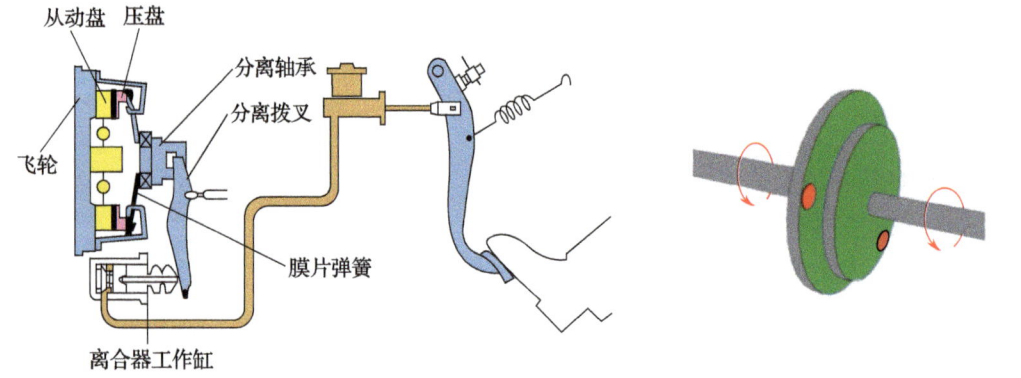

图 3-27 离合器接合状态

踩下离合器踏板时，通过操纵机构带动分离拨叉移动，推动分离轴承，使膜片弹簧内端向左移动，膜片弹簧外端绕着离合器盖上的支撑装置拉动压盘向右移动，解除压盘对离合器从动盘的压力，离合器的主、从动部件处于分离状态，动力传递中断，如图 3-28 所示。

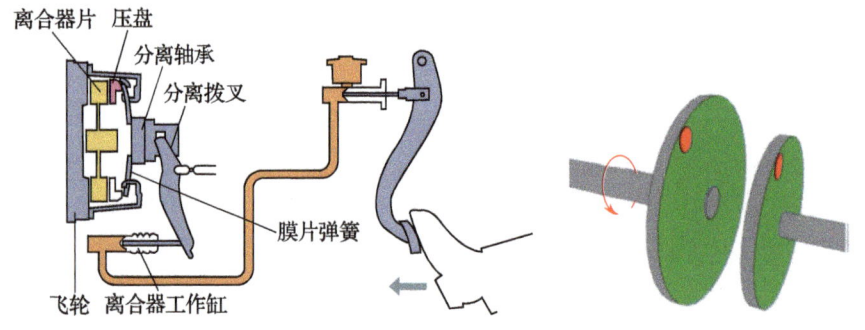

图 3-28 离合器分离状态

当车辆需要恢复动力的传递时，驾驶人缓慢地抬起离合器踏板，离合器分离轴承对膜片弹簧内端的压力减小，压盘便在膜片弹簧弹力作用下逐渐压紧离合器从动盘，所传递的转矩逐渐增大。当牵引力小于汽车起步阻力时，离合器从动盘不转动，汽车不动，主、从动部件的摩擦面间完全打滑，如图 3-29 所示。随着压盘压力和转矩的不断增大，主、从动部件摩擦面的转速差将逐渐

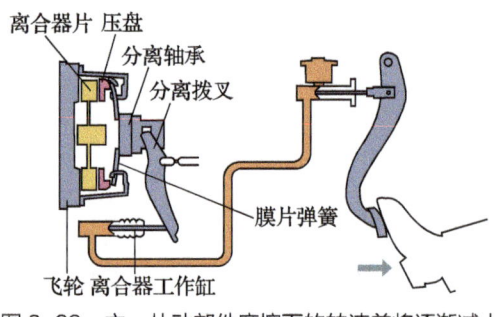

图 3-29 主、从动部件摩擦面的转速差将逐渐减小

减小，直到转速相等，滑动摩擦现象消失，离合器完全接合。

小提示：

离合器的传动部分实际是一套完整的液压机构。离合器工作缸工作的液压是由踏板驱动离合器主缸工作所获得的。

随着技术的进步，越来越多的手动变速器将离合器分离轴承与分离拨叉合为一体，这样的设计具有提高工作效率、减少机械连接部件、体积小等优点，如图3-30所示。

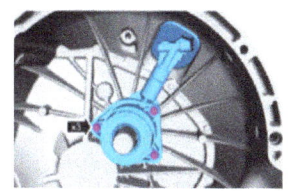

图3-30 离合器分离轴承与分离拨叉合为一体

（三）手动变速器

手动变速器（Manual Transmission，MT）又称机械式变速器，即必须用手拨动变速杆才能改变变速器内的齿轮啮合位置，改变传动比，从而达到变速的目的。轿车手动变速器大多为四档或五档有级式齿轮传动变速器，并且通常带同步器，换档方便，噪声小。手动变速在操纵时必须踩下离合器踏板，方可拨动变速杆，如图3-31所示。

车辆行驶过程中，需要的驱动力和车速变化范围大，而发动机提供的转矩和转速的变化范围较小，因此，汽车传动系统中必须设置变速器。变速器主要有以下三个方面的作用：

图3-31 手动变速器

1）改变传动比。发动机曲轴的转速与变速器输出轴转速的比值叫作变速器的传动比。通过改变传动比，可以满足汽车在不同行驶条件下对牵引力的需求，还能使发动机在满足行驶速度要求的情况下能有较好的经济性。

2）实现倒车行驶。汽车发动机曲轴只能向一个方向旋转，变速器中设置有倒档，可满足汽车倒车行驶的需要。

3）中断动力传递。在发动机起动、怠速运转、汽车换档或需要停车进行动力输出时，都需要利用变速器的空档，中断发动机向驱动轮的动力传递。

1. 变速、变矩原理

手动变速器是根据不同齿数的齿轮啮合来实现变速和变矩的。由齿轮传动原理可知，一对齿数不同的齿轮啮合传动，若小齿轮作为主动齿轮带动大齿轮转动时，其输出转速降低、输出转矩增大；若大齿轮作为主动齿轮带动小齿轮转动时，其输出转速增大、输出转矩降低，如图3-32所示。

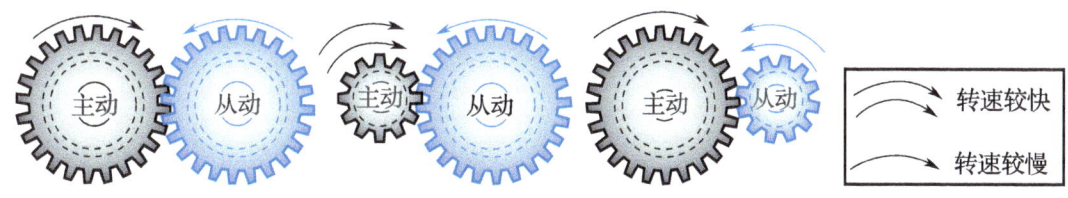

图3-32 变速、变矩

2. 倒档原理

根据齿轮传动原理，外啮合的一对齿轮副旋转方向相反，每经过一对啮合齿轮副，输出轴改变一次转向。例如前进档采用两个外啮合齿轮副来实现反向传动，而倒档则采用三个外啮合齿轮副来实现同向传动，如图 3-33 所示。

3. 换档原理

普通齿轮手动变速器每次只能以一个档位工作，档位的变换称为换档。换档时，将正在啮合的一对齿轮副分离，再使另一对齿轮副进入啮合，从而使传动比发生变化，实现换档。

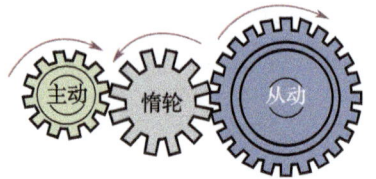

图 3-33　倒档传动原理

4. 认识手动变速器的结构示意图

手动变速器是指必须通过用手拨动变速杆，才能改变传动比的变速器。手动变速器主要由壳体、传动组件（输入输出轴、齿轮、同步器）、操纵组件（变速杆、换档拨叉）等组成。

5 档手动变速器结构如图 3-34 所示。

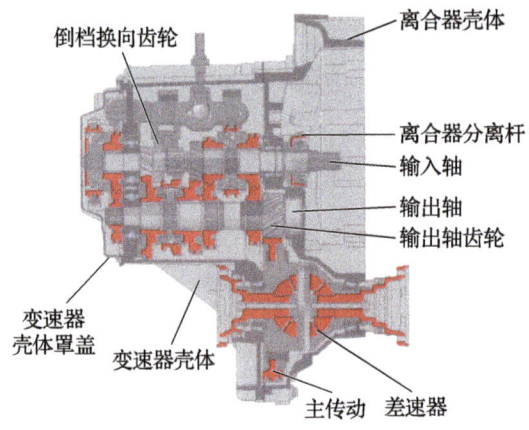

图 3-34　5 档手动变速器结构

（1）输入轴

输入轴连同位于离合器壳体内的一个滚柱轴承（活动轴承）和一个开槽球轴承（固定轴承）安装在变速器壳体内的一个轴承总成上，如图 3-35 所示。

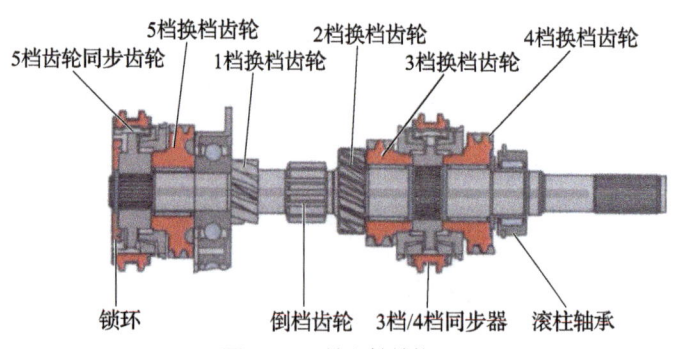

图 3-35　输入轴结构

1 档、2 档和倒档齿轮连接在输入轴上；3 档、4 档、5 档齿轮是可纵向移动的，并且套在滚柱轴承上运转。3 档、4 档齿轮和 5 档齿轮的同步器是通过纵向的键槽与输入轴连接的。其中一对齿轮副啮合后，对应的换向齿轮也连接到输入轴，同步器锁环保持齿轮的位置。

（2）输出轴

与输入轴一样，输出轴也安装在变速器壳体的轴承上，为了减轻重量，输出轴是空心的，如图 3-36 所示。

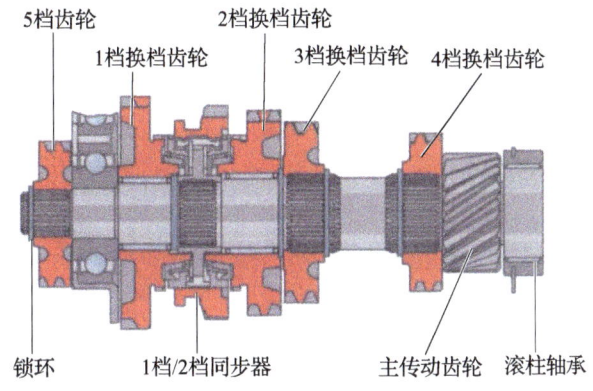

图 3-36　输出轴结构

3 档、4 档和 5 档齿轮以及 1 档、2 档齿轮的同步器是在旋转的方向上与较小间隙的齿轮连接在输出轴上。

1 档和 2 档齿轮是空转齿轮，并套在输出轴的滚柱轴承上转动。

（3）换档操纵机构

手动变速器由接合套轴向移动实现换档，而接合套位于变速器壳体内部，于是设置了专门的换档操纵机构供驾驶人进行换档操作。驾驶人通过换档操纵机构可以准确、可靠地变换各个档位，并且能够随时从任意档位退出到空档。根据变速杆与变速器的远近位置不同，操纵机构分为直接式和间接式，如图 3-37 所示。直接式操纵机构一般用于前置后驱的车辆，间接式操纵机构一般用于前置前驱车辆。

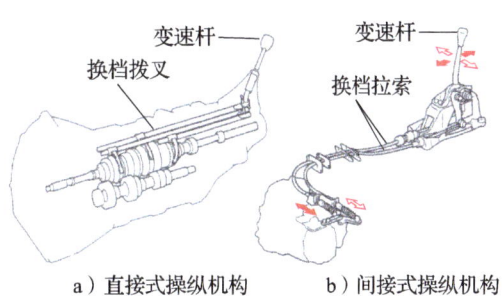

图 3-37　换档操纵机构

为保证变速器在任何情况下能准确、安全、可靠地工作，变速操纵机构一般都必须设置有安全锁止装置，它主要包括自锁装置、互锁装置和倒档锁装置。

1）自锁装置。自锁装置用于防止变速器自动挂档或脱档，每根换档拨叉轴上有三个凹槽，换档时制动器滚子在弹簧的作用下推入凹槽，以防止脱档，并保证以全齿宽啮合，如图 3-38 所示。

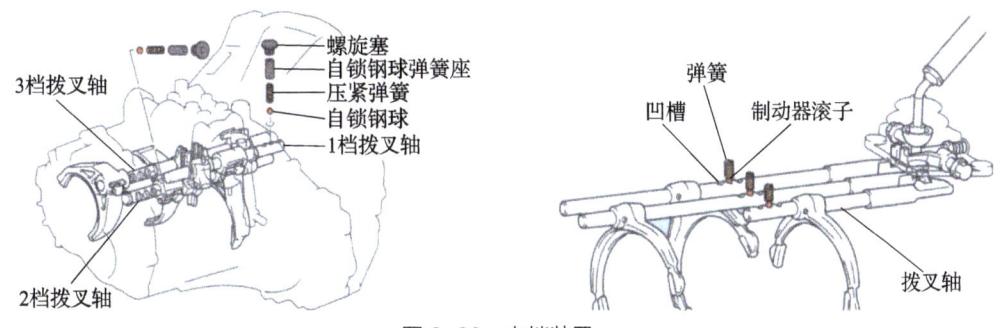

图 3-38　自锁装置

2）互锁装置。互锁装置的作用是防止驾驶人同时挂上两个档位，即当驾驶人用变速杆推动某一个拨叉时，自动锁止其他拨叉轴，如图3-39所示。

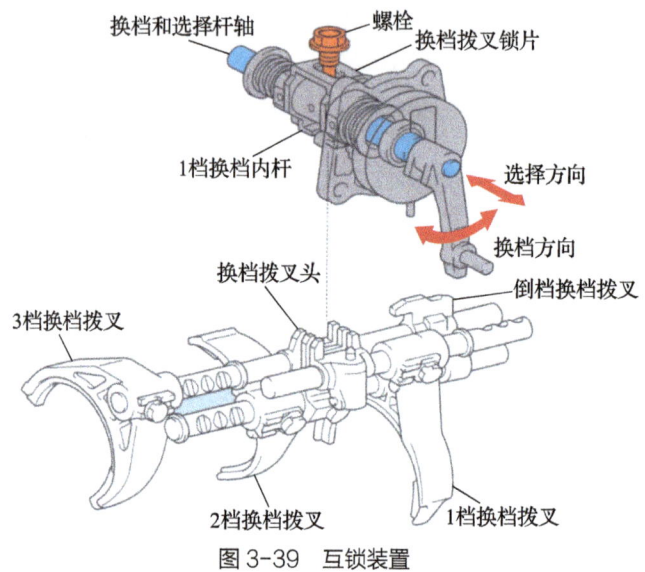

图3-39　互锁装置

3）倒档锁装置。倒档锁装置用于提醒驾驶人，防止误挂入倒档。倒档锁装置如图3-40所示。

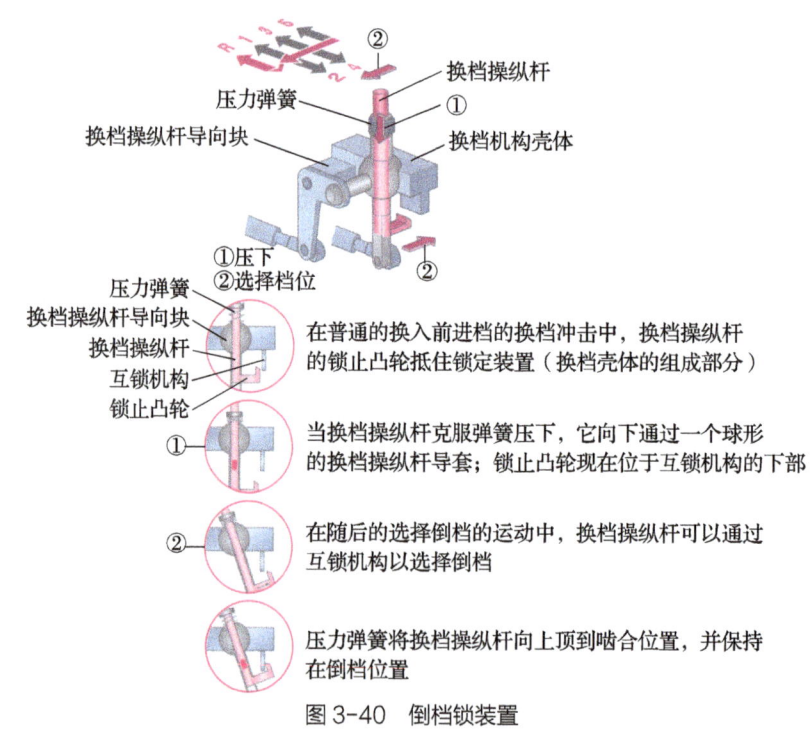

图3-40　倒档锁装置

4）同步器。变速器在换档过程中，所选档位的待啮合齿轮轮齿线速度必须相同（即同步），才能平顺啮合而顺利挂档。如果两齿轮轮齿线速度不相同而强行挂档，则两齿轮之间会出现冲击，导致齿轮端面磨损，甚至轮齿折断。因此，大多数手动变速器的前进档设置有同步器，它使待接合齿圈与接合套转速同步，保证换档平顺，简化换档操作，以降低驾驶人的劳动强度。

手动变速器目前广泛采用惯性式同步器。根据结构不同,惯性式同步器可分为锁环式同步器和锁销式同步器。锁环式同步器结构如图3-41所示。

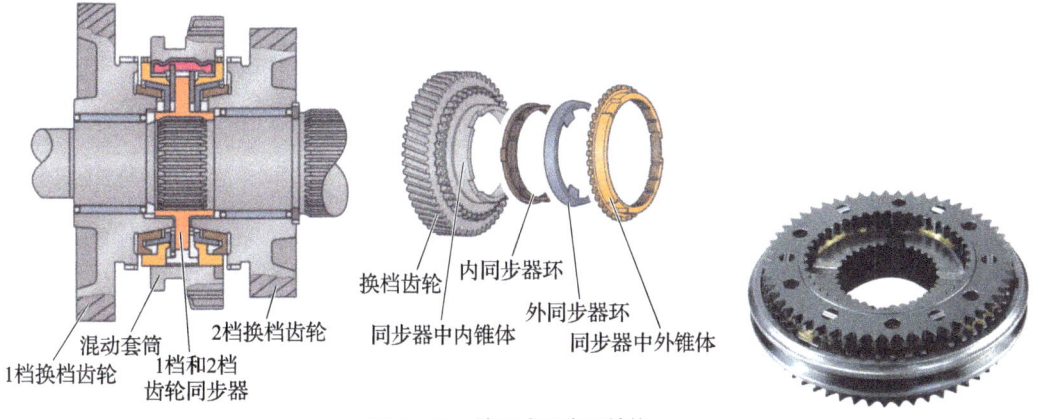

图3-41 锁环式同步器结构

惯性式同步器依靠摩擦作用实现同步,它可以从结构上保证接合套与接合齿圈在达到同步之前不可能接触,锁环式同步器工作原理如图3-42所示。

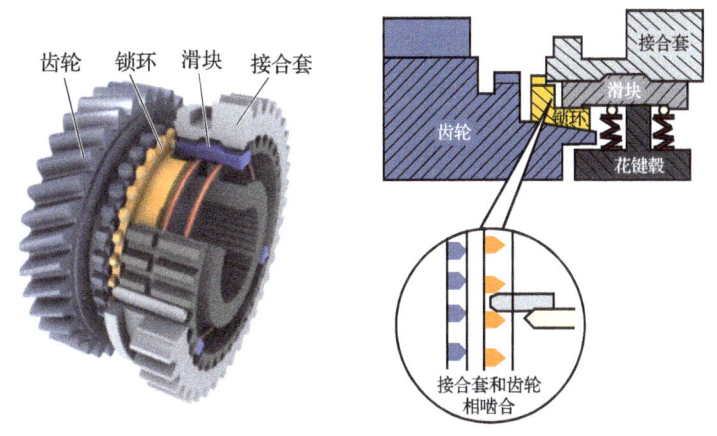

图3-42 锁环式同步器工作原理

换档时,拨叉给接合套轴向作用力,接合套(滑动套筒)先带动滑块移动,滑块顶在锁环的缺口上,滑块推动锁环内锥面与待接合齿圈的摩擦锥面产生摩擦力矩,在摩擦力矩的作用下,齿轮升速或降速,同时锁环花键齿相对接合套内花键错开半个齿,滑块被挡住,两者的齿端倒角相互抵触,锁止开始。当齿轮与锁环瞬间同步时,齿轮与锁环的相对转速为零,惯性力的力矩也随之消失。此时在轴向推力的作用下,接合套与锁环齿圈啮合,进而与待接合齿轮的齿圈啮合,保证换档平顺。

5. 认识手动变速器齿轮传动机构

手动变速器齿轮传动机构具体是怎么工作的呢?下面进行讲述。

概念复习

手动变速器是一种变速装置,用来改变发动机传到驱动轮上的转速和转矩,在原地起步、爬坡、转弯、加速等各种工况下，使汽车获得不同的牵引力和速度，同时使发动机工作在较为有利的工况范围内。

（1）轴

手动变速器有三根轴，它们分别是输入轴、输出轴和倒档轴，如图3-43所示。

图3-43　输入轴、输出轴和倒档轴

（2）齿轮

输入轴上的齿轮由左向右依次是输入轴4档齿轮、输入轴3档齿轮、输入轴2档齿轮、输入轴倒档齿轮、输入轴1档齿轮和输入轴5档齿轮，如图3-44所示。

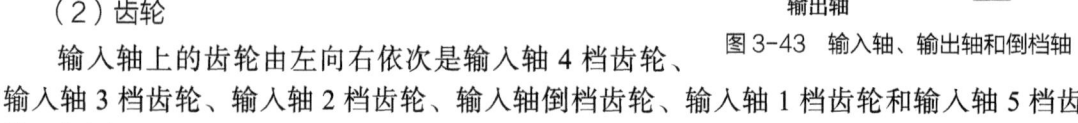

图3-44　输入齿轮

输出轴上的齿轮由左向右依次是输出轴4档齿轮、输出轴3档齿轮、输出轴2档齿轮、输出轴1档齿轮和输出轴5档齿轮，如图3-45所示。

倒档轴上有倒档齿轮，如图3-46所示。

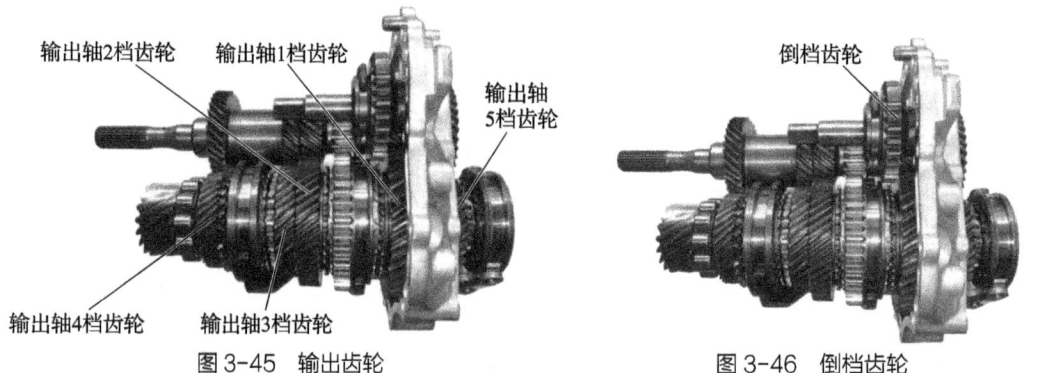

图3-45　输出齿轮　　　　　　　　图3-46　倒档齿轮

（3）接合套、花键毂

输出轴上分别有3、4档的接合套和花键毂，1、2档的接合套和花键毂，5档的接合套和花键毂。在1、2档的接合套和花键毂上还有倒档输出齿轮，如图3-47所示。

（4）齿圈

输出轴上分别有4档齿圈、3档齿圈、2档齿圈、1档齿圈和5档齿圈，如图3-48所示。

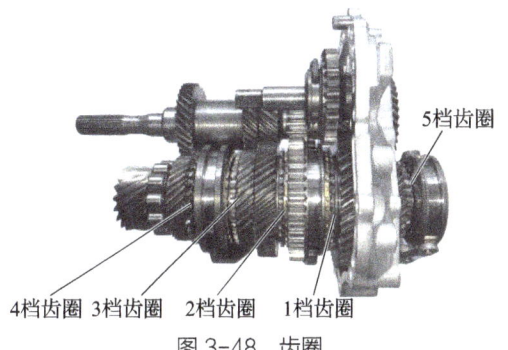

图3-47 接合套、花键毂　　　　　　　图3-48 齿圈

6. 手动变速器真实的档位动力传递路线

（1）1档动力传递路线

当手动变速器挂入1档时，1、2档接合套右移和1档齿圈啮合。动力由输入轴→输入轴1档齿轮→输出轴1档齿轮→1档齿圈→1、2档接合套→1、2档花键毂→输出轴，如图3-49所示。

（2）2档动力传递路线

当手动变速器挂入2档时，1、2档接合套左移和2档齿圈啮合。动力由输入轴→输入轴2档齿轮→输出轴2档齿轮→2档齿圈→1、2档接合套→1、2档花键毂→输出轴，如图3-50所示。

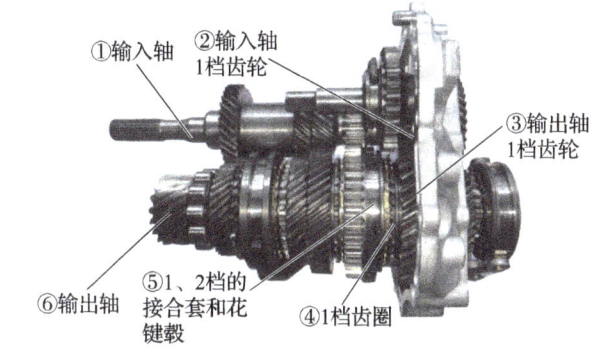
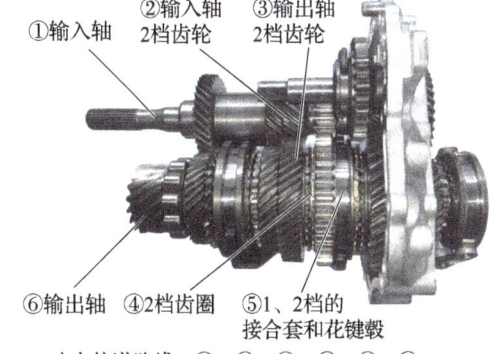

动力传递路线：①→②→③→④→⑤→⑥　　　动力传递路线：①→②→③→④→⑤→⑥

图3-49　1档动力传递路线　　　　　　图3-50　2档动力传递路线

（3）3档动力传递路线

当手动变速器挂入3档时，3、4档接合套右移和3档齿圈啮合。动力由输入轴→输入轴3档齿轮→输出轴3档齿轮→3档齿圈→3、4档接合套→3、4档花键毂→输出轴，如图3-51所示。

（4）4档动力传递路线

当手动变速器挂入4档时，3、4档接合套左移和4档齿圈啮合。动力由输入轴→输入轴4档齿轮→输出轴4档齿轮→4档齿圈→3、4档接合套→3、4档花键毂→输出轴，如图3-52所示。

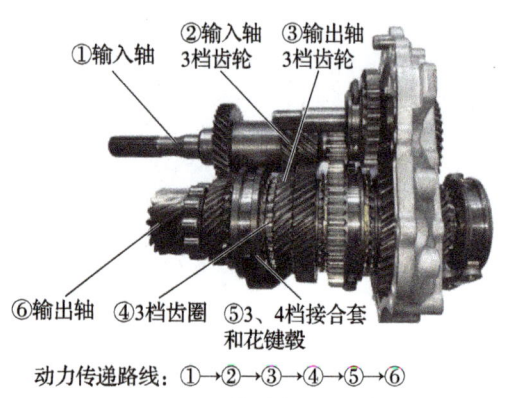

图 3-51　3 档动力传递路线

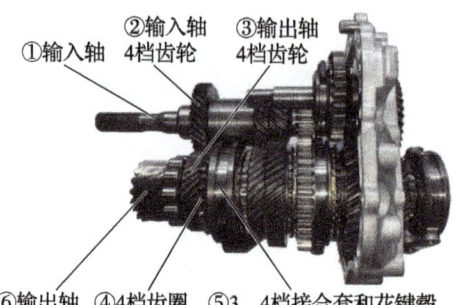

图 3-52　4 档动力传递路线

（5）5 档动力传递路线

当手动变速器挂入 5 档时，5 档接合套左移和 5 档齿圈啮合。动力由输入轴→输入轴 5 档齿轮→输出轴 5 档齿轮→5 档齿圈→5 档接合套→5 档花键毂→输出轴，如图 3-53 所示。

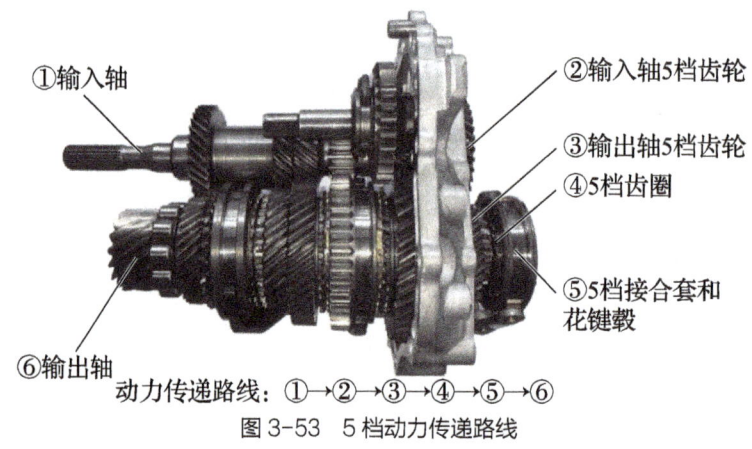

图 3-53　5 档动力传递路线

（6）倒档动力传递路线

当手动变速器挂入倒档时，倒档轴倒档齿轮左移和倒档输出齿轮啮合。动力由输入轴→输入轴倒档齿轮→倒档轴倒档齿轮→倒档输出齿轮→1、2 档接合套→1、2 档花键毂→输出轴。

（四）电控液力自动变速器

自动变速器由自动变速器控制模块控制档位变化，驾驶人通常只需要操作加速踏板。

它根据发动机负荷、车速等工况的变化自动变换传动系统的传动比，使汽车获得良好的动力性和燃油经济性，同时有效减少发动机排放污染，显著提高车辆行驶的安全性、乘坐舒适性和操纵轻便性，如图 3-54 所示。

汽车自动变速器常见的有四种形式，分

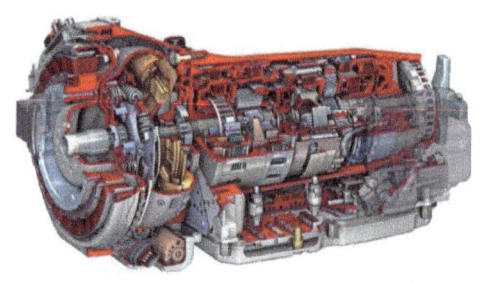

图 3-54　自动变速器

别是液力自动变速器（Hydraulic Automatic Transmission，AT）、电控液力自动变速器（Automated Mechanical Transmission，AMT）、无级变速器（Continuously Variable Transmission，CVT）、双离合自动变速器（Dual Clutch Transmission，DCT）。

液力自动变速器主要由液力变矩器、齿轮变速机构、液压控制装置、换档执行机构等组成，电控液力自动变速器在液力自动变速器的基础上增设电子控制单元，如图3-55所示。

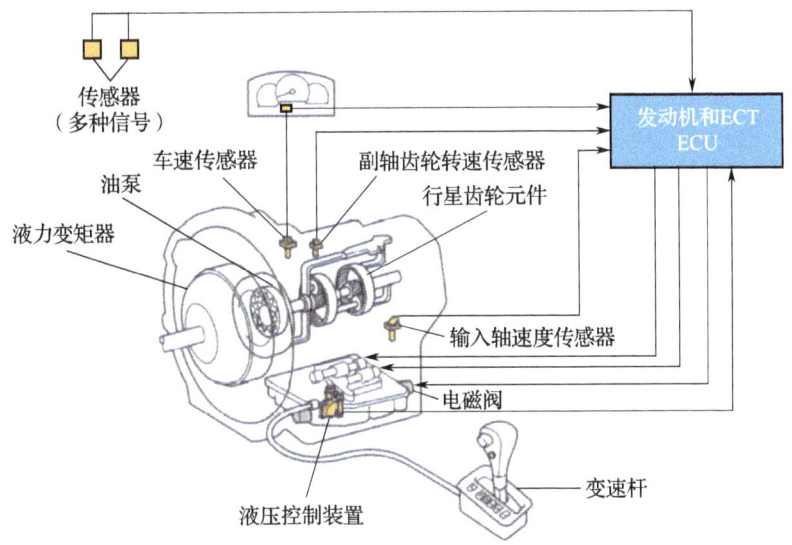

图3-55　电控液力自动变速器组成

1. 液力变矩器

液力变矩器主要由泵轮、涡轮、导轮、单向离合器、变矩器壳体等组成，如图3-56所示。它是一种将动力从发动机曲轴传递给变速器输入轴的液力传动装置，它能够在发动机和变速器之间提供平稳传递转矩的液力连接。

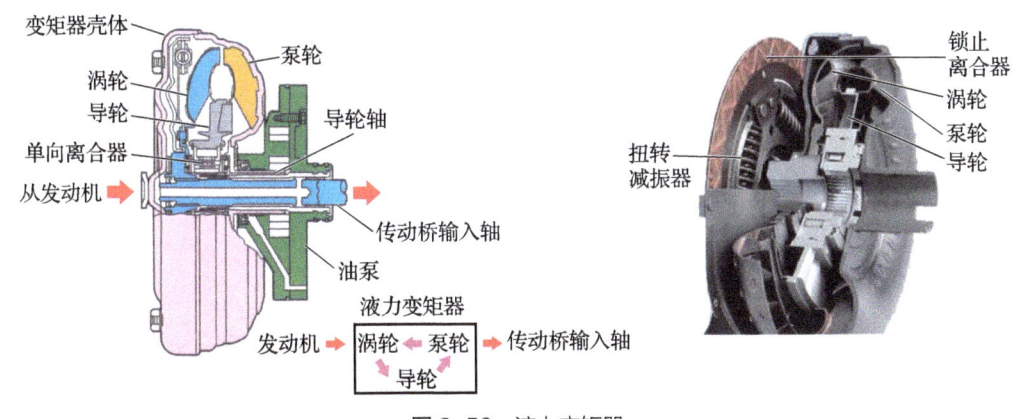

图3-56　液力变矩器

1）泵轮。泵轮（图3-57）是液力变矩器的输入元件，它与变矩器壳体刚性连接构成一个整体。变矩器壳体通过螺栓紧固到发动机挠性盘上，与曲轴转速相同。

2）涡轮。涡轮（图3-58）是液力变矩器的输出元件，它通过花键连接到变速器输入轴。泵轮使变速器油旋转，变速器油对涡轮叶片产生撞击力，从而使涡轮旋转，涡轮再带动变速器输入轴旋转。

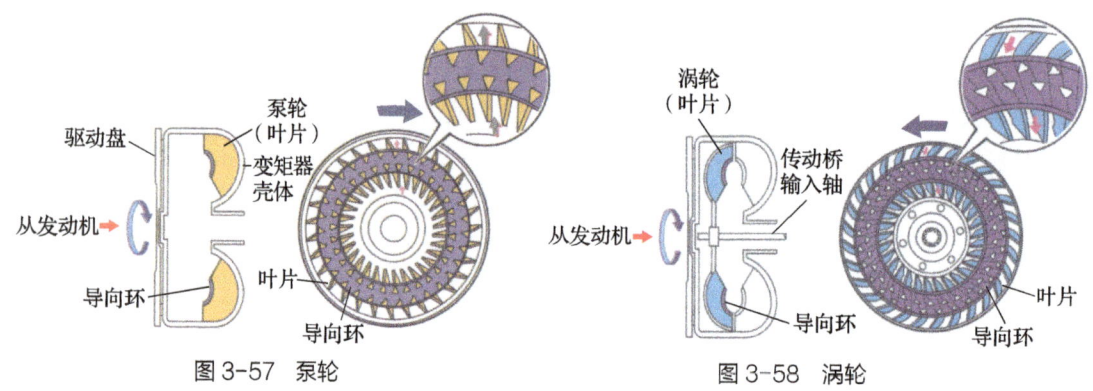

图 3-57 泵轮　　　　　　　　图 3-58 涡轮

3）导轮。导轮（图 3-59）位于泵轮和涡轮之间，带有单向离合器，导轮通过单向离合器单方向固定在导轮轴或导轮套管上，单向离合器使得导轮只能沿与泵轮相同的方向旋转，而不能反向旋转。

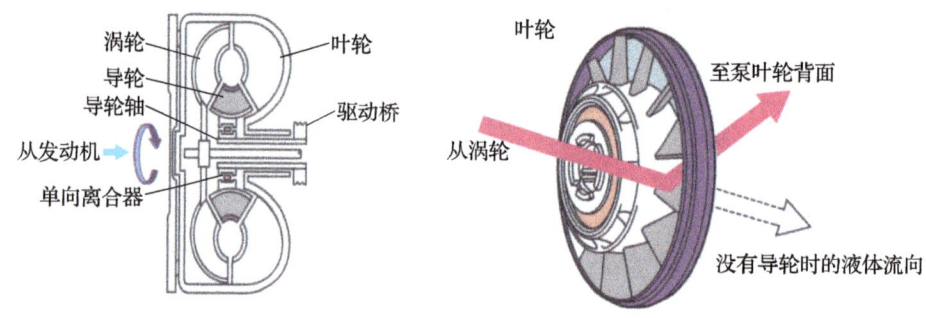

图 3-59 导轮

4）液力变矩器的工作原理。当发动机怠速或低速运转时，油液从泵轮的外圈流向涡轮的外圈，从涡轮的内圈流出，由于涡轮转速较慢，流出涡轮的油液是逆向流向导轮，打在导轮叶片的正面，单向离合器将导轮锁住，导轮不旋转，油液改变方向，与泵轮同向流向泵轮内圈，使泵轮带动导轮输出转矩增大，如图 3-60 所示。

当发动机高速运转时，油液从泵轮的外圈流向涡轮的外圈，从涡轮的内圈流出，由于此时涡轮转速较快，流出涡轮的油液是顺向流向导轮，打在导轮叶片的反面，单向离合器未将导轮锁住，导轮自由旋转且对油液不起作用，起不到增加转矩的作用，如图 3-61 所示。

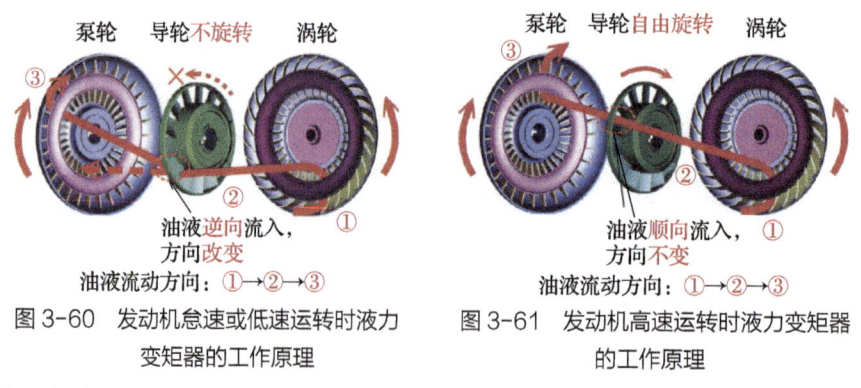

图 3-60　发动机怠速或低速运转时液力　　图 3-61　发动机高速运转时液力变矩器
　　　　变矩器的工作原理　　　　　　　　　　　　的工作原理

5）锁止离合器的液力变矩器。锁止离合器的液力变矩器由泵轮、涡轮、导轮和锁止离合器等组成，如图 3-62 所示。锁止离合器的作用是当汽车达到一个较高的速度时，此时汽车对转矩的要求不那么重要，在发动机和涡轮之间安装锁止离合器可以直接将发动机的动力传给涡轮，有利于提高汽车的燃油经济性。

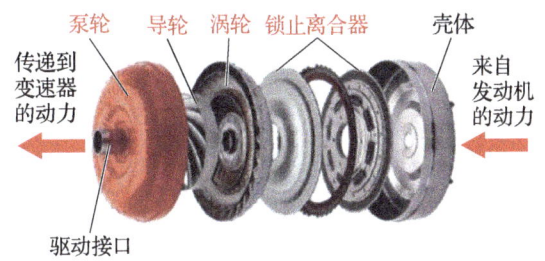

图 3-62 锁止离合器的液力变矩器

目前自动变速器对锁止离合器的控制是一套由计算机控制的液力控制系统。

计算机接收到车速传感器（检测到车速大于 60km/h 时）、节气门位置传感器（检测到节气门开度不大时）、制动释放开关传感器（检测到驾驶人没有踩制动时）、冷却液温度传感器（检测到发动机冷却液温度正常时）、真空传感器（检测到发动机在中小负荷工况时）的信息，控制锁止离合器的电磁阀总成导通。上述控制过程的电路图如图 3-63 所示。

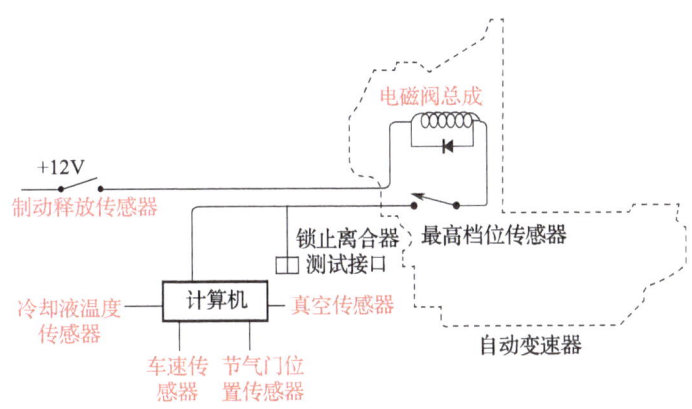

图 3-63 锁止离合器电磁阀总成电路

当电磁阀导通时，电磁阀控制油液流向锁止离合器与涡轮之间，使外壳与锁止离合器接合，动力直接通过锁止离合器传给涡轮，如图 3-64a 所示。当计算机没有接收到上述信号时，电磁阀未被导通，油液流向锁止离合器与外壳之间，使外壳与锁止离合器分离，如图 3-64b 所示。

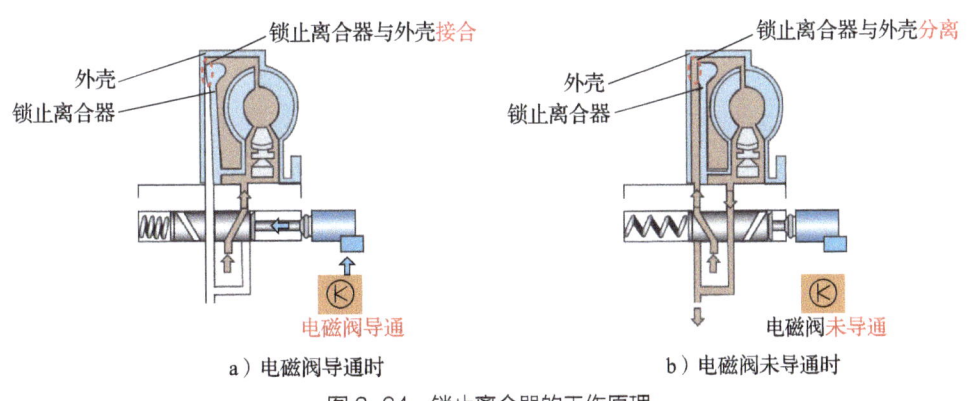

图 3-64 锁止离合器的工作原理

2. 齿轮变速机构

所有的行星齿轮机构齿轮排列基本都是相同的，中间的齿轮称为太阳轮，围绕着太阳轮旋转的是行星轮，行星轮固定在行星架上，行星轮可以被看作由行星轮和行星架组成的行星齿轮架总成的一部分。行星轮围绕齿圈旋转，太阳轮、行星轮、行星架和齿圈组成完整的行星齿轮机构，如图3-65所示。

（1）行星齿轮组

简单的行星齿轮组由齿圈、太阳轮、行星轮和行星架组成。它结构紧凑，可以简单、高效地实现变速器各个档位动力的传递，如图3-66所示。

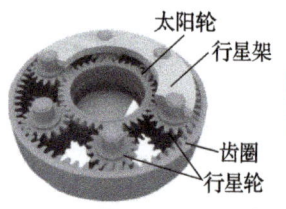

图3-65　行星齿轮机构的结构　　　　图3-66　行星齿轮组

1）齿圈位于齿轮组最外面，内侧有齿且与行星架上的行星轮啮合。
2）太阳轮位于齿轮组中心，外侧有齿且与行星架上的行星轮啮合。
3）行星轮介于太阳轮与齿圈之间。
4）行星架是支撑行星轮的金属架，其上的行星轮与太阳轮和齿圈啮合。

在行星齿轮组中，以单排单级为例，太阳轮、齿圈、行星架三个元件中的任意一个固定，另外两个元件中的任意一个作为输入或输出元件，可以实现不同的传动方式，而如果将三个元件中的任意两个刚性连接，锁定在一起作为输入，另一个作为输出，则可以实现直接传动。行星齿轮组的减速、加速和倒档（反向）时的传动路线分别为：

减速过程如图3-67所示。
加速过程如图3-68所示。
倒档（反向）过程如图3-69所示。

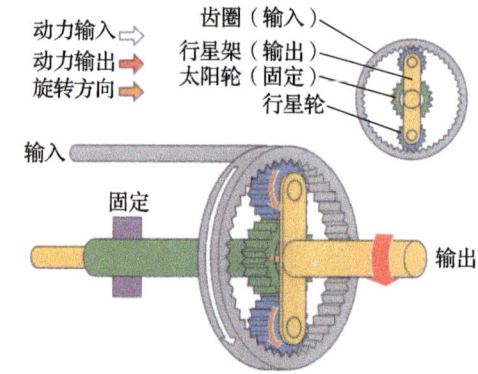

图3-67　减速过程

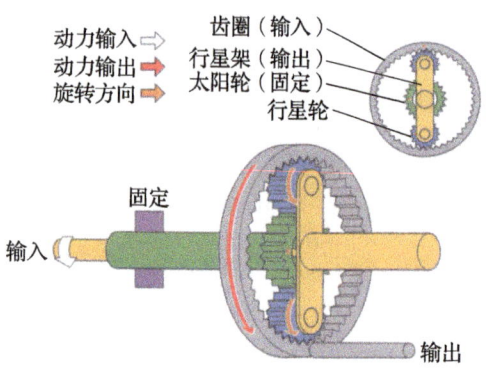

图3-68　加速过程

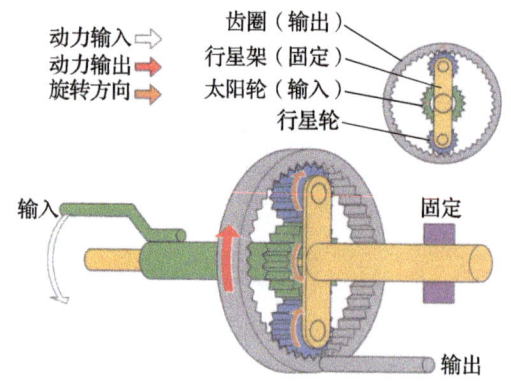

图3-69　倒档（反向）过程

（2）复合式行星齿轮机构

在自动变速器上应用较多的复合式行星齿轮机构有辛普森式和拉维娜式。

辛普森式行星齿轮机构是由两排行星齿轮机构共用一个太阳轮组成的复合式行星齿轮机构。

拉维娜式行星齿轮机构由一个前单行星轮排和一个后双行星轮排组合而成，如图 3-70 所示。大太阳轮、长行星轮、行星架和齿圈共同组成一个单行星轮式行星排；小太阳轮、短行星轮、长行星轮、行星架和齿圈共同组成一个双行星轮式行星排。

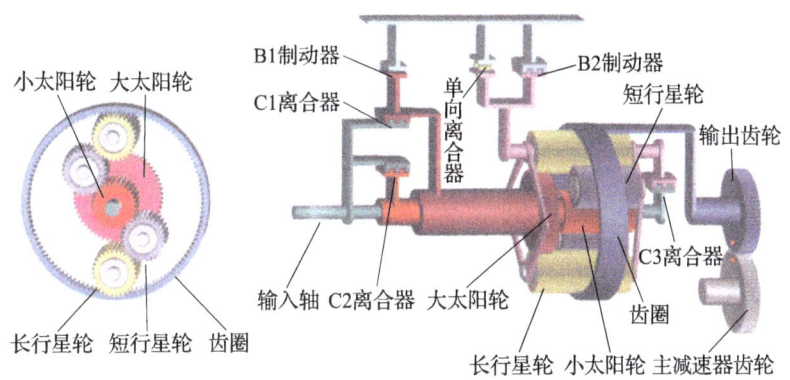

图 3-70　拉维娜式行星齿轮机构

3. 换档执行机构

变速器中的所有齿轮都处于常啮合状态，因此档位变换的实现必须通过以不同方式对行星齿轮机构的基本元件进行约束来完成（即固定或者连接某些基本元件）。对这些基本元件实施约束的机构，就是变速器的换档执行机构。换档执行机构主要有离合器、单向离合器和制动器 3 种。

（1）离合器

自动变速器中使用的离合器为多片离合器，多片离合器由摩擦片、钢片、离合器活塞、离合器毂、卡环等组成，如图 3-71 所示。

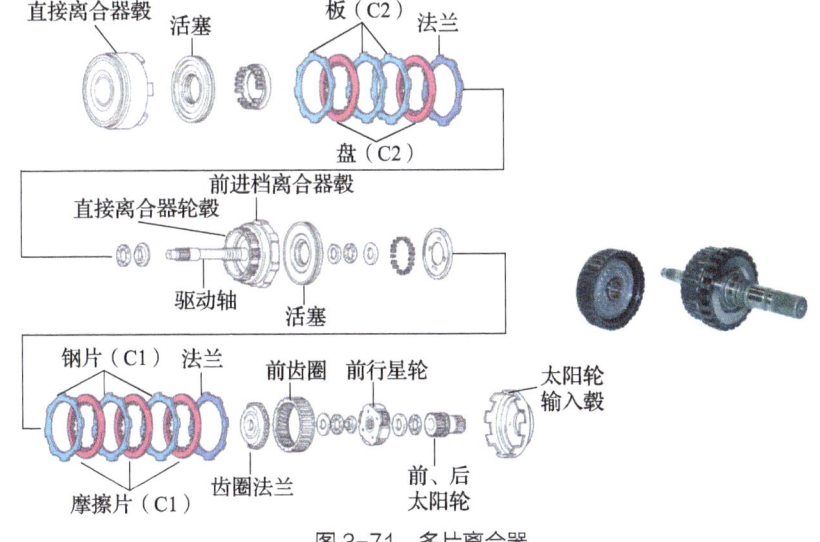

图 3-71　多片离合器

多片离合器能承受较大的转矩。活塞通过回位弹簧回位，回位弹簧由卡环定位。多片离合器中的钢片和摩擦片交替安装，摩擦片的两面有摩擦材料，而钢片两面光滑，没有摩擦材料。也有部分变速器的多片离合器采用单面带摩擦材料的摩擦片，即它一面带有摩擦材料，另一面则是光滑的钢片，如图 3-72 所示。

图 3-72　钢片和摩擦片

（2）单向离合器

单向离合器的作用是使某元件只能按一定的方向转动，在另一个方向上锁止。单向离合器除用于变矩器的导轮外，还用于齿轮机构中。齿轮机构中的单向离合器又称作"超越离合器"，用来实现转矩的单向传递。单向离合器具有较高的灵敏度，可瞬间锁止或解除锁止，提高了换档时机的准确性。单向离合器如图 3-73 所示。

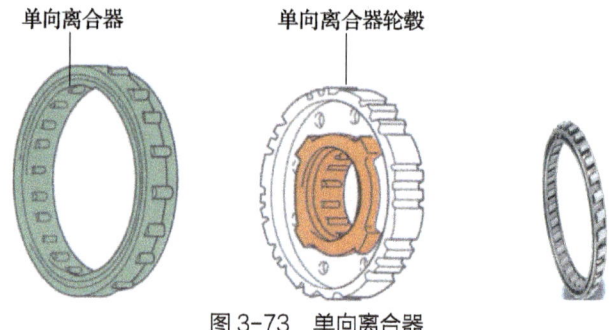

图 3-73　单向离合器

（3）制动器

制动器的作用是将行星齿轮机构中的某一元件与变速器壳体相连，使该元件受约束而固定。在自动变速器中常用的制动器有片式制动器和带式制动器两种。改良后的辛普森式行星齿轮机构用片式制动器代替了带式制动器。片式制动器如图 3-74 所示，与湿式多片离合器结构基本相同，其工作平顺性较好，还能通过增减摩擦片的数量来满足不同排量发动机的要求。

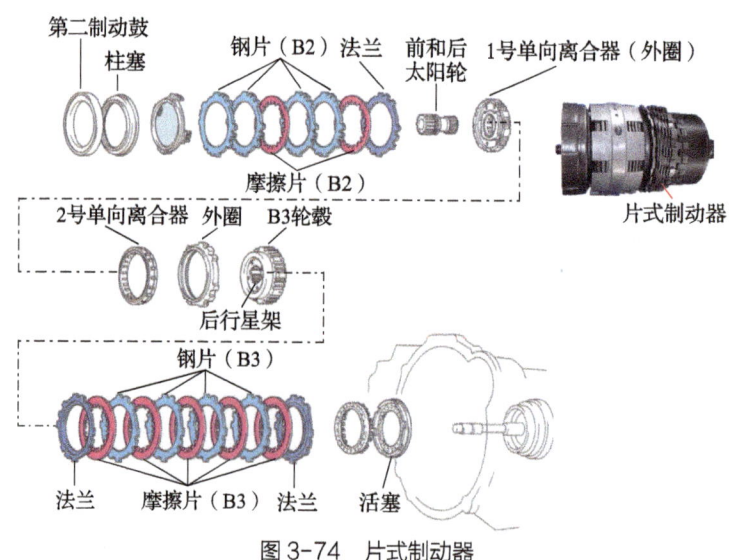

图 3-74　片式制动器

带式制动器由制动带及其伺服装置（控制液压缸）组成，如图 3-75 所示。

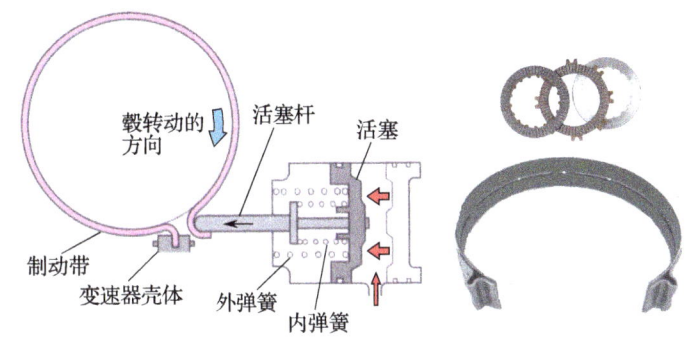

图 3-75　带式制动器

4. 液压控制装置

自动变速器都有液压系统，而液压系统的液压油是由供油系统所提供的，因此供油系统是汽车自动变速器中不可缺少的重要组成部分之一，如图 3-76 所示。

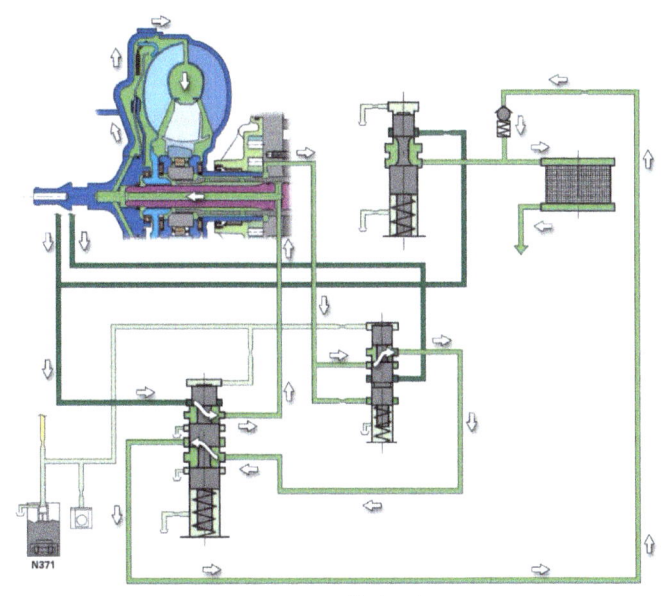

图 3-76　供油系统

供油系统的结构组成因其用途不同而有所不同，但主要组成部分基本相同，一般由各分支供油系统、油泵及辅助装置，压力调节装置等组成。

供油系统的作用是向变速器各部分提供具有一定油压，足够流量、合适温度的液压油。具体作用是：

1）给变速器（或偶合器）供油，并维持足够的补偿压力和流量，以保证液力元件完成传递动力的功能；防止变矩器产生的气蚀，并及时将变矩器的热量带走，以保持正常的工作温度。

2）在一部分工程车辆和重型运输车辆中，还需向液力减速器提供足够流量及温度适宜的油液，以便能适时地吸收车辆的动能，得到满意的制动效果。

3）向控制系统供油，并维持主油路的工作油压，保证各控制机构顺利工作。

4）保证换档离合器等的供油，以满足换档等的操纵需要。

5）为整个变速器各运动零件如齿轮、轴承、止推垫片、离合器摩擦片等提供润滑用油，并保证正常的油温度。

6）通过油料的循环散热冷却，使整个自动变速器的发热量得以散逸，使变速器保持在合理的温度范围内工作。

（1）液压泵

液压泵是自动变速器中最重要的总成之一，它通常安装在变矩器的后方，由变矩器壳后端的轴套驱动。在变速器供油系统中，常用的液压泵有内啮合齿轮泵、转子泵和叶片泵。由于自动变速器的液压系统属于低压系统，其工作油压通常不超过2MPa，所以应用最广泛的仍然是齿轮泵，如图3-77所示。

液压泵由变矩器毂上的键驱动。有些变速器的液压泵与液力变矩器以及变速器的输入轴不是同轴安装的，它们由变矩器通过链条来驱动，液压泵如图3-78所示。

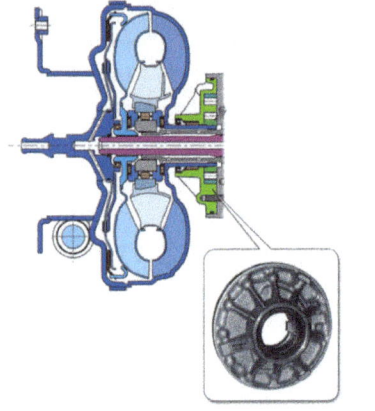

图3-77 液压泵安装在变矩器的后方

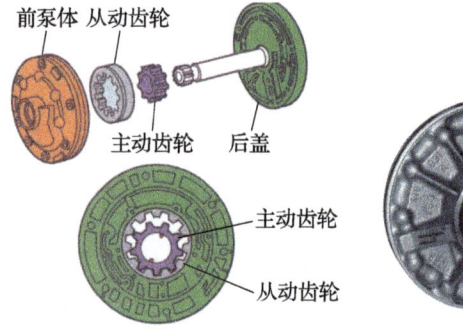

图3-78 液压泵

发动机曲轴通过挠性盘与液力变矩器相连，而液力变矩器通过毂上的键与液压泵驱动齿轮或链轮相连。

（2）典型液压泵

1）内啮合齿轮泵。内啮合齿轮泵的类型有渐开线啮合形式的内啮合齿轮泵和摆线啮合形式的内啮合齿轮泵两种，如图3-79所示。

渐开线啮合形式的内啮合齿轮泵主要由外齿轮、内齿轮、月牙形隔板、泵体等组成，如图3-80所示。

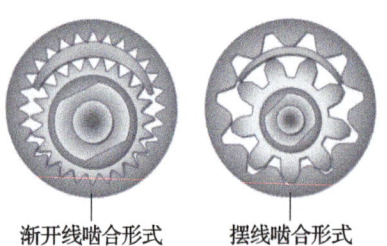

图3-79 内啮合齿轮泵的类型

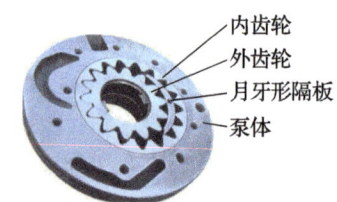

图3-80 渐开线啮合形式的内啮合齿轮泵组成

内啮合齿轮泵的齿轮紧密地装在泵体的内腔里，外齿轮为主动齿轮，内齿轮为从动齿轮，两者均为渐开线齿轮；月牙形隔板的作用是将外齿轮和内齿轮隔开。内齿和外齿轮紧靠着月牙形隔板，但不接触，有微小的间隙。泵体是铸造而成的，经过精加工，泵体内有很多油道，有进油口和出油口，有的还有阀门或电磁阀。泵盖也是一个经过精加工的铸件，也有很多油道，如图 3-81 所示。

图 3-81　内啮合齿轮泵构造

月牙形隔板将内齿轮与外齿轮之间空出的容积分隔成两个部分，在齿轮旋转时，齿轮的轮齿由啮合到分离的那一部分，其容积由小变大，称为吸油室；齿轮由分离进入啮合的那一部分，其容积由大变小，称为压力室。由于内、外齿轮的齿顶和月牙形隔板的配合是很紧密的，所以吸油腔和压油腔是互相密封的。当发动机运转时，变矩器壳体后端的轴套带动小齿轮和内齿轮一起朝图 3-81 中顺时针方向运转，此时在吸油室内，由于外齿轮和内齿轮不断退出啮合，容积不断增加，以致形成局部真空，将油盘中的液压油从进油口吸入，且随着齿轮旋转，齿间的液压油被带到压油室；在压力室，由于小齿轮和内齿轮不断进入啮合，容积不断减少，将液压油从出油口排出。油液就这样源源不断地输往液压系统，如图 3-82 所示。

液压泵的理论泵油量等于液压泵的排量与液压泵转速的乘积。内啮合齿轮泵的排量取决于外齿轮的齿数、模数及齿宽。液压泵的实际泵油量会小于理论泵油量，因为液压泵的各密封间隙处有一定的泄漏。其泄漏量与间隙的大小、输出压力有关。间隙越大、压力越高，泄漏量就越大。

内啮合齿轮泵是自动变速器中应用最为广泛的一种液压泵，它具有结构紧凑、尺寸小、重量轻、自吸能力强、流量波动小、噪声低等特点。各种汽车的自动变速器一般都采用这种液压泵。

2）摆线转子泵。摆线转子泵由一对内啮合的转子、泵壳和泵盖等组成。内转子为外齿轮，其齿廓曲线是外摆线；外转子为内齿轮，齿廓曲线是圆弧曲线。内外转子的旋转中心不同，两者之间有偏心距。一般内转子的齿数为 4、6、8、10 等，而外转子比内转子多一个齿。内转子的齿数越多，出油脉动就越小。通常自动变速器上所用摆线转子泵的内转子都是 10 个齿，如图 3-83 所示。

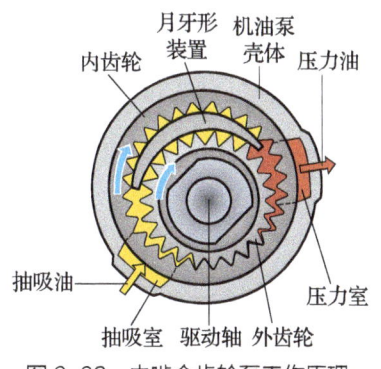

图 3-82　内啮合齿轮泵工作原理

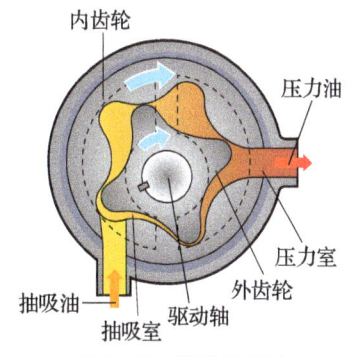

图 3-83　摆线转子泵

发动机运转时，带动液压泵内外转子朝相同的方向旋转。内转子为主动齿，外转子的转速比内转子每圈慢一个齿。内转子的齿廓和外转子的齿廓是一对共轭曲线，它能保证在液压泵运转时，不论内外转子转到什么位置，各齿均处于啮合状态，即内转子每个齿的齿廓曲线上总有一点和外转子的齿廓曲线相接触，从而在内转子、外转子之间形成与内转子齿数相同个数的工作腔。这些工作腔的容积随着转子的旋转而不断变化，当转子沿顺时针方向旋转时，内转子、外转子中心线的左侧的各个工作腔的容积由大变小，将液压油从出油口排出。这就是转子泵的工作过程。

摆线转子泵的排量取决于内转子的齿数、齿形、齿宽以内外转子的偏心距。齿数越多，齿形、齿宽及偏心距越大，排量就越大。

摆线转子泵是一种特殊齿形的内啮合齿轮泵，它具有结构简单、尺寸紧凑、噪声小、运转平稳、高速性能良好等优点；缺点是流量脉动大，加工精度要求高。

（3）控制机构

控制机构是由液压泵、各种控制阀及与之相连通的液压换档执行元件，如离合器、制动器油缸等组成液压控制回路。汽车行驶中根据驾驶人的要求和行驶条件的需要，控制离合器和制动器的工作状况的改变来实现机械变速器的自动换档，如图3-84所示。

图3-84 液压控制系统不同车型的控制阀

控制机构由主调压阀、手动阀、换档阀、离合器控制阀等组成，集中安装在自动变速器阀体上，如图3-85所示。

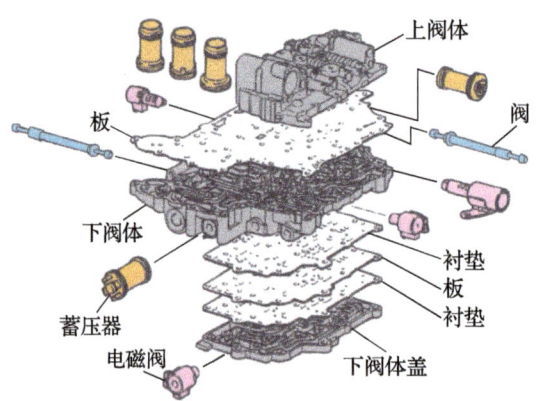

图3-85 控制机构组成

主调压阀可精确调节液压泵的输出油压，该压力即自动变速器的主油压，是自动变速器内所有离合器、制动器的工作油压，是所有其他控制压力的压力源。

手动阀是安装于控制系统阀板总成中的多路换向阀，驾驶人通过操纵变速杆带动手动阀移动。它的作用是根据变速杆位置的不同，依次将管路油压导入相应各档油路。

换档阀是根据节气门开度或车速变化，自动进行换档的部件。

（五）无级变速器

无级变速器是传动比可以在一定范围内连续变化的变速器，简称CVT（Continuously Variable Transmission的缩写）。它采用传动带和工作直径可变的主、从动轮相配合来传递动力，可以实现传动比的连续改变，从而得到传动系统与发动机工况的最佳匹配，最大限度地利用发动机的特性,提高汽车的动力性和燃油经济性,目前在汽车上的应用越来越多。目前常见的无级变速器是金属带式无级变速器,如图3-86所示。

通过无级变速可以得到传动系统与发动机工况的最佳匹配。传动比是连续的,不会产生跳跃换档现象,因此动力传输顺畅。金属带式无级变速器主要由金属带、主/从动工作滑轮、液压泵、控制装置等组成,如图3-87所示。

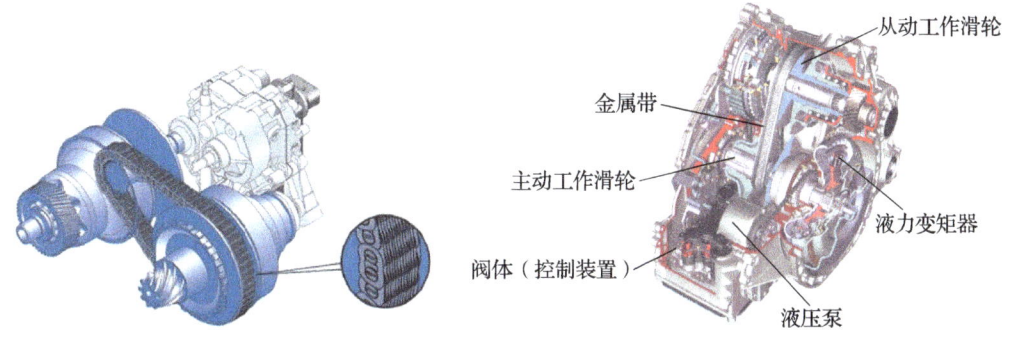

图3-86 金属带式无级变速器   图3-87 金属带式无级变速器组成

在CVT中,传统的齿轮被一对滑轮(主、从动工作滑轮)和一条金属带所取代,每个工作滑轮都是由固定锥形盘和可动锥形盘组成的V形结构。金属带在槽内与工作滑轮相啮合。当工作滑轮的可动部分做轴向移动时,即可改变金属带与主、从动滑轮的工作半径,从而改变金属带传动的传动比。主、从动工作滑轮的可动部分的轴向移动是根据汽车的行驶工况,通过液压控制系统进行连续地调节而实现无级变速传动的。无级变速器的基本工作原理如图3-88所示。

它的动力传递路线是:发动机发出的动力经飞轮、离合器、主动工作滑轮、金属带、从动工作滑轮后,传给中间减速器,再经主减速器与差速器,最后传给驱动车轮,如图3-89所示。

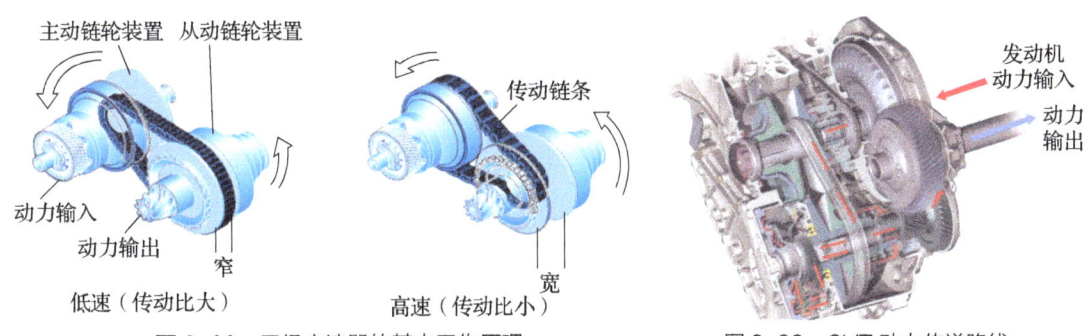

图3-88 无级变速器的基本工作原理   图3-89 CVT动力传递路线

(六)双离合器变速器

双离合器变速器也称为直接换档变速器(Direct Shift Gearbox,DSG),中文表面意思为"直接换档变速器",DSG有别于一般的半自动变速器系统,它是基于手动变速器而不是自动变速器,因此,它也是AMT(机械式自动变速器)的一员。它特殊的地方在于它比别的变速器换档更快,传递的转矩更大而且效率更高,如图3-90所示。

DSG采用传统的P-R-N-D-S档位设置,可以自动切入D位常规模式或者S位运动模式。在常规模式下,DSG会提前加档以减小发动机噪声,提高燃油经济性。而在运动模式下，变速器在低速档会停留较长时间，以保证有足够的动力。而这特别适用于有涡轮增压装置的车辆，因为涡轮增压器都工作在较高的转速下。在运动模式下只要轻踩加速踏板就可以迅速减档，如图 3-91 所示。

图 3-90 DSG　　　　图 3-91 双离合器变速器内部结构

双离合器变速器可以形象地设想为将两台变速器的功能合二为一，并建立在单一的系统内。变速器内含两台自动控制的离合器，由电子控制及液压推动，能同时控制两组离合器的运作，工作原理如图 3-92 所示。当变速器运作时，一组齿轮啮合，而接近换档时，下一组档位的齿轮已被预选，但离合器仍处于分离状态；换档时，一台离合器将使用中的齿轮分离，同时另一台离合器啮合已被预选的齿轮，在整个换档期间能确保最少有一组齿轮在输出动力，令动力不会出现间断的状况。

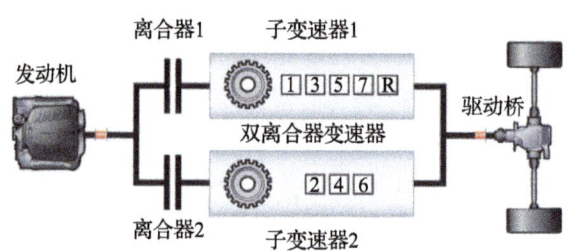

图 3-92 双离合器变速器工作原理简图

1. 双离合器

目前，常用的双离合器有干式和湿式两种。干式双离合器结构相对简单，但长时间工作会产生过热，降低运行的可靠性。湿式双离合器的离合器片浸在变速器油中，可以更好地散热，工作可靠性高，但结构相对复杂。

由两套类似于手动变速器的离合器装置组件组装在一起，两个离合器摩擦片、两个压盘，两个离合器分离杆。干式双离合器如图 3-93 所示。

图 3-93 干式双离合器

干式双离合器中有两个独立的干式离合器在工作。它们各自将转矩传输给每个分变速器。可能有两种离合器位置：

- 发动机停机和怠速时，两个离合器都分离。
- 行驶过程中，两个离合器中总是只有一个结合。

离合器通过花键与变速器的输入轴相连。磨损后自动进行调整。通过离合器执行器将带有离合轴承的分离杆压在蝶形弹簧上，从而将各个离合器盘压在旋转着的主动轮上，如图3-94所示。

湿式双离合器变速器的双离合器一直在变速器油中运转。湿式双离合器如图3-95所示。

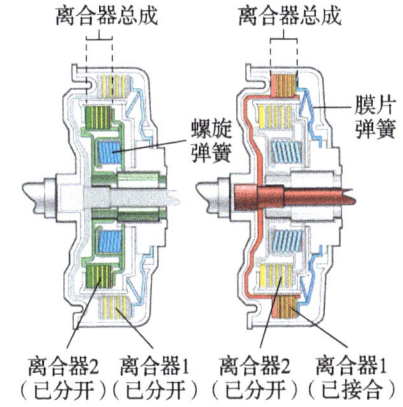

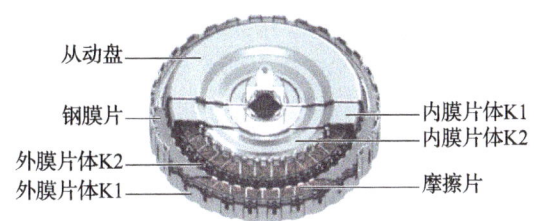

图3-94 将带有离合轴承的分离杆压在蝶形弹簧上　　图3-95 湿式双离合器

通过从动盘将发动机转矩传递到位于每个外膜片体处的两个离合器上。外膜片体与膜片式离合器的主轮毂相焊接，因此始终可以实现动力啮合。

每个离合器单元都是由钢膜片和摩擦片组成，通过动力啮合，它可以将转矩传递到离合器K1或者离合器K2的内膜片体上。这些钢膜片与离合器的外膜片体紧密地连接在一起，摩擦片与内膜片体也是如此。膜片单元由液压力压合在一起，它将内膜片体的转矩通过啮合齿传递到相应的驱动轴上。

离合器K1的内膜片体和驱动轴1相连，离合器K2的内膜片体和驱动轴2相连。

2. 输入轴（以大众00380、00500双离合器变速器为例）

双离合器变速器有两根输入轴，分别为两个分变速器提供动力输入。输入轴2是中空的，输入轴1穿过中空的输入轴2运转。

输入轴与离合器之间通过啮合齿相连。它根据挂入的档位将发动机转矩传递给输出轴。每根轴上都有滚动轴承，通过滚动轴承可将驱动轴导入外壳内，输入轴具体结构如图3-96所示。

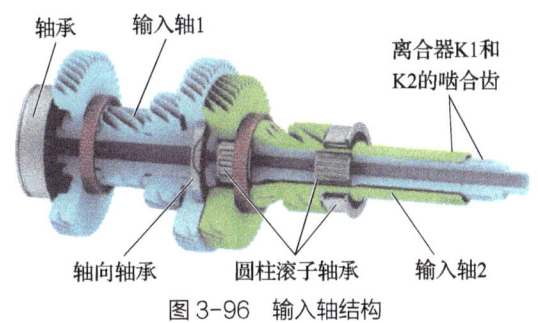

图3-96 输入轴结构

输入轴 1 和离合器 K1 通过啮合齿相连。通过离合器可以在 1 档、3 档、5 档和 7 档之间切换。为了获取驱动轴的转速，在此轴上装有用于驱动轴转速传感器的传感器轮，输入轴 1 的结构如图 3-97 所示。

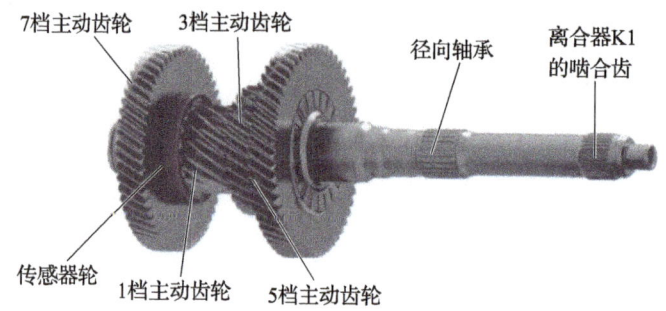

图 3-97　输入轴 1 结构

输入轴 2 是空心轴。它与离合器 K2 通过啮合相连。通过输入轴可以实现 2 档、4 档、6 档和倒车档之间的切换。为了获取输出轴的转速，在此轴上装有用于输入轴转速传感器的传感器轮，输入轴 2 结构如图 3-98 所示。

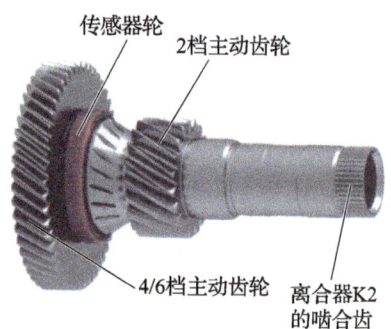

图 3-98　输入轴 2 结构

3. 输出轴（以大众 00380、00500 双离合器变速器为例）

在变速器外壳内有两根输出轴。根据所挂入的档位，发动机转矩由驱动轴传递到输出轴上。每一根输出轴上都有滑动齿轮，借助它可将转矩通过从动齿轮传递给车轴驱动装置的圆柱齿轮。

在输出轴 1 上安装有：1 档、4 档、5 档和倒档的从动齿轮、1 档和倒档的同步器（三倍同步器）、4 档和 5 档的同步器（单倍同步器）、驻车制动器轮等，输出轴 1 结构如图 3-99 所示。

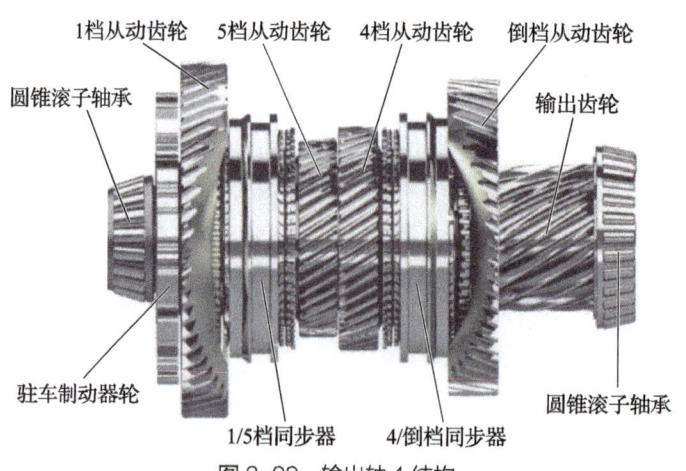

图 3-99　输出轴 1 结构

在输出轴 2 上安装有：2 档、3 档、6 档和 7 档的滑动齿轮、2 档和 3 档的同步器（三倍同步器）、6 档和 7 档的同步器（单倍同步器），输出轴 2 结构如图 3-100 所示。

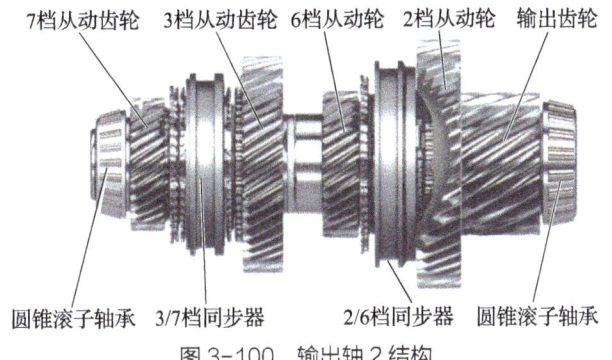

图 3-100　输出轴 2 结构

（七）万向传动装置

汽车在行驶过程中，如果车轮受路面冲击，会使车轮和悬架产生振动，变速器的输出轴与驱动轮之间的相对位置就会发生变化。因此，变速器的输出轴与驱动轮之间不能通过刚性件连接并传动，因此采用万向传动装置，如图 3-101 所示。万向传动装置的万向节、传动轴等结构可以实现变速器的输出轴与驱动轮之间动力的可靠传递。综上所述，万向传动装置的作用是在相对位置经常发生变化的两根轴之间传递动力。

如图 3-102 所示，万向传动装置位于变速器与驱动桥之间的万向传动系统。由于汽车布置、设计等原因，变速器输出轴和驱动桥输入轴不可能在同一轴线上，并且变速器虽然是安装在车架（车身）上，可以认为位置是不动的，但驱动桥会由于悬架的变形而引起其位置经常发生变化，所以在变速器和驱动桥之间装有万向传动装置正好可以满足这些使用、设计的要求。

图 3-101　万向传动装置

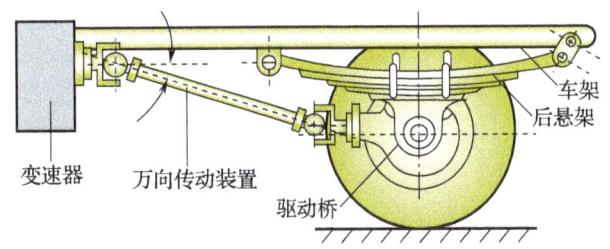

图 3-102　变速器与驱动桥之间的万向传动装置

轿车万向传动装置主要包括万向节和传动轴。对于前置前驱汽车而言，其发动机大都横置而且不在车辆的中间位置，有一定的偏置。这种布置方式使得万向传动装置一般为不等距布置，即发动机传递的动力经过变速器再传递到差速器，差速器通过两个不等长的万向传动装置分别传递到两侧车轮，如图 3-103 所示。两边的万向传动装置分别由两个万向节和一根半轴组成，半轴一根较长，另一根较短。

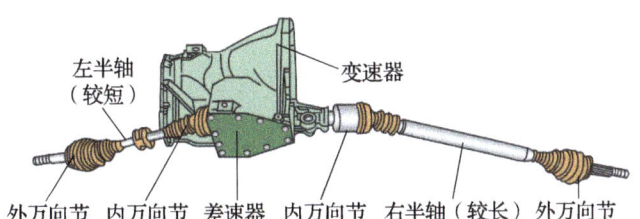

图 3-103　轿车前驱万向传动装置

万向传动装置在汽车上的应用主要有以下4个方面：

（1）单驱动桥载货汽车

变速器与驱动桥之间（4×2汽车），如图3-104所示。一般汽车的变速器、离合器与发动机三者装合为一体装在车架上，驱动桥通过悬架与车架相连。在负荷变化及汽车在不平路面行驶时引起的跳动，会使驱动桥输入轴与变速器输出轴之间的夹角和距离发生变化。

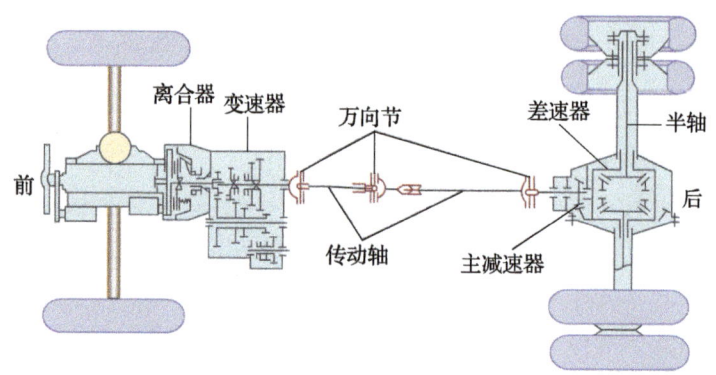

图3-104 单驱动桥载货汽车

（2）多驱动桥越野汽车

变速器与分动器、分动器与驱动桥之间（越野汽车），如图3-105所示，为消除车架变形及制造、装配误差等引起的其轴线同轴度误差对动力传递的影响，必须装有万向传动装置。

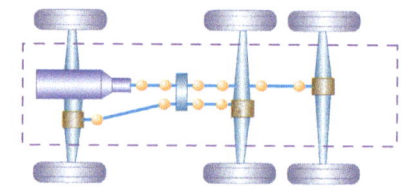

图3-105 多驱动桥越野汽车

（3）转向驱动桥

转向驱动桥的内、外半轴之间，转向时两段半轴轴线相交且交角变化，因此要用万向节，如图3-106所示，一般应用在越野车转向驱动桥。

（4）断开式驱动桥

断开式驱动桥的半轴之间，如图3-107所示，主减速器壳在车架上是固定的，桥壳上下摆动，半轴是分段的，必须用万向节。

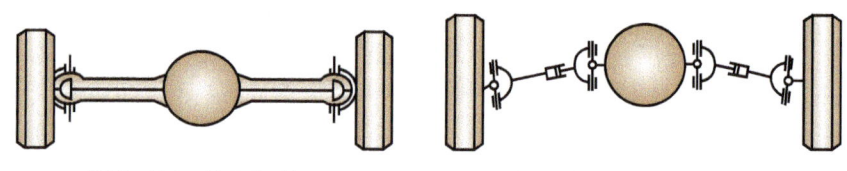

图3-106 转向驱动桥　　　　图3-107 断开式驱动桥

1. 万向节

（1）十字轴式万向节

十字轴式万向节是一种不等速万向节，是指万向节连接的两轴存在夹角时，输出轴与输入轴之间以变化的瞬时角速度比传递动力，是平均角速度相等的万向节。它由一个十字轴、两个万向节叉和四个滚子轴承、轴向定位键等组成，如图3-108所示。当主动轴旋转时，从动轴既可以随之转动，也可以绕十字轴中心向任意角度摆动。十字轴式万向节在发动机前置后轮驱动的汽车传动系统中应用最为广泛。它结构简单,传动效率高,生产成本也较低,允许相邻两转动轴之间的最大夹角为15°~20°。

(2)球笼式万向节

球笼式万向节是一种等速万向节,是指输出轴与输入轴之间始终以相等的瞬时角速度传递动力的万向节,如图3-109所示。球笼式万向节按主、从动叉在传递转矩过程中轴向是否产生位移分为固定型球笼式万向节(RF型)和伸缩型球笼式万向节(VL型)。

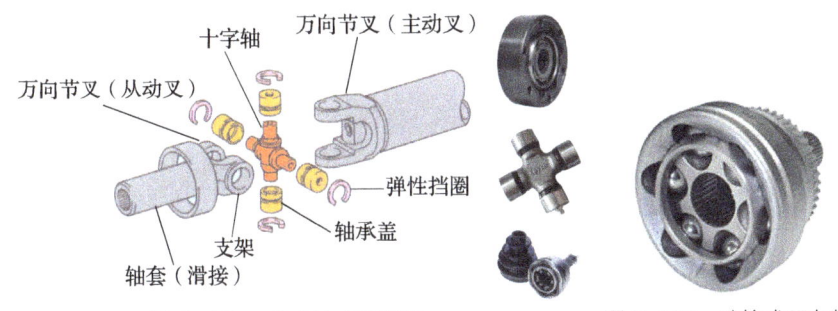

图3-108 十字轴式万向节　　图3-109 球笼式万向节

球笼式万向节由6个传力钢球、星形套(内滚道)、球笼外壳(外滚道)和保持架(球笼)等组成,如图3-110所示。星形套与主动轴用花键固接在一起,传力钢球分别位于6条由星形套和球形壳形成的凹槽内,由保持架使其保持在同一平面内。球笼式万向节工作时,动力由主动轴、钢球、球形壳输出,无论传动方向如何,6个钢球全部传力,承载能力强。它广泛应用在前置前驱汽车传动系统中。

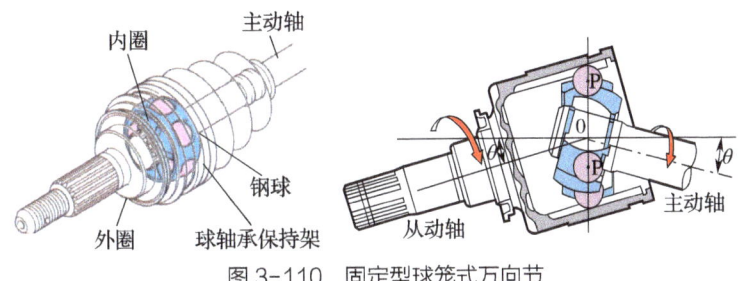

图3-110 固定型球笼式万向节

(3)三轴式万向节

三轴式万向节主要由三轴架、套在三轴架上的三个轴承以及与三轴架形状贴合的万向节壳体组成,如图3-111所示。三轴架通过轴承与万向节壳体的内表面直接接触,能够自由转动和移动。三轴式万向节一般使用在内万向节上,它既能改变传动轴之间的角度,又能改变传动轴之间的相对长度(调节长度可达20mm)。

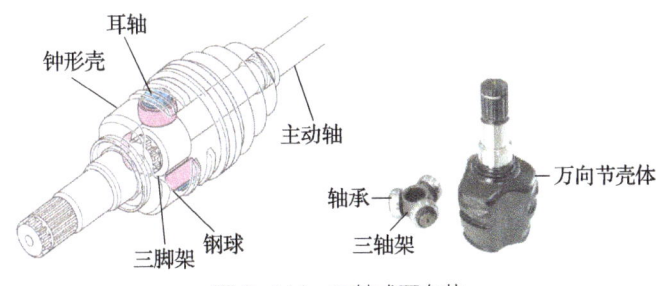

图3-111 三轴式万向节

（4）球叉式万向节

球叉式万向节与球笼式万向节类似，也是钢球在内外两个滚道之间滚动，如图3-112所示。

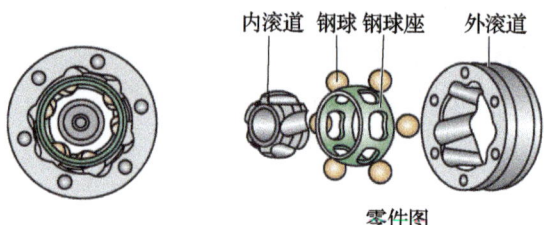

图 3-112　球叉式万向节

不过，球叉式万向节内、外两个滚道是相互交叉放置，成一定的角度，所以既能改变传动轴之间的角度，又能改变传动轴之间的相对长度，不过其长度改变的范围较小。外万向节一般使用球叉式万向节，如图3-113所示。

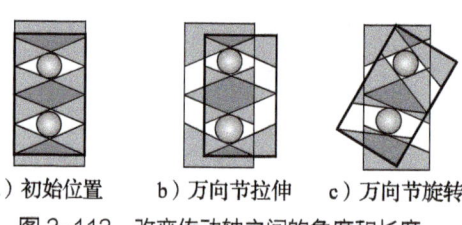

图 3-113　改变传动轴之间的角度和长度

2. 传动轴

连接变速器与驱动桥的传动轴部件，由传动轴及其两端焊接的花键轴以及万向节叉组成，如图3-114所示。

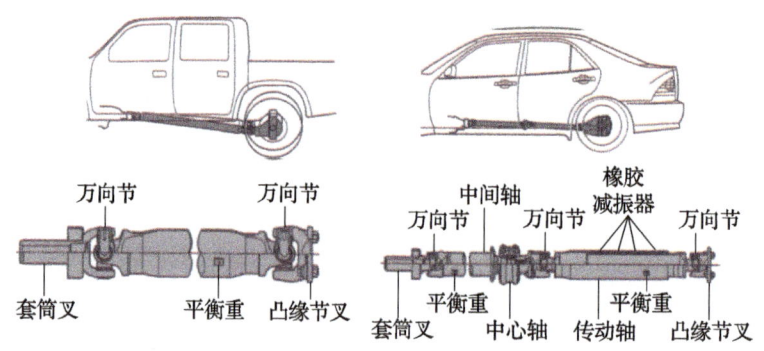

图 3-114　传动轴的布置

若连接两个部件之间距离较长，一般需要将传动轴分段。有时为了提高传动系统的弯曲刚度，改善弯曲振动特性，减小噪声，也需要将传动轴分段。传动轴分段时，需要加上中间支承，如图3-115所示。

中间支承对传动轴起支撑作用，并能补偿传动轴轴向和角度方向的安装误差，以及汽车行驶过程中由于发动机窜动或车架变形等引起的位移。它通常安装在车架横梁或车身底架上。

传动轴有实心轴和空心轴之分。为了减轻传动轴的重量，提高轴的强度、刚度，传动轴多为空心轴，一般用厚度为1.5～3.0mm的薄钢板卷焊而成，重型货车则直接采用无缝钢管，如图 3-116 所示。

转向驱动桥、断开式驱动桥传动轴通常制成实心轴，如图 3-117 所示。大部分乘用车采用断开式驱动桥传动轴（即半轴）。

图 3-115　中间支承　　　图 3-116　传动轴　　　图 3-117　断开式驱动桥传动轴

采用内球笼式万向节和外球笼式万向节的传动轴广泛应用于采用独立悬架的轿车转向驱动桥。其中，外球笼式万向节用于靠近车轮处，内球笼式万向节用于靠近驱动桥处，如图 3-118 所示。

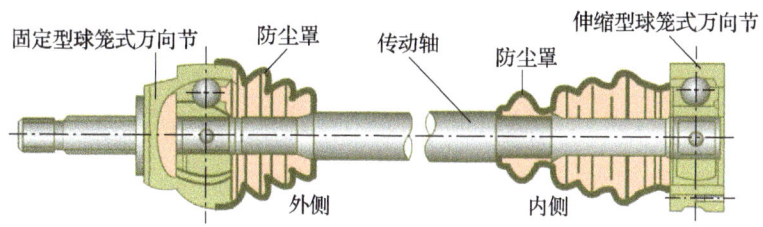

图 3-118　大众轿车采用的传动轴

（八）驱动桥

驱动桥位于汽车传动系统的最终传动部分，主要由主减速器、差速器、半轴、驱动桥壳等组成，其作用是将发动机输出的转矩通过主减速器、差速器、半轴等传到驱动车轮，实现降低转速、增大转矩及两侧车轮差速等功能。典型的发动机前置前驱驱动桥如图 3-119 所示。

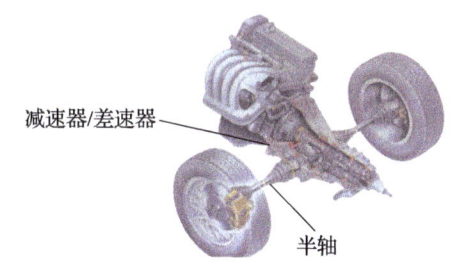

图 3-119　驱动桥

驱动桥从功能特点上可分为独立式驱动桥、变速驱动桥和断开式驱动桥。

（1）独立式驱动桥

如果驱动桥中的主减速器、差速器和桥壳、半轴等都安装在一个独立的驱动桥壳中，与其他动力总成相互独立存在，称为独立式驱动桥。货车驱动桥普遍为独立式驱动桥，如图 3-120 所示。

图 3-120　独立式驱动桥

（2）变速驱动桥

前置前驱的轿车通常把变速器和驱动桥两个动力总成合为一体，布置在一个壳体内，变速器输出轴也就是主减速器的输入轴，此种驱动桥称为变速驱动桥，如图 3-121 所示。

发动机、变速器、主传动器和差速器组成一体式传动，省去了传动轴，缩短了传动路线，提高了传动系统中的机械效率。在这种一体式传动系统中，它同时完成变速、差速和驱动车轮等功能。变速驱动桥不仅使结构紧凑，也大大减轻了传动系统的重量，有利于汽车底盘的轻量化。

（3）断开式驱动桥

断开式驱动桥与独立悬架配用，如图3-122所示。其主减速器固定在车架或车身上，驱动桥壳制成分段并用铰链连接，半轴也分段并用万向节连接。驱动桥两端分别用悬架与车架或车身连接。这样，两侧驱动车轮及桥壳可以彼此独立地相对于车架或车身上下跳动。

图3-121 变速驱动桥

图3-122 断开式驱动桥

1. 主减速器

主减速器是汽车传动系统中减速增矩的主要部件。对发动机纵置的汽车来说，主减速器还利用锥齿轮传动以改变动力方向。通过主减速器将传动速度降下来以后，能获得比较高的输出转矩，从而得到较大的驱动力，如图3-123所示。

主减速器的作用是将输入转矩增大并相应降低转速，且可根据需要改变转矩的方向。主减速器有单级式和双级式之分。

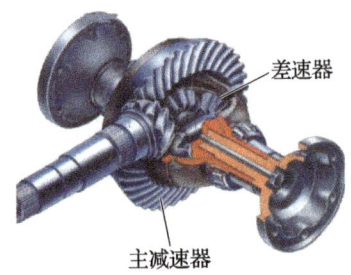

图3-123 主减速器

（1）单级主减速器

单级主减速器只有一对锥齿轮传动，它具有结构简单、重量轻、体积小及传动效率高等特点，如图3-124所示。

对于发动机纵向布置的汽车，由于需要改变动力传递方向，单级主减速器都采用一对圆锥齿轮传动；对于发动机横向布置的汽车，单级主减速器采用一对圆柱齿轮传动，如图3-125所示。

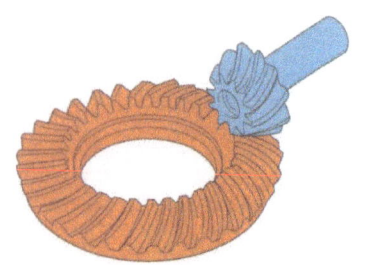

图3-124 单级主减速器

a）圆锥齿轮传动　　　b）圆柱齿轮传动

图3-125 圆锥齿轮传动和圆柱齿轮传动

（2）双级主减速器

当主减速器要求较大的传动比时，单级主减速器已不能保证足够大的离地间隙，这时需要使用由两对齿轮传动的双级主减速器。

2. 差速器

汽车转弯时，内侧车轮和外侧车轮的转弯半径不同，外侧车轮的转弯半径要大于内侧车轮的转弯半径，这就要求在转弯时外侧车轮的转速要高于内侧车轮的转速，如图3-126所示。

差速器的功用是将主减速器传来的动力传给左、右两半轴，并在必要时允许左、右两半轴以不同转速旋转，使左右车轮相对地面纯滚动而不是滑动。差速器结构如图3-127所示。两个侧齿轮通过半轴与车轮相连，行星架与从动锥齿轮连接，从动锥齿轮通过主动齿轮与传动轴连接。

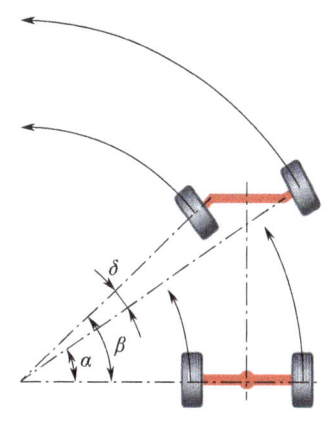

图 3-126　外侧车轮的转弯半径要大于内侧车轮的转弯半径

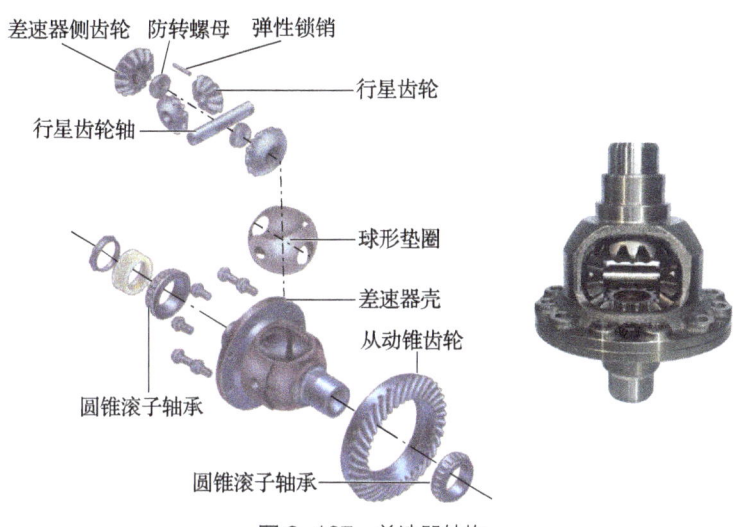

图 3-127　差速器结构

差速器工作原理如下：

（1）直线行驶时

汽车直线行驶且不需要差速时，只要左右驱动轮所处路面状况相同，则左右驱动轮受到路面阻力相等，行星齿轮在其轴上不会发生转动，而是在差速器壳、行星齿轮轴的带动下，以相等的转矩同时带动左、右半轴齿轮旋转，使左右驱动轮以与差速器壳相同的速度转动，使汽车按直线方向行驶，如图3-128所示。

（2）转弯行驶时

当汽车右转弯时，道路要求右侧车轮应该慢一些，左侧车轮应该快一些。在差速器发生差速作用以前，右侧车轮有滑转趋势，即受到的路面阻力大；左侧车轮有滑拖趋势，即受到的路面阻力小。这时，行星齿轮在绕半轴轴线公转的同时又绕自身轴线自转，从而使右侧半轴齿轮转速减慢，左侧半轴齿轮转速加快。结果使右轮减慢、左轮加快，汽车顺利实现右转弯，如图3-129所示。

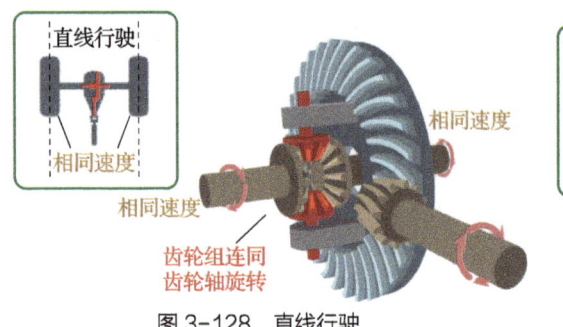
图 3-128 直线行驶

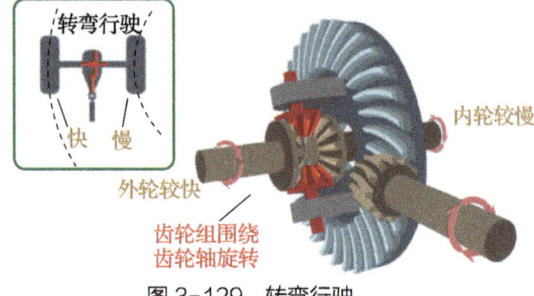
图 3-129 转弯行驶

当汽车左转弯时，差速器的工作情况与汽车右转弯时正好相反，其差速作用使左轮减慢、右轮加快，汽车顺利左转弯。

（3）一侧驱动轮处于泥污或冰雪路面上时

根据普通差速器的转矩分配特性，其良好的差速性能使汽车在良好道路上行驶时表现为很理想的工作特性。但在某些使用条件下会产生副作用，当一侧驱动轮处于坚硬的好路面上，而另一侧驱动轮处于泥污或冰雪路面上时，汽车往往无法继续前进。此时，在好路面上的车轮静止不动，而在坏路面上的车轮则原地滑转。因为，坏路面上的附着力很小，差速器分配给此车轮的转矩很小；另一车轮所处路面的附着力虽然很大，但由于普通差速器平分转矩的特性，所以，分配给此车轮的转矩也同样小，以致所获得的牵引力不足以克服行驶阻力，汽车不能前进，如图 3-130 所示。

上述普通锥齿轮式差速器转矩是等量分配的，这种特性对于汽车在好的路面上行驶是有利的，但当汽车在坏的路面上行驶时会严重影响其通过能力。由于差速器等量分配转矩的特性，附着力好的驱动轮也只能分配到同样小的转矩，以至于总的牵引力不足以克服行驶阻力，汽车便不能前进。为了提高汽车通过坏路面的能力，可采用防滑差速器。

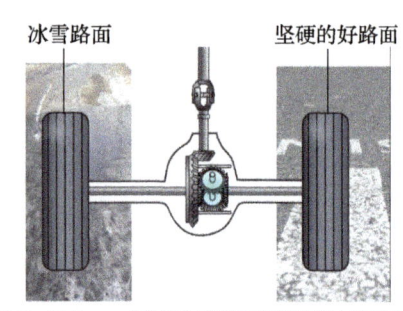
图 3-130 一侧驱动轮处于泥污或冰雪路面上

3. 典型防滑差速器

（1）强制锁止式差速器

强制锁止式差速器就是在行星锥齿轮差速器上设置差速锁，如图 3-131 所示。强制锁止式差速器用电磁阀控制的气缸操纵一个离合机构。当电磁阀接通时，控制气路打开，推动活塞右移，使外接合套与内接合套压紧成为刚性连接，左侧半轴与差速器壳接合，差速器被锁止。这就相当于把左右两半轴锁成一体而一同旋转。这样，当一侧驱动轮打滑而牵引力过小时，从主减速器传来的绝大部分转矩被分配到右侧驱动轮上，使汽车得以通过这样的路段。

强制锁止式差速器结构简单，易于制造，但必须在停车时进行操作。而且接上差速锁时，左右车轮刚性连接，将产生前驱转向困难、轮胎磨损严重等问题。当车辆驶入良好路面时，需及时松开差速锁。

（2）摩擦片式自锁差速器

摩擦片式自锁差速器是在普通行星锥齿轮差速器的基础上发展而成的，如图 3-132 所示。为增加差速器内的摩擦力矩，在半轴齿轮与差速器壳之间装有摩擦片。十字轴由两根相互垂直的行星齿轮轴组成，其端部均切出凸V形斜面，相应地，差速器壳上也有凹V形斜面。两根行星齿轮轴的V形面是反向安装的，每个半轴齿轮的背面有推力压盘和主、从动摩擦片。推力压盘以内花键与半轴相连，而其轴颈处用外花键与从动摩擦片相连。主动摩擦片则用花键与差速器壳相连。推力压盘与主、从动摩擦片均可做微小的轴向移动。摩擦片式自锁差速器因结构简单、工作平稳而多用于乘用车或轻型货车。

图 3-131　强制锁止式差速器　　　图 3-132　摩擦片式自锁差速器

（3）托森差速器

托森差速器由空心轴、差速器外壳、前轴蜗杆、后轴蜗杆、蜗轮轴及蜗轮等组成。空心轴和差速器外壳通过花键相连而一同转动，蜗轮通过蜗杆轴支撑在差速器外壳上，并分别与前后蜗杆相啮合。每个蜗轮上固定有两个正齿轮，每对蜗轮通过正齿轮相啮合。前轴蜗杆和前驱动轴为一体，后轴蜗杆和驱动后桥的万向轴的法兰盘为一体，如图 3-133 所示。

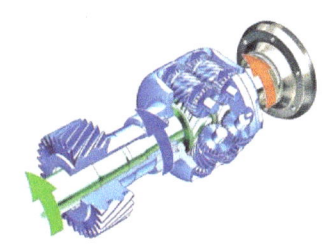

图 3-133　托森差速器

当汽车行驶时，来自发动机的转矩通过空心轴传至差速器外壳，然后通过蜗轮轴传至蜗轮，再传至蜗杆。前轴蜗杆通过前驱动轴将动力传至前桥，后轴蜗杆通过万向轴的法兰将动力传至后桥。当汽车转向时，前后桥将出现转速差，通过与蜗轮啮合的正齿轮的相对转动，使一轴转速提高，而使另一轴转速降低，从而实现差速作用。同时，差速器可使转速低的轴比转速高的轴分配到更大的转矩，从而提高了汽车通过坏路面的能力。

（九）半轴

半轴是差速器与驱动轮之间传递转矩的实心轴，其内端一般通过花键与差速器的半轴齿轮（侧齿轮）相连接，外端以凸缘与驱动轮的轮毂连接，如图 3-134 所示。另外，发动机前置前轮驱动汽车的两个传动轴也称为半轴。

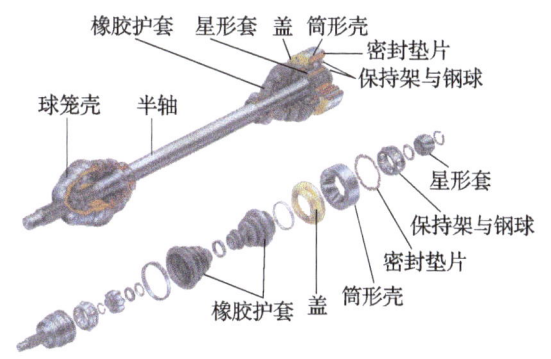

图 3-134　半轴

半轴将动力从变速驱动桥中的差速器传递到车轮。半轴连接在差速器半轴齿轮和轮毂之间。半轴在车辆转弯时必须能平顺地传送转矩,并随车辆在颠簸路面行驶或负载变化时改变长度。

现代汽车常用的半轴,根据其支撑形式的不同,分为全浮式和半浮式两种,如图3-135所示。

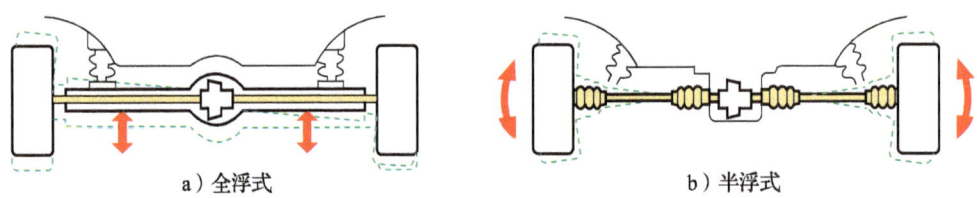

图3-135 半轴支撑形式

半轴能平顺地传递动力是由于在半轴的每个末端安装了等速万向节。

等速万向节的功能是使半轴平顺地传递转矩并允许转向和前悬架元件能够移动。当悬架元件运动时,等速万向节使半轴改变长度并以不同的角度平顺地运行。外侧的等速万向节可以使转向系统转动车轮并允许悬架上下运动。内侧的等速万向节则允许半轴随悬架的运动改变长度,如图3-136所示。

在车辆行驶时,外侧的等速万向节枢轴可以使半轴迅速平顺地改变角度,即使在车辆急转弯时半轴也能传递动力。与此同时,内侧等速万向节在转动时还可以改变长度。因为内侧等速万向节的元件安装在套管内,当车辆的悬架随路面的起伏相应运动时,内侧等速万向节能根据需要沿半轴内外移动,内侧等速万向节的这种功能被称作"伸缩",如图3-137所示。

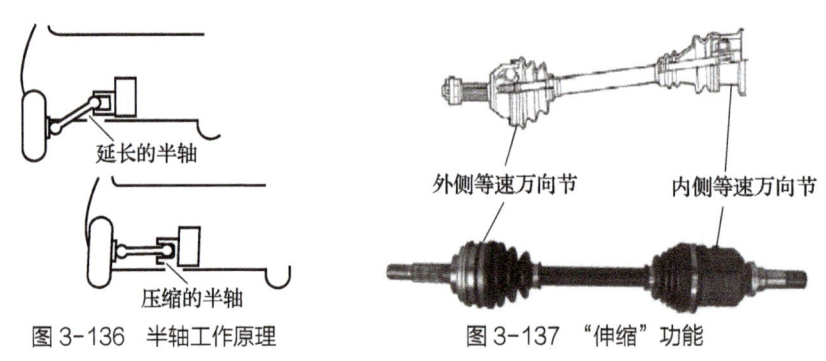

图3-136 半轴工作原理　　图3-137 "伸缩"功能

(十)驱动桥壳

驱动桥壳用以支撑并保护主减速器、差速器及半轴等,与从动桥一起支撑车架及其上的各总成重量,并承受汽车行驶时由车轮传来的各种反力及力矩,通过悬架传给车架。驱动桥壳有整体式和分段式两种,如图3-138所示。

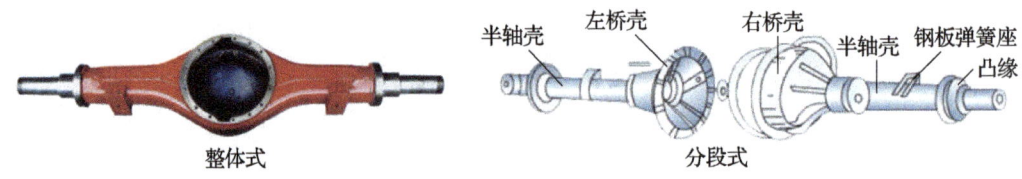

图3-138 驱动桥壳

三、行驶系统

汽车在凹凸不平的路面行驶或高速行驶时，坐在车里的人很少会感到剧烈颠簸或抖动，汽车在满载时也很少会发生明显的变形，这些都是如何实现的呢？行驶系统如图3-139所示。汽车行驶系统一般由车架、车桥、车轮和悬架组成。

汽车行驶系统是支撑全车重量并保证车辆正常行驶的专门系统。其基本作用如下：

图3-139 行驶系统

1）接受由发动机经传动系统传递的转矩，并通过驱动轮与路面间的附着作用，产生路面对驱动轮的牵引力，以保证汽车正常行驶。

2）支撑全车重量，传递并承受路面作用于车轮上的力及其所形成的力矩。

3）尽可能缓和不平路面对车身造成的冲击，并衰减其振动，保证汽车行驶平顺性。

4）与转向系统协调配合工作，实现汽车行驶方向的正确控制，以保证汽车操纵稳定性。

四个车轮分别支撑着前桥和后桥，车桥又通过弹性悬架与车架相连接。车身（车架）是整个汽车的基体，它将汽车的各相关总成连接成一个整体，构成汽车的装配基础。

（一）车身（车架）

车身（车架）将汽车的各部件连接成一个整体，并支撑整车的重量。车身（车架）一般需要具有足够的强度和合适的刚度，按照车身受力情况可分为承载式车身和非承载式车身两种。

1. 承载式车身

承载式车身用车身兼做车架，汽车所有的零部件、总成都安装在车身上，所有作用力由车身承受。它由钢或铝经冲压、焊接而成，成型的车身是个带有乘员舱、发动机舱和底板的骨架，如图3-140所示。承载式车身在安全性和稳定性方面都有很大的提高，同时具有重量轻、高度低、装配容易等优点，因此大部分轿车采用这种车身结构。

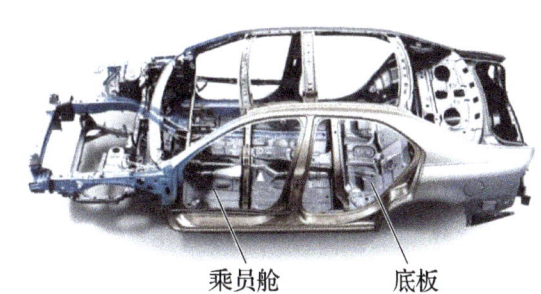

图3-140 承载式车身

2. 非承载式车身

非承载式车身的汽车有一个刚性车架，又称底盘大梁架，如图3-141所示。在非承载式车身中，发动机、传动系统的一部分、车身等总成部件都是用悬架装置固定在车架上的，车架通过前后悬架装置与车轮连接，如图3-142所示。车架使各总成在汽车复杂多变的行程中保持相对正确的位置，并承受汽车内外的各种载荷。非承载式车身比较笨重，重量大，高度高，一般用在商用车和越野车上，也有部分高级乘用车使用。

图 3-141 非承载式车身　　图 3-142 车架通过前后悬架装置与车轮连接

车架的类型主要有边梁式车架、中梁式车架、综合式车架和无梁式车架四种，其中边梁式车架应用最广。

边梁式车架（图 3-143）由两根纵梁和若干根横梁组成。纵梁和横梁之间通过铆接或焊接的方法连接起来。这种车架结构简单，便于安装驾驶舱、乘员舱及某些特种设备。

图 3-143 边梁式车架

（二）车桥和车轮

车桥通过悬架与车架（或承载式车身）相连，两端安装车轮，如图 3-144 所示。车桥的功用是传递车架（或承载式车身）与车轮之间各方向的作用力及其产生的力矩。

1. 车桥的分类

车桥可分为整体式车桥（图 3-145）和断开式车桥（图 3-146）。整体式车桥的中部是刚性实心架或空心架，多配用非独立悬架。断开式车桥为活动关节式结构，一般与独立悬架配合使用。

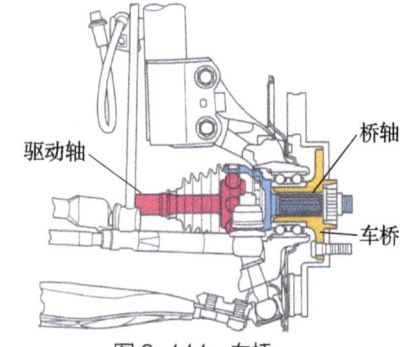

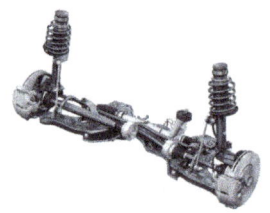

图 3-144 车桥　　　　图 3-145 整体式车桥　　　　图 3-146 断开式车桥

按照车桥上车轮的运动方式和作用的不同，车桥可分为转向桥、转向驱动桥、驱动桥和支持桥四种类型。

1）转向桥是利用转向节使车轮偏转一定的角度以实现汽车的转向，同时还承受和传递车轮与车架及车架之间的垂直载荷、纵向力和侧向力以及这些力形成的力矩。转向桥通常位于汽车的前部，因此也常称为前桥，如图 3-147 所示。

2）转向驱动桥既具有一般驱动桥所具有的主减速器、差速器及半轴，也具有一般转向桥所具有的转向节壳体、主销和轮毂等。与单独的驱动桥、转向桥相比，其不同之处是，由于转向所需要半轴被分为两段，分别叫内半轴（与差速器相连接）和外半轴（与轮毂连接），二者用等角速万向节连接起来。同时，主销也因此分成上下两段，分别固定在万向节的球形支座上。转向节轴颈通常做成空心,以便外半轴从中穿过。转向节的连接叉是球状转向节壳体,既满足了转向的需要,又适应了转向节的传力。转向驱动桥广泛地应用到全轮驱动的越野汽车上,如图3-148所示。

 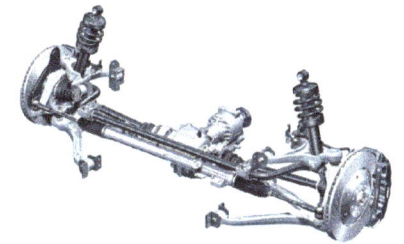

图3-147　转向桥　　　　　　　图3-148　转向驱动桥

3)驱动桥是位于传动系统末端能改变来自变速器的转速和转矩,并将它们传递给驱动轮的机构。驱动桥一般由主减速器、差速器、车轮传动装置和驱动桥壳等组成,转向驱动桥还有等速万向节。另外,驱动桥还要承受作用于路面和车架或车身之间的垂直力、纵向力和横向力,以及制动力矩和反作用力,如图3-149所示。

4)支持桥属于从动桥。乘用车也有支持桥(图3-150),有的支持桥采用四连杆式独立悬架(图3-151)。

图3-149　驱动桥　　　　图3-150　支持桥　　　　图3-151　四连杆式独立悬架支持桥

支持桥通常只起支撑和固定悬架、制动件、车身等总成的作用,无驱动和转向功能,属于从动桥。发动机前置前驱乘用车的后桥属于支持桥,挂车上的车桥也是支持桥。汽车支持桥的结构简单,主要由后轴及轮毂等组成。

2. 车轮

车轮与轮胎又称车轮总成,位于车身(车架)与路面之间,是汽车行驶系统中的重要部件,如图3-152所示。汽车行驶性能的好坏与车轮、轮胎有密切的关系。车轮与轮胎是汽车行驶系统中的主要部件,汽车通过车轮由轮胎直接与地面接触在道路上行驶。其主要功用是:承载汽车总重量;吸收与缓和汽车行驶时所受到的路面冲击和振动;保证轮胎与路面的良好附着性能,以提高汽车的动力性、制动性和通过性;产生平衡汽车转向行驶时离心力的侧抗力,在保证汽车正常转向行驶的同时,通过轮胎产生的自动回正力矩,使汽车保持直线行驶。

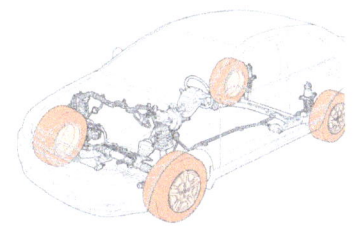

图3-152　车轮总成

(1)车轮

车轮是介于轮胎和车轴之间承受负荷的旋转组件,其功用是安装轮胎,承受轮胎与车桥之间的各种载荷。它一般由轮辋、轮辐和轮毂组成。常用于安装和固定轮胎，轮辐是介于车轴和轮辋之间的支撑部分。

目前，根据轮辋的制造材料可将轮辋分为钢制轮辋和铝合金轮辋两类，如图3-153所示。

1）钢制轮辋。钢制轮辋具有如下特点，如图3-154所示：
- 制造简单，适宜大批生产。
- 为了减轻重量，改善制动装置的冷却，车轮上通常开有多个孔洞。
- 容易变形，多应用于低端车型。

2）铝合金轮辋。轿车普遍应用铝合金轮辋，如图3-155所示。相对于钢制轮辋，铝合金轮辋具有如下特点：
- 重量轻：轻于钢质轮辋，可以有效降低车辆油耗。
- 散热性好：铝合金的热传导系数为钢的3倍。车辆高速行驶时，也能使轮胎保持在适当的温度，轮胎不易老化，可降低爆胎风险。
- 圆度高：圆度的精度高达0.05mm，运转平衡性能佳，有利于消除转向盘抖动现象。
- 坚固耐用：耐冲击力，抗张力及热力较高，可以有效减少因路面冲击而产生的变形。
- 美观：设计新颖、形状美观、光泽鲜亮，大大提高了汽车的美感与价值。

图3-153 轮辋

图3-154 钢制轮辋

图3-155 铝合金轮辋

（2）轮胎

轮胎支撑汽车的总重量，与汽车悬架共同吸收和缓和汽车行驶时所受到的冲击和振动，以保证汽车具有良好的乘坐舒适性和行驶平顺性；保证车轮与路面的良好附着而不致打滑，使汽车行驶平稳，如图3-156所示。

在车辆中，轮胎是悬架系统的一个高质量结构部件，它必须具有良好的性能，主要包括：
- 弹性。
- 减振。
- 方向稳定性。
- 运转平稳性。
- 较长的使用寿命。

图3-156 轮胎

轮胎按组成结构不同，可分为有内胎和无内胎轮胎（又称真空胎）两种；按胎体中帘线排列的方式不同，可分为普通斜交轮胎（图3-157）和子午线轮胎（图3-158）。

1）有内胎轮胎。有内胎轮胎一般由外胎、内胎和垫带组成，如图3-159所示。内胎是一个环形的橡胶管，上面装有气门嘴，以便充入或排出空气。垫带是一个环形的橡胶带，垫在内胎与轮辋之间，以保护内胎不被轮辋和胎圈磨伤。有内胎轮胎在汽车上已不再使用。

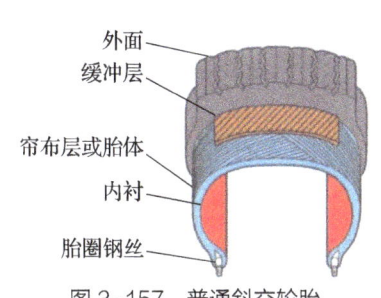
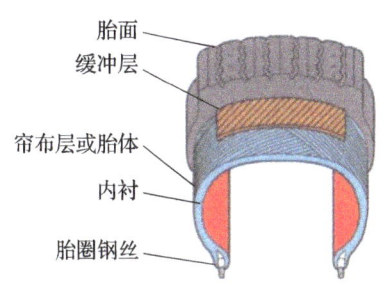

图 3-157　普通斜交轮胎　　　图 3-158　子午线轮胎

2）无内胎轮胎。无内胎轮胎在结构和外观上与有内胎轮胎相似，不同的是它没有内胎，如图 3-160 所示。空气被直接压入外胎中，因此要求外胎和轮辋之间有很好的密封性。无内胎轮胎的外胎内壁上附加了一层橡胶密封层以保持密封性。

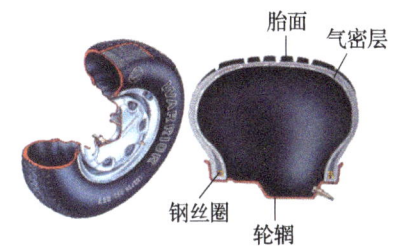

图 3-159　有内胎轮胎　　　图 3-160　无内胎轮胎

3）子午线轮胎。子午线轮胎的组成如图 3-161 所示，它以带束层箍紧胎体。子午线轮胎的特点是：

- 帘线排列的方向与轮胎的子午断面一致，使帘线的强度能得到充分利用，子午线轮胎的帘布层数一般比普通斜交轮胎减少一半，胎体较柔软，弹性好。
- 帘布层帘线与胎面中心线成 90°角，帘线在圆周方向上只靠橡胶来连接，为了承受行驶时产生的较大切向力，子午线轮胎具有若干层帘线与子午断面形成大角度（交角为 70°～75°）、高强度、不易拉伸的周向环形的类似缓冲层的带束层。

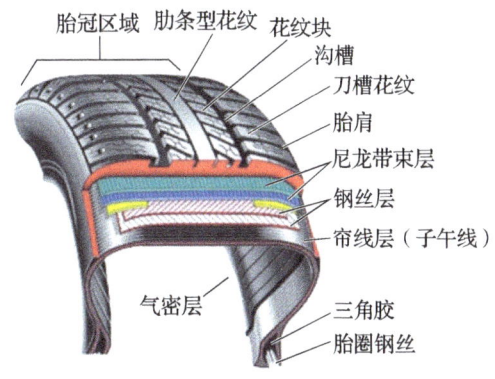

图 3-161　子午线轮胎的组成

（3）轮胎的信息识别

轮胎规格的表示方法基本上有公制和英制两大系统，目前大多数国家包括我国在内均采用英制表示法。

按国家标准规定，在外胎的两侧要标出生产编号、制造厂商标、尺寸规格、层级、最大负荷和相应气压、胎体帘布汉语拼音代号、安装要求及行驶方向记号等。

一般普通断面货车轮胎和轿车斜交轮胎使用此标志。它主要由以下几部分组成，如图3-162所示：

1）轮胎名义断面宽度，单位为in。
2）轮胎结构标志。
3）轮辋名义直径，单位为in。
4）荷重等级，即最大载荷重量。
5）速度等级，轮胎能行驶的最高车速。

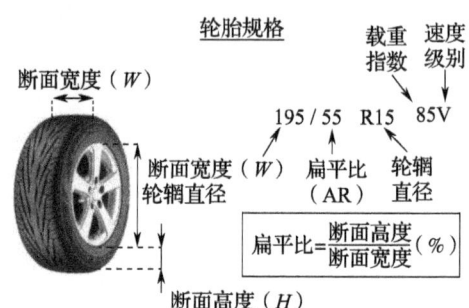

图3-162 轮胎标志含义

以轿车轮胎的规格195/55R 15 85 V 为例进行说明。

1）195表示轮胎宽度195mm，货车子午线轮胎的宽度一般用in为单位。
2）55表示扁平比为55%，扁平比为轮胎高度H与宽度W之比，有55、60、65、70、75、80等级别。
3）R表示子午线轮胎，即"Radial"的第一个字母。
4）15表示轮胎内径15in。
5）85表示荷重等级，即最大载荷重量。荷重等级为85的轮胎的最大载荷重量为515kg。
6）V表示速度等级，表明轮胎能行驶的最高车速。

在轮胎侧壁所表示的主要信息有轮胎宽度、扁平比、轮胎结构、适合的轮辋直径、载重等级、速度代码、内外标识、DOT标识、统一轮胎品质分级系统（UTQG）、ECE标识、轮胎类型等信息。

1）轮胎宽度标识。
如图3-163所示，"205"代表轮胎宽度是205mm。轮胎宽度越大与地面的接触面积越大，稳定性、摩擦力系数越好。

2）扁平比标识。
如图3-164所示，"55"代表扁平比。

3）轮胎结构标识。
如图3-165所示，"R"表示子午线轮胎，轿车大部分所采用的轮胎都是子午线轮胎。

4）轮辋直径标识。
如图3-166所示，"16"表示轮胎适合安装的轮辋直径是16in。

5）荷重等级标识。
荷重等级：轮胎在最高速度行驶状态下，可承载的最大重量所对应的数字代码，如图3-167所示。

6）速度代码标识。
速度等级表明轮胎在规定条件下承载规定负荷的最高速度。字母A至Z代表轮胎从4.8km/h到300km/h的认证速度等级，如图3-168所示。

图 3-163 轮胎断面宽度标识

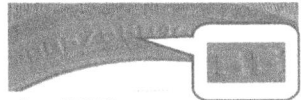
图 3-164 扁平比标识

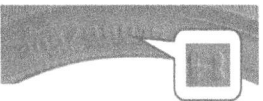
图 3-165 轮胎结构标识

图 3-166 轮辋直径标识

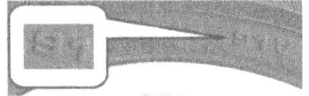
图 3-167 荷重等级标识

图 3-168 速度代码标识

荷重等级及对应的最大载荷重量见表 3-1。

表 3-1 荷重等级及对应的最大载荷重量

荷重等级（LI）	最大载荷重量 /kg	荷重等级（LI）	最大载荷重量 /kg
71	345	99	775
72	355	100	800
73	365	101	825
74	375	102	250
75	387	103	875
76	400	104	900
77	412	105	925
78	425	106	950
79	437	107	975
80	450	108	1000
81	462	109	1030
82	475	110	1060
83	487	111	1095
84	500	112	1129
85	515	113	1164
86	530	114	1200
87	545	115	1237
88	560	116	1275
89	580	117	1315
90	600	118	1355
91	615	119	1397
92	630	120	1440
93	650	121	1485
94	670	122	1531
95	690	123	1578
96	710	124	1627
97	730	125	1677
98	750		

速度等级及对应最高车速见表 3-2。

表 3-2　速度等级及对应最高车速

速度等级	最高车速/(km/h)	速度等级	最高车速/(km/h)
L	120	T	190
M	130	U	200
N	140	H	210
P	150	V	240
Q	160	ZR	240 以上
R	170	W	270
S	180	Y	300

示例轮胎的速度代码为"V"，表示此轮胎能够行驶的最高车速为 240km/h。

7）内外标识。在有些车型上使用非对称轮胎。这种轮胎要求安装方向正确，才能提供最佳性能。一般用"outside"或"inside"来标出，如图 3-169 所示。

- "outside"表示外侧。
- "inside"表示内侧。

8）旋转方向。在有些品牌的轮胎上采用单方向旋转的轮胎。一般在轮胎的侧壁上用箭头来进行标注，箭头方向应与车辆前进时轮胎的旋转方向一致，如图 3-170 所示。

9）轮胎类型标识。一般在轮胎侧面以 M+S（泥雪地）标记和雪花标识（泥和雪花）来判断冬季轮胎，如图 3-171 所示。

- 仅有 M+S 表示四季轮胎。
- （M+S）+雪花表示冬季轮胎。

图 3-169　内外标识

图 3-170　旋转方向

图 3-171　轮胎类型标识

10）轮胎的出厂日期。轮胎的出厂日期在轮胎的外胎侧可以查看，在字母 DOT 的最后有一组长椭圆形状的四位数字，前两位代表一年当中的第几周，后两位数代表年份。例如 1713，代表轮胎是 2013 年的第十七周生产的、4117 代表轮胎是 2017 年的第四十一周生产的，如图 3-172 所示。

图 3-172　轮胎的出厂日期

（4）轮胎的选择

1）夏季轮胎。夏季轮胎用于气温在 0℃ 以上的春夏秋季。为了能够在干、湿路面可以显示优良的操纵性能和制动性能，要求其具备较大的与地面之间的接触面积，以增加轮胎与地面之间的摩擦力，如图 3-173 所示。
- 在胎面设计上大多采用简单的块状花纹，以增加与地面的接触面。
- 为了增强在湿路面的排水性能，花纹沟多为沿圆周方向的直线型。

2）冬季轮胎。冬季轮胎选用的材料与夏季轮胎不同，其材质相对较软，轮胎花纹沟相对更宽更深。冬季轮胎可以在冰雪路面能够提供更强的附着性和防滑性，保障低温状态下汽车在路面上的附着力，如图 3-174 所示。

冬季轮胎在冬季干冷、湿滑还是积雪的路面上都能提供更好的制动和操控等性能；国际上通用的标准就是适合 –7℃下使用的冬季轮胎。

3）四季轮胎。四季轮胎全年都能使用，它是综合了夏季轮胎和冬季轮胎的性能。但是在特定季节，其综合性能比夏季轮胎或者冬季轮胎要弱，如图 3-175 所示。

图 3-173　夏季轮胎　　图 3-174　冬季轮胎　　图 3-175　四季轮胎

- 在极低气温下四季轮胎的附着性能会随之而减弱。
- 在较高的温度下其附着性能和排水性能也比夏季轮胎弱。

（5）轮胎的气压检查

轮胎压力的高低会直接影响轮胎的使用寿命以及车辆的行驶性能，因此，应该定期测量并调整轮胎压力至标准状态。

1）轮胎气压和轮胎磨损关系。图 3-176 所示为轮胎在三种不同的压力状态下和地面接触的痕迹。

标准胎压：
- 轮胎与地面的接触均匀，轮胎的附着力理想，使用寿命正常。

胎压过低：
- 轮胎两边与地面接触，中间接触面过小，将会加快轮胎的两侧磨损，减少其使用寿命。
- 胎压过低，容易导致油耗高。

胎压过高：
- 只有轮胎的中间部位与地面接触，导致接触面变小，摩擦阻力变小。
- 容易导致转向盘不稳、制动力不足等问题。
- 轮胎的中间部分磨损加快。

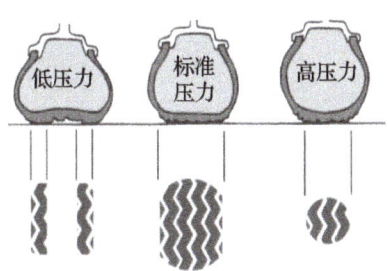

图 3-176　不同的压力状态下和地面接触的痕迹

2）轮胎压力标准。车辆行驶之前，应根据车辆上轮胎压力铭牌的信息将前、后轮胎调整为标准压力。

图 3-177 所示为轮胎压力的铭牌信息，它包括了常规轮胎和备用轮胎的气压标准。对于常规轮胎，由铭牌信息可知，如果车辆经常行驶在城市道路，而乘员数量在 3 个以内，

则前后轮的轮胎标准应分别为220kPa、210kPa。对于低油耗轮胎（ECO），其气压标准为260kPa。对于备用轮胎，应将其气压调整为420kPa，并且行驶车速不能超过80km/h。

3）轮胎压力测量与调整。轮胎压力的测量应该是在冷态下（轮胎温度与所在环境温度相同）进行的。测量胎压前，应提前查看轮胎压力铭牌信息，理解各个轮胎的气压标准，并确认客户的驾驶车速。测量时，使用胎压表进行，如图3-178所示。如果胎压过高或者过低，则应调整至标准值。

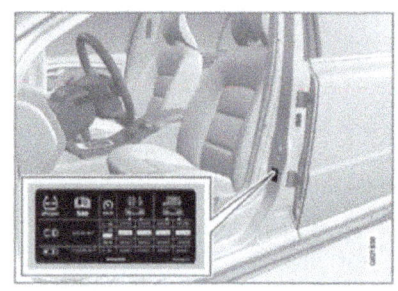 

图3-177　轮胎压力的铭牌信息　　　图3-178　轮胎压力的测量

（6）轮胎的磨损和测量

1）轮胎磨损的极限标准。为了保证车辆行驶安全，各国均规定了车辆轮胎的磨损极限，一般轮胎磨损到了极限位置，则必须更换轮胎。
- 我国规定轿车用的子午线轮胎花纹磨损极限为1.6mm。
- 美国规定汽车轮胎的磨损极限为花纹沟槽深度不低于1.0mm。
- 日本规定轿车用的轮胎磨损极限为1.6mm。

为了方便客户对车辆轮胎进行磨损程度的判断，所有车辆的轮胎都配置轮胎磨损指示标志，如图3-179所示。当轮胎磨损到指示标志位置时，就说明轮胎已经磨损到了极限，则必须更换轮胎。

2）轮胎磨损的测量。当车辆进入车间进行轮胎检查时，可以使用轮胎花纹深度测量尺来测量轮胎花纹的深度，以判断轮胎的磨损程度。

测量轮胎花纹深度时，将测量工具伸入轮胎胎面同一横截面几个主花纹沟槽中，测量它的深度得出一组数值，从中得出平均数。如果胎面有任何一个地方的花纹深度低于1.6mm，都要对轮胎进行更换，如图3-180所示。

 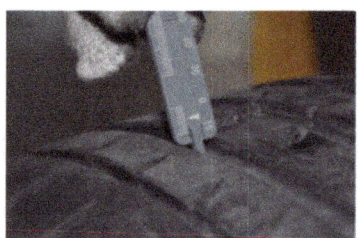

图3-179　轮胎磨损指示标志　　　图3-180　测量轮胎花纹深度

为了保证车轮行驶性能，建议夏季轮胎花纹深度不低于3mm，冬季花纹深度不低于4mm。

（7）轮胎不正常磨损的原因和处理方法

轮胎不正常磨损征兆、原因及处理方法，见表3-3。

表 3-3　轮胎不正常磨损征兆、原因及处理方法

征兆	原因	处理方法
胎肩磨损	• 充气不足（两侧磨耗） • 车轮外倾角不正确（单侧磨耗） • 转弯过急 • 没有定期调换轮胎	• 调整 • 修理或更换车轴及悬架构件 • 转弯减速 • 定期调换轮胎
胎面中心磨损	• 充气过量 • 没有定期调换轮胎	• 调整 • 定期调换轮胎
前束或前展磨损	• 前束或前展量不正确	• 调整
磨损不均	• 外倾或后倾角不正确 • 悬架作用不良 • 轮胎不平衡 • 制动鼓失圆 • 其他机构有问题 • 没有定期调换轮胎	• 修理或更换车轴及悬架构件 • 修理、换新，必要时重装 • 车轮平衡 • 校正或换新 • 校正或换新 • 定期调换轮胎

（三）车轮定位

驾驶人转动转向盘，便可使汽车按所需方向行驶，但是，如果在路上行驶时，驾驶人要靠不停地操作转向盘，才能保持车辆直线行驶，或者在转弯时，要用很大的力度，才能使车辆转向，则驾驶人要消耗很大体力，承受很大精神压力。为解决这个问题，同时也为防止车胎过早磨损，车轮需根据一定要求、按一定的角度安装在车身（或底盘）上。这些角度总结来称为"车轮定位"。定位是指前后桥、车轮、转向部件和悬架部件之间角度关系的一个综合性名词术语。

只要车轮正确定位，转向便很容易。直线行驶时，驾驶人只需对转向盘略加调整，便可使其位于正向前方位置，转弯时也只需很小的力度。也就是说，构成"车轮定位"的各种角度关系全部调整正确了，转向便很容易。但只要其中有一项调整不当，便有可能产生以下问题：

• 转向困难。
• 转向稳定性差。
• 转向回位不良。
• 轮胎寿命缩短。

如果发生下列情况，可能需要检查车轮转角：

- 汽车撞上障碍物。
- 轮胎具有异常或不均匀磨损。
- 存在转向问题。
- 汽车被"拉"向一侧。
- 转向后转向盘无法自动回正。
- 直线向前行驶时转向盘未回正。
- 减振器或转向部件已更换。

图 3-181　四轮定位仪

车辆的定位角度有很多，而在定位时我们能操作的前轮定位包括主销后倾角、主销内倾角、前轮外倾角和前轮前束四个内容。四轮定位仪如图 3-181 所示。

1. 主销后倾角

主销后倾角在汽车的纵向垂直平面内，主销轴线与垂直线之间的夹角称为主销后倾角，如图 3-182 所示。主销后倾角的作用是保证汽车直线行驶的稳定性，确保形成回正的稳定力矩，使汽车转向后能使转向轮自动回正。

2. 主销内倾角

主销装在前轴上，后上部还略向内倾斜一个角（即主销轴线和地面垂直线在汽车横向断面内的夹角），称为主销内倾角，如图 3-183 所示。主销内倾角的作用也是保证汽车直线行驶的稳定性，并使转向轻便，使车轮能自动回正。

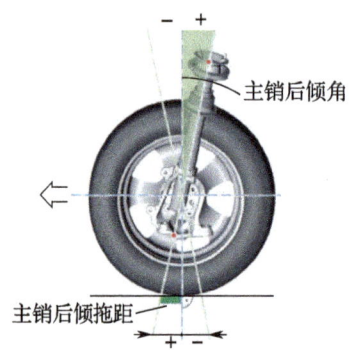

图 3-182　主销后倾角

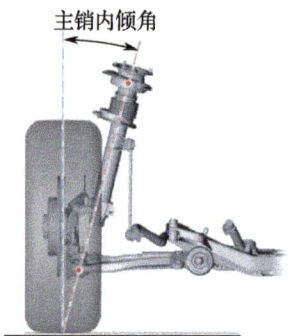

图 3-183　主销内倾角

3. 前轮外倾角

前轮安装后，它的旋转平面的顶端略向外倾斜，旋转平面与纵向垂直平面间形成一个夹角，称为前轮外倾角，如图 3-184 所示。为了使轮胎磨损均匀和减轻外侧轴承的负荷，安装车轮时应预先使车轮有一定的外倾角，以防止车轮内倾。同时，车轮有了外倾角也可以与拱形路面相适应。但是，外倾角也不宜过大，否则会使轮胎磨损不均匀。

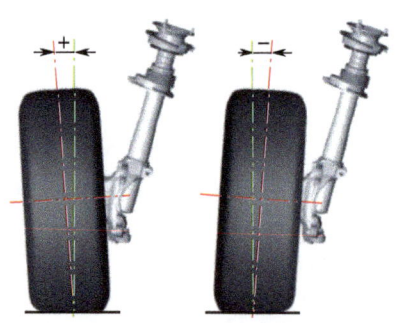

图 3-184　前轮外倾角

车轮上部由车轮中心平面向外倾斜时，外倾角为正值（＋），向内倾斜时为负值（－）。以°为单位测量外倾角。车轮保持一定外倾角旋转时就像一个在圆形轨道上翻转的锥体。如果通过车轮悬架防止车轮外倾，就会产生一个朝向车辆中心平面的侧向力（负外倾角）。因此，车轮处于负外倾角运行状态时比正外倾角时传输的侧向力更大。此外，车轮在转向节上转动，可减弱外侧车轮轴承的负荷，并弥补行驶过程中的车轮轴承间隙。

4. 前轮前束

汽车在直行位置时，两个前轮后端距离 B 与前端距离 A 的差值称为前轮前束，如图 3-185 所示。当车辆行驶在倾斜的路面上时，车身就会倾向一侧。车辆将有向车身倾斜方向转向的趋势。如果各轮的前端都转向内侧（前束）时，车辆将试图按与车身倾斜的相反方向前行，结果是保持了直线行驶的稳定性。前束可通过转向拉杆调整。

前束的测量单位有毫米、英寸、度或分与秒，如图 3-186 所示。

- 前束是两轮前方距离小于后方距离。
- 负前束是两轮前方距离大于后方距离。
- 零前束是两轮前方距离等于后方距离。

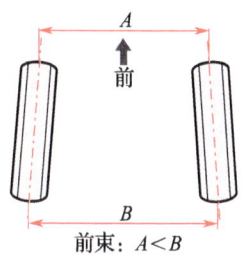

图 3-185 前轮前束

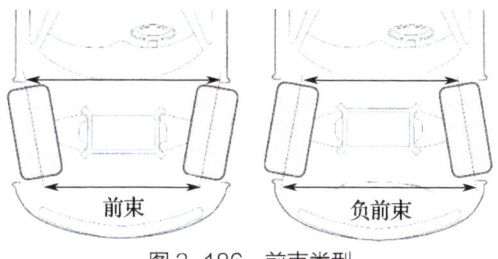

图 3-186 前束类型

（四）悬架

悬架由弹性元件、导向机构以及减振器组成，有的车型还有横向稳定器等。弹性元件又有钢板弹簧、空气弹簧、螺旋弹簧以及扭杆弹簧等形式，现代轿车悬架多采用螺旋弹簧和扭杆弹簧，有的高级轿车还采用了空气弹簧。悬架的组成如图 3-187 所示。

汽车车架（或车身）若直接安装于车桥（或车轮）上，由于道路不平，地面冲击使人会感到十分不舒服，这是因为没有悬架。汽车悬架是车架（或车身）与车轴（或车轮）之间的弹性联结装置的统称，其作用包括：

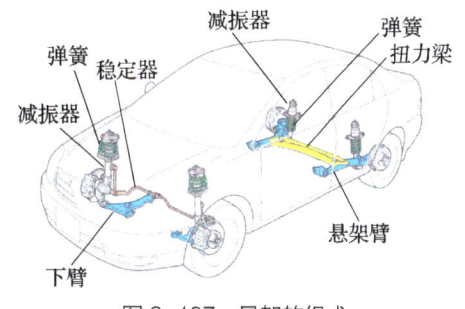

图 3-187 悬架的组成

- 弹性地连接车桥和车架（或车身），缓和行驶中车辆受到的冲击力。
- 保证货物完好和人员乘坐舒适。
- 衰减由于弹性系统引进的振动，使汽车行驶中保持稳定的姿势，改善操纵稳定性。
- 承担着传递垂直反力，纵向反力（牵引力和制动力）和侧向反力以及这些力所造成的力矩作用到车架（或车身）上，以保证汽车行驶平顺。
- 当车轮相对车架跳动时，特别在转向时，车轮运动轨迹要符合一定的要求，因此悬架还有使车轮按一定轨迹相对车身跳动的导向作用。

（1）前悬架

确保车辆行驶平顺性、操纵稳定性及舒适性，如图 3-188 所示。

- 连接前轮与车身。
- 与转向系统共同实现车轮转向。
- 缓冲冲击力。

（2）后悬架

后悬架连接后轮与车身，确保车辆行驶平顺性、操纵稳定性及舒适性，如图 3-189 所示。

图 3-188　前悬架

图 3-189　后悬架

1. 悬架的类型

按照系统结构的不同，悬架可分为非独立悬架和独立悬架两类。

（1）非独立悬架

非独立悬架的结构特点是两侧车轮由一根整体式车架相连，车轮与车桥一起通过弹性元件挂在车架或车身上，如图 3-190 所示。两侧车轮不是相互独立的，而是通过刚性轴连接在一起的。非独立悬架结构简单，成本低，但其舒适性和操纵稳定性较差，因此乘用车上较少使用，多用于商用车。

图 3-190　非独立悬架

（2）独立悬架

独立悬架的结构特点是两侧车轮分别独立地通过弹性元件连接在车架或车身下面，如图 3-191 所示。它的优点是：当一侧车轮受到冲击时，它的运动不会影响另一侧车轮，这有助于消除转向轮不断偏摆；可用刚度较小的弹簧，改善汽车舒适性；采用断开式车桥，发动机总成位置降低，使汽车重心下降，提高了汽车行驶稳定性。

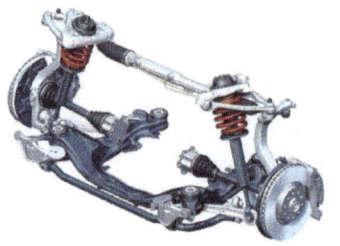
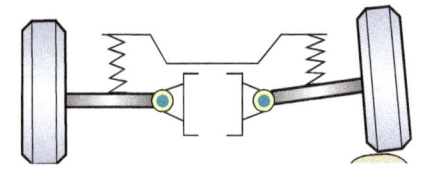
图 3-191　独立悬架

独立悬架有麦弗逊式、多连杆式、双横臂式等类型。

1）麦弗逊式独立悬架。麦弗逊式独立悬架主要由滑动力柱和横摆臂或 A 形托臂组成，如图 3-192 所示。麦弗逊式独立悬架突出特点是以筒式减振器为滑动立柱，减振器的上端通过带轴承的隔振块总成与车身相连，下端与转向节铰连。下臂外侧与转向节铰接，内侧与车架铰接。车轮所受的侧向力通过转向节大部分由下臂承受，其余部分由减振器活塞和活塞杆承受。筒式减振器上铰链的中心与下臂外端球铰链中心的连线为主销轴线。因此，它在结构上为无主销结构。

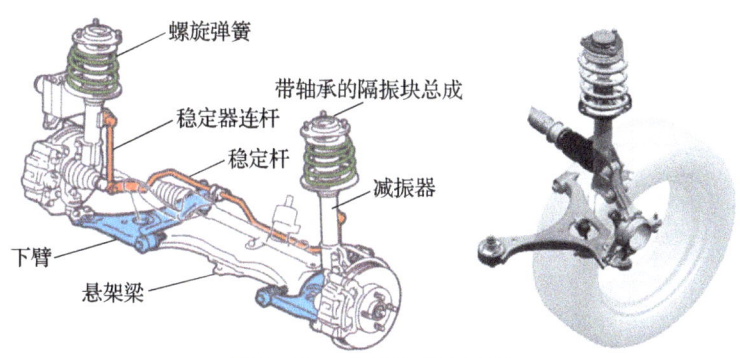

图 3-192　麦弗逊式独立悬架

当车轮上下跳动时，因减振器的下支点随下臂摆动，故主销轴线的角度是变化的。这说明车轮沿着摆动的主销轴线运动。因此，这种悬架发生变形时，主销的定位角和轮距都有些变化。然而，如果适当地调整杆系的布置，可使车轮的这些定位参数变化极小。

麦弗逊式独立悬架的特点是结构简单，重量轻，占用空间小，便于发动机和其他部件的布置。其缺点是滑动立柱摩擦较大。为减小摩擦，通常把螺旋弹簧中心线与滑柱中心线不重合布置。

2）多连杆式独立悬架。多连杆式独立悬架是由三根或三根以上杆件组合起来的悬架结构，用于控制车轮的位置变化。它能使车轮在绕着与汽车纵轴线成一定角度的轴线内摆动，而且对车轮跳动时的轮距和前束变化具有良好的抑制作用。不管汽车是在驱动、制动状态，都可以按驾驶人的意图进行平稳地转向。其中常见的四连杆独立悬架如图 3-193 所示。

3）双横臂式独立悬架。双横臂式独立悬架由上下两根不等长"V"形或"A"形控制臂，以及支柱式液压减振器组成，如图 3-194 所示。控制臂通常是上短下长，让车轮在运动时能自动改变外倾角，减小轮胎磨损。上臂的一端连接着支柱减振器，另一端连接着车身；下臂的一端连接着车轮，而另一端则连接着车身，上下控制臂还由一根连接杆相连，这根连接杆同时还与车轮相连接。横向力由两个交叉臂同时吸收，支柱只承载车身重量。

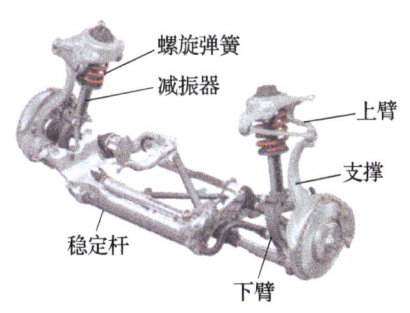

图 3-193　四连杆独立悬架

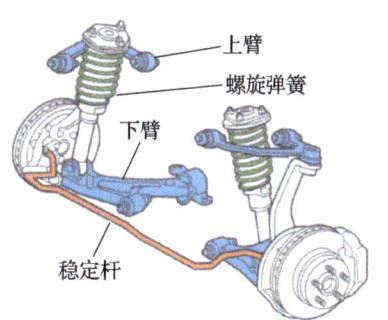

图 3-194　双横臂式独立悬架

2. 弹性元件

弹性元件承受垂直载荷，缓和并且抑制不平路面引起的振动和冲击。弹性元件主要有钢板弹簧、螺旋弹簧、扭杆弹簧、橡胶弹簧、空气弹簧等，如图3-195所示。

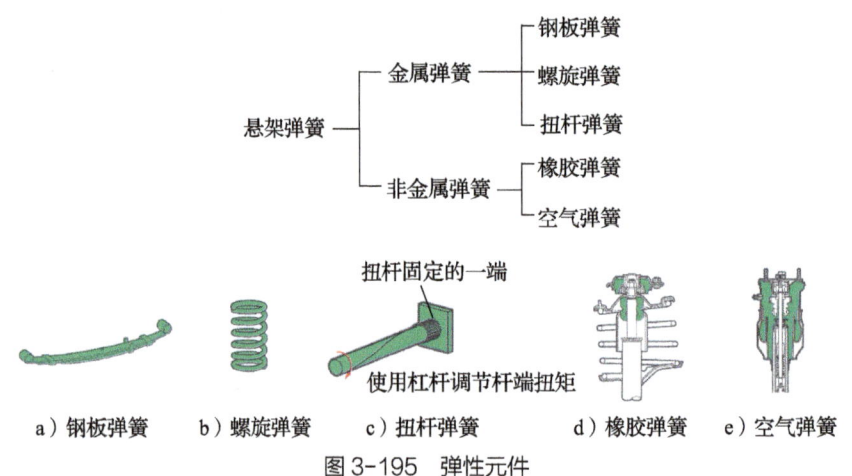

图3-195 弹性元件

1）钢板弹簧。钢板弹簧是汽车悬架中应用最广的一种弹性元件。它由若干片长度不等的合金弹簧钢片叠加而成，构成一根近似等强度的弹性梁。弹簧片用中心螺栓连接，并保证各片的相对位置，如图3-196所示。

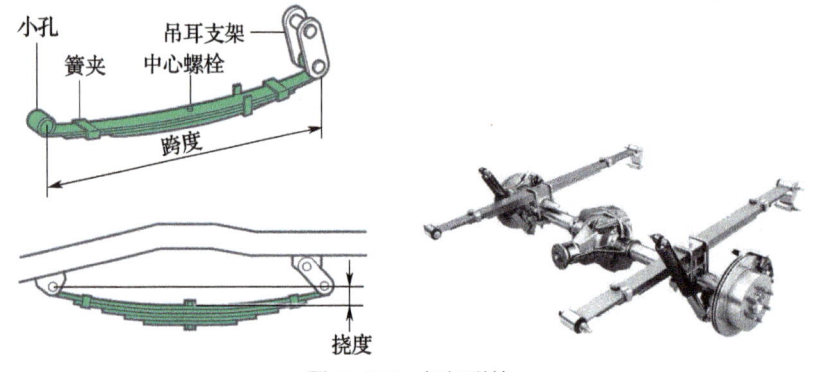

图3-196 钢板弹簧

2）螺旋弹簧。螺旋弹簧由特殊的弹簧钢棒卷制而成，如图3-197所示。螺旋弹簧广泛应用于独立悬架，有些轿车的后轮非独立悬架也采用螺旋弹簧做弹性元件。由于螺旋弹簧只能承受垂直载荷，且变形时不产生摩擦力，所以悬架中必须装有减振器和导向机构。

3）扭杆弹簧。扭杆弹簧是由弹簧钢制成的杆件，扭杆的断面通常为圆形，少数为矩形或管形，其两端制成花键、方形、六角形等形状，以便一端固定在车架上，另一端固定在悬架的摆臂上。摆臂与车轮相连，当车轮跳动时，摆臂绕扭杆轴线摆动，使扭杆产生扭转弹性变形，以保证车轮与车架的弹性连接，如图3-198所示。

图3-197 螺旋弹簧

4）空气弹簧。空气弹簧是在一个密封的容器中充入压缩空气（气压为0.5~1.0MPa），利用空气的可压缩性实现弹簧作用。空气弹簧的刚度是可变的，因为作用在弹簧上的载荷增加时，容器内的气压升高，于是弹簧刚度增大。反之，载荷减小时，容器内的气压下降，弹簧刚度减小，具有较理想的弹性特性，如图3-199所示。

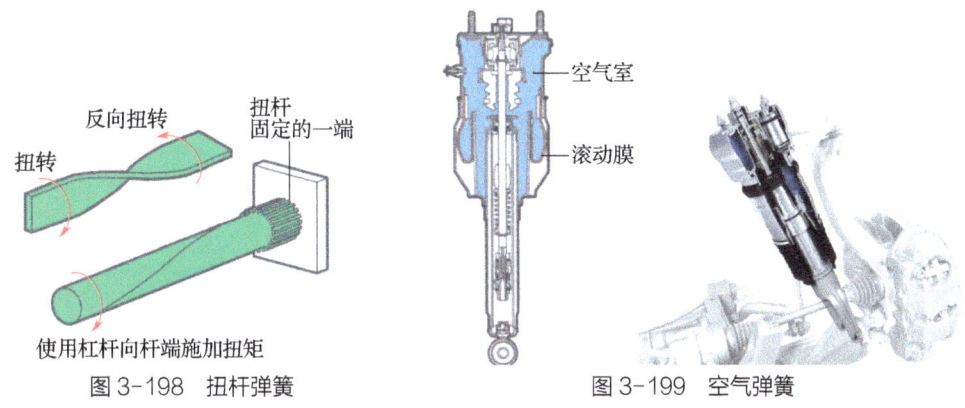

图3-198 扭杆弹簧　　　　　　图3-199 空气弹簧

3. 减振器

减振器是产生阻尼力的主要元件，与弹性元件并联安装在车桥和车架（或车身）之间，可迅速衰减汽车振动，如图3-200所示。

汽车悬架系统中广泛采用液力减振器。其工作原理是利用液体流动的阻力来消耗振动的能量，如图3-201所示。

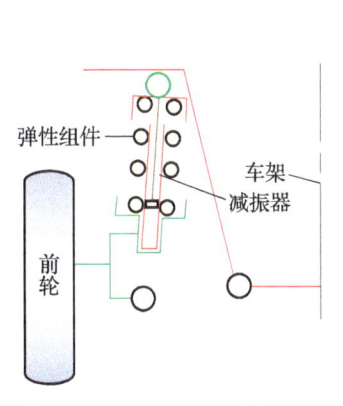
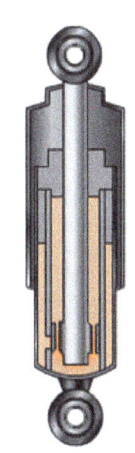

图3-200 减振器和弹性组件的安装示意图　　图3-201 液力减振器

当车架与车桥做往复相对运动时，活塞在缸筒内也做往复运动，减振器内的油液便反复经过活塞上的阀孔。孔壁与油液间的摩擦，以及液体分子的内摩擦便形成对振动的阻尼力，使车身和车架的振动能量转变为热能，并由油液和减振器壳体所吸收，然后散发到大气中。减振器阻尼力的大小与车架和车桥（或车轮）的相对速度、阀门大小以及油液黏度有关。

1）冲击期间（压缩）。单筒减振器需要高压氮气（2.0~2.9MPa），如图3-202所示。液压油经活塞阀被从下室压出，该阀会对液压油施加一定的阻力。于是气室压缩，压缩量就是插入活塞杆的容积，如图3-203a所示。

2）回弹期间（伸长）。在伸长行程期间，活塞杆向上运动，但上室油压高于下室。因此，上室的油被迫使穿过活塞式滑阀进入下室，且阀施加的阻力起减振作用。

因为活塞杆向上运动，杆的一部分运动到筒外，所以被杆排出的油减少了。为此进行补偿，气室膨胀，膨胀量就是浮出活塞杆的容积，如图 3-203b 所示。

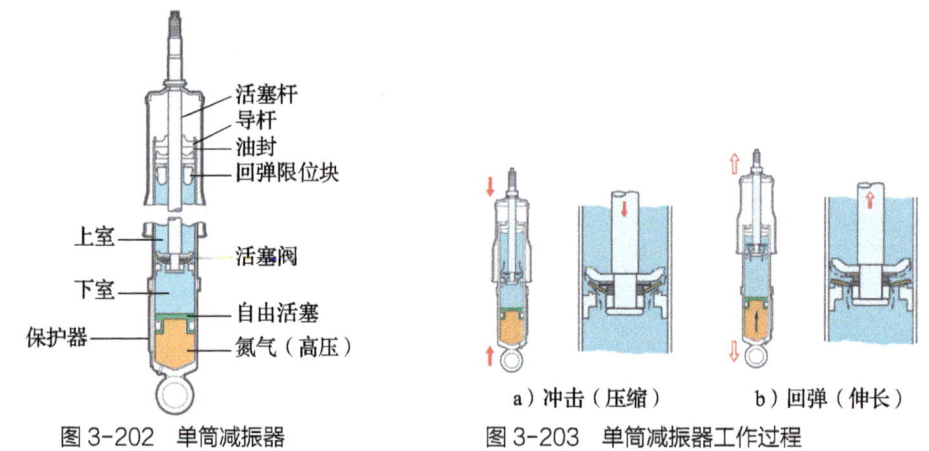

图 3-202　单筒减振器　　图 3-203　单筒减振器工作过程

（五）电子控制悬架

电子控制悬架主要由空气供给装置（压缩机、空气电磁阀等）、带有减振器的空气弹簧、车身高度（水平）传感器、操纵单元、电子控制单元、电磁阀等组成，如图 3-204 所示。空气压缩机由直流电动机驱动产生压缩空气，压缩空气经干燥器干燥后，由空气管道经空气电磁阀送至空气弹簧的主气室。若车身高度需降低时，电子控制单元控制电磁阀使空气弹簧主气室中的压缩空气排到大气中去。

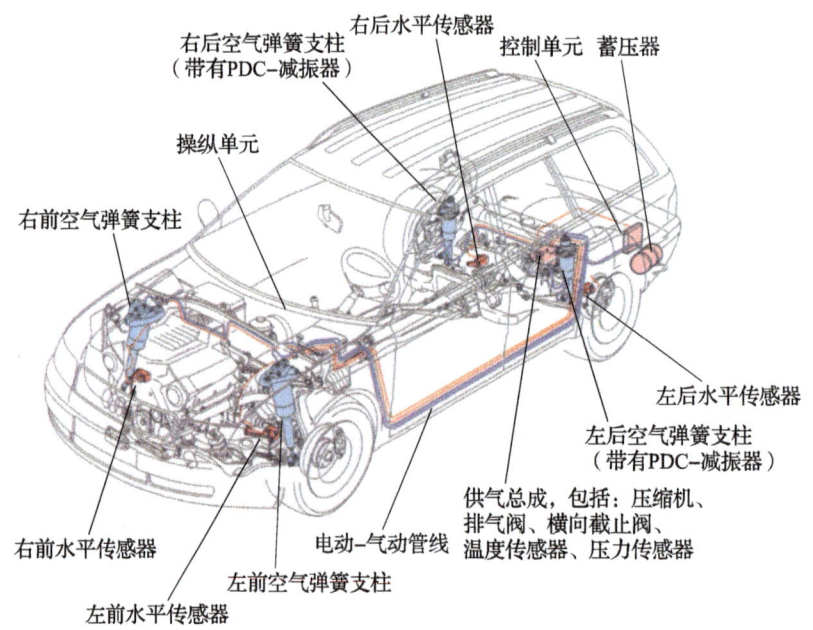

图 3-204　电子控制悬架组成

1. 带有减振器的空气弹簧

带有减振器的空气弹簧结构如图 3-205 所示。它主要由主气室、副气室、弹簧刚度执行机构、阻尼转换执行机构和液压减振器等组成。弹簧刚度执行机构位置在主气室与副气室之间。在减振器的上部安装有阻尼转换执行机构,减振器的内部有阻尼旋转阀,因此弹簧刚度是通过主气室与副气室进行调节的,阻尼系数是通过减振器进行调节的。

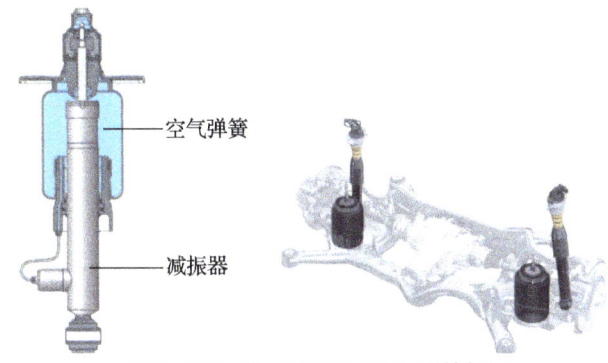

图 3-205 带有减振器的空气弹簧结构

空气弹簧调节车身高度过程,空气弹簧压缩,车身降低;当车身需要升高时,ECU 控制空气电磁阀使压缩空气进入空气弹簧的主气室,使空气弹簧伸长,车身升高。

2. 空气供给装置

空气供给装置一般安装在发动机舱前方,用于产生空气弹簧所需的压缩空气,如图 3-206 所示。

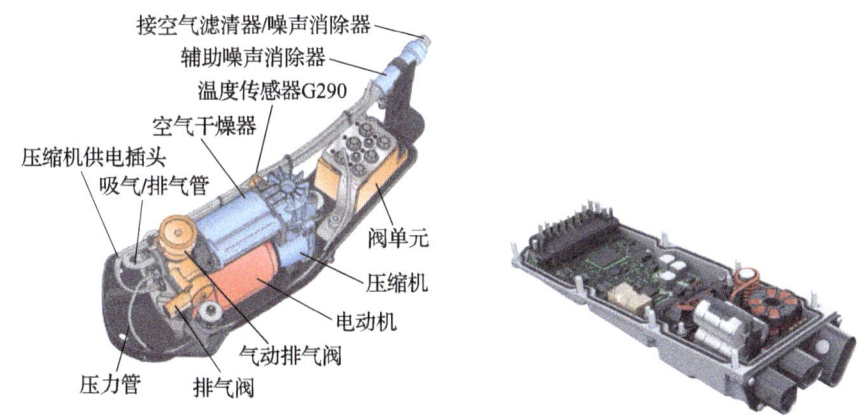

图 3-206 空气供给装置

3. 车身高度传感器

四个车身高度传感器都安装悬架上,通过它监测车身与悬架下臂之间的距离变化,从而检测出车辆高度状态,如图 3-207 所示。

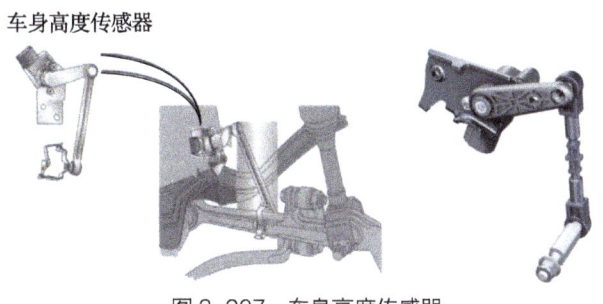

图 3-207 车身高度传感器

当车载质量增加时，车身高度会下降，车身高度传感器将这个信号传送给 ECU，ECU 控制空气压缩机向空气弹簧主气室充气，直至车身高度达到规定值；当车载质量减少时，车身高度上升，此时 ECU 根据车身高度传感器传来的信号发出控制信号，打开悬架控制电磁阀，使空气弹簧主气室的空气通过控制电磁阀、空气管路从排气阀排出，从而使车身下降。

四、转向系统

用来改变或保持汽车行驶或倒退方向的一系列装置称为汽车转向系统。汽车转向系统的功能就是按照驾驶人的意愿控制汽车的行驶方向，如图 3-208 所示。

汽车转向系统分为两大类：机械转向系统和动力转向系统。

完全靠驾驶人手力操纵的转向系统称为机械转向系统。

借助动力来操纵的转向系统称为动力转向系统。动力转向系统又可分为液压动力转向系统和电动助力动力转向系统，以及气压动力转向系统。

图 3-208 汽车转向系统

汽车对转向系统的要求：
1）确保转向能力与行驶状态相匹配。
2）考虑到功能、舒适性和安全性方面。
3）减振。
4）将相关路面信息传输给驾驶人。
5）转弯行驶后车轮回正。

目前，人们对轿车转向系统提出了多方面的要求。仅仅促进车辆向所要求的方向发展已无法满足时代的要求。转向过程必须考虑到功能、舒适性和安全性方面。车辆应能对很小的转向移动作出精确且目标准确的反应，不需要通过转向盘进一步进行校正。

但是，此时不允许车辆反应过于迅速。迅速转动转向盘时车辆不得突然转向。转向移动量较小时，例如快速直线行驶时，车轮上的转向力不得提升过快。

其目的是提高舒适性。舒适性还包括转向盘转动圈数较少，以便停车入位时不费力。为了在车速较高时也能可靠操控车辆，转向系统必须与道路接触良好。驾驶人应该还能"感知"路面情况。此外，坑洼或沟槽等不平路面不应造成转向盘脱手或车辆偏转。动平衡较差的车轮不应导致转向盘振动较大，如图 3-209 所示。

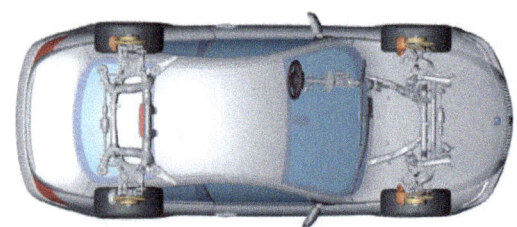

图 3-209 转向系统俯视图

因此对转向系统的减振方面也提出了值得注意的要求。转向系统必须具有传输相关路面信息和过滤干扰因素的功能。每次转向操纵之后，转向盘都应平稳地返回到中间位置，必须能够引导车辆并为驾驶人提供关于行驶状态和路面状况的反馈信息。

(一)汽车转向系统总体构成

在汽车直线行驶时,往往转向轮也会受到路面侧向干扰力的作用,自动偏转而改变行驶方向。此时,驾驶人也可以利用一套机构使转向轮向相反的方向偏转,从而使汽车恢复原来的行驶方向。这一套用来改变或恢复汽车行驶方向的专设机构,称为汽车转向系统。因此,汽车转向系统的功用是保证汽车能按驾驶人的意志而进行转向行驶。汽车转向系统由转向操纵机构(转向盘)、转向器、转向传动机构等组成,如图3-210所示。

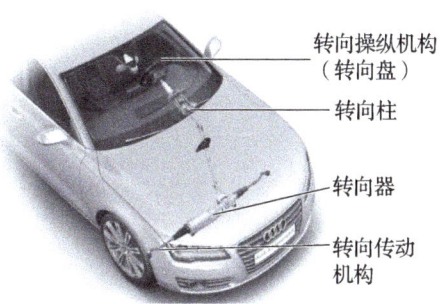

图 3-210 汽车转向系统组成

(二)转向器、转向操纵机构和转向传动机构

1. 转向器

转向器是转向系统中减速及增力传动装置,其功用是增大由转向盘传到转向节的力,并改变力的传递方向。目前应用广泛的有齿轮齿条式转向器和循环球式转向器,如图3-211所示。

图 3-211 转向器

(1)齿轮齿条式转向器

齿轮齿条式转向器主要由桥壳、转向小齿轮(主动)、转向齿条(从动)、转向横拉杆等组成,如图3-212所示。

齿轮齿条式转向器分为两端输出式和中间输出式,两端输出式转向器,如图3-213所示。转向小齿轮安装在壳体上,并与壳体内部水平安装的转向齿条啮合。转向齿条两端与转向横拉杆相连,压紧弹簧通过压块将齿条压靠在齿轮上,

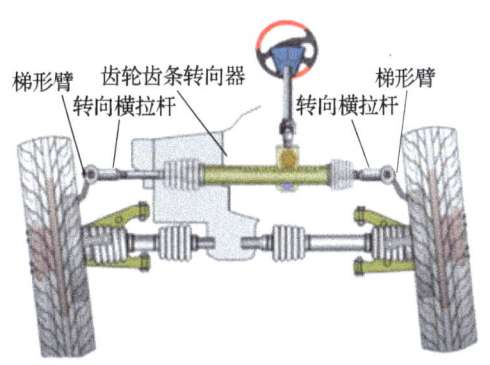

图 3-212 齿轮齿条式转向器工作原理示意图

保证无间隙啮合。当转向盘转动时,小齿轮转动并带动与之啮合的转向齿条沿轴线移动,从而使左右转向横拉杆带动转向节左右转动,使转向车轮偏转,实现汽车转向。

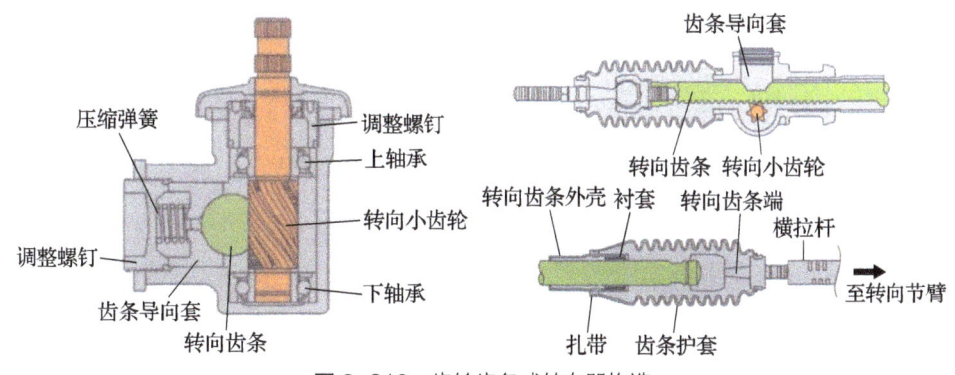

图 3-213 齿轮齿条式转向器构造

检修齿轮齿条式转向器时,先检查转向齿轮端头及衬套(液压转向是轴承)的磨损情况;是否与球轴承同轴,若磨损严重或不同轴,应更换;然后检查齿条各部磨损程度,有无缺齿,如有,应更换齿条。

(2)循环球式转向器

循环球式转向器一般有两级传动副,第一级是螺杆螺母传动副,第二级是齿条齿扇传动副,如图3-214所示。当带有蜗杆的转向轴在转向盘和转向柱的带动下转动时,钢球将力传递给球形螺母,球形螺母即沿轴向移动。同时,由于摩擦力作用,钢球在蜗杆与球形螺母两者之间滚动,形成球流。转向球形螺母带动齿扇运动,齿扇带动摇臂轴转动,使转向垂臂产生摆动带动转向拉杆实现车轮转向。

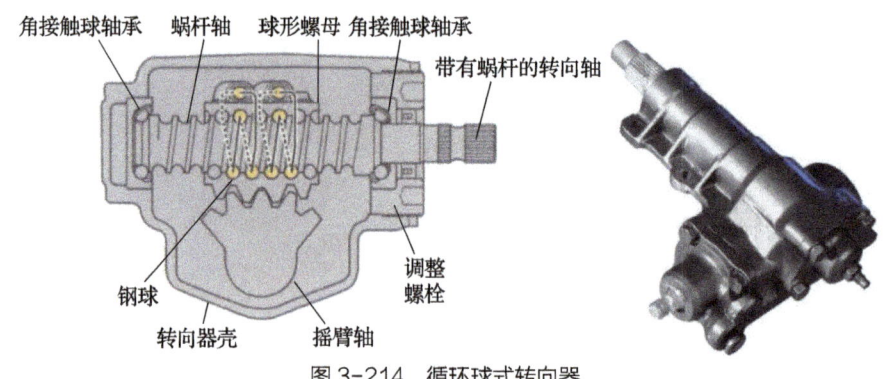

图 3-214 循环球式转向器

2. 转向操纵机构

从转向盘到转向传动轴这一系列部件和零件属于转向操纵机构。它的作用是将驾驶人转动转向盘的操纵力传给转向器,如图3-215所示。有些转向系统考虑车架变形的影响,在转向操纵机构中增加了一个挠性万向节。还有一些转向系统,由于总布置的要求,转向盘与转向器的轴线相交成一定的角度,在结构中采用了万向节和传动轴。

由于在发生车祸时,对驾驶人造成主要威胁的是转向盘、转向柱管等,所以人们在设计转向操纵机构时,增加了安全措施,例如采用安全转向柱、安全联轴器及能量吸收装置等。

转向操纵机构由转向盘、转向柱、转向柱管等组成,如图3-216所示,它的作用是将驾驶人转动转向盘的操纵力传给转向器。

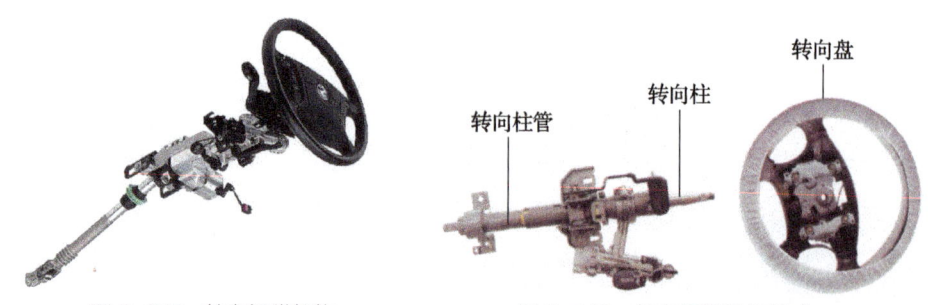

图 3-215 转向操纵机构　　图 3-216 转向操纵机构组成

(1)转向盘

转向盘一般用花键和螺母安装在转向轴上端,其上装有喇叭按钮,如图3-217所示。转向盘主要由轮圈、轮辐和轮毂组成。它的主要作用是将驾驶人施加的力矩转给转向柱。

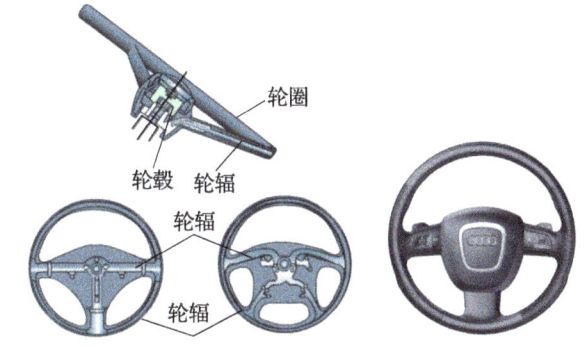

图 3-217 转向盘

汽车上还安装有安全气囊，如图 3-218 所示。

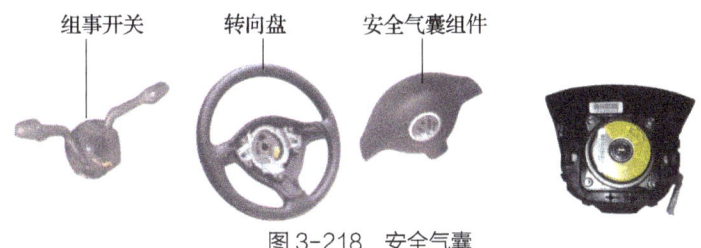

图 3-218 安全气囊

（2）转向柱

转向柱位于转向盘和转向器之间，主要作用是将来自方向盘的转向力矩传递给转向器。转向柱主要由转向柱管、中间轴、转向万向节、转向柱调整机构等组成，如图 3-219 所示。

（3）安全操纵机构

一般车上都会携带可分离式或变形吸能式安全操纵机构。可分离式安全转向操纵机构的转向柱分为上下两段。当发生撞车时，上下两段相互分离或相互滑动，从而有效地防止转向盘对驾驶人的伤害，如图 3-220 所示。

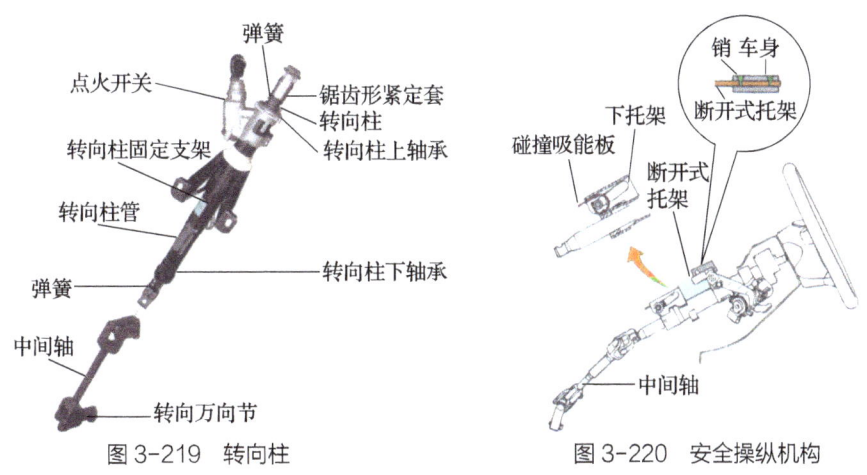

图 3-219 转向柱　　　　图 3-220 安全操纵机构

3. 转向传动机构

转向传动机构的功用是将转向器输出的力和运动传到转向桥两侧的转向节，使两侧转向轮偏转，且使两侧转向轮偏转角按一定关系变化，以保证汽车转向时车轮与地面的相对滑动尽可能小。转向传动机构主要由转向摇臂、转向直拉杆、转向节臂、转向梯形臂（转向臂）、转向横拉杆等组成，如图3-221所示。

转向传动机构的组成和布置因转向器位置和转向轮悬架类型不同而异。

（1）与非独立悬架配用的转向传动机构

在转向桥为前桥的情况下，转向梯形臂布置在前桥之后（图3-222）；发动机位置较低或者转向桥也为驱动桥的情况下，避免运动干涉，常将转向梯形臂布置在前桥之前（图3-223）；若转向臂是在与道路平行的平面内左右摆动，可将转向直拉杆横置（图3-224）。

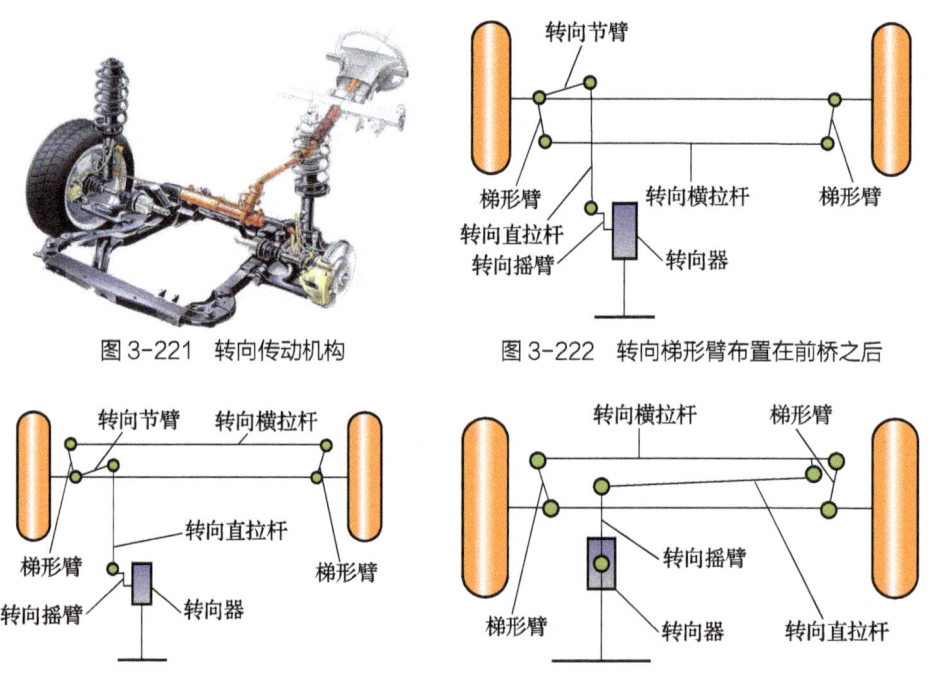

图3-221 转向传动机构

图3-222 转向梯形臂布置在前桥之后

图3-223 转向梯形臂布置在前桥之前

图3-224 转向臂是在与道路平行的平面内左右摆动

（2）与独立悬架配用的转向传动机构

当转向轮配用独立悬架时，每个转向轮都需要相对于车架做独立运动，因而转向桥必须采用断开式的，转向传动机构与齿轮齿条式转向器配用，如图3-225所示。

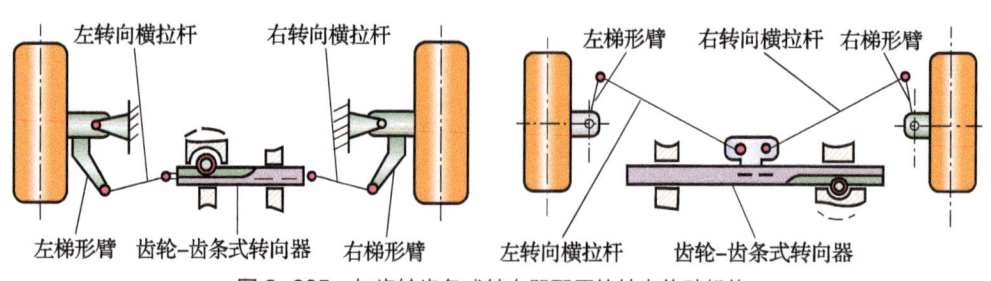

图3-225 与齿轮齿条式转向器配用的转向传动机构

转向传动机构与循环球式转向器配用，如图3-226所示。为了与断开式车桥相适应，转向传动机构中的转向梯形臂也必须分成2段（图3-226a）或3段（图3-226b），并且由在平行于路面的平面中摆动的转向摇臂带动转向直拉杆，从而完成转向。

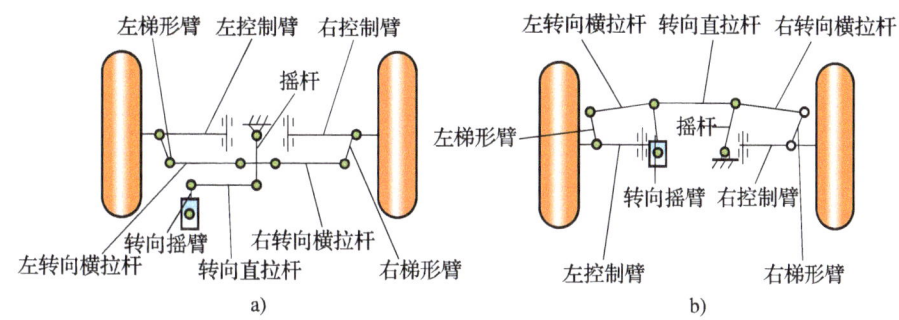

图 3-226　与循环球式转向器配用的转向传动机构

4. 转向机构应用

（1）齿轮齿条转向传动机构

齿轮齿条转向传动机构是一种常见的转向传动机构，如图 3-227 所示。其基本结构是一对相互啮合的小齿轮和齿条。转向轴带动小齿轮旋转时，齿条便做直线运动。有时，靠齿条来直接带动横拉杆，就可使转向轮转向。

（2）液压动力转向机构

液压动力转向机构由液压泵、油管、压力流量控制阀体、传动带、储油罐等部件组成，如图 3-228 所示。无论汽车是否转向，这套系统都要工作，而且在大转向车速较低时，需要液压泵输出更大的功率以获得比较大的助力。

图 3-227　齿轮齿条转向传动机构

图 3-228　液压动力转向机构

5. 液压动力转向的工作过程

动力转向系统使用发动机的动力来驱动产生液压力的叶轮泵。当转向盘转动时，在控制阀上转换油路。当把油压力施加到动力油缸里的动力活塞上时，需要操纵转向盘的动力就减小了。必须定期检查动力转向液体是否有泄漏现象，如图 3-229 所示。

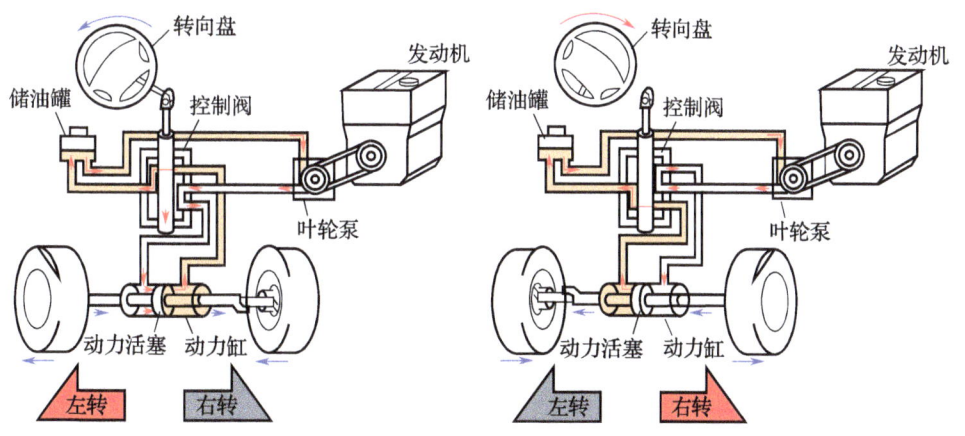

图 3-229　液压动力转向的工作过程

（三）电动助力转向系统

电动助力转向系统是一种直接依靠电动机提供辅助转矩的电动转向系统。

电动助力转向系统在机械转向机构的基础上增加了传感器装置、电子控制装置及转向助力机构等装置。电动助力转向系统没有液压系统所需的转向泵、油管等，装配方便，无泄漏，故障率更低。电动助力转向系统如图 3-230 所示。

电动助力转向系统的主要功能是使用电力驱动执行机构，能够在不同的驾驶条件下为驾驶人提供适宜的辅助转向力。同时，它还具有可变阻力转向功能、辅助回位功能及转向阻尼调节功能。

图 3-230 电动助力转向系统

1. 电动助力转向系统分类

根据作用位置不同，电动助力转向系统可分为转向柱助力式、齿轮助力式和齿条助力式。

（1）转向柱助力式

转向柱助力式 EPS 系统电动机固定在转向柱一侧，通过减速机构与转向柱相连，如图 3-231 所示。驾驶人转动转向盘时，控制单元接收转矩、转角、车速等信号，控制直流助力电动机的电流，电动机的动力经离合器、电动机齿轮传给转向柱的齿轮，然后经万向节及中间轴传给转向器。

（2）齿轮助力式

齿轮助力式 EPS 系统电动机和减速机构与小齿轮相连，直接驱动齿轮助力转向，如图 3-232 所示。转向助力机构安装在转向器小齿轮处，与转向柱助力式相比，可以提供较大的转向力，适用于中型车。

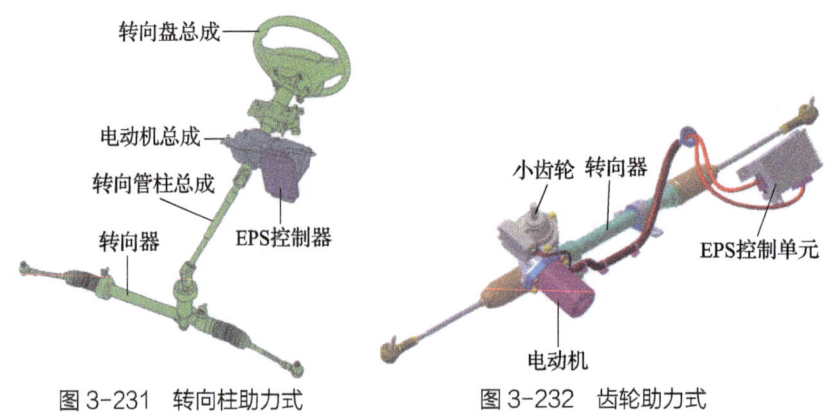

图 3-231 转向柱助力式　　图 3-232 齿轮助力式

（3）齿条助力式

齿条助力式 EPS 系统电动机和减速机构等布置在齿条处，电动机通过减速传动机构直接驱动转向齿条，如图 3-233 所示。与转向器小齿轮助力式相比，可以提供更大的转向力，适用于轿车和大型车。

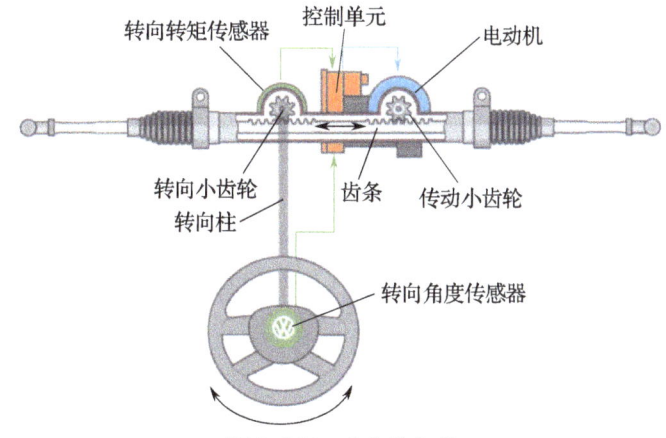

图 3-233　齿条助力式

（4）内螺纹滑套助力式

转向器总成所使用的转向电动机是三相交流电动机，转向电动机是电动转向器的动力输出装置，如图 3-234 所示。

有的转向器驱动电动机采用带传动，相对于其他类型的变化如下，如图 3-235 所示：
- 安装在齿条附近的电动机。
- 齿条通过一个带有内螺纹的滑套实现助力。
- 增加了电动机与齿条驱动套的传输带。

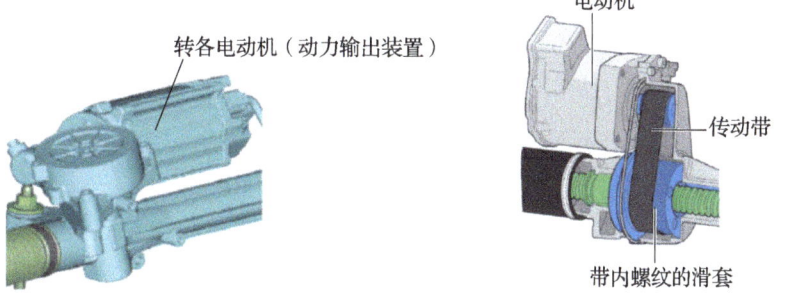

图 3-234　三相交流电动机　　图 3-235　转向器驱动电动机采用带传动

2. 电动助力系统转向系统基本原理与主要部件

（1）基本原理

这四种类型的电动助力转向系统基本原理大同小异：转矩传感器与转向轴（或小齿轮轴）连接一起，当转向轴转动时，转矩传感器开始工作，把输入轴和输出轴在扭杆作用下产生的相对转动位移变成电信号，传给动力转向控制模块，动力转向控制模块根据车速传感器和转矩传感器的信号，决定电动机的旋转方向和助力电流的大小，从而完成实时控制助力转向，如图 3-236 所示。因此，它可以很容易实现车速不同时提供给电动机不同的助力效果，保证汽车在低速行驶时轻便灵活，高速行驶时稳定可靠。因此，电动助力转向系统的转向特性的设置具有较高的自由度。

（2）电动助力转向系统的构造

电动助力转向系统由转向电动机、齿轮齿条机构、助力转向控制模块、转矩传感器、转向角度传感器和相关的数据线、电源线等组成，如图3-237所示。

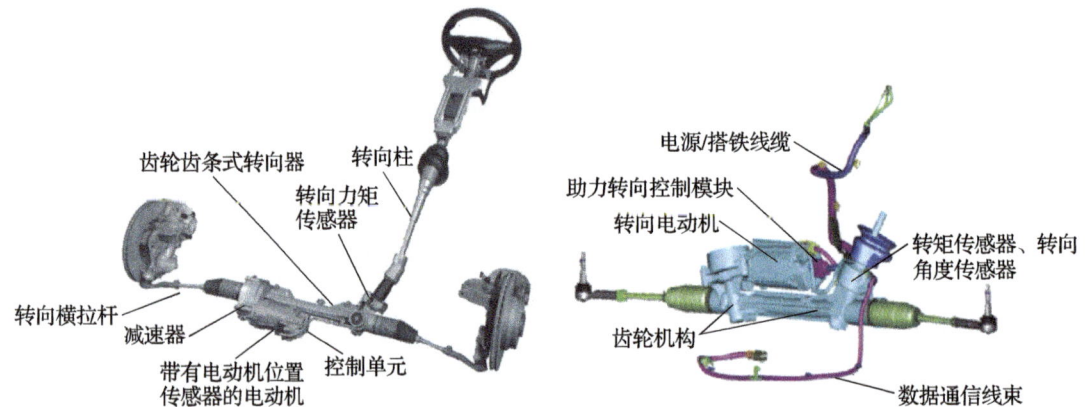

图3-236　电动助力转向系统基本原理　　图3-237　电动助力转向系统构造

1）转向助力电动机。转向器总成所使用的转向助力电动机是三相交流电动机或直流电动机，转向电动机是电动转向器的动力输出装置，如图3-238所示。

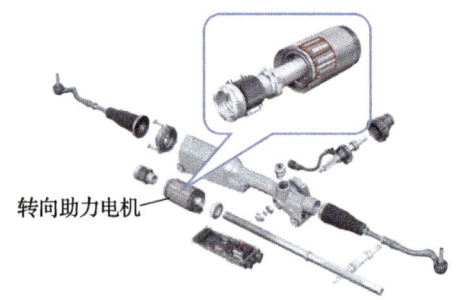

图3-238　转向助力电动机的位置

2）助力转向控制模块。助力转向控制模块根据转矩传感器、转向角度传感器以及车速传感器等传感器传来的信号来控制转向电动机的电流大小，如图3-239所示。

图3-239　助力转向控制模块

3）转矩传感器、转向角度传感器。电动助力转向系统的转矩传感器和转向角度传感器集成在一起（以下简称转矩角度传感器），由输入轴、扭力杆、内磁线圈、阀体和外磁线圈组成。输入轴上端连接着转向盘和扭力杆上端，输入轴下端连接着内磁线圈。扭力杆的下端连接着阀体,阀体连接着外磁线圈,如图 3-240 所示。

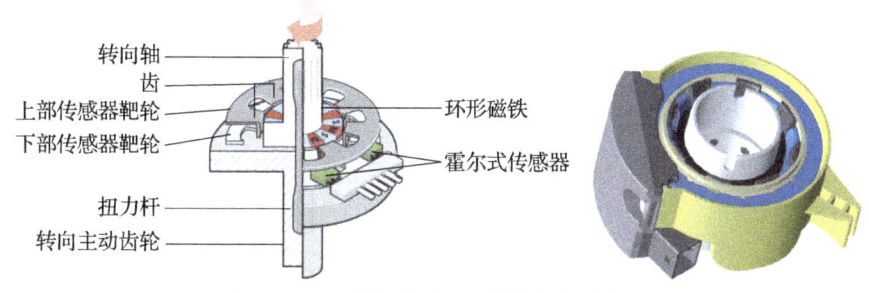

图 3-240 转矩传感器、转向角度传感器

4)齿轮齿条机构。齿轮齿条机构由丝杆总成、滚珠丝杆和齿条组成。当转向电动机起作用时,转向电动机带动滚珠丝杆,丝杆带动齿条。当转向电动机不起作用时,直接依靠机械转向,此时转向盘带动输入轴,输入轴带动扭力杆,扭力杆带动直动小齿轮,最后齿轮带动齿条,如图 3-241 所示。

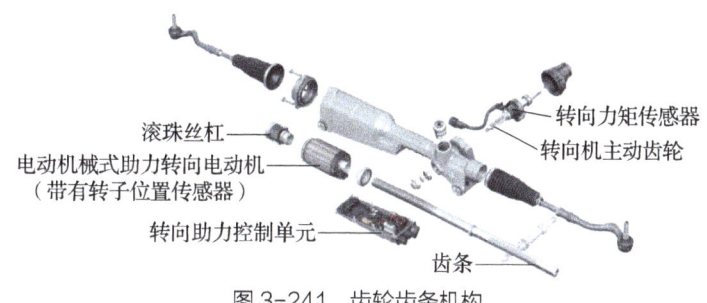

图 3-241 齿轮齿条机构

(四)四轮转向系统

四轮转向系统是指除了前轮转向机构外,还在后桥上安装了一套转向系统。它能够使驾驶人在操纵转向盘时,同时转动汽车前后四个车轮,不仅提高了高速时的稳定性和可控性,而且提高了低速时的机动性。在高速行驶时,将后轮与前轮同相位转向,以减小车辆的横摆运动,改善高速行驶的稳定性;而在低速行驶时,把后轮与前轮逆相位转向,减小转弯半径以改善车辆中低速行驶的操纵性,提高快速转向性。四轮转向系统组成如图 3-242 所示。

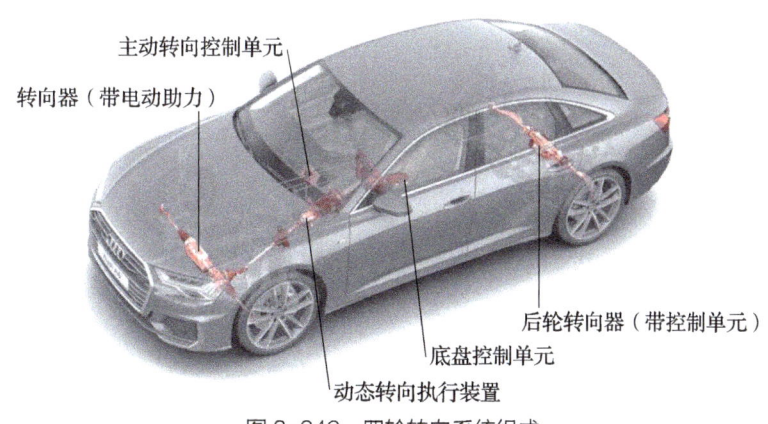

图 3-242 四轮转向系统组成

1. 基本原理

汽车转向的基本过程是使汽车在转弯时产生重心的平移和绕着重心的转动，这两种运动的结合促使汽车完成了转向的过程。当汽车转向盘的转角和车速确定时，前轮转向（2WS）汽车的行驶状态是单一的，而四轮转向（4WS）汽车的行驶状态，则会随着后轮与前轮之间的角度不同或相同而变得多种多样，产生不同的行驶状态，以满足汽车安全性、机动性、操纵稳定性等需求。

（1）低速转向

汽车低速转向时，前轮转向汽车的情况是后轮不转向，所以转向中心大致在后轴的延长线上。四轮转向汽车的情况是对后轮进行逆向操纵，如图3-243所示，转向中心比前轮转向汽车靠近车体处。在低速转向时，若两车前轮转向角相同，则四轮转向汽车的转向半径更小，内轮差也小，转向性能好。

图3-243　四轮转向低速转向时的状态

（2）高速转向

理想的高速转向运动状态是尽可能使车体的倾向与前进方向一致，以防多余的自转运动使前后轮产生较大的旋转向心力。四轮转向汽车通过对后轮同向转向操纵，可以使后轮也产生侧偏角，使它与前轮的旋转向心力相平衡，从而抑制自转运动，可得到车体方向和车辆前进方向一致的稳定转向状态，如图3-244所示。

图3-244　四轮转向高速转向时的状态

2. 全电动控制式四轮转向系统

从后轮转向装置的控制方法上，四轮转向系统可分为转角随动型四轮转向系统和车速感应型四轮转向系统。转角随动型四轮转向系统都是采用机械式的，而车速感应型四轮转向系统有液压式、电子控制液压式和全电动控制式。目前一般多采用电动控制式。全电动控制式四轮转向系统如图3-245所示。

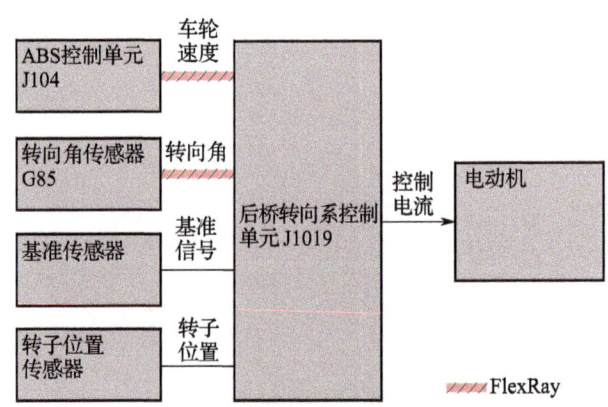

图3-245　全电动控制式四轮转向系统

转向时，前轮转角传感器、车速传感器和横摆角速度传感器等将信号送入ECU进行分析计算，ECU确定后轮转角，并向步进电动机输出驱动信号使步进电动机动作，通过后轮转向机构控制驱动后轮偏转以配合前轮转向,实现汽车的四轮转向。同时,ECU 计算后轮目标转角与实际转角之间的差值来调整后轮转角,从而实现对汽车行驶状况的实时监控。

电动机通过传动带驱动螺杆螺母,如图 3-246 所示。螺杆螺母的转动运动转换成螺杆的直线运动。相连的转向横拉杆将这种直线运动传递到车轮支架上,车轮一同向右或向左转动(取决于电动机的转动方向)。该系统通过螺杆螺母的传动比和使用的梯形螺纹实现自锁。只能在调节过程中激活该电动机,其余时间保持关闭状态。只能通过螺纹驱动自锁力生成保持力。螺杆最大调节行程(从中间位置算起)约为 9mm,它相当于约 50° 的最大车轮转角。

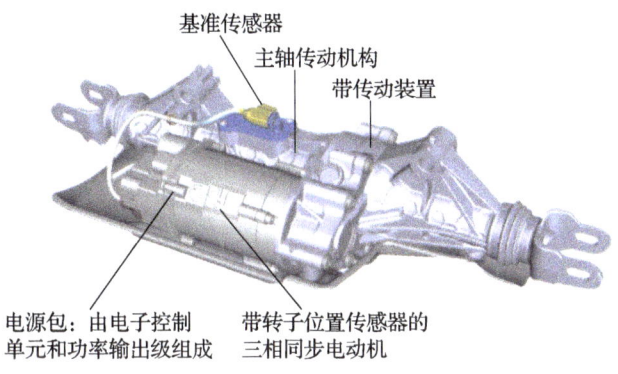

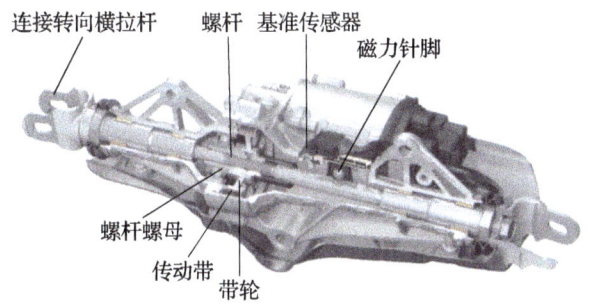

图 3-246 后轮转向组件

五、制动系统

当汽车行驶在宽阔平坦、车流和人流都较少的路况下,可以通过高速行驶以提高运输生产效率。但汽车行驶过程中也会遇到复杂多变的路面状况,如进入弯道、遇到不平的道路、两车交会、突遇障碍物,为了保证行驶安全,就要求汽车在尽可能短的距离内将车速降低,甚至停车。为了提高汽车安全行驶的性能,汽车设置了制动系统。

汽车制动系统的功用是根据需要,使汽车减速或在最短的距离内停车,以保证行车的安全,如图 3-247 所示。

制动系统的作用是保证汽车行驶中能按驾驶人要求减速停车和保证车辆可靠停放。制动系统应能够满足以下要求:

图 3-247 汽车制动系统的功用

（1）良好的制动效能

汽车的制动效能是指在良好路面上，汽车以一定初速度制动直到停车的制动距离或制动时汽车的减速度，是制动性能最基本的评价指标。汽车应具备良好的制动效能以确保安全。

（2）连续制动时的恒定性

汽车制动系统的恒定性是指汽车在连续制动时，即使工作条件恶劣（如涉水、在冰雪路面上或下长坡），也应能保证其制动效能不下降。

（3）制动系统故障时的可靠性

汽车制动系统的可靠性是指当制动系统中某一部分出现问题时，必须使剩下的其他部分仍能保证最低限度的制动效能。如果当制动系统的双管路系统中一个管路系统出现问题时，另一个管路系统需要确保仍能维持一定的制动力。

（4）制动方向的稳定性

汽车制动系统在制动过程中，要保证汽车无跑偏，无侧滑并且不会背离驾驶人给定方向行驶。

（一）汽车制动系统总体构成

制动系统可分为行车制动系统和驻车制动系统，如图3-248所示。行车制动系统是由驾驶人用脚来操纵的，它的功用是使正在行驶的汽车减速或在最短的距离内停车。驻车制动系统是由驾驶人手动操纵的，它的功用是使已经停在各种路面上的汽车驻留原地不动。

液压式行车制动系统主要由操纵机构、制动助力系统、制动液压系统、制动力平衡控制装置、制动系统指示灯（图中未给出）等组成，如图3-249所示。

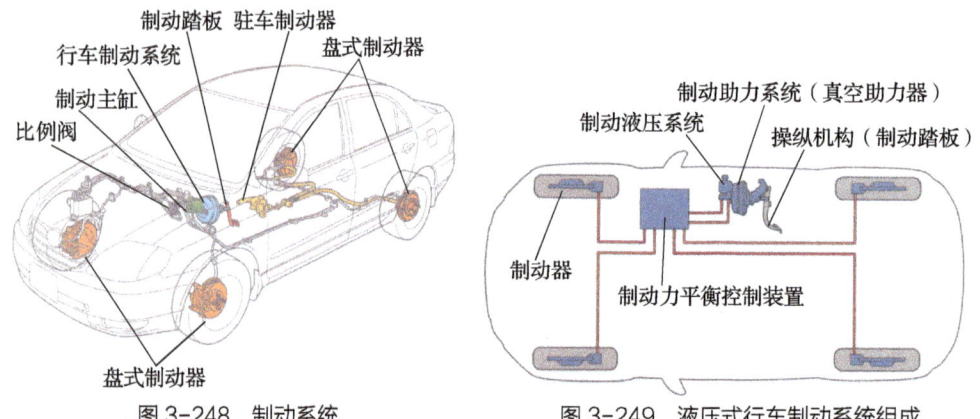

图3-248 制动系统　　　　图3-249 液压式行车制动系统组成

对鼓式制动系统，制动时踩下制动踏板，推杆便推动主缸活塞，使主缸中的制动液以一定压力流入制动轮缸，推动轮缸活塞使两制动蹄向外张开，从而使摩擦片压紧在制动鼓的内圆表面上。此时，不旋转的制动蹄就对旋转着的制动鼓产生一个摩擦力矩，其作用方向与车轮旋转方向相反。制动鼓将该力矩传到车轮后，由于车轮与地面间附着作用，车轮即对路面作用一个向前的周缘力，与此同时，路面给车轮作用一个向后的反作用力，即制动力。制动力由车轮经车桥和悬架传递给车架和车身，迫使整个汽车减速。

当松开制动踏板时，制动蹄回位弹簧即将制动蹄拉回原位，摩擦力矩和制动力消失，制动作用解除。

(二) 制动器

制动器是制动系统中用以产生阻止车辆运动或运动趋势的力的部件。目前，一般汽车制动器的制动力矩都是来源于固定元件和旋转元件工作表面之间的摩擦，即摩擦式制动器，按照摩擦工作表面的不同，分为盘式制动器和鼓式制动器。

1. 盘式制动器

行车制动器都是利用固定元件与旋转元件工作表面的摩擦而产生制动力矩的，如图3-250 所示，通常有两种结构形式，分别是固定钳盘式制动器和浮动钳盘式制动器，大多数车辆都使用盘式制动器。

盘式制动器又称为碟式制动器，顾名思义是取其形状而得名，如图3-251 所示。

盘式制动器已广泛应用于轿车，现在大部分轿车用于全部车轮，少数轿车只用作前轮制动器，与后轮的鼓式制动器配合，以使汽车有较高的制动时的方向稳定性。在商用车中，目前盘式制动器在新车型及高端车型中逐渐被采用。

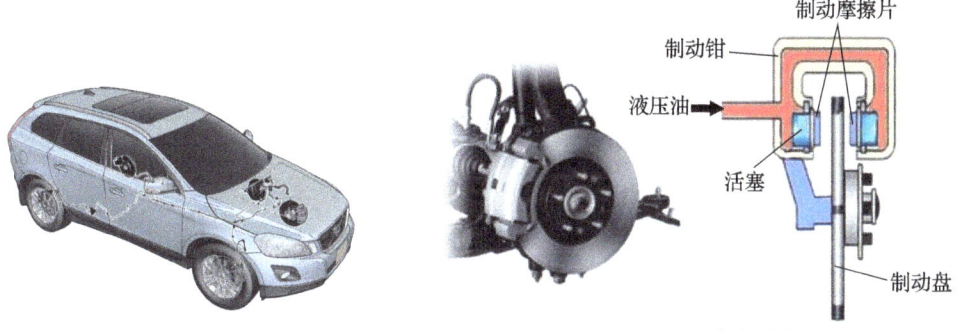

图 3-250 行车制动器　　　图 3-251 盘式制动器

盘式制动器由制动钳、制动片、制动盘、活塞等组成，如图3-252 所示。盘式制动器的旋转元件为制动盘，制动盘与车轮连接。摩擦元件为制动片，每个盘式制动器有两个制动片，制动片安装在横跨制动盘两侧的制动钳上。在制动盘的内侧设置制动轮缸，制动片附在制动钳体上。制动时，制动液进入制动轮缸，推动活塞及制动片向右移动，压到制动盘上，并使得制动轮缸连同制动钳整体向左移动，直到制动盘右侧的制动片也压到制动盘上，夹住制动盘并使其制动。

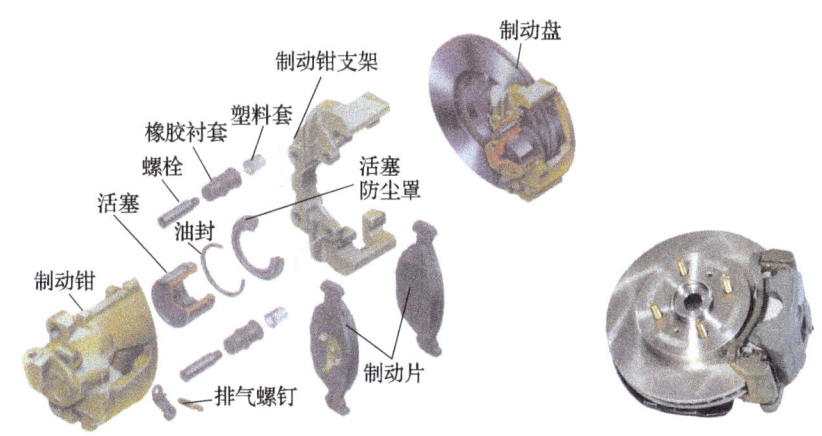

图 3-252 盘式制动器组成

（1）制动钳

制动钳安装在转向节或车桥凸缘上，并横跨在制动盘上，其内部装有活塞，并与之形成液压腔。在制动主缸高液压压力的作用下，制动钳及活塞使制动片压向制动盘，如图3-253所示。常见的制动钳有固定式和浮动式。

图3-253　制动钳

1）固定钳盘式制动器。固定钳盘式制动器的基本结构如图3-254所示。旋转元件是固定在车轮上以端面为工作面，用合金铸铁制成的制动盘。固定的摩擦元件是面积不大的制动块总成。制动钳的钳形支架通过螺栓与转向节（前桥）或桥壳（后桥）固装，并用调整垫片控制制动钳与制动盘之间的相对位置。

制动时，制动油液被压入内、外两油缸中，在液压作用下两活塞带动两侧制动块作相向移动压紧制动盘，产生摩擦力矩，如图3-255所示。

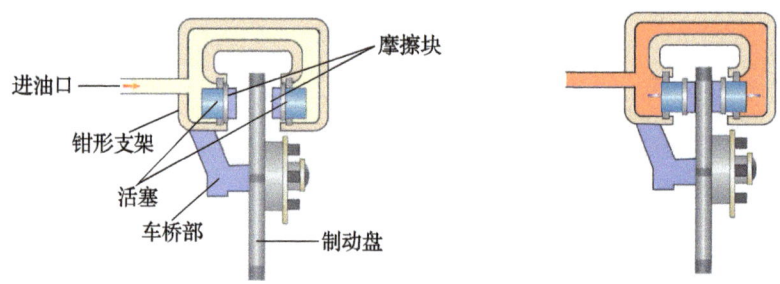

图3-254　固定钳盘式制动器的基本结构　　图3-255　制动油液被压入内、外两油缸中

2）浮动钳盘式制动器。浮动钳盘式制动器结构简单紧凑，且便于安装，因此被越来越多地采用在轿车和轻型汽车上。

浮动式制动钳由支架和钳体两部分组成，支架紧固在悬架部件上，钳体通过导向销连接在支架上，并可以沿导向销左右滑动。钳体一侧装有活塞并且由密封圈密封，形成制动轮缸，活塞与制动盘之间装有制动片，钳体另一侧只有制动片，如图3-256所示。

旋转元件是制动盘，它和车轮轮毂装在一起，并和车轮一起转动。制动盘两个制动表面之间沿径向铸有36条筋，形成36条通风道，以便散热，如图3-257所示。

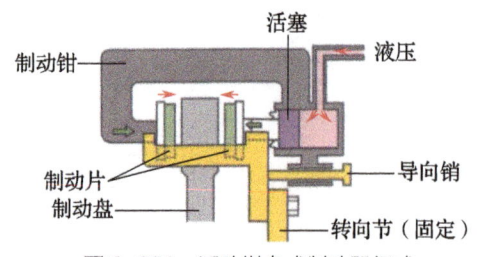 

图3-256　浮动钳盘式制动器组成　　图3-257　制动盘有36条通风道

固定元件是制动钳体，装在安装架上，制动钳支架固定在前桥转向节上。内部单装一个活塞的制动钳，可以通过固定在制动钳壳体上并插入支架孔中的导向销作轴向移动。制动钳上制动块所用的摩擦片与背板采用黏接法相连，工艺性好，并能提高摩擦片的使用寿

命，如图 3-258 所示。

浮动钳盘式制动器的工作原理如图 3-259 所示。制动时，活塞制动块在液压力作用下，由活塞推靠在制动盘上，同时制动钳上的反力推动制动钳沿定位导向销移动，使外侧的摩擦片也压靠在制动盘上，产生制动力，于是制动盘两边都被紧紧抱住，使其停止转动。制动盘又和车轮轮毂装在一起，所以车轮也停止了转动。橡胶套不仅能稍微变形，以便消除制动器的间隙，而且可使导向销免受泥污。

解除制动时，橡胶衬套所释放出来的弹性能有助于外侧制动块离开制动盘。活塞密封圈在制动时变形，解除制动时就恢复原状，使活塞回位。若制动盘和制动块间产生了过量间隙，则活塞将相对于密封圈滑移，借此实现间隙的自动调整。

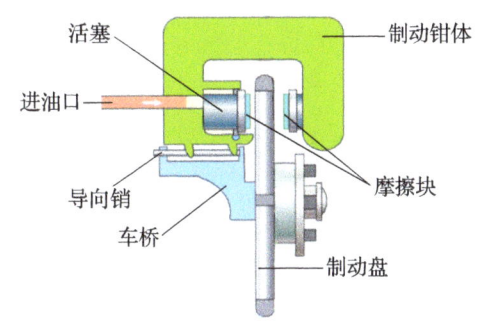
图 3-258 浮动钳盘式制动器的基本结构

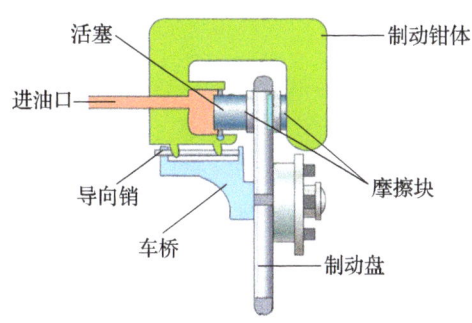
图 3-259 浮动钳盘式制动器的工作原理

制动器摩擦片上装有磨损传感器，如图 3-260 所示。如果摩擦片磨损到最小厚度小于 2mm 时，则制动警告灯亮，这时需要更换摩擦片，至少也应检查摩擦片的厚度。

与固定钳盘式制动器相比较，浮动钳盘式制动器的单侧轮缸结构不需要设置跨越制动盘的油道，故不仅轴向和径向尺寸较小，有可能布置得更接近车轮轮毂，而且制动液受热汽化的机会较少，浮动钳盘式制动器现已基本取代了固定钳盘式制动器。

（2）制动片

制动片的作用是与制动盘相接触产生摩擦力，阻止制动盘转动。制动片由摩擦材料和钢制底板制成。为了防止制动热衰退，许多制动片上设计有槽缝，以便于热量散发和摩擦时产生的微粒散开，制动片上的铆钉孔也起同样的作用，如图 3-261 所示。

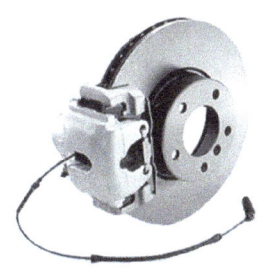
图 3-260 制动器摩擦片上装有磨损传感器

图 3-261 制动片

检查内制动片的厚度时，可通制动钳顶部检查孔观察检查，以查看制动片是否过早磨损。

检查外制动片的两端，并与极限做对比，如果达到或者超过极限值，必须进行更换。制动片磨损报警功能如图 3-262 所示。

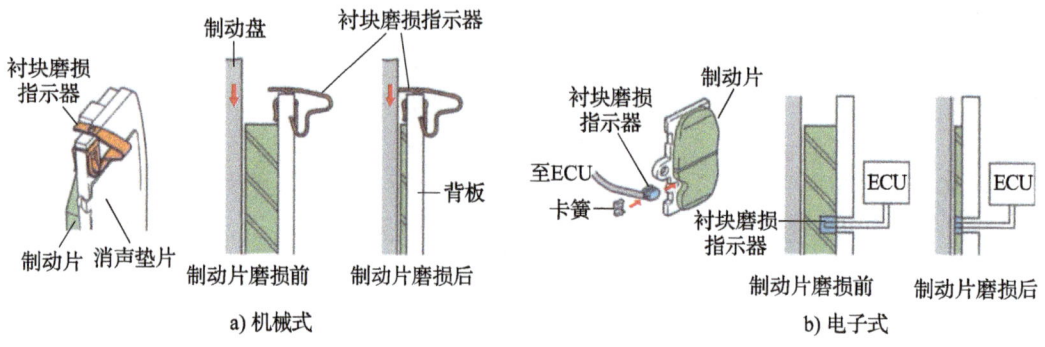

图 3-262 制动片磨损报警功能

（3）制动盘

制动盘常采用耐磨的铸铁材料制成，并通过螺栓安装在轮毂上，它与制动片相接触并产生摩擦力来阻止车轮转动。制动盘通常有两种形式：实心式和通心式，如图 3-263 所示。实心式制动盘是一个实心圆盘，通心式制动盘则由内带辐射式散热片的中空金属盘组成。由于通心式制动盘比实心式制动盘散热性能好，因此越来越多的汽车采用通心式制动盘。

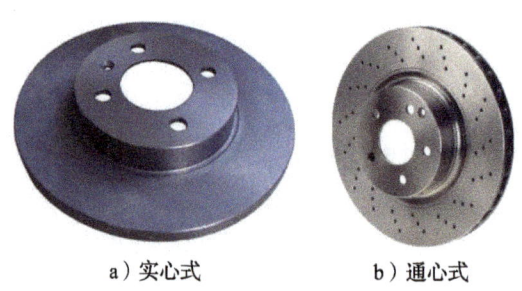

图 3-263 实心式和通心式制动盘

制动盘厚度偏差的检查：使用千分尺测量并记录制动盘圆周上均匀分布的 4 个点或更多点的厚度。操作时，务必确保在制动盘摩擦面内进行测量，且每次测量时千分尺与制动盘外边缘的距离相等（约 10mm）。

2. 鼓式制动器

鼓式制动器多为内张双蹄式，如图 3-264 所示。

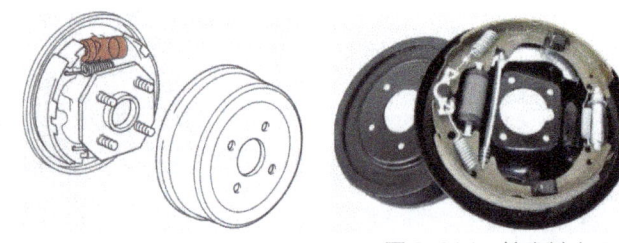

图 3-264 鼓式制动器

鼓式制动器由制动蹄、制动鼓、制动轮缸、回位弹簧、调节器等组成，如图 3-265 所示。旋转元件是制动鼓，其与车轮连接；固定元件是制动蹄。轮缸活塞在制动液的压力作用下向外推动制动蹄，制动力克服回位弹簧的弹力使制动蹄在促动装置制动轮缸的作用下向外翻转，外表面的摩擦片压靠到制动鼓的内表面上，对制动鼓产生制动摩擦力，促使车轮减速。

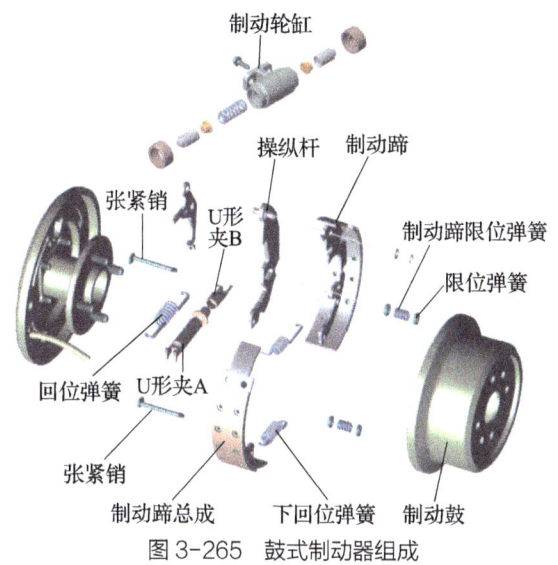

图 3-265　鼓式制动器组成

（1）制动蹄

制动蹄是制动器相对固定的部件，它与旋转的制动鼓摩擦形成制动力。常见的制动蹄由钢制蹄片铆接或黏接摩擦材料而成，如图 3-266 所示。多数制动蹄是由两块 T 形断面钢板焊接在一起制成的。制动蹄外部的弯曲金属板称为基板，其上固结有摩擦材料。焊接在基板下的金属板称为腹板，腹板上通常加工有许多各种形状和规格的孔，用于安装制动蹄回位弹簧、限位弹簧和调节器等。

制动蹄厚度的检查：制动底板上通常有观察孔，可以目视检查制动蹄摩擦材料的厚度，但最好的检修办法是将制动鼓拆下，然后对整个制动蹄进行彻底的外观检查。

（2）制动鼓

鼓式制动器最外端的主要部件是制动鼓。制动鼓不与底板相连接，而是与轮毂相连接，同车轮一起旋转，如图 3-267 所示。当施加制动力时，制动蹄与制动鼓的内表面摩擦，产生制动力。制动鼓为铸铁件或铸铁与钢的复合件，通过螺栓孔套在车轮螺栓上。另外，制动鼓中心还有一个大孔，用来与轮毂中心进行定位。

图 3-266　制动蹄　　　　　　　　　　　　　图 3-267　制动鼓

制动鼓的弯曲变形可通过测量其直径进行检查。制动鼓的失圆变形和偏心变形可通过测量其摩擦面的跳动量来检查。具体的测量方法可参见相应车型的维修手册。若测量值超出维修手册的规定值，则应进行更换。

（3）制动轮缸

制动轮缸固定在底板上的安装位置，如图 3-268 所示，当驾驶人踩下制动踏板时，制动力迫使制动轮缸内的活塞向外移动，通过推杆或活塞将运动作用于制动蹄，迫使制动蹄向外压紧制动鼓。制动轮缸主要由缸体、防尘套、密封皮碗、活塞、弹簧、排气螺栓等组成。

（4）回位弹簧

回位弹簧的作用是将制动蹄与制动鼓分离，并迫使制动轮缸活塞回到缸筒的中心，如图 3-269 所示。当释放制动力时，制动蹄回位弹簧使制动蹄退回到未工作的位置，可避免制动拖滞，同时迫使制动轮缸中的制动液回到制动主缸及储液罐中。

图 3-268　制动轮缸

图 3-269　回位弹簧

（5）调节器

随着制动蹄的磨损，制动蹄与制动鼓的间隙会增大，为了保证制动性能，必须要调整制动蹄与制动鼓之间的间隙（通常称为"制动器间隙"），这就需要在制动蹄之间装设调节器，在制动蹄磨损时，星轮调节螺栓的转动可以使制动蹄张开一些，如图 3-270 所示。

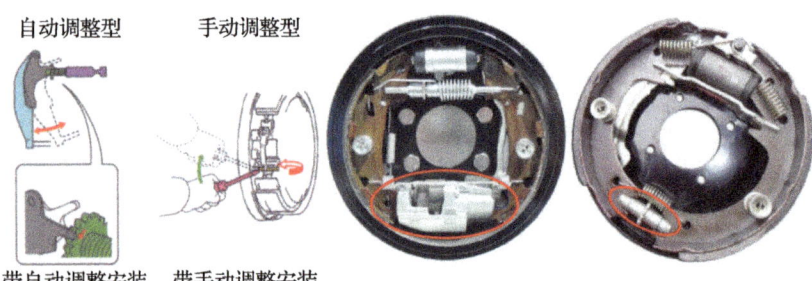
图 3-270　调节器

3. 盘式制动器与鼓式制动器对比

（1）优点

盘式制动器两面传热，圆盘旋转易冷却，不易变形，制动效果好，而鼓式制动器单面传热，内外两面温差较大，易导致制动鼓变形，同时，长时间制动后，制动鼓因高温而膨胀，减弱制动效能。

盘式制动器长时间使用后，制动盘因高温膨胀使制动作用增强。

盘式制动器结构简单，易于维修，易实现间隙自动调整。

（2）不足

盘式制动器兼用驻车制动时，加装的驻车制动传动装置比鼓式制动器复杂。

盘式制动器的造价较为昂贵，不太适合一些特殊环境，例如砂石较多的路况下会容易损坏制动盘。盘式制动器的制动片与制动盘之间的摩擦面积较鼓式的小，制动片的磨损程度较大，更换频率较高。

（三）制动助力装置

目前，大部分轿车采用真空助力器，发动机进气歧管的真空经过软管、单向阀进入助力器气室。它利用进气歧管真空与大气压力的差值来增大推杆对制动主缸活塞的作用力，从而增大制动主缸内的液压压力，以实现助力作用，对它的控制是利用制动踏板机构直接操纵的。真空助力器结构如图 3-271 所示。

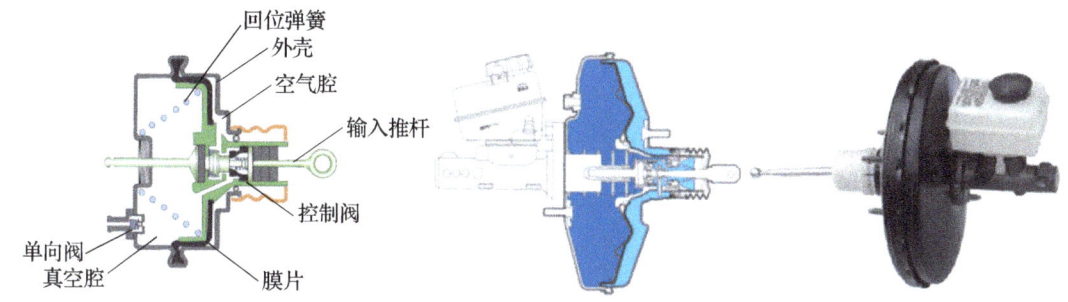

图 3-271 真空助力器结构

真空助力器有三种工作模式，分别为释放模式、施加作用力模式和保持模式。

（1）释放模式

制动踏板松开，阀杆处于释放位置，柱塞被固定在后方位置，真空阀开启，空气阀关闭，真空腔和空气腔连通，且与大气隔开。真空腔和空气腔的空气经单向阀被进气歧管真空抽出，两者都处于真空状态，皮膜两侧的压力相等，皮膜回位弹簧将皮膜保持在靠后位置，推杆未运动，如图 3-272 所示。

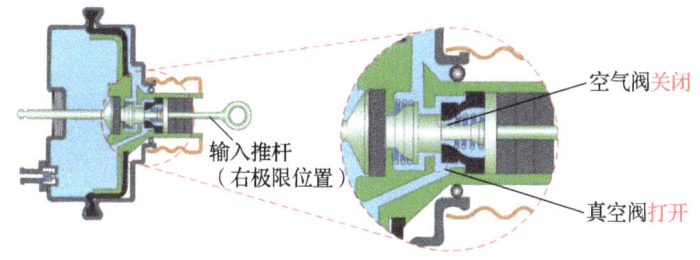

图 3-272 释放模式

（2）施加作用力模式

制动踏板被踩下，阀杆及柱塞向前移动，关闭真空阀并开启空气阀，外界空气进入空气腔，而真空腔内仍保持真空，因此皮膜两侧产生压力差。皮膜后方的大气压力推动皮膜及皮膜毂、推杆向前移动，这就给制动主缸活塞实现制动助力，如图 3-273 所示。

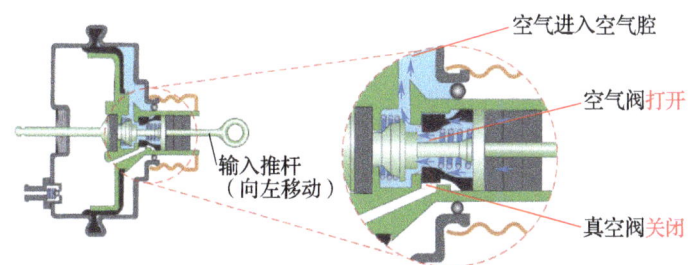

图 3-273 施加作用力模式

（3）保持模式

在制动踏板被踩下且保持的瞬间，柱塞立即停止移动，而皮膜、控制阀阀座仍继续前移，直到空气阀关闭、皮膜及皮膜毂达到平衡状态为止。控制阀体以此可以调节皮膜前后的压力。若继续往下踩下制动踏板,则空气阀将重新打开,真空阀关闭,空气腔的大气压力继续通过皮膜及皮膜毂、推杆对制动主缸活塞施加压力;若松开制动踏板,则空气阀将关闭,真空阀打开,皮膜及皮膜毂在回位弹簧的作用下回到释放位置,如图 3-274 所示。

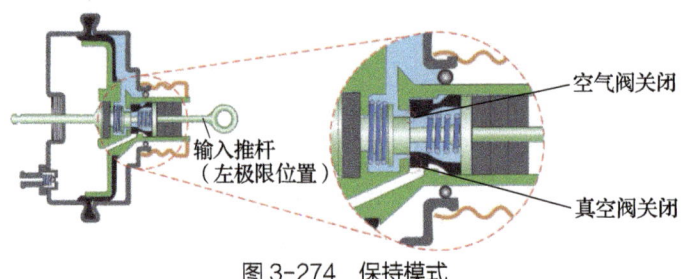

图 3-274 保持模式

(四)制动主缸

制动主缸是一个用脚操纵的液压泵,它产生制动系统所用的压力,如图 3-275 所示。

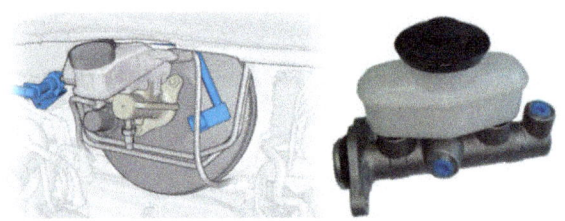

图 3-275 制动主缸

1. 主缸功能

主缸有四个基本功能:
- 形成将轮缸活塞压向制动盘或制动鼓的压力。
- 在制动片和制动蹄产生足够的摩擦力后,主缸帮助平衡制动所需的压力。
- 在制动片磨损时保持系统充满制动液。
- 可以保持轻度压力防止污染物(空气或水)进入系统。

2. 制动主缸的结构

制动主缸由储油室、缸体、第一活塞、第二活塞、弹簧、弹簧座等组成,如图 3-276 所示。

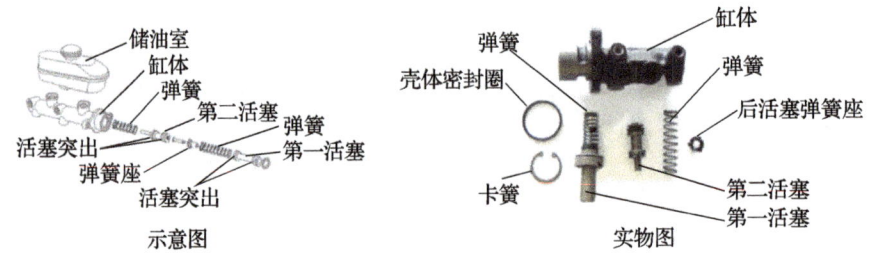

图 3-276 制动主缸的结构

3. 制动主缸的工作过程

当制动主缸正常工作时,其工作过程如图 3-277 所示。制动时,驾驶人踩下制动踏板，真空助力器推动第一活塞向左移动，在第一活塞的密封圈遮住补偿孔后，第一工作腔油压升高。升压后的油液一部分通过腔内出油孔进入右前轮和左后轮的制动管路，另一部分对第二活塞产生推力（但不与第二活塞直接接触）。在此推力作用下，第二活塞向左移动（但不与缸体底部接触）。同样的，第二工作腔油压升高，推开腔内出油阀，油液进入左前轮和右后轮的制动管路。最终，汽车通过两制动管路实现制动。

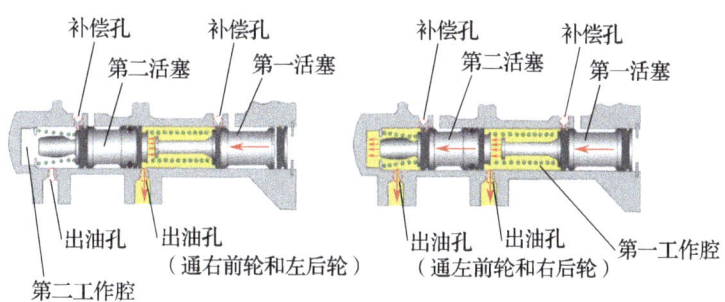

图 3-277 驾驶人踩下制动踏板

当第一活塞或其管路损坏时，第一工作腔内没有油压，此时汽车制动后，第一活塞会抵住第二活塞，使第二活塞向前移动从而建立起油压，保证左前轮和右后轮的制动管路可以实施制动，如图 3-278 所示。

当第二活塞或其管路受到损坏时，第二工作腔内没有油压，此时汽车制动后，第一活塞推动第二活塞向前移动，第一工作腔油压不能增加，当第二活塞抵住缸体底部时，第一工作腔才能建立起油压，汽车右前轮和左后轮的制动管路实施制动，如图 3-279 所示。

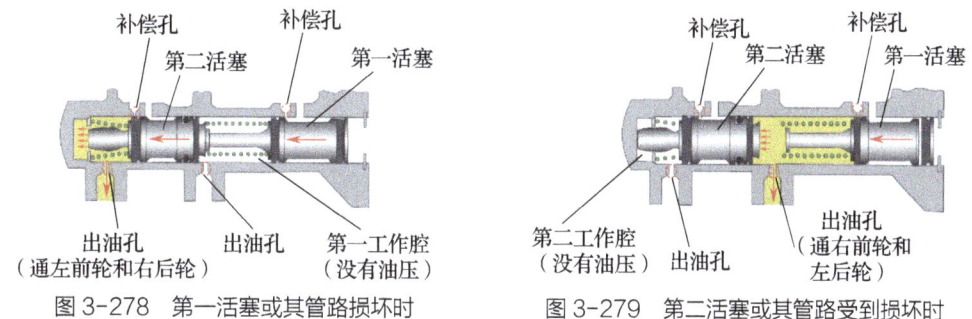

图 3-278 第一活塞或其管路损坏时　　　　图 3-279 第二活塞或其管路受到损坏时

（五）制动控制系统

为了使行驶车辆的速度减速，直到停车，就必须产生使车轮旋转变慢的力。

当驾驶人踩下制动踏板时，车辆不仅要停住，而且必须按照驾驶人的意图实现停车。

例如：制动器必须以需要的减速率使车辆减速而且在紧急制动过程中必须保持相对稳定的行驶状态及实现相对短的制动距离，如图 3-280 所示。

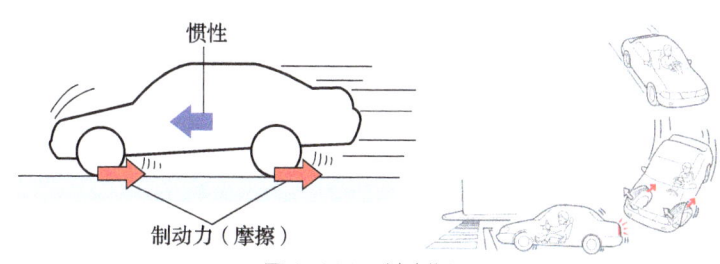

图 3-280 制动作用

随着人们对汽车安全性能提出更高的要求，作为最主要的主动安全控制系统之一的制动控制系统也在不断发展。从最初的防抱死制动系统（Antilock Braking System，ABS），再到在 ABS 基础上研发的驱动防滑系统（Acceleration Slip Regulation，ASR）、电子稳定系统（Electronic Stability Programme，ESP）等。制动控制系统是指运用控制理论与方法对制动装置进行控制，以便达到预期目的的系统。

（1）防抱死制动系统（ABS）

防抱死制动系统是一个制动控制装置，它采用计算机控制自动防止轮胎由于紧急制动而抱死。该系统进一步提高车辆的稳定性和缩短制动的距离，如图 3-281 所示。

因此，即使在突然踩下制动踏板时，轮胎不会锁住，转向盘可以转向，车辆保持受控制状态并可以安全停下。

（2）电子制动力分配（EBD）

EBD 功能与 ABS 整合在一起，用来调节作用在后轮上的制动力。

EBD 控制调节后轮制动管路中的液压，以便制动期间后轮滑转略微低于前轮，这样就使车辆能够以最佳的稳定方式减速，如图 3-282 所示。

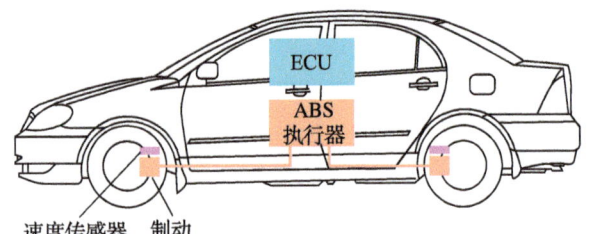

图 3-281 防抱死制动系统（ABS）

图 3-282 电子制动力分配（EBD）

（3）制动助力装置（EBA）

制动助力装置是这样一个系统，驾驶人在制动踏板上没能施加足够的力时该系统帮助制动器工作。对制动踏板施加突然压力被判断作为一次紧急停车并自动产生较大的制动力，如图 3-283 所示。

（4）电子稳定系统（ESP）

ESP 一般需要安装转向传感器、车轮传感器、侧滑传感器、横向加速度传感器等，如图 3-284 所示。ESP 可以监控汽车行驶状态，并自动向一个或多个车轮施加制动力，以保证车子在正常的车道上运行，甚至在某些情况下可以进行每秒 150 次的制动。

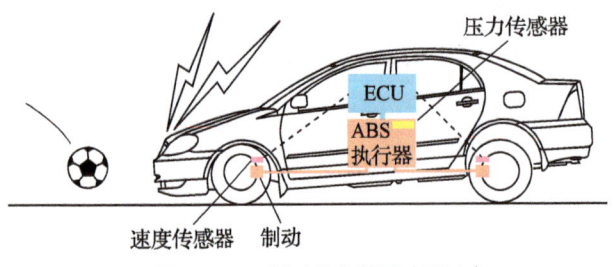

图 3-283 制动助力装置（EBA）

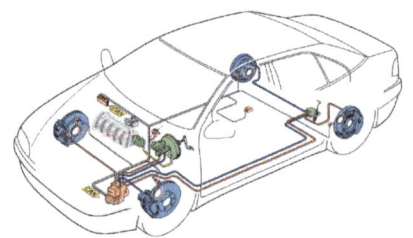

图 3-284 电子稳定系统（ESP）

电子稳定程序也叫动态驾驶控制系统，简单地说它是一种防滑系统。ESP 能够识别车辆不稳定状态，并通过对制动系统、发动机管理系统和变速器管理系统实施控制，从而有针对性地弥补车辆滑动。

（5）驱动防滑系统（ASR）

在滑溜路面等起步或加速时，如果把加速踏板踩下太多，产生的过大转矩会使驱动轮打滑，导致车辆丧失起步／加速的能力和转向控制。当踩下加速踏板时，驱动轮的制动液压控制和通过切断燃油实现的发动机输出控制都会减小驱动力。这样牵引力控制系统（ASR）确保了车辆的起步／加速能力和转向控制，如图 3-285 所示。

（6）主动横摆控制（AYC）

如果驾驶人的行驶方向与车辆实际行驶表现之间的差异超过某一界限，AYC 就会调节发动机扭力（稳定性功能），以便在大多数行驶条件下保持车辆的横向稳定性，如图 3-286 所示。

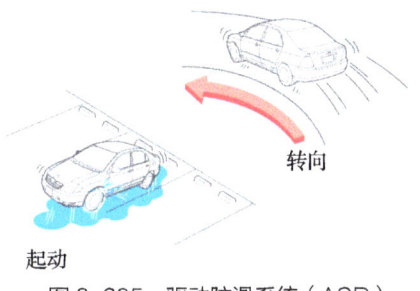
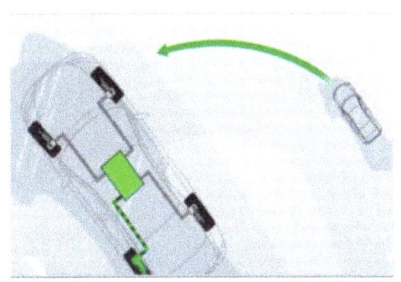

图 3-285　驱动防滑系统（ASR）　　　图 3-286　主动横摆控制（AYC）

AYC 功能还会启动个别制动控制来调节液压单元，在发生打滑时，这些功能就可以使车辆修正过来。

（7）侧滚控制（RSC）

在车辆进行极端闪避行动时，RSC 装置可以抵消一部分侧滚的倾向，提高车身稳定性，如图 3-287 所示。

（8）陡坡缓降控制（HDC）

HDC 功能用于车辆在下坡行驶时帮助驾驶人更加稳定地操纵车辆，如图 3-288 所示。

（9）上坡辅助系统（HAC）

上坡辅助系统（Hill-start Assist Control，HAC），是在 ESP 系统基础上衍生开发出来的一种功能，它可以让车辆在不使用驻车制动器的情况下在坡上起步时，右脚离开制动踏板车辆仍能继续保持制动几秒，这样便可为让驾驶人轻松地将脚由制动踏板转向加速踏板，以防止溜车而造成事故，并且还不会让驾驶人感到手忙脚乱。

车辆在陡峭或光滑坡面上起步时，驾驶人从制动踏板切换至加速踏板车辆将向后下滑，从而导致起步困难。为防止此情况发生，上坡起步辅助控制暂时（最长约 2s）对四个车轮施加制动以阻止车辆下滑，如图 3-289 所示。

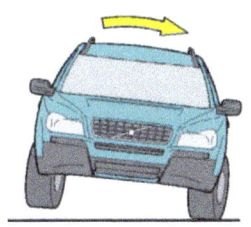   

图 3-287　侧滚控制（RSC）　图 3-288　陡坡缓降控制（HDC）　图 3-289　上坡辅助系统（HAC）

1. 防抱死制动系统（ABS）

ABS 主要由传感器、控制单元、液压调节器、执行器等组成，如图 3-290 所示。它的作用是在汽车制动时，防止车轮抱死而在路面上拖滑，以提高汽车制动过程中的方向稳定性、转向控制能力和缩短制动距离，使汽车制动更为安全有效。

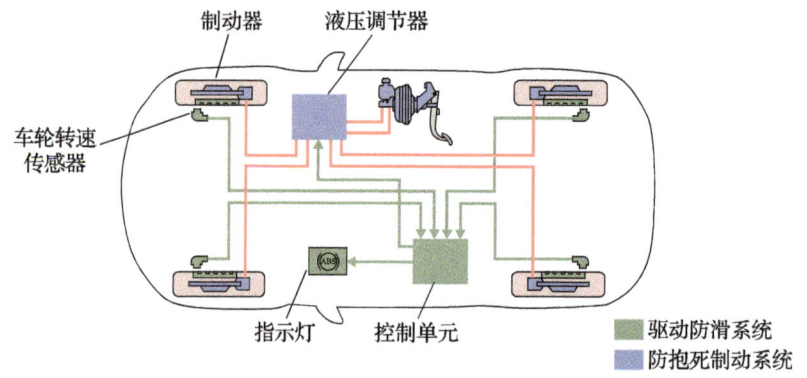

图 3-290　防抱死制动系统（ABS）

（1）组成及基本原理

1）轮速传感器。ABS 轮速传感器主要有电磁感应式和霍尔式两种，其结构原理见表 3-4。

表 3-4　ABS 轮速传感器结构原理

类型		轮速传感器	实物
电磁感应式	结构图		
	构造特性	利用磁通变化产生可变电压，电压的大小正比于轮速的大小，低速时无法提供可靠的轮速信号	
	功用	电磁感应式轮速传感器的功用是用来检测车轮旋转速度的，ABS 电子控制单元根据此信号计算决定是否开始进行防抱死制动控制	
霍尔式	结构图		
	构造特性	利用霍尔原理产生感应电流，该电流的振幅与轮速无关，但频率与转速有关	
	功用	霍尔式轮速传感器的功用是用来检测车轮旋转速度的，ABS 电子控制单元根据此信号计算决定是否开始进行防抱死制动控制	

2）制动液压调节器。制动液压调节器主要由功能装置（ABS泵、储液罐等）、电磁阀等组成，如图3-291所示。它接收电子控制单元的指令，控制串联在制动主缸和制动轮缸之间的电磁阀的电流大小，来实现车轮制动器制动压力大小的控制，以此实施对制动系统实施增压、保压或减压的操作，以便让车轮处于理想的运动状态。

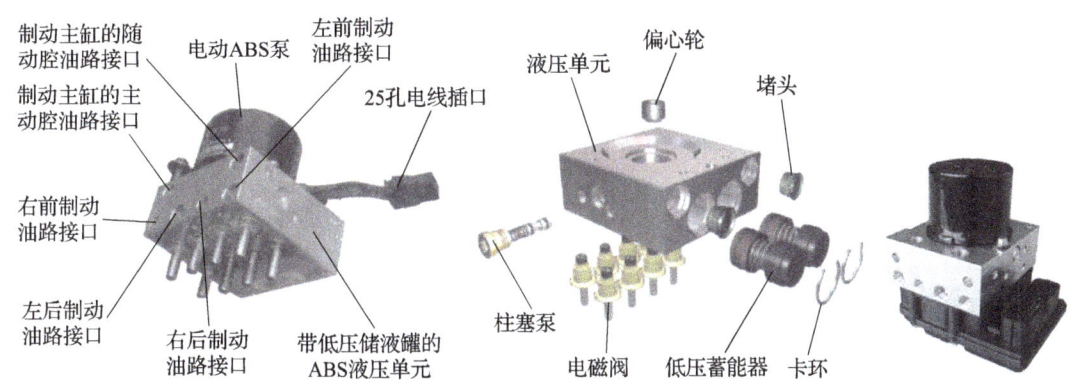

图3-291 制动液压调节器

电磁阀有多种类型，下面以用较为常用的二位二通阀为例介绍其结构原理。

二位二通电磁阀分为常开式和常闭式。它主要包括两个电磁阀，均由阀门、衔铁、电磁线圈、复位弹簧等组成。常态下，二位二通常开式电磁阀阀门在弹簧张力作用下打开，二位二通常闭式电磁阀在弹簧张力作用下闭合。

二位二通常开式电磁阀用于控制制动主缸到制动轮缸的制动液通路，又称为二位二通常开进液电磁阀。二位二通常闭式电磁阀用于控制制动轮缸到储液罐的制动液回路，又称为二位二通常闭出液电磁阀。两个电磁阀配套使用，共同完成ABS工作中对制动压力调节的任务。

（2）ABS工作原理

ABS工作原理：轮速传感器信号传给电子控制单元（ECU），ECU通过运算，计算出车轮的速度、滑移率和汽车减速度，并根据不同车轮的不同工作状态，通过比较、分析和判定，对制动压力调节器发出控制指令，使制动压力调节器中的电磁阀直接或间接控制制动力的大小，使滑移率保持在规定的范围内。其工作过程可分为常规制动、制动压力保持、制动压力下降、制动压力增加四个阶段。

（3）常规制动

如图3-292所示，在正常状态下，当制动踏板被踩下时，制动液压力从制动主缸被传递到调节器总成。制动液从制动主缸出来，然后通过正常打开的进液电磁阀进入每个制动器，在制动器回油路上的出液电磁阀被关闭，因此没有制动液返回制动主缸，此时各制动轮缸的压力随制动主缸的输出压力而变化。

（4）制动压力保持

ECU通过车轮传感器信号感知一个车轮临近抱死时，ABS进入保压过程。ECU给进液电磁阀通电使其关闭，出液电磁阀仍然关闭。此时，制动主缸制动液的压力不再流回制动轮缸，制动轮缸的制动液也不会流出，因此制动器中将保持恒定的制动力，如图3-293所示。

（5）制动压力下降

如果ECU仍然检测到右前轮将要抱死，它将使出液电磁阀通电，出液电磁阀从关闭状态变为打开状态，制动轮缸中的制动液经过蓄压器流向 ABS 泵，再经 ABS 泵流回制动主缸，制动轮缸的制动压力迅速减小，制动钳中的压力开始被解除，如图 3-294 所示。

（6）制动压力增加

如果 ECU 检测到抱死状态已被解除，则压力将需要再次增加，进液电磁阀和出液电磁阀被断电，进液电磁阀被打开，出液电磁阀关闭。此时，电磁阀模式和正常状态的模式相同，制动主缸向制动轮缸补充制动液，制动轮缸中制动压力增大，如图 3-295 所示。

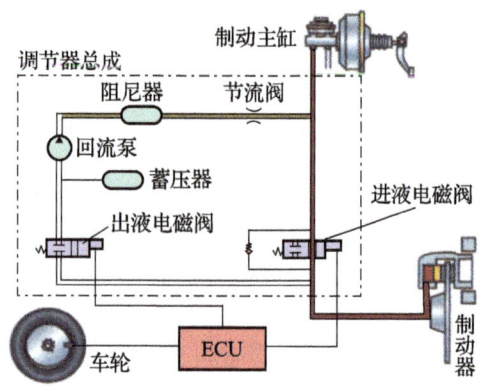

图 3-292　常规制动

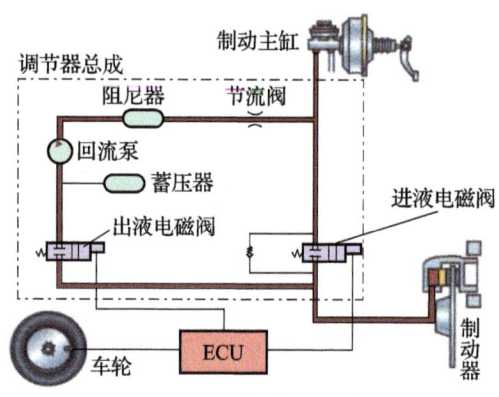

图 3-293　制动压力保持

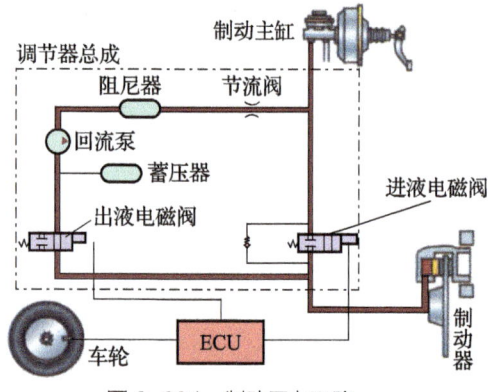

图 3-294　制动压力下降

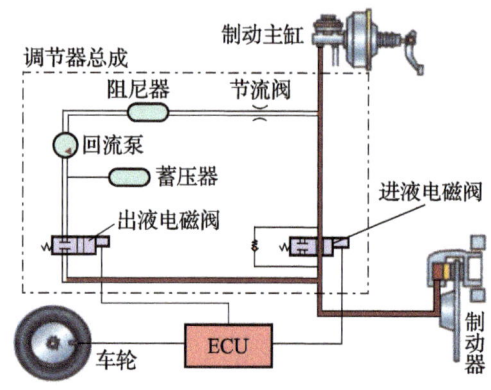

图 3-295　制动压力增加

2. 驱动防滑系统（ASR）

ASR 又称牵引力控制系统，是 ABS 功能的补充和完善。ASR 可独立设立，但大多数与 ABS 组合在一起，常用 ABS/ASR 表示，统称为防滑控制系统。不仅能在制动过程中防止车轮抱死，而且能在驱动过程中（尤其是起步、加速和转弯过程中）防止驱动车轮滑转，以保持汽车驱动过程中的方向稳定性、转向控制能力和加速性能。

（1）ASR 的组成及工作原理

ASR 主要由传感器、电子控制器和执行器组成，如图 3-296 所示。ASR 的传感器主要是轮速传感器，其执行器主

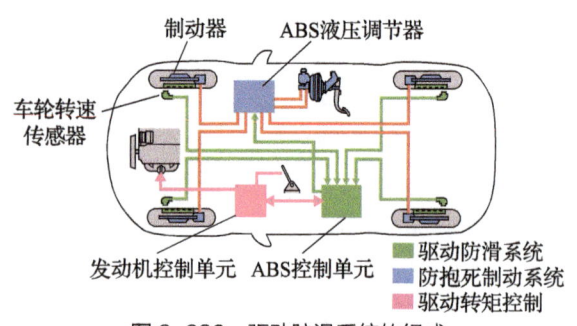

图 3-296　驱动防滑系统的组成

要是制动压力调节器（ABS 液压调节器）和发动机输出功率调节装置。

ASR 在车辆行驶过程中不断检测轮速传感器等的输入信号。在车辆加速过程中，如果检测到驱动轮正向滑转，电子制动控制模块向发动机控制模块（ECM）发出降低转矩请求信号。ECM 采取断缸、延迟点火、改变空燃比或升高变速器档位（由变速器控制模块完成）等措施来降低输出转矩。如果车辆配置了电子节气门，ECM 还可以通过减小节气门开度来降低发动机输出转矩。如果 ECM 无法完全解决驱动车轮滑转现象，ASR 就会主动给滑转的驱动轮施加制动力，阻止驱动轮滑转。此时，动力将通过差速器传递给具有更大附着力的其他驱动轮。ASR 在工作过程中，所有非驱动轮的进液电磁阀都关闭，以确保非驱动轮处于自由滚动状态。

（2）ABS 与 ASR 对比

ABS 与 ASR 对比见表 3-5。

表 3-5　ABS 与 ASR 的对比

相同之处	不同之处	
	ABS	ASR
ASR 和 ABS 都是控制车轮和路面的滑移率，以使车轮与路面之间保持良好的附着力	防止车轮抱死滑移，提高制动效果，确保制动安全	防止驱动车轮原地不动而不停地滑转，在汽车起步、加速及滑溜路面行驶时，确保行驶稳定性
	针对所有车轮	只对驱动车轮起作用
	在制动工作时起作用，车速很低时不起作用	在整个行驶过程中都工作
	控制制动力	控制制动力和发动机输出功率

3.电子稳定程序系统（ESP）

电子稳定程序系统（Electronic Stability Program，ESP）综合了 ABS（防抱死制动系统）、BAS（制动辅助系统）和 ASR（加速防滑控制系统）三个系统，功能更为强大。

它通过对从各传感器传来的车辆行驶状态信息进行分析，然后向 ABS、ASR 发出纠偏指令，来帮助车辆维持动态平衡。ESP 可以使车辆在各种状况下保持最佳的稳定性，在转向过度或转向不足的情形下效果更加明显，如图 3-297 所示。

图 3-297　电子稳定程序系统（ESP）功能示意图

ESP 组合了防抱死制动系统、电子牵引力控制系统、驱动防滑控制系统的基本功能，是一种主动安全系统。汽车在行驶过程中出现侧滑、甩尾或出现明显的转向不足、转向过度引起车辆侧翻倾向时，系统指令 ABS 和 ASR 对发动机输出功率进行控制，并对相关车轮施加制动，及时纠正车辆行驶不稳定的趋势，保证正常的行驶轨迹，避免车辆失控，如图 3-298 所示。

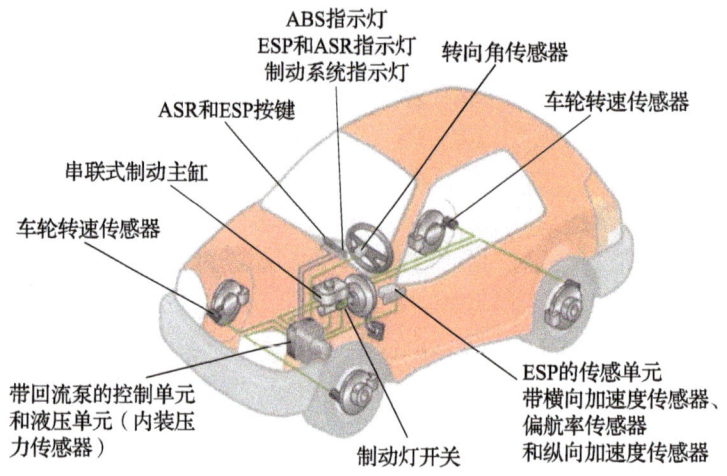

图 3-298 电子稳定程序系统（ESP）作用

（1）ESP 组成

汽车电子稳定程序系统一般主要由传感器（轮速传感器、横向加速度传感器、纵向加速度传感器、横摆率传感器、转向角传感器、制动液压传感器等）、ECU、执行器及警告装置组成，如图 3-299 所示。ESP 可以监控汽车行驶状态，并自动向一个或多个车轮施加制动力，以保证车子在正常的车道上运行，甚至在某些情况下可以进行每秒 150 次的制动。

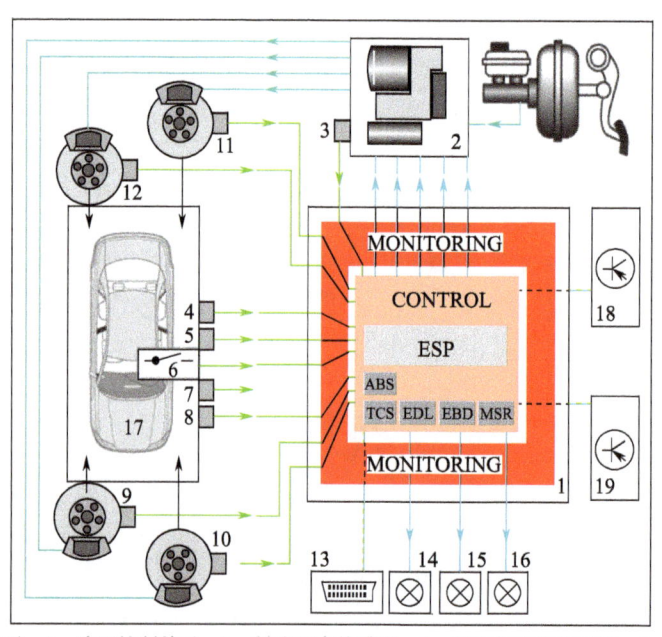

1—ABS 控制单元　2—液压控制单元　3—制动压力传感器　4—侧向加速度传感器　5—横摆率传感器
6—ASR/ESP 按钮　7—转向盘转角传感器　8—制动灯开关　9~12—轮速传感器　13—自诊断
14—制动系统警告灯　15—ABS 警告灯　16—ASR/ESP 警告灯　17—车辆和驾驶状态
18—发动机控制调整　19—变速器控制调整

图 3-299 电子稳定程序系统（ESP）组成

ESP 主要通过设置在车身的传感器获得信号，并由 ECU 进行处理后反馈给控制系统。ESP 传感器还向控制装置提供汽车在任何瞬间的运行状态信息。ESP 主要传感器及其功能见表 3-6。

表 3-6　ESP 主要传感器及其功能

传感器	功能
转向角传感器	监测转向盘旋转角度，帮助确定汽车行驶方向是否正确
轮速传感器	监测每个车轮速度，确定汽车是否打滑
偏航率传感器	记录汽车绕垂直轴线的运动，确定汽车是否打滑
横向加速度传感器	检测汽车转弯时产生的离心力，确定汽车通过弯道时是否打滑
制动液压传感器	检测制动管路内的实际压力信号，从而计算出车轮制动力作用在车上的纵向力

汽车电子稳定程序系统传感器主要包括 4 个轮速传感器、转向盘转角传感器、侧向加速度传感器、横摆角速度传感器、制动主缸压力传感器等，执行部分则包括传统制动系统（真空助力器、管路和制动器）、液压调节器等，电控单元与发动机管理系统联动，可对发动机动力输出进行干预和调整，如图 3-300 所示。

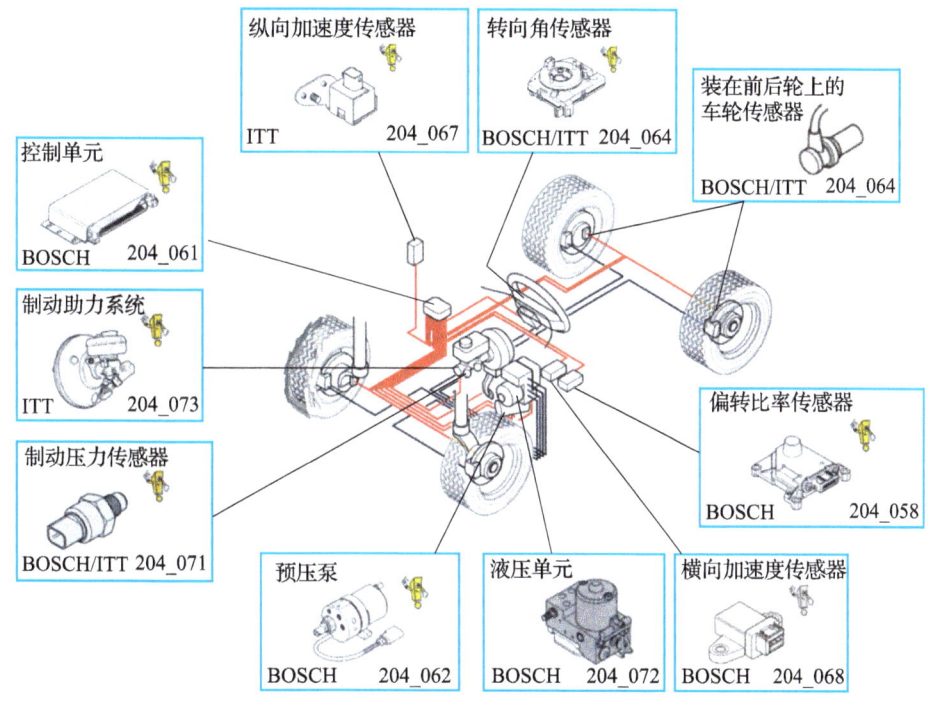

图 3-300　汽车电子稳定程序系统传感器

（2）工作原理

汽车在转弯过程中会出现打滑现象，当前轮出现打滑时产生转向不足，当后轮出现打滑时产生转向过度。当以上两种情况出现时，汽车电子稳定程序系统就开始工作。

ESP 控制系统通过转向角传感器确定驾驶人要求的行驶方向，同时通过轮速传感器和偏航率传感器来计算车辆的实际行驶方向。当 ESP 控制系统检测到车辆行驶轨迹与驾驶人的要求不符时，ESP 控制系统可利用 ASR 控制系统中的发动机转矩减小功能，向发动机控制模块发送一个串行数据通信信号，请求发动机减小输出转矩。如果车辆继续侧向滑移，则 ESP 控制系统将实行主动制动干预。

1）转向不足的调整。车辆行驶在左弯道上，由于转向不足，车辆会冲向弯道外侧，ESP 控制系统将控制电磁阀动作给左后轮施加制动力，由此产生逆时针方向的力矩，使汽车回到正常的轨道上，如图 3-301 所示。

2）转向过度的调整。在同样弯路中行驶，当过度转向使车辆向右甩尾时，ESP 传感器测得车轮滑动，并将信息迅速传送到 ECU，判定车辆为转向过度，马上向 ECM 发出降低转矩信号，然后通过 ASR 对外侧前轮进行有限的制动，由此产生顺时针方向的力矩，使汽车保持在原来正确的行驶轨道内，如图 3-302 所示。

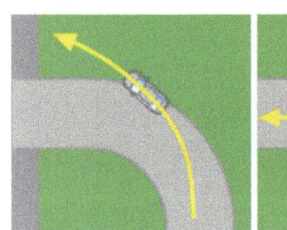

图 3-301 转向不足的调整

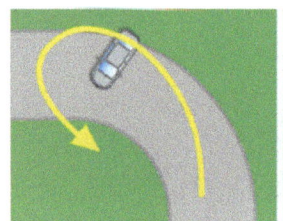

图 3-302 转向过度的调整

（六）电子驻车及自动驻车系统

现代汽车对于机械控制电子化的运用已经越来越广泛，从基本电子方向助力到复杂主动转向比例控制，这些以往都是采用液压以及机械控制为主的部分，也逐渐向电子化控制靠拢，驾驶人能通过直接机械连接来自主控制的部分已经越来越少了。

电子驻车系统（Electrical Park Brake，EPB）通过内置在其 ECU 中的纵向加速度传感器来测算坡度，从而可以算出车辆在斜坡上由于重力而产生的下滑力，ECU 通过电动机对后轮施加制动力来平衡下滑力，使车辆能停在斜坡上。当车辆起步时，ECU 通过离合器踏板上的位移传感器以及电子节气门的大小来测算需要施加的制动力，同时通过高速 CAN 与发动机 ECU 通信来获知发动机牵引力的大小。ECU 自动计算发动机牵引力的增加，相应地减小制动力。当牵引力足够克服下滑力时，ECU 驱动电动机解除制动，从而实现车辆顺畅起步。

电子驻车及自动驻车系统将机械式驻车制动系统的驻车制动拉杆变成了电子按钮，制动盘和制动片的压紧力不是来自驾驶人的作用力，而是来自电动机产生的转矩，并通过机械传动机构使制动盘与制动片压紧。电子驻车及自动驻车系统由电子控制器根据相关传感器和开关信号来判断是否需要驻车制动，或解除驻车制动，一般还有坡道起步辅助、动态紧急制动、自动驻车功能，如图 3-303 所示。

图 3-303 电子驻车按钮

1. 电子驻车和自动驻车系统的组成及基本工作原理

电子驻车及自动驻车系统主要由离合器位置传感器、驻车制动按钮、自动保持开关、电子控制单元、ABS 控制单元、后轮制动执行器等组成，如图 3-304 所示。

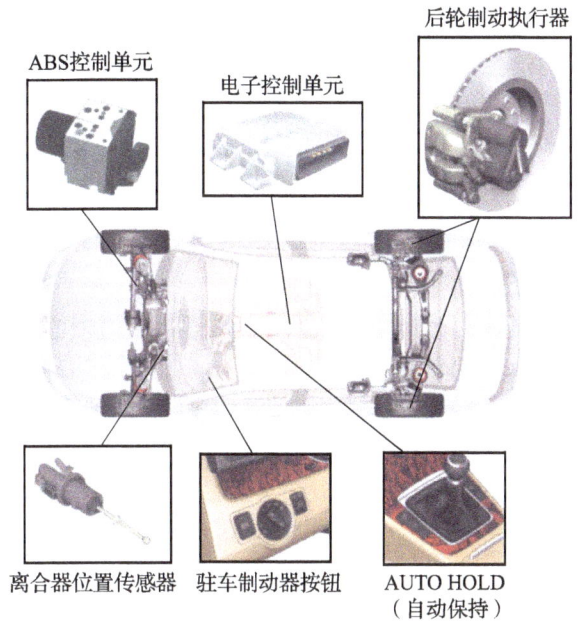

图 3-304 电子驻车系统

（1）后轮制动器

1）构造。电子驻车制动系统的后轮制动执行器由制动电动机、多级变速器、制动活塞、斜盘式齿轮等组成，并集成在制动钳中。按下驻车制动器按钮时，通过制动电动机、多级变速器及螺杆传动，推动制动活塞将制动片压靠在制动盘上，如图3-305所示。

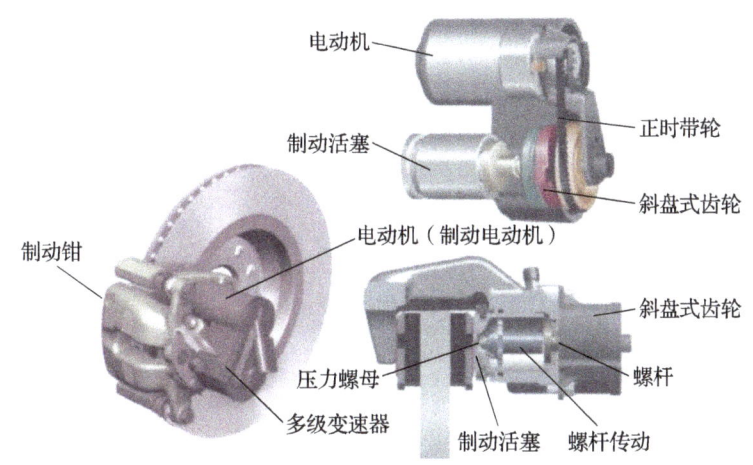

图 3-305 后轮制动执行器

斜盘齿轮直接传动螺杆，将电动机的旋转运动转换为直线运动。螺杆的传动方向决定压力螺母向前或向后移动。压力螺母在制动活塞中有纵向定位件，这意味着它只能做轴向运动，制动活塞的内部结构和压力螺母的外部结构可防止螺母发生扭转，螺杆机构是一个自锁结构，一旦启用电子驻车制动，即使没有供给电流，系统也会保持锁止状态。

2）工作原理。按下驻车制动器按钮，电子驻车制动器控制单元会起动电动机。电动机通过传动带（或齿轮）、斜盘式齿轮传动给螺杆。螺杆转动，使得螺纹上的压力螺母向前移动。压力螺母移动到制动活塞上，并将其压向制动片，如图3-306所示。

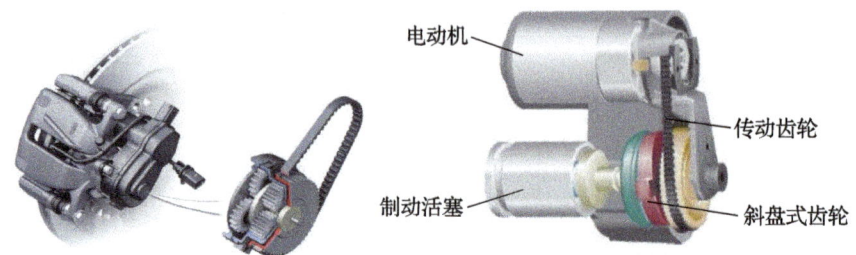

图 3-306 驻车制动器工作原理

制动片从另一侧压制动盘,此时电动机的耗电量升高,电子驻车制动器控制单元全程测量电动机的耗电量,当耗电量超过一定值时,控制单元切断对电动机的供电。

释放驻车制动器按钮时,螺杆上的压力螺母向后移动。制动活塞被松开并缩回,制动片离开制动盘。

电子驻车制动器的使用方法也是大同小异,都是通过一个按键来启动或关闭驻车制动器功能。启动电子驻车制动器可以在车辆任何状况下进行启动,即使在行进过程中误按,由于加速踏板还处在工作位置所以电子驻车制动器功能也会立即关闭;如果在紧急制动过程中按下,大部分电子驻车制动器系统都会额外提供更强的制动力来辅助,部分车型更具有电子制动力分布以及限速制停的功能。

其工作原理与机械式驻车制动器相同,均是通过制动盘与制动片产生的摩擦力来达到控制停车制动,只不过控制方式从之前的机械式驻车制动器拉杆变成了电子按钮,如图3-307 所示。

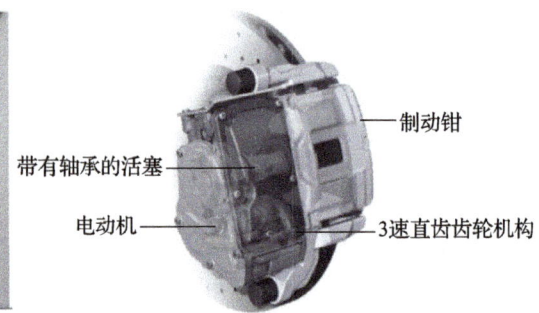

图 3-307 大众电子驻车系统

制动轮缸活塞在执行驻车任务时,是由伺服电动机驱动的,电动机由 PBM(驻车制动模块)控制。电动机总成包括了一台电动机、一个齿轮箱和一根压在制动片上的转轴,如图 3-308 所示。电子式盘式驻车制动器如图 3-309 所示。

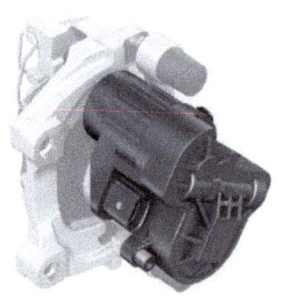

图 3-308 电动机总成　　　图 3-309 电子式盘式驻车制动器

电动机总成由两级蜗轮蜗杆传动装置产生减速比,在第二级能实现所需的自锁效应。在装配驻车电动机时,制动钳的螺杆被插入第二级传动装置的正齿轮中。螺杆和正齿轮通过内、外星形螺栓连接。螺杆是滚珠螺杆传动装置的组成部分,并位于制动钳内。螺杆借助于螺杆螺母,压在制动活塞的内端面上。

正齿轮由电动机驱动,将旋转运动传递到螺杆上。螺杆在转动的同时,使压块纵向运动。根据旋转方向的不同,压块会向制动活塞顶部或朝相反方向运动,从而将制动活塞压向制动摩擦片(制动位置)或将其推离制动摩擦片(制动松开位置),如图 3-310 所示。

制动和松开制动的控制方式与其他奥迪车型上的 EPB 系统相似。在最大张紧力达到 17.5kN 的情况下,系统会通过电流控制(最大约 12A)的形式

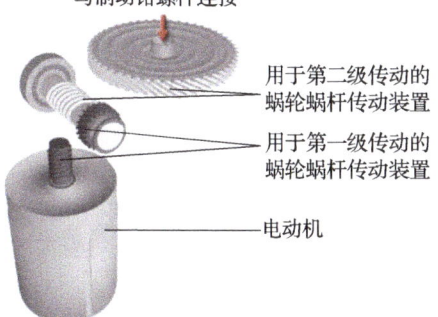

图 3-310 两级蜗轮蜗杆传动装置

切断系统。控制单元内部有一个温控模块,它会在车辆停止的状态下计算出制动盘和制动摩擦片的冷却情况,并在必要时暂时起动电动机,继续将驻车制动器张紧最多三次。施加驻车制动时,电动机提供的扭力通过一根转轴转换成压力。转轴压在活塞上,使制动片接合。当至电动机的电流断开(车辆驻停)时,轴上的自锁螺纹会维持住制动压力,如图 3-311 所示。当驻车制动松开时,转轴回转,柱塞将压力释放,如图 3-312 所示。

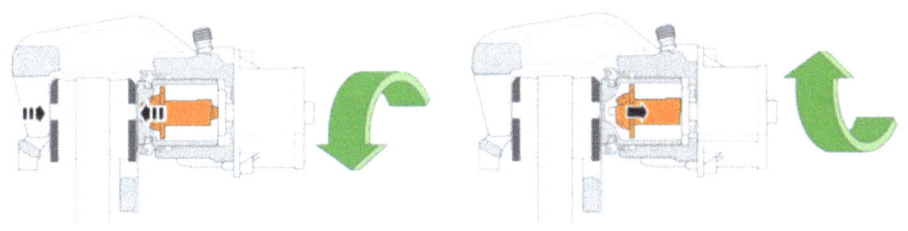

图 3-311　施加驻车　　　　　图 3-312　释放驻车

(2)离合器位置传感器

离合器位置传感器用卡箍固定在离合器主缸上,该传感器监测离合器踏板的动作。当踩下离合器踏板时,推杆推动主缸的活塞。离合器踏板及离合器位置传感器如图 3-313 所示。

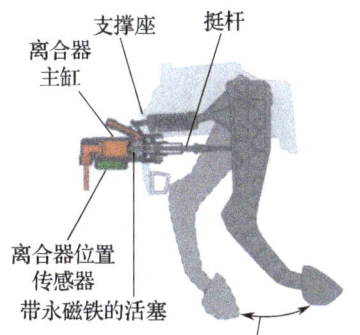

图 3-313　离合器踏板及离合器位置传感器

离合器位置传感器的结构如图 3-314 所示。

当踩下离合器踏板时，挺杆头和挺杆起沿离合器位置传感器方向被推动。活塞最前端有一块永磁铁。3 个霍尔式传感器排成一排，集成在离合器位置传感器极板中。永磁铁一经过霍尔式传感器，电子机构便会向相应的控制单元发送信号，如图 3-315 所示。

霍尔式传感器 1 是一个数字传感器，它将电压信号发送到 ECM，该信号用于关闭巡航控制系统。

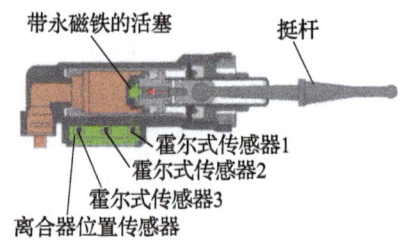

图 3-314 离合器位置传感器的结构

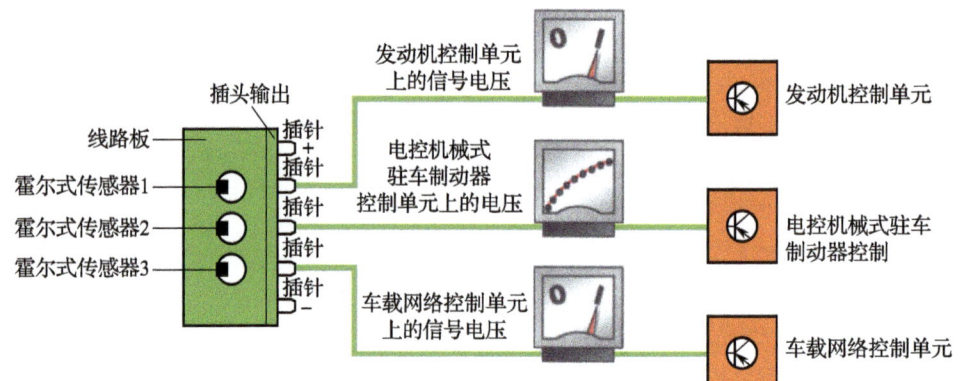

图 3-315 霍尔式传感器信息

霍尔式传感器 2 是一个模拟传感器，它将一个频宽可调脉冲信号发送给电子驻车控制单元，以便监测到离合器踏板的准确位置，控制单元可在动态起步时计算出驻车制动的最佳解除时间点。

霍尔式传感器 3 是一个数字传感器，它将电压信号发送到车载网络控制单元。控制单元监测的是离合器踏板是否被踩下。只有在踩下离合器踏板后，才可起动发动机（互锁功能）。

（3）电控单元

所有控制和诊断任务都在电子驻车制动单元进行，如图 3-316 所示。电子驻车控制单元有两个处理器，并通过一条专用的 CAN 数据总线与 ABS 控制单元相连接。电子驻车控制单元中集成了一个传感器单元，它由横向加速度传感器、纵向加速度传感器以及偏转率传感器组成。来自传感器单元的信号被应用于电子驻车制动和 ESP 控制功能。

图 3-316 电子驻车制动单元

（4）制动踏板位置传感器

若汽车采用自动变速器，便取消了离合器，因而使用制动踏板位置传感器来代替离合器位置传感器，驻车制动控制单元根据制动踏板的位置信号、加速踏板的位置信号以及发动机转矩来进行控制。

2. 电子驻车和自动驻车系统工作过程

（1）驻车制动工作过程

1）按下驻车制动开关把信号输入电子驻车制动控制单元。

2）电子驻车制动控制单元通过专用 CAN 数据总线与 ABS 控制单元互通信息并确定车速低于 7km/h。

3）电子驻车制动系统起动两个后车轮制动器制动电动机，实现电控机械式制动。

4）再次按下驻车制动开关并踩下制动踏板，后轮驻车制动器解除制动或电子驻车制动控制单元满足一定条件后自动解除制动。

（2）坡道起步功能工作过程

1）车辆静止，电子驻车制动控制单元根据所有参数（车辆倾斜角度、发动机转矩、加速踏板位置、离合器操纵或选择的前进档位）进行分析后，接通电子驻车制动系统。驾驶人起动车辆，选择1档并且踩下加速踏板。

2）控制单元根据所有参数计算出斜坡角度输出转矩。

3）如果车辆实际输入转矩大于由控制单元计算出的斜坡输出转矩，控制单元起动两个后车轮制动器的制动电动机。

4）后车轮驻车制动器电控机械式制动解除，车辆起步，起步过程中车轮不会向后滚，也不会向前猛冲。

（3）动态紧急制动功能工作过程

1）按住驻车制动开关。

2）电子驻车制动控制单元与 ABS 控制单元互通信息确定车速是否超过 7km/h。

3）ABS 控制单元起动 ABS 泵，并在液压管路中建立液压制动压力，液压管路与4个车轮制动器连接，车辆被制动。

4）若松开驻车制动开关或操纵加速踏板，控制单元将解除车辆驻车制动。

（4）自动驻车（Auto Hold）功能工作过程

1）按下 Auto Hold 按键。车辆静止，并且通过4个车轮制动器液压制动。根据车辆倾斜度，ABS 控制单元计算出必需的液压压力并进行调整。

2）3min 后，制动方式由液压式转换成了电控机械式。ABS 控制单元将计算出的制动力矩传递给4个车轮制动器。

3）电子驻车控制单元起动两个后轮制动器制动电动机，使制动方式转为电控机械式，同时制动压力自动降低。

4）当车辆需要起步时，控制单元会根据发动机转矩、加速踏板位置、离合器位置信号，自动解除自动驻车功能。

拓展阅读

新时代的"工匠精神"

新时代的"工匠精神"的基本内涵主要包括爱岗敬业的职业精神、精益求精的品质精神、协作共进的团队精神、追求卓越的创新精神这四个方面的内容。其中，爱岗敬业的职业精神是根本，精益求精的品质精神是核心，协作共进的团队精神是要义，追求卓越的创新精神是灵魂。

爱岗敬业的职业精神。爱岗敬业，是爱岗和敬业的合称，二者互为表里，相辅相成。爱岗是敬业的基础，而敬业是爱岗的升华。具体来说，所谓"爱岗"，就是要干一行，爱一行，热爱本职工作，不能见异思迁，站在这山望那山高。所谓"敬业"，就是要钻一行，精一行，对待自己的工作，要勤勤恳恳、兢兢业业、一丝不苟，认真负责。

精益求精的品质精神。顾名思义，精益求精，是指一件产品或一种工作，本来做得很好了、很不错了，但还不满足，还要做得更好，达到极致。"精益求精的品质精神"是"工匠精神"的核心，一个人之所以能够成为"工匠"，就在于他对自己产品品质的追求，只有进行时，没有完成时，永远在路上；他不惜花费大量的时间和精力，反复改进产品，努力把产品的品质从99%，提升到99.9%、再提升到99.99%。对于"工匠"来说，产品的品质只有更好，没有最好。

协作共进的团队精神。如果说"爱岗敬业的职业精神""精益求精的品质精神"是传统的"工匠精神"中具有的内涵，那么，"协作共进的团队精神"则主要体现于新时代的"工匠精神"之中。与传统工匠不同，新时代工匠尤其是产业工人的生产方式已不再是手工作坊，而是大机器生产，他所承担的工作，只是众多工序中的一小部分。比如"复兴号"列车，一列车厢就有三万七千多道工序，这三万七千多道工序，一个人是不可能完成的，必须由车间或班组亦即团队协作来完成。团队需要的是"协作共进"，而不是各自为战。因此，"协作共进的团队精神"是现代"工匠精神"的要义。所谓"协作"，就是团队成员的分工合作；所谓"共进"，就是团队成员的共同努力、共同进步。

追求卓越的创新精神。和"协作共进的团队精神"一样，"追求卓越的创新精神"也是新时代"工匠精神"的内涵之一，甚至是新时代"工匠精神"的灵魂。传统的"工匠精神"强调的是继承，祖传父、父传子、子传孙，是传统工匠传承的一种主要方式，而新时代的"工匠精神"强调的则是在继承基础上的创新。因为只有在继承基础上的创新，才能跟上时代前进的步伐，推动产品的升级换代，以满足社会发展和人们日益增长的对美好生活的需要。有无"追求卓越的创新精神"，是判断一个工人能否称之为新时代"工匠"的一个重要标准。

当前，我国正处在从工业大国向工业强国迈进的关键时期，培育和弘扬严谨认真、精益求精、追求完美的工匠精神，对于建设制造强国具有重要意义。而只有对新时代"工匠精神"的基本内涵形成共识，才能树匠心、育匠人，为推进中国制造的"品质革命"提供源源不断的动力。

任务评价

1. 离合器的功用是什么？
2. 简述离合器的基本组成和工作原理。
3. 简述膜片弹簧离合器的结构特点及工作原理。
4. 自动变速器的主要特点有哪些？
5. 自动变速器齿轮变速机构中离合器的作用是什么？
6. 自动变速器齿轮变速机构中制动器的作用是什么？
7. 你知道车轮是如何安装在车上的吗？
8. 你知道麦弗逊悬架有什么功能特点吗？除了麦弗逊悬架，现代汽车上还有哪些类型的悬架？
9. 汽车悬架中有哪些元件属于弹性元件？

10. 减振器的作用是什么？减振器有哪几种类型？
11. 齿轮齿条式的工作原理是什么？
12. 转向传动机构包括哪些元件？
13. 你知道制动警告灯何种状态是正常的吗？
14. 制动盘的跳动量如何检查？
15. 你知道轿车上驻车制动的检查方法吗？
16. 更换制动片时，应注意哪些细节？

课堂练习

一、填空题

1. 汽车悬架的技术状况对汽车的 _____、_____ 和 _____ 等多种使用性能都有很多大影响；
2. 汽车悬架一般由_____、_____、_____、_____ 和横向稳定杆组成。
3. 弹性元件，顾名思义就是起缓冲作用的部件，其中比较常见的就是_____、_____ 和_____。
4. 减振器上端与车身或者车架相连，下端与车桥相连。当轿车在不平坦路上行驶，车身会发生振动_____、_____ 和_____ 来消耗振动的能量。
5. 横向稳定杆主要由 _____、_____ 和 _____ 组成，支座固定在车身上，稳定杆两端通过连杆与下摆臂相连。

二、不定项选择题

1. 离合器中直接用螺栓紧固到飞轮上的部件是：
   A. 压盘　　　B. 从动盘　　　C. 膜片弹簧　　　D. 离合器盖
2. 离合器中能吸收发动机扭转振动的部件是：
   A. 摩擦片　　　　　　　　　　B. 两片摩擦片中间的钢片弹簧
   C. 圆周方向的减振弹簧　　　　D. 膜片弹簧
3. 当离合器踏板踩到底时，以下说法正确的是：
   A. 分离轴承推压膜片弹簧　　　B. 压盘压紧从动盘
   C. 从动盘与飞轮分离　　　　　D. 变速器输入轴空转（自由运转）
4. 汽车行驶中，在垂直方向振动时产生异响，下列哪一项可能产生此故障：
   A. 横拉杆球头连接松旷　　　　B. 悬架弹簧垫块磨损
   C. 胎压不足　　　　　　　　　D. 车轮外倾角不对
5. 汽车悬架系统中的横向稳定杆什么时候起作用：
   A. 车身上下振动　　　　　　　B. 汽车转弯
   C. 车身纵向振动　　　　　　　D. 以上都不正确
6. 关于汽车减振器，以下说法正确的是：
   A. 减振器承担一部分车身质量
   B. 减振器阻尼减弱后车身高度降低
   C. 减振器将机械能转变为热能
   D. 以上都不正确

7. 在下列选项中，为独立悬架汽车非簧载质量的是：
   A. 轮胎　　　　B. 驱动桥　　　　C. 车身　　　　D. 变速器
8. 下列选项中属于独立悬架特点的是：
   A. 结构较简单，成本较低
   B. 非簧载质量大，不利于提高汽车车轮的附着性
   C. 允许前轮有大的跳动空间，有利于转向，便于选择软的弹簧元件使平顺性得到改善
   D. 以上都不正确
9. 下列选项中属于非独立悬架与独立悬架区别的是：
   A. 独立悬架两侧车轮分别独立地与车架（或车身）弹性连接，当一侧车轮受冲击，其运动直接影响到另一侧车轮，非独立悬架特点与之相反
   B. 非独立悬架，两侧车轮安装于一整体式车桥上，当一侧车轮受冲击力时不会直接影响到另一侧车轮，独立悬架特点与之相反
   C. 非独立悬架，两侧车轮安装于一整体式车桥上，当一侧车轮受冲击力时会直接影响到另一侧车轮，独立悬架特点与之相同
   D. 独立悬架两侧车轮分别独立地与车架（或车身）弹性连接，当一侧车轮受冲击，其运动不直接影响到另一侧车轮，非独立悬架特点与之相反
10. 液压助力转向系统包括：
    A. 转向助力油泵　　　　　　B. 转向助力油罐
    C. 液压助力转向器　　　　　D. 液压助力散热油管
11. 转向助力油罐的作用包括：
    A. 储存油液　　　　　　　　B. 过滤油液
    C. 减缓回流油的流速　　　　D. 防止油液温度过高
12. 使用制动液检测仪时，黄灯表示的含义是：
    A. 合格　　　　　　　　　　B. 近似合格
    C. 不合格　　　　　　　　　D. 仪器故障

第四章
电气系统总体构造与工作原理

工作目标

知识目标
- 能掌握电源系统工作原理。
- 能掌握和理解照明系统作用和类型。
- 能掌握和理解仪表系统作用和类型。
- 能掌握和理解辅助电器设备作用和类型。
- 能掌握空调系统作用和类型。
- 能掌握 SRS 被动安全系统总体构成。

技能目标
- 能正确指认电气系统各部件名称。
- 能正确分析电气系统各部件工作过程。
- 能结合电气系统的组成,讲述电路的走向。
- 能分析空调系统故障原理及排除方法。
- 能识别出不同类型的被动安全系统。

素养目标
- 培养学生独立完成任务的品格素质、技能素质以及综合素质。
- 养成团队协作精神,共同完成维修任务。
- 能够相互尊重地沟通交流。
- 养成主动思考、自主学习的习惯。
- 及时发现问题、分析问题、解决问题、总结问题。
- 能够用自己的快乐感染他人。

  大家都知道现代汽车的技术很先进、很智能化,从新闻、网络、电视等媒体都会有所了解,在日常生活中也看到了很多种品牌、不同型号的汽车,那么这些车都有哪些不同呢?我们从外观可以看到汽车有很多灯,汽车的玻璃可以自动升降,从车内可以享受空调、听音乐、看视频,还可以感受到汽车的座椅可以电动调节等等。

  本次活动将帮助你解答这些疑惑,让你认识汽车的电器总体构造和汽车电器构造和工作原理,从而加深对汽车电器的认识,为学习汽车专业知识打下基础。

知识引导

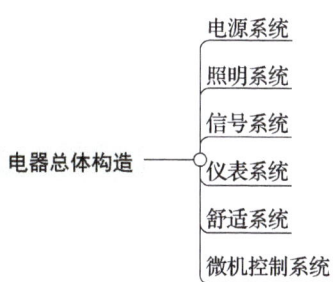

  汽车电器设备种类和数量繁多,按照各电器设备的作用归纳起来主要有以下六个子系统。

1. 电源系统

电源系统也称为充电系统，包括蓄电池、发电机、调节器及充电指示装置。其主要作用是给汽车各用电设备提供低压直流电能，如图 4-1 所示。

2. 照明系统

照明系统包括汽车内外各种照明灯及其控制装置，用来保证夜间行车安全，如图 4-2 所示。

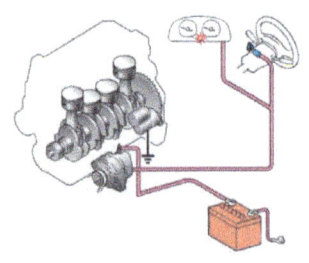
图 4-1　电源系统

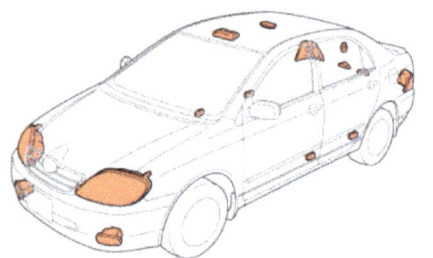
图 4-2　照明系统

3. 信号系统

信号系统包括声、光信号及各种行车信号标识灯，用来保证车辆运行时的人车安全，如图 4-3 所示。

图 4-3　信号系统

4. 仪表系统

仪表系统包括各种电器仪表（冷却液温度表、燃油表、车速及里程表、发动机转速表等），用来显示汽车的运行参数，如图 4-4 所示。

5. 舒适系统

舒适系统也称为辅助电气系统，包括刮水器、空调、低温起动预热装置、收音机、点烟器、玻璃升降器等。其作用是给驾乘人员提供舒适的乘坐环境，如图 4-5 所示。

图 4-4　仪表系统

图 4-5　舒适系统

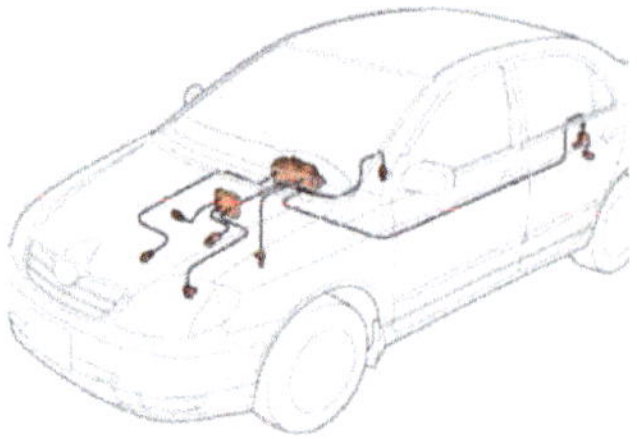

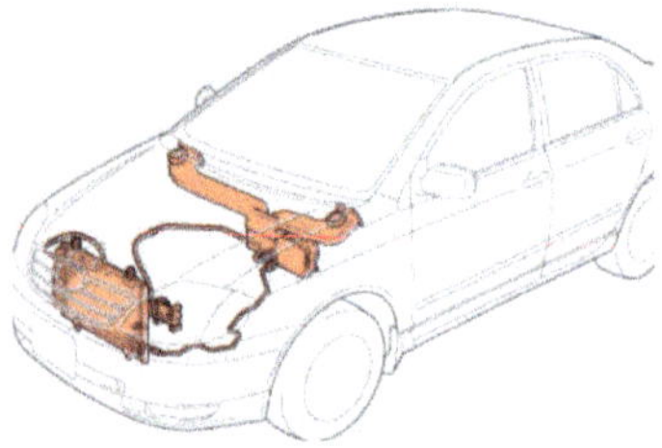

6. 微机控制系统

微机控制系统包括汽车的动力传动控制、底盘行驶控制、车身控制和通信控制等，随着现代汽车技术的发展，各控制系统构成了汽车局域网络，如图4-6所示。其作用主要是解决目前汽车使用所面临的安全、环保、能源问题，并提高行驶汽车的动力性、舒适性。

汽车电器设备具有以下四个共同特点：

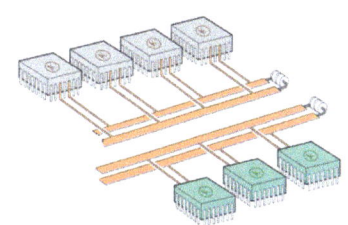

图4-6 微机控制系统

1）两个电源。蓄电池和发电机，汽车所有设备均与蓄电池、发电机并联。发电机为主电源，主要提供汽车运行时各用电设备用电；蓄电池为辅助电源，主要供起动机用电。

2）低压直流。现代汽油机用12V，柴油机用24V，由于汽车用电设备增多，42V电源的研发已经在进行。

3）并联单线。汽车用电设备均采用并联电路，从电源到用电设备只用一根导线，汽车车身作为一根共用导线。安装在钣金件上、挂车上或非金属车厢板上的电器设备则一般采用双线制。

4）负极搭铁。为减少蓄电池电缆铜端子在车架、车身连接处的电化学腐蚀，提高搭铁可靠性，统一标准，便于汽车电子设备的生产、使用和维修，规定汽车电气系统采用单线制时，必须统一采用电源负极搭铁。

相关知识

一、电源系统

汽车必须自备有效且高度可靠的能源，为需要用电的起动机、点火和燃油喷射系统、电子设备等提供电能，当发动机停止工作时，这些由蓄电池负责；当发动机运行时，发电机就成为车上的"发电厂"，其任务是为车上所有的用电设备和系统供电并为蓄电池充电，如图4-7所示。

蓄电池是汽车电气系统的心脏。在汽车上，蓄电池的主要作用是在起动发动机时向起动机供电。蓄电池必须要有足够的电流和电压才能保证起动机的正常运转和用电设备的稳定工作。其在起动时消耗的电能将由发电机在随后对其充电慢慢补充回来。

（一）电源系统的功能

为了能安全舒适地驾驶，车辆装有许多电器装置。车辆不但在行驶时要用电，停车时也用电。车辆充电系统（主要是发电机）向所有的电器设备供电并对蓄电池充电，如图4-8所示。

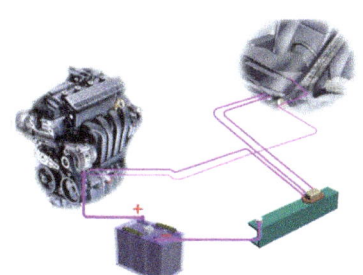

图4-7 电源系统

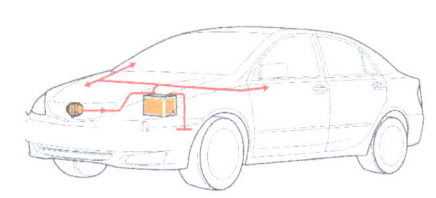

图4-8 发电机向所有的电器设备供电并对蓄电池充电

充电系统主要包括以下设备：

1. 发电机

在发动机运行时，发电机发出相当于车辆所有电器设备和蓄电池所需的电量，如图4-9所示。

2. 调节器（装在发电机内）

这是一种调节发电电压的装置，使电压即使在发动机转速改变时或流到电器装置的电流量发生波动时也能保持稳定，如图4-10所示。

3. 蓄电池

当发动机停机或发电机不发电时，它是电源，它向电器装置供电来起动发动机。一旦发动机开始运行，发电机即对蓄电池充电，如图4-11所示。

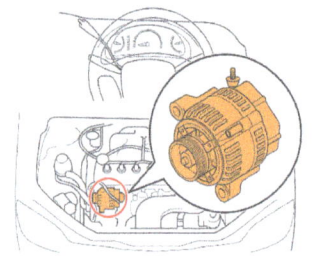 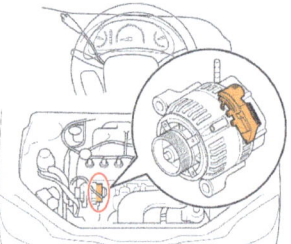 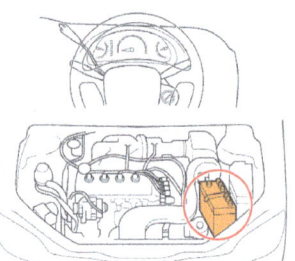

图4-9 发电机　　　　　图4-10 调节器　　　　　图4-11 蓄电池

4. 充电警告灯

此灯通知充电系统有故障，如图4-12所示。

5. 点火开关

它可以起动发动机，使发电机发电，如图4-13所示。

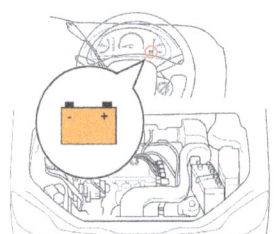 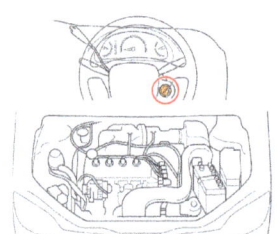

图4-12 充电警告灯　　　　　图4-13 点火开关

（二）蓄电池

将化学能转换成电能的装置叫化学电池，一般简称为电池。放电后，能够用充电的方式使内部活性物质再生——把电能储存为化学能；需要放电时再次把化学能转换为电能。将这类电池称为蓄电池，也称二次电池。

蓄电池是将化学能直接转化成电能的一种装置，是按可再充电设计的电池，通过可逆的化学反应实现再充电，通常是指铅酸蓄电池，它是电池中的一种，属于二次电池。它的工作原理：充电时利用外部的电能使内部活性物质再生，把电能储存为化学能，需要放电时再次把化学能转换为电能输出。

它用填满海绵状铅的铅基板栅（又称格子体）作负极，填满二氧化铅的铅基板栅作正极，并用密度 1.26~1.33g/mL 的稀硫酸作电解质。电池在放电时，金属铅是负极，发生氧化反应，生成硫酸铅；二氧化铅是正极，发生还原反应，生成硫酸铅。电池在用直流电充电时，两极分别生成单质铅和二氧化铅。移去电源后，它又恢复到放电前的状态，组成化学电池。铅酸蓄电池能反复充电、放电，它的单体电压是 2V，电池是由一个或多个单体构成的电池组，简称蓄电池，最常见的是 6V、12V 蓄电池，其他还有 2V、4V、8V、24V 蓄电池。如汽车上用的铅酸蓄电池是 6 块单体电池串联成 12V 的电池组，如图 4-14 所示。

1. 蓄电池的功能

蓄电池是汽车用电设备的基础电源，是汽车上重要的组成零件，如图 4-15 所示。

（1）供电

发动机起动时，向起动机和点火系统供电；发电机不发电或电压较低时，向用电设备供电；当发电机超载时，可以协助发电机向用电设备供电，如图 4-16 所示。

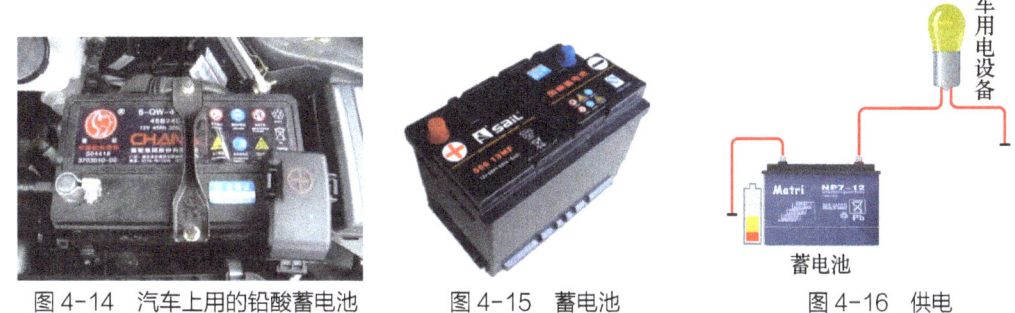

图 4-14　汽车上用的铅酸蓄电池　　图 4-15　蓄电池　　图 4-16　供电

（2）储电

当发电机的发电电压高于蓄电池的电压时，蓄电池会将一部分电能转化为化学能储存起来，如图 4-17 所示。

（3）稳压

蓄电池相当于一个较大的电容，具有稳定系统电压的作用。当发电机发电电压过高，或者前照灯等用电设备出现过高的感应电压时，蓄电池可以吸收这些电压波动，起到稳压的作用。**注意：蓄电池的稳压作用有限，过大的电压会造成电器元件损坏**，如图 4-18 所示。

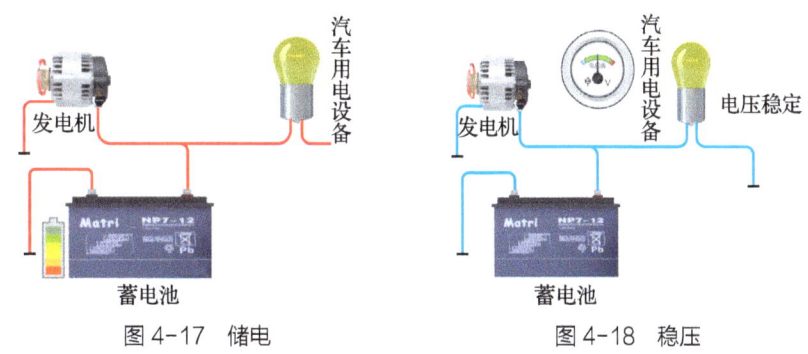

图 4-17　储电　　图 4-18　稳压

2. 起动型铅酸蓄电池的结构

起动型铅酸蓄电池由 3 块或 6 块单格电池串联而成，如图 4-19 所示。每块单格电池电压约为2V,串联成6V或12V以供汽车选用。

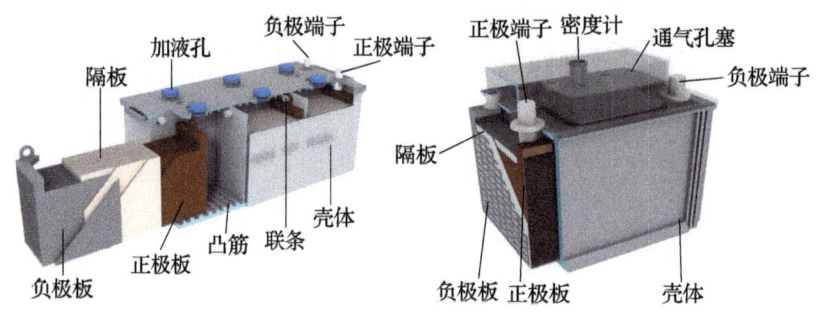

图 4-19　起动型铅酸蓄电池

3. 蓄电池的工作原理

蓄电池的充电过程和放电过程是一种可逆的化学反应。

（1）放电过程

当正、负极板间电路形成后,蓄电池将开始放电产生电流。正极板上,二氧化铅（PbO_2）结合电解液中的硫酸发生化学反应,生成硫酸铅（$PbSO_4$）和水；负极板上,铅（Pb）和硫酸反应生成硫酸铅（$PbSO_4$）,放电使正极板和负极板都变成硫酸铅（$PbSO_4$）,由于放电生成的水的稀释作用以及硫酸被消耗而减少,造成硫酸的浓度降低,电解液大部分是水,冬天会有结冰的危险,如图4-20所示。

（2）充电过程

当充电后,硫酸会离开正、负极板,返回电解液,正极板上还原成PbO_2,负极板上是海绵状的纯铅,硫酸增加,水减少,电解液相对密度可恢复到放电前比较理想的状态,如图4-21所示。

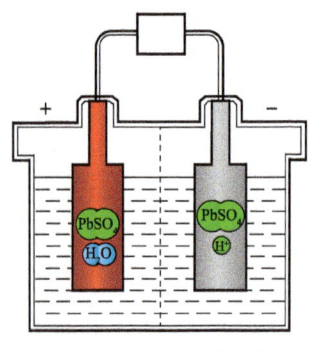
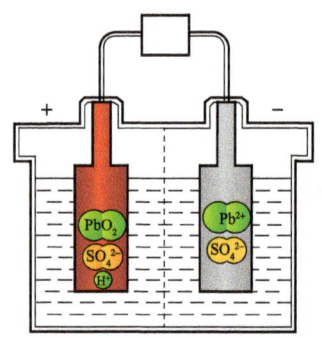

图 4-20　放电过程　　　　图 4-21　充电过程

4. 蓄电池的类型

根据加工工艺的不同,汽车用蓄电池分类如下。

（1）干荷电式铅蓄电池

干荷电式蓄电池极板组在干燥状态下能够长期保存在制造过程中所得到的电荷,在规定的保存期（两年）内如需使用,只要灌入符合规定相对密度的电解液,搁置30min,调整液面高度至规范值,不需要充电,即可使用。因此,它使用方便,是应急的理想电源,如图4-22所示。

（2）湿荷电蓄电池

存放期极板呈湿润状态而保持其荷电性的蓄电池称之为湿荷电蓄电池。湿荷电蓄电池存放保持荷电的时间要短一些。使用前对其进行补充充电，即可达到额定的容量。湿荷电蓄电池适宜于无需长期存放的场合，如图 4-23 所示。

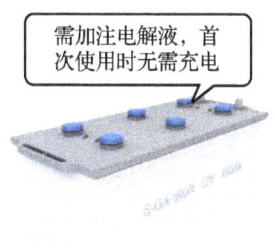

图 4-22　干荷电式铅蓄电池　　　图 4-23　湿荷电蓄电池

（3）免维护蓄电池

现在越来越多的汽车使用免维护蓄电池，它在结构、材质以及加工工艺等方面的改进，克服了普通蓄电池的缺点而得到了迅速发展和广泛应用。

免维护蓄电池的表面无加液孔，可以防止水分散失和灰尘落入；它在出厂时储备了足够量的电解液，在整个使用时间内不需加蒸馏水，因此无须维护；它设有安全通气孔防止蓄电池内部压力过高，同时阻止酸气排放，减少对极柱和机体的腐蚀作用；自放电少，内阻小，起动性能好，寿命长，是普通蓄电池的 2～4 倍，如图 4-24 所示。

（4）铅钙蓄电池

铅钙蓄电池与传统蓄电池的区别在于，使用钙替代锑作为合金添加物。由于电解液储量增大，因此无须检查电解液储量和添加软化水，如图 4-25 所示。

铅钙蓄电池不得过度放电（电量过低），因为过度放电几次就会损坏蓄电池，此后蓄电池将无法吸收充电电流。这种现象称为"无锑效应"。

铅钙蓄电池充电后液体比重计（电眼）的颜色可能保持黑色，这是由于蓄电池内形成了酸液层。这样的蓄电池充电充足且功能正常。只需将蓄电池慢慢翻转一次即可消除酸液层。

（5）AGM 蓄电池

由于现代车载网络消耗的电能越来越大，因此对蓄电池容量的要求也越来越高。AGM 蓄电池是所谓的阀门调节式铅酸蓄电池，即吸收式玻璃纤维网垫（AGM）蓄电池，如图 4-26 所示。

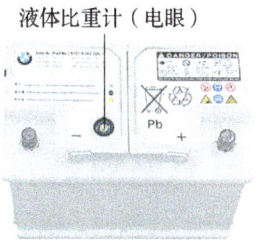
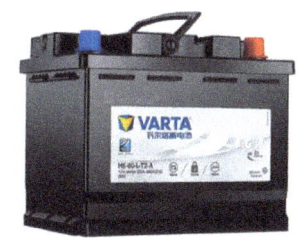

图 4-24　免维护蓄电池　　　图 4-25　铅钙蓄电池　　　图 4-26　AGM 蓄电池

AGM 蓄电池与传统蓄电池的不同之处在于其充电时的环保性和物质稳定性，AGM 蓄电池充电时通过电解释放出氧气和氢气，这两种气体会重新转化为水。充电时，正极处产生的氧气通过渗透性玻璃纤维网到达负极处，并在此与电解液中的氢离子发生反应而形成水。因此不会释放出任何气体，电解液也不会流失。

AGM 蓄电池不得进行快速充电。通过蓄电池跨接起动接线柱为蓄电池充电时，最大充电电压不得超过 14.8V。如果充电电压在短时间内超过 14.8V，会对 AGM 蓄电池造成前期损坏。

（三）发电机

汽车上的电源除蓄电池外，还有交流发电机，如图 4-27 所示。在发动机未达到正常运转之前，车上的用电由蓄电池提供，在发动机正常工作后，车上的用电由发电机负责。发电机不只负责车上所有用电，还负责给蓄电池充电，补充蓄电池用电后的存电不足。在汽车上，充电系统由交流发电机、电压调节器、充电指示灯、点火开关和蓄电池组成。电压调节器负责自动调节发电机输出的电压，使其保持稳定。

图 4-27 交流发电机

1. 发电机的功能

在充电系统中，发电机起主要作用。发电机有三个功能：发电、整流和调节电压。

（1）发电

用传动带用发动机带动发电机转子，在定子绕组中产生交流电。

（2）整流

因为定子绕组中产生的电是交流电，它不能用于车辆上安装的直流电器装置，为了利用交流电，用整流器将交流电变为直流电。

（3）调节电压

集成电流调节器调节所生成的电压，使之即使在发电机转速或流到各电器设备的电流发生变化时也能保持电压稳定，如图 4-28 所示。

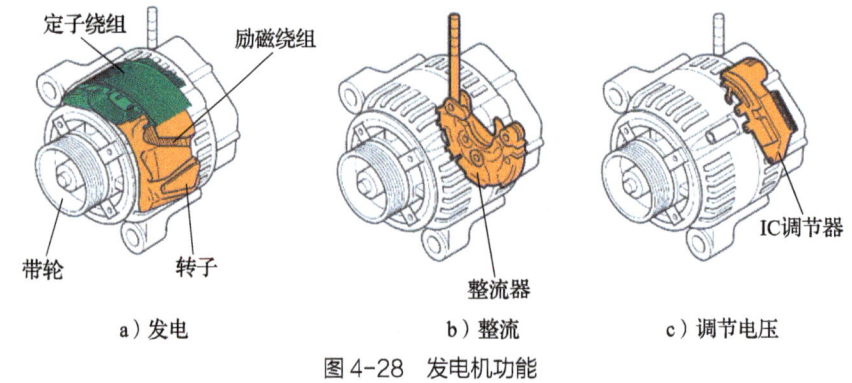

a）发电　　　　b）整流　　　　c）调节电压

图 4-28 发电机功能

2. 发电机构造

发电机由定子、转子、电刷、整流器、调节器等组成，如图 4-29 所示。

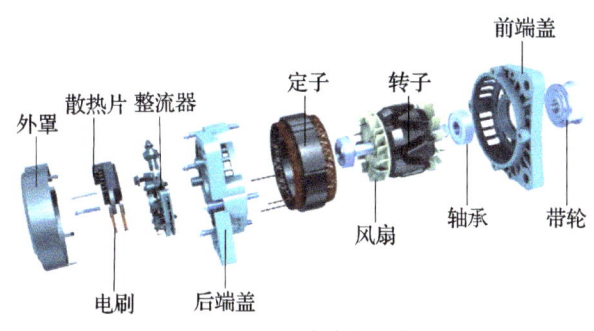

图 4-29 发电机构造

（1）定子

定子也叫电枢，它的作用是产生感应电动势。定子主要由定子铁心和定子绕组组成。定子是发电机产生电流的主要载体，它固定在发电机的壳体上，如图 4-30 所示。

由于转子的旋转使磁通量发生变化，定子产生三相交流电。定子绕组由三对绕组组成。三个端头相交的点称为中性点。因为在发电机中，定子产生的热比其他元件多得多，对绕组的电线使用耐热屏蔽，如图 4-31 所示。

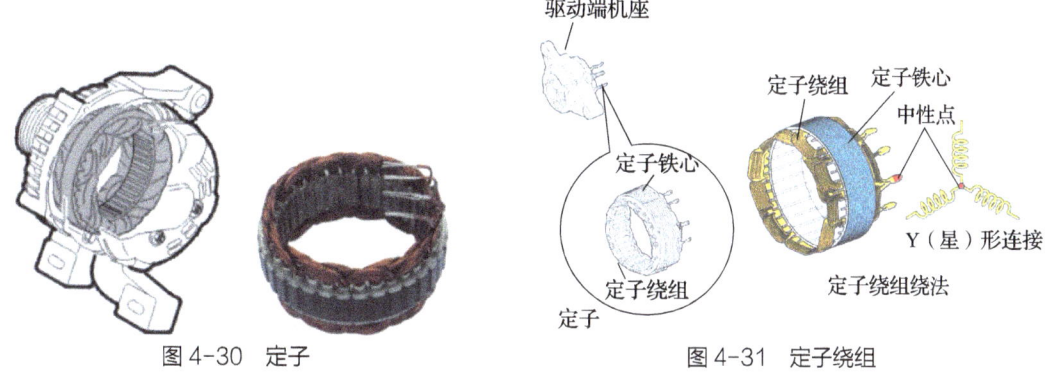

图 4-30 定子　　　　　　　　　图 4-31 定子绕组

（2）转子

转子的两端在发电机内部由两个轴承支撑，在定子内部进行旋转，如图 4-32 所示。

转子由一个励磁绕组和两个互锁的半件（爪极）组成。转子前端装有发电机带轮，如图 4-33 所示。

图 4-32 转子　　　　　　　　　图 4-33 转子的组成

转子是在定子绕组内部的一个转动磁体，它在定子绕组内形成产生电动势的磁场。绕组是绕六对（12极）极心（磁极）缠绕成的，当电流通过时，它具有电磁性。随着流入转子的电流越来越大，电磁力变得更强，如图 4-34 所示。

在转子的后端装有风扇来冷却励磁绕组、定子绕组和整流器，通过转子的旋转，使它们低于极限温度,方法是靠转子转动将空气从端架吸风口吸入。

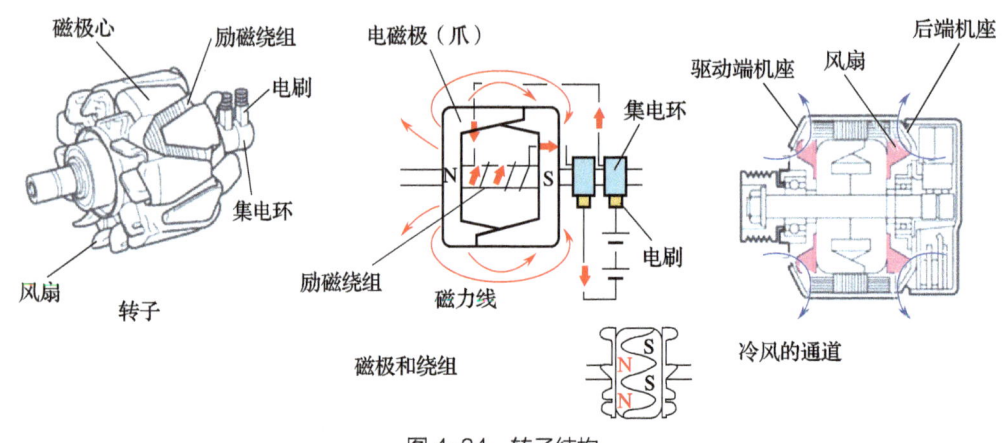

图 4-34 转子结构

（3）电刷和集电环

电刷和集电环使电流流入励磁绕组产生磁场,它们安装在转子后端。

使用金属石墨电刷可以降低电阻和接触阻力,并且此电刷也有良好的耐磨性,如图 4-35 所示。

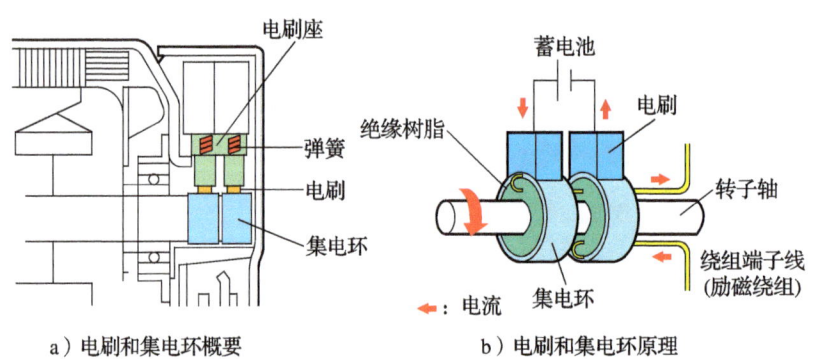

a) 电刷和集电环概要　　　b) 电刷和集电环原理

图 4-35 电刷和集电环结构

（4）整流器

发电机定子绕组产生的是交流电。它必须被转换为直流电才能用于汽车的电路系统。发电机通过整流器来实现这个目的,如图 4-36 所示。

整流器由端子(输出端子)底座板(散热片)和二极管组成,如图 4-37 所示。

整流器用六只二极管(使用带中性点二极管时为八只)将定子绕组发出的三相交流电全波整流成直流。整流器座板(散热片)的双层结构改善了热辐射并使定子的尺寸减小,如图 4-38 所示。

当电流流过时,整流用的二极管产生大量的热,但由于二极管元件本身(半导体)抗热性很差,发热使得整流性能变差。因此,要求座板(散热片)面积越大越好,以利于散热。

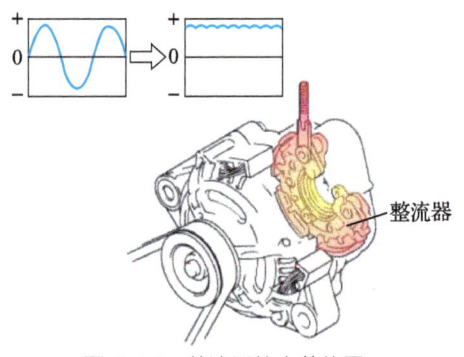

图 4-36 整流器的安装位置

图 4-37 整流器

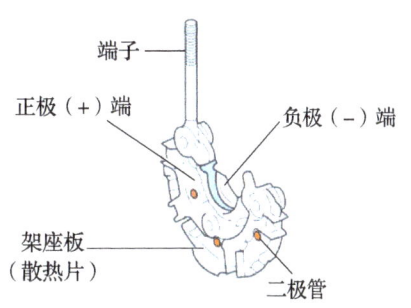

图 4-38 整流器构造

(5) 调节器

车辆使用的发电机与发动机一起转动。因此，由于驾驶期间发电机转速频繁改变，使得发电机转速不恒定。如果没有调节器，充电系统不能向电器设备提供恒定的电流。

因此，即使发电机转速发生改变，也要保持提供给电器设备的电压，并且按照电量的变化调节电量。发电机用 IC 调节器调节电压如图 4-39 所示。

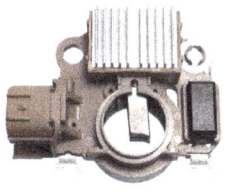

图 4-39 IC 调节器

一般来说，发电机所发电的量可以用下述方法来改变。

- 增加或降低磁力。
- 提高或降低磁体的旋转转速。

当此方法应用到车辆的发电机时，转子的运行转速不能控制，因为它是随发动机旋转的。换言之，车辆用的发电机中可以自由改变的条件是磁力。

如图 4-40 所示，流到励磁绕组的电流量（场电流）改变，便改变了磁力。IC 调节器通过控制场电流来调节发电机的发电量，这样使得所发的电压按照转子的转速和用电量的变化（电负荷的增、减）保持恒定。

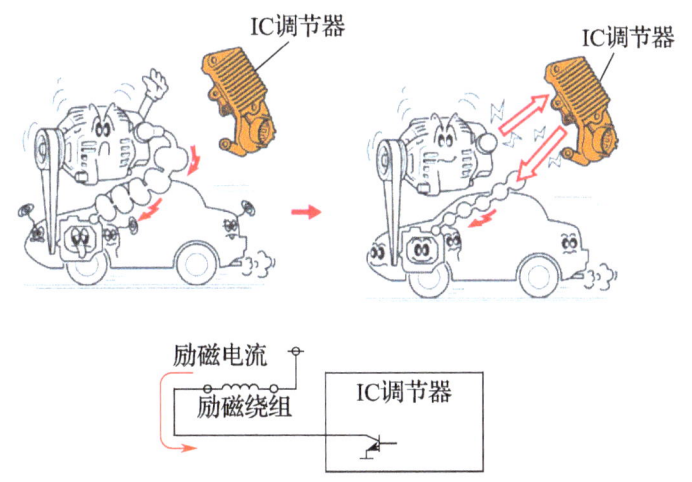

图 4-40 IC 调节器用来调节发电机电压

电刷端盖上装有电刷架和两个彼此绝缘的电刷，并通过电刷弹簧，使电刷与转子轴上的两个集电环保持接触，电刷的引线分别与电刷端盖上的两个磁场接线柱相连（外搭铁式交流发电机），或一个与磁场接线柱相连，另一个在发电机内部搭铁（内搭铁式交流发电机）。

IC调节器主要由混合集成电路，散热片和连接器组成，使用混合集成电路可以获得较小的尺寸，如图4-41所示。

蓄电池感应型IC调节器通过端子S（蓄电池检测端子）来检测蓄电池电压，并把输出电压调节到规定值。

发电机感应型IC调节器通过检测发电机的内部电压来把输出电压调节到规定值。

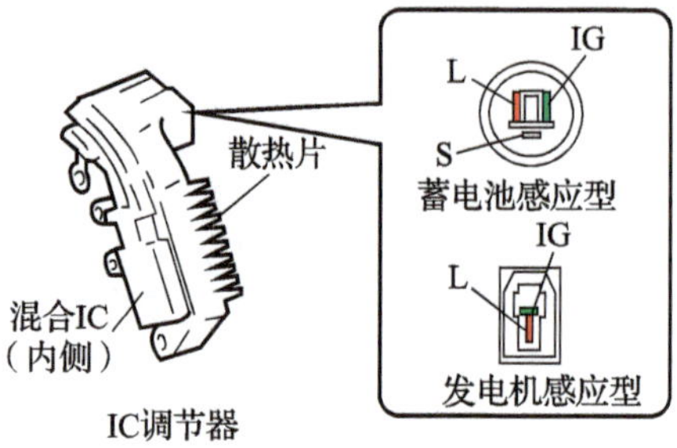

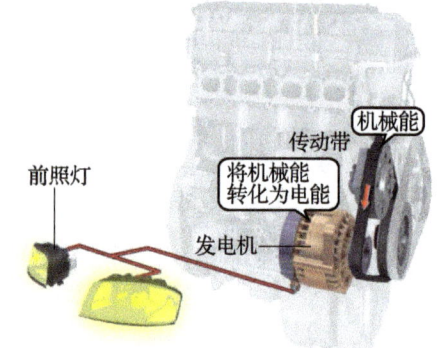

图4-41 IC调节器结构

3. 发电机工作原理

在汽车未起动时，需要靠蓄电池为汽车的电器设备提供电能。当车辆起动后，在发动机正常运转时，由发动机带动发电机，产生电能，向所有用电设备（起动机除外）供电，同时向蓄电池充电。交流发电机的运行状况直接影响汽车电器部件的性能。发电机是汽车的主要电源之一，作用是将发动机的部分机械能变成电能，如图4-42所示。

发电机安装在发动机侧面，通过传动带与发动机曲轴相连，如图4-43所示。

图4-42 发电机

图4-43 发电机安装位置

交流发电机是利用电磁感应原理产生交流电的。电磁感应是产生电的基础，其原理如下：当一个导体（导线或线圈）切割磁场的磁感线时，导体内就感应出电流；当磁场静止而导体运动，或者磁场旋转而导体转动时也会感应出电流。通过电磁感应产生的电流方向可用右手定则判断，如图4-44所示。

若将线圈的两端连接到电压表上，则可在电压表上反映出线圈和磁极不断变化的关系，经实验可得出：如果线圈均匀转动，线圈内感应出的电动势是呈正弦规律变化的，如图4-45所示。

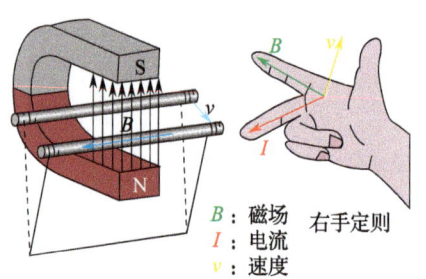

图4-44 电磁感应原理

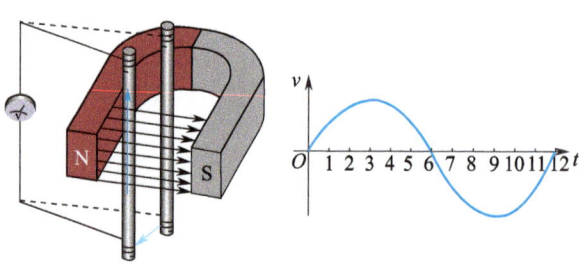

图4-45 线圈内感应的电动势呈正弦规律变化

根据电磁感应原理,当励磁绕组中通入直流电时会产生磁场,如图4-46所示。

随着转子转动,穿过定子绕组的磁通量发生变化,在定子绕组中产生不断变化的感应电流,如图4-47所示。

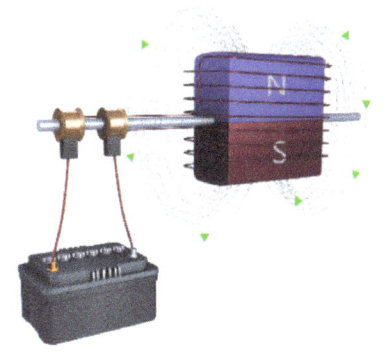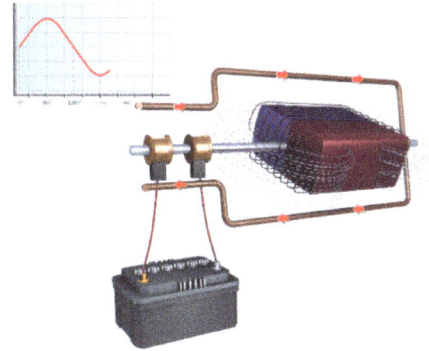

图4-46 通入直流电时产生磁场　　　　图4-47 定子绕组中产生不断变化的感应电流

交流发电机在转子外部采用三相对称绕组,当转子旋转时,旋转的磁场和三相绕组之间产生相对运动,在三相绕组中分别产生交流电流,如图4-48所示。

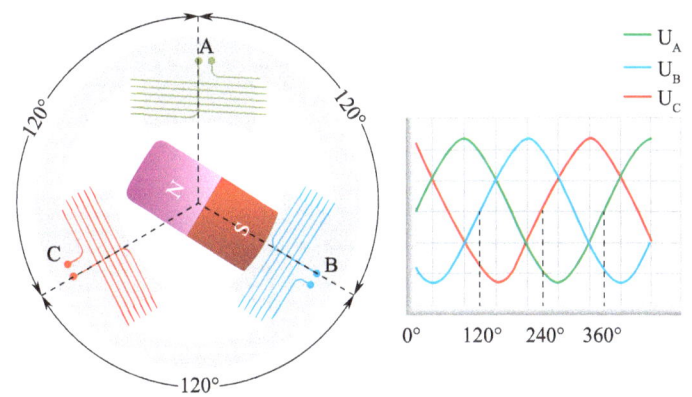

图4-48 采用三相对称绕组

发电机输出电压为正弦交流电,如图4-49所示。

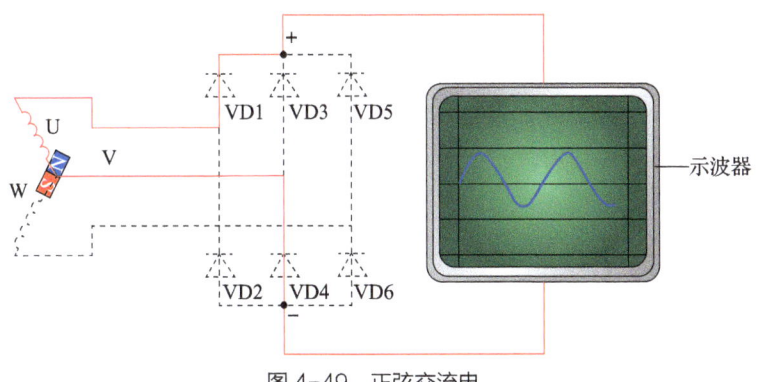

图4-49 正弦交流电

交流发电机利用二极管的单向导电性,以硅二极管为整流器,将交流电变成直流电,如图4-50所示。

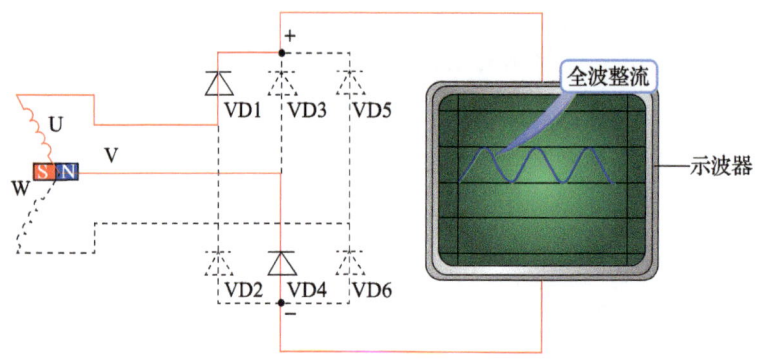

图 4-50　将交流电变成直流电

其中，三个二极管正极端相连，另三个二极管负极端相连，形成三相全波整流电路，如图 4-51 所示。

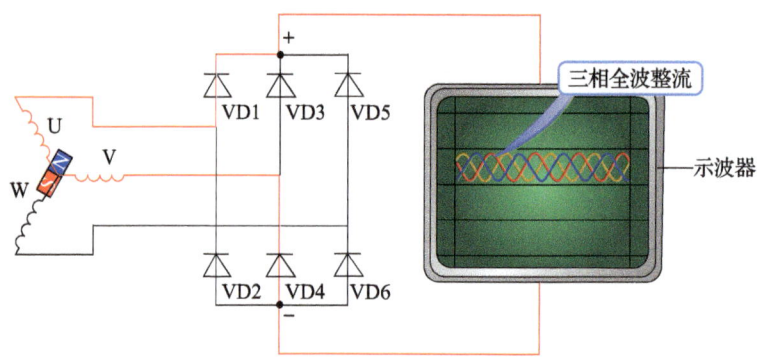

图 4-51　三相全波整流电路

交流发电机通过整理电路，将定子绕组产生的三相交流电转换成脉动的直流电，如图 4-52 所示。

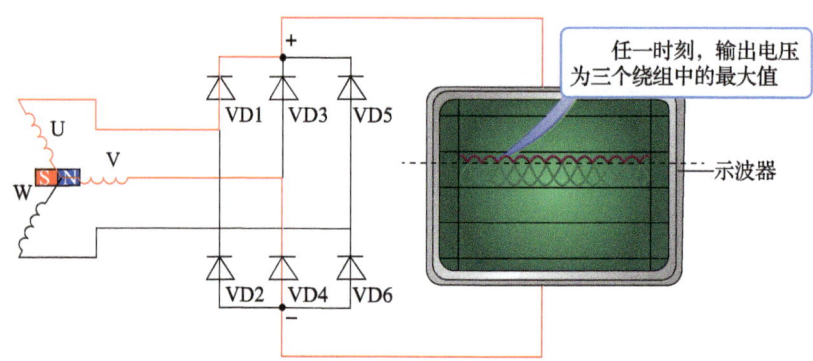

图 4-52　三相交流电转换成脉动的直流电

（1）当点火开关为 ON、发动机停机时

当点火开关为 ON、发动机停机时，蓄电池电压施加在 IG 端子上。作为结果，M·IC 线路被触发，Tr1 开到 ON，使励磁绕组允许电场电流通过。在这种情况下并没有发电，因此调节器通过将 Tr1 开到 ON 和 OFF，尽可能减少电池的放电。此时，端子 P 处的电压为 0V，并且 M·IC 检测到这一情况，并将信号发送到 Tr2，点亮充电警告灯，如图 4-53 所示。

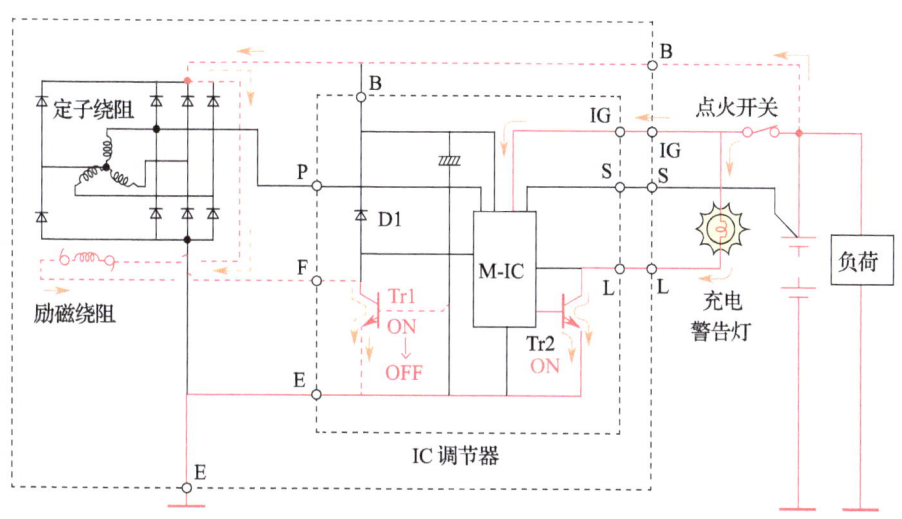

图 4-53 点火开关为 ON、发动机停机时

(2) 当发电机发电时（当低于规定电压时）

发动机起动，并且发电机转速增加，M·IC 打开 Tr1，以允许足够的电场电流流过，并且发电电压突然升高。此时，如果端子 B 处的电压超过蓄电池电压，电流流到蓄电池进行充电并且给电器设备供电。结果，端子 P 处的电压增加。因此，M·IC 确定正在发电，并将 OFF 信号发送到 Tr2，将充电警告指示灯关闭，如图 4-54 所示。

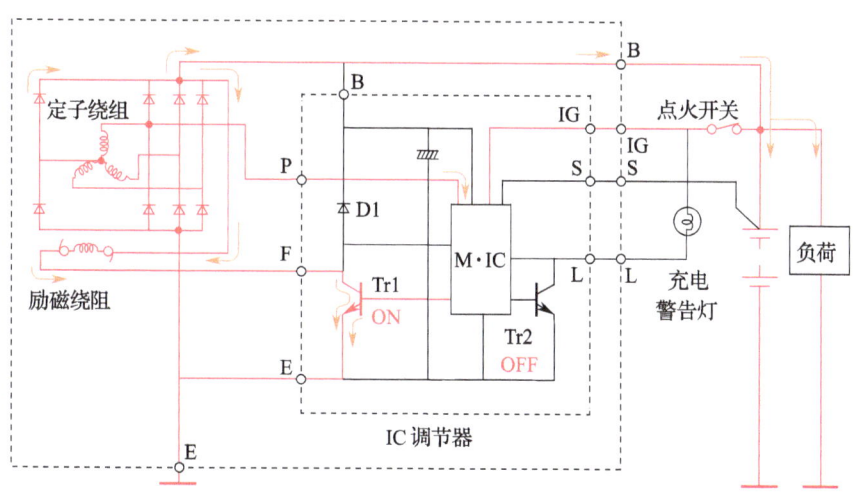

图 4-54 当发电机发电时（当低于规定电压时）

(3) 当发电机发电时（当高于规定电压时）

如果 Tr1 继续导通，端子 B 处的电压增加。然后，端子 S 处的电压超过规定电压，M·IC 检测到此情况并关掉 Tr1。结果励磁绕组的磁场电流经逆电动势吸收二极管被衰减，并且端子 B（所发电压）处的电压降低。然后，如果端子 S 处的电压降低到低于要求电压，M·IC 检测到这一情况并将 Tr1 打开到 ON。从而，励磁绕组的磁场电流增加，端子 B 处的电压（所发电压）也增加。IC 调节器通过重复上述的操作将端子 S 处的电压（蓄电池端子电压）调节为恒定电压（调节好的电压），如图 4-55 所示。

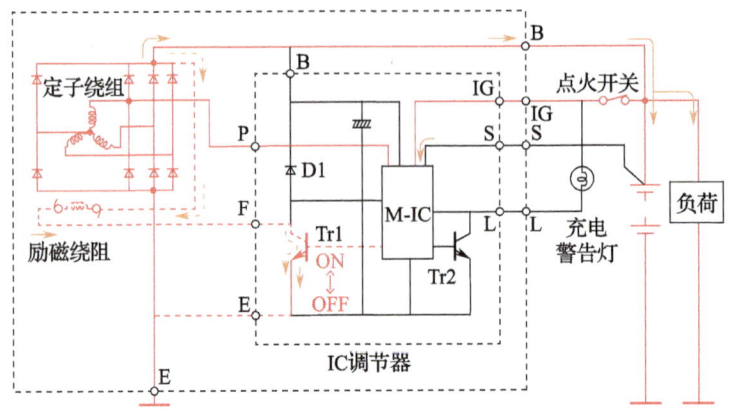

图 4-55　当发电机发电时（当高于规定电压时）

二、照明系统

为了保证汽车在各种条件下安全行驶，尤其是夜间行车为驾驶人提供良好的视觉环境，以及引起周边车辆和行人的注意，在汽车上装有各种照明灯、信号灯、仪表和报警装置。汽车灯光系统按照用途可分为照明灯、信号灯或指示灯，如图 4-56 所示。

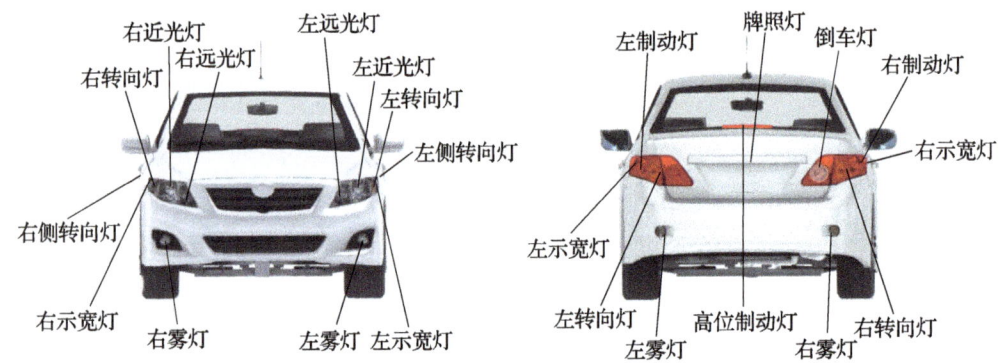

图 4-56　照明系统

随着车辆行驶速度的不断提高，汽车灯光系统成为汽车非常重要的安全部件，因此，必须对汽车灯光系统进行检查、检测与调整，以便及时发现和排除故障，确保灯光系统工作正常，保证行车安全。

（一）照明系统组成

车辆使用的灯光可按用途分为照明、信号或指示。例如，前照灯用于夜间照明，转向信号灯用于向其他车辆和行人发出信号，尾灯则指示自己车辆的存在和位置。

1. 车后警告系统（图 4-57）

尾灯、停车灯的灯泡烧坏时无法从驾驶人处看到，但车后警告系统会通过组合仪表中的警告指示灯通知驾驶人尾灯、停车灯灯泡损坏。

该系统由灯光故障探测器控制，此探测器一般装在行李舱内，灯光故障继电器通过比较灯光正常时和线路开路时的电压检测灯泡是否损坏。

2. 白天行车灯光系统

在该系统中，发动机运行时，前照灯或前照灯和尾灯自动点亮（即使在白天也这样），使其他车辆可以看到它。

在某些国家，为安全起见，通过法律将其强制性规定为必装的系统。

如果此灯用夜间同样的亮度连续点亮，灯泡寿命将会缩短。为了防止这一情况，此线路的设置使白天行车灯光系统运行时，灯光亮度降低，如图 4-58 所示。

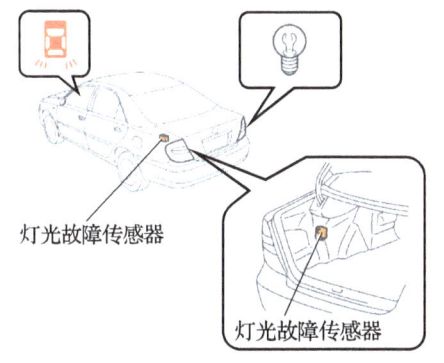

图 4-57　车后警告系统

图 4-58　白天行车灯光系统

3. 灯光提醒蜂鸣器系统 / 灯光自动关闭系统

灯光控制开关在 ON 位时，即使点火开关在 LOCK 位，前照灯和尾灯也连续点亮。本系统的目的是防止由于驾驶人忘记关掉前照灯和尾灯而把蓄电池的电用完。如果点火开关在 LOCK 或 ACC 位或者点火钥匙已不在点火锁芯中，而驾驶人侧车门打开，那么此系统用蜂鸣器通知驾驶人灯仍然亮着，或者自动关掉灯光。

用蜂鸣器通知的系统称为灯光提醒蜂鸣器系统，自动关闭前照灯的系统称为灯光自动关闭系统，如图 4-59 所示。

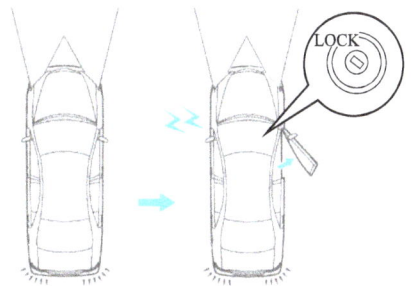

图 4-59　灯光提醒蜂鸣器系统 / 灯光自动关闭系统

4. 自动灯光控制系统

当天黑下来需要打开前照灯时，一般需要驾驶人操作灯光控制开关。

在此系统中，当灯光控制开关处于 AUTO（自动）位置时，自动照明控制传感器检测环境的照明水平。当光线阴暗时，系统自动打开前照灯。自动照明控制传感器位于仪表板的上部，如图 4-60 所示。

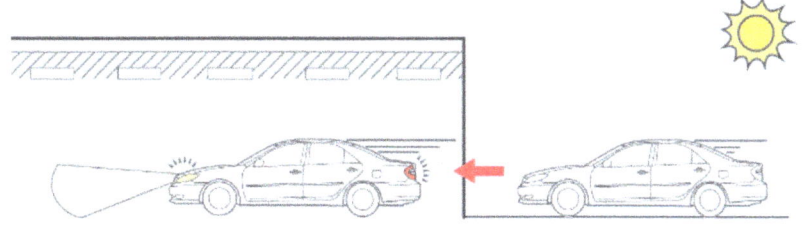

图 4-60　自动灯光控制系统

某些车辆在照明开关上没有"AUTO"位置,在这种情况下,自动照明控制系统在OFF位置工作。

5. 前照灯光束水平控制系统

车辆的倾斜取决于负荷(乘员数量和行李重量)。这就是为什么前照灯的光使对面来车驾驶人发生眩目。在此系统中,操作前照灯光束水平控制开关,调整前照灯的垂直角度,如图4-61所示。

某些车辆中有一自动前照灯光束水平控制系统,它自动将前照灯调到最佳垂直角度。

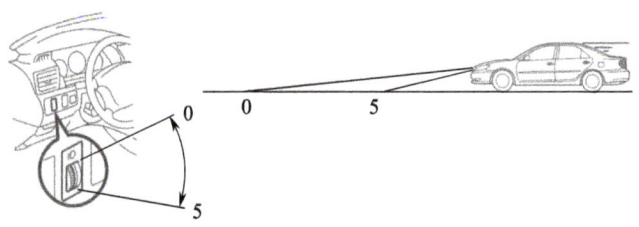

图4-61 前照灯光束水平控制系统

6. 放电前照灯系统

放电前照灯的灯泡使灯泡内的氙气放电并发射白光,与卤素等相比,光的分布更宽,如图4-62所示。

放电前照灯系统的特点之一是灯泡寿命较长。

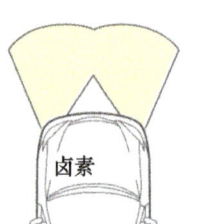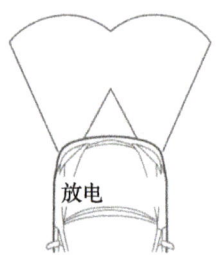

图4-62 放电前照灯系统

7. 进车照明系统

夜间,因为车内光线很暗,难以看见点火开关和足部区域。此系统在车门关闭后,将点火开关照明灯及车内灯点亮一定的时间,使之能容易地将点火钥匙塞入锁芯,或者看清足部区域(只有车内灯处于DOOR位时),如图4-63所示。

8. 车内灯提醒系统

让车内灯开着,若离开车辆,可能使蓄电池电量耗尽。为了防止这一情况,在门虚掩或开着、点火开关在LOCK位或点火钥匙没有插入点火锁芯的情况下,此系统在经过一定的时间后自动关掉车内灯(包括顶灯和点火钥匙锁芯的照明灯),如图4-64所示。

 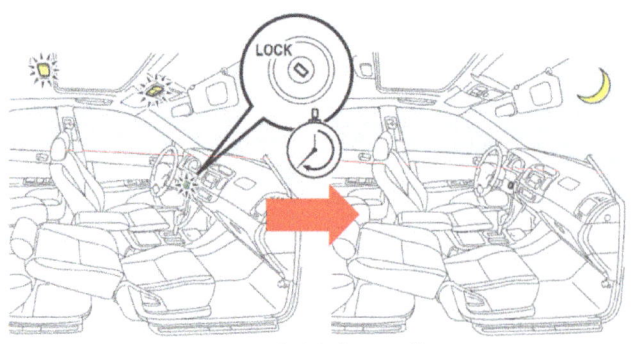

图4-63 进车照明系统　　图4-64 车内灯提醒系统

（二）前照明

汽车外部照明系统中，前照灯是非常重要的，各汽车生产大国都对其有严格的标准。例如，配光标准有美国配光标准（美国汽车工程师协会标准，即 SAE 标准）与欧洲配光标准（ECE 标准）。目前中国所使用的汽车灯光国家标准"GB 17510"是根据 1993 年至 1998 年 ECE 标准为基础制定并修改而成的。

前照灯主要用于夜间行车时道路照明，灯光为白色。包括远光灯和近光灯两种，远光灯用于保证车前 100m 以上道路明亮而均匀的照明，功率一般为 50~60W，近光灯在会车和市区内使用，避免使来车驾驶人眩目，又保证车前 50m 的路面照明，功率一般为 30~50W，有两灯制和四灯制两种配置方法，如图 4-65 所示。

前照灯组成如图 4-66 所示。

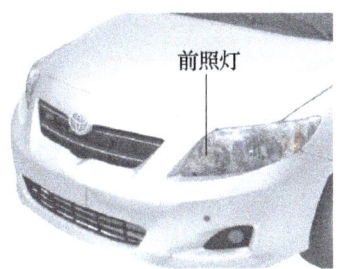
图 4-65 两灯制前照灯

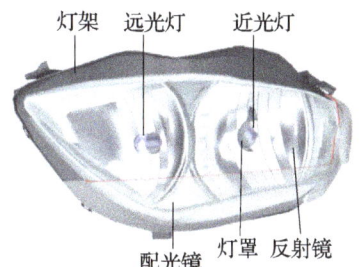
图 4-66 前照灯组成

反射镜的作用是将灯泡的光线聚合并导向前方。灯光经反射镜聚合，光度增强几百倍，使车前 100~150m 处的路段照得足够清楚。

为不使射出光束过窄，前照灯前部装有配光镜，它是透镜和棱镜的组合体。可使光线折射向较宽的路面，使车前路面和路缘都有良好而均匀的照明。

1. 灯泡

汽车前照灯灯泡早期使用较多的卤素灯，现已逐渐被氙气灯、LED 灯、矩阵式灯等替代，如图 4-67 所示。

（1）卤素灯

卤素灯是一种新型白炽灯，如图 4-68 所示。该灯玻璃泡内已充入某种卤素（如碘、溴、氯等），工作时，利用卤钨再生循环反应延长灯泡的使用寿命。

   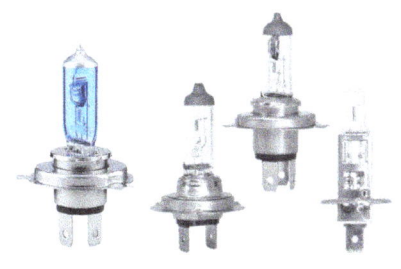

a）白炽灯　　b）卤钨灯泡　c）氙气气体放电灯　d）LED 灯

图 4-67 前照灯灯泡　　　　　　　　　图 4-68 卤素灯

（2）氙气灯

氙气灯也称高压气体放电灯，主要由石英灯泡、升压器和电子控制单元组成，如图

4-69所示。它的工作原理是在抗紫外线水晶石英玻璃管内,以多种化学气体填充,其中大部分为氙气与碘化物等惰性气体。通过升压器(安定器)将汽车上的12V直流电瞬间升压至23000V,激发石英管内的氙气电离,在两电极之间产生光源,这就是所谓的气体放电。氙气灯亮度是卤素灯的3倍以上,使用寿命是卤素灯的10倍以上,因此它得到了更为广泛的应用。

(3)LED灯

发光二极管(Light Emiting Diode,LED)灯的能耗仅为卤素灯的1/20,寿命能达到50000h的水平,且结构简单,抗冲击性、抗振性非常好,不易破碎,能够很好地适应各种环境,低压直流电即可驱动,负载小、干扰弱、亮度高,如图4-70所示。

图4-69 氙气灯　　　　　　　　　　　图4-70 LED灯

(4)激光灯

激光灯的光源是激光二极管,它与LED灯相比,可以保持更好的不发散性。激光前照灯比LED前照灯照明亮度更高,照射距离更远,体积更小,能耗低30%,使用寿命更长,弊端是制造成本太高。宝马激光前照灯外观如图4-71所示。激光产生原理如图4-72所示。

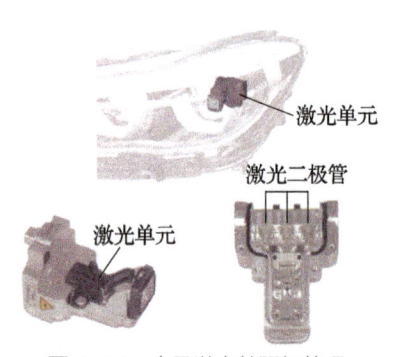
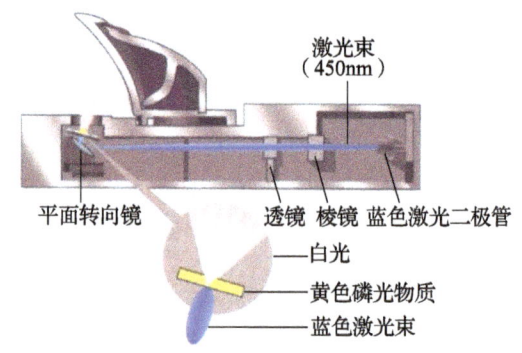

图4-71 宝马激光前照灯外观　　　　　图4-72 激光产生原理

2. 反射镜

反射镜的作用是将灯泡的光线聚合并导向前方,如图4-73所示。

位于反射镜焦点上的灯丝的绝大部分光线向后射在立体角范围内,经反射镜反射后变成平行光束射向远方,使光度增强几百倍甚至上千倍,从而将车前150m以上路面照得足够清楚。一个装有45~60W灯泡的前照灯,如果不使用反射镜,只能照清车前6m左右的路面,加装反射镜后,能照亮车前100~150m的路段。

3. 配光镜

配光镜又称散光玻璃。它是用透光玻璃压制而成的，是多块特殊的棱镜和透镜的组合，外形一般为圆形和矩形。配光镜将反射镜反射出的平行光束进行折射，使车前路面得到良好而均匀的照明，如图 4-74 所示。目前，汽车的组合前照灯常将反射镜和配光镜合为一体，既能起到反光作用，又能起到配光作用。

图 4-73　反射镜　　　　　　　　　图 4-74　配光镜

（三）其他照明灯

1. 雾灯

雾灯分为前雾灯和后雾灯。前雾灯灯光为黄色或橙色，两种光的波长较长，有较好的穿透能力，所以前雾灯能在雾天时照亮车前方较远距离的路面。为防止迎面车辆驾驶人的眩目，前雾灯安装在前照灯附近或比前照灯较低的前保险杠下方位置。后雾灯主要是在大雾情况下使用，灯光光色为红色，可使车辆后方其他道路交通参与者更易于发现车辆，如图 4-75 所示。

2. 车门灯

当车门打开时，车门灯电路接通，车门灯被点亮；当车门关上时，车门灯便熄灭。为了便于驾驶人上、下车或打开其他设备及插入点火钥匙等，有的车门灯电路还设有自动延时器，如图 4-76 所示。

图 4-75　雾灯　　　　　　　　　图 4-76　车门灯

3. 倒车灯

倒车灯是倒车时用来照明后方道路并提醒其他车辆和行人注意的照明、信号两用灯。倒车灯的颜色是白色，当驾驶人挂入倒档时，车辆便会自动接通倒车灯，如图 4-77 所示。

图 4-77　倒车灯

4. 仪表与开关照明灯

仪表与开关照明灯主要用于夜间行车时仪表及开关的照明。仪表及开关照明灯为驾驶人及时查看仪表及操作提供了便利，如图 4-78 所示。

图 4-78 仪表与开关照明灯

5. 转向灯

转向灯安装于车辆前部、侧部、后部，工作时频闪，颜色为黄色（部分车型后部转向灯为红色）。

这些灯告知附近的其他车辆本车正准备右转或者左转或者准备改变行驶方向。

转向灯是向其他道路使用者表明车辆将要向右或向左并线或转向的灯具，如图 4-79 所示。在危险警告开关起动时，左右转向灯一同闪烁。当防盗报警启动时，左右转向灯一同闪烁，并伴有报警声，如图 4-80 所示。

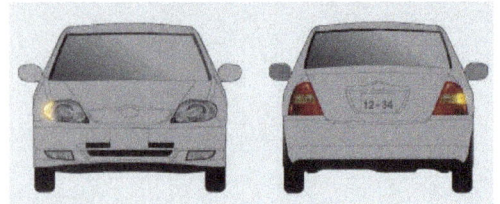

图 4-79 转向灯

图 4-80 危险警告灯

6. 日行灯

安装在车身前部的日行灯是使车辆在白天行驶时更容易被人认出来的灯具。它的功能不是为了使驾驶人能看清路面，而是为了让别人知道有一辆车开过来了。因此这种灯具不是照明灯，而是一种信号灯。固然，加装日行灯可使汽车看起来更酷、更炫，但日行灯的最大功效，不在于美观，而是提高车辆的被辨识性。在国外，行车开启日行灯，可降低 12.4% 的车辆意外，同时也可降低 26.4% 的车祸死亡率。总之，日行灯的作用就是为了实现交通安全。

日行灯是在日间行驶时点亮的前部照明设备，如图 4-81 所示。主要用于在行车视线环境较差的情况中。日行灯主要作用是在行车路况遇上雾雨天气中，制造信号灯让道路的其他使用者尽早地发现自己，提高车辆的主动安全性。

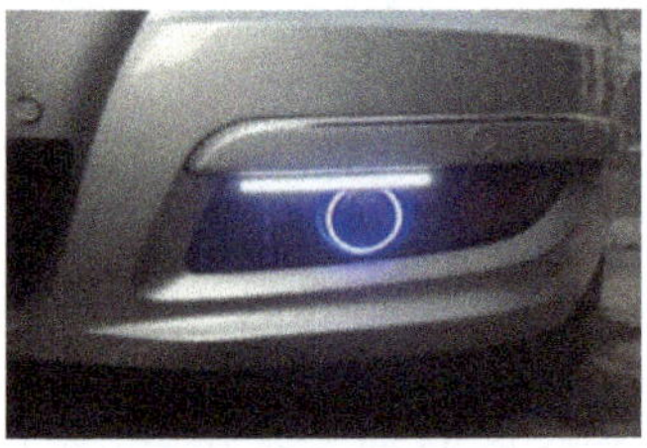

图 4-81 日行灯

7. 制动灯

制动灯在驾驶人踩下制动踏板时发光，以示汽车制动，如图 4-82 所示。它由制动灯开关控制，为避免尾随大型车辆对轿车碰撞的危险，有些轿车后窗内装有高位制动灯，如图 4-83 所示。

8. 主动前照灯

前照灯一般以氙气前照灯做发光源。

主动前照灯是更高一级的前照灯，在原氙气前照灯基础上增加主动随动转向功能。

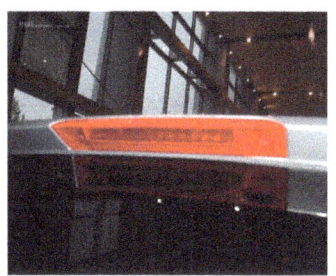

图 4-82　制动灯　　　　　图 4-83　高位制动灯

9. 示宽灯

示宽灯是表示车辆存在和车辆宽度的灯具，按所处位置分为前示宽灯与后示宽灯。

轿车的前示宽灯（图 4-84）与后示宽灯（图 4-85）兼作停车灯使用，当汽车停驶时，用做停车灯；当汽车行驶时，用做示宽灯和尾灯。示宽灯和尾灯受点火开关、车灯开关和停车开关控制。

牌照灯装在汽车尾部用以照明牌照，并作为汽车尾部的灯光标志。牌照灯一般有两个，受灯光总开关控制，如图 4-86 所示。

图 4-84　前示宽灯　　　图 4-85　后示宽灯　　　图 4-86　牌照灯

10. 灯光总开关

前照灯一般由灯光总开关控制，另外有变光开关（有的车还有超车灯开关）控制远近光的转换，如图 4-87 所示。

图 4-87　灯光总开关

11. 自动灯光控制

自动灯光控制传感器在灯光控制开关处于 AUTO 位置时（无 AUTO 位置的车型则为 OFF 位置）检测环境的亮度水平，它向灯光控制装置发一个信息，根据环境亮度状况，先开尾灯，然后开前照灯。

该传感器还有一种功能：当环境亮度忽明忽暗时打开尾灯，但不使前照灯忽明忽灭。例如在桥下行驶或者沿林荫道行驶时。

但是若是一定时间过去后，环境亮度仍低于规定值，前照灯将点亮。

自动灯光控制有各种各样的类型，这取决于车型。例如某种车型上，自动灯光控制传感器和灯光控制装置成为一体；还有一种类型，尾灯和前照灯同时点亮，如图 4-88 所示。

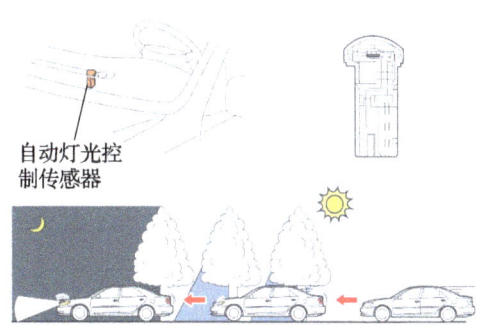

图 4-88　自动灯光控制

12. 氙气放电前照灯

该灯弧光管有氙气、水银和金属卤化物盐。

当电极之间施加高电压时，促使电子和金属离子碰撞并释放光能点亮灯泡，如图 4-89 所示。

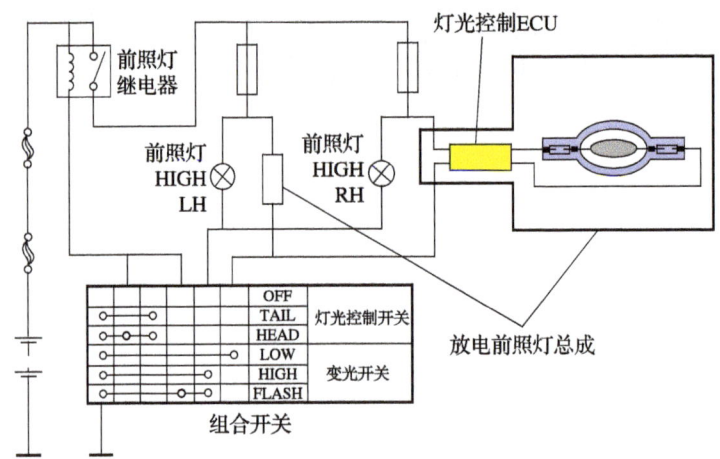

图 4-89　氙气放电前照灯控制电路

氙气放电前照灯工作过程如下：

1）系统在电极两侧释放高压脉冲（大约 20000V）使氙气发光。

2）随着灯泡内温度上升，水银蒸发并放出弧光。

3）当灯泡内的温度进一步增加，水银电弧中的金属卤化物盐蒸发分解，金属原子放出光束。

4）由于灯光控制 ECU 的控制，发光稳定，如图 4-90 所示。

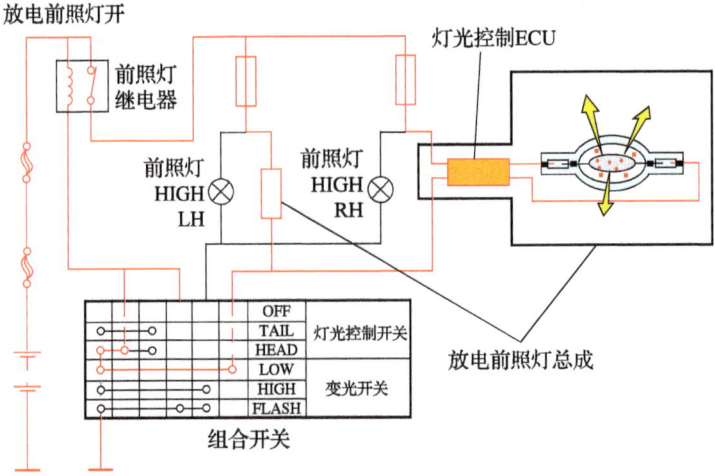

图 4-90　氙气放电前照灯工作过程

5）灯光控制 ECU（用于放电前照灯的 ECU）。灯光控制 ECU 是点亮放电前照灯灯泡所必需的电子控制装置。它位于左右前照灯的下面。它执行对灯泡的最佳供电以确保灯泡发光时能迅速达到最佳的光亮度，进行稳定、连续的照明。它设有故障防止功能，防止高电压，如图 4-91 所示。

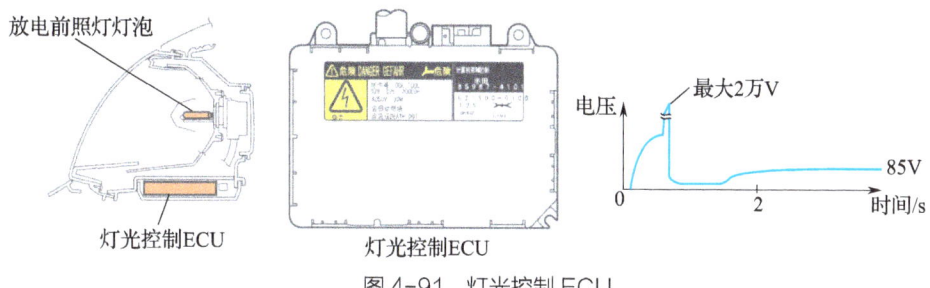

图 4-91　灯光控制 ECU

灯光控制 ECU 的输出端子产生极其危险的高压，需极其小心地处理。为防止危险，在前照灯侧面和灯光控制 ECU 本身需放置警告标——玻璃和放电前照灯灯泡电极产生破坏性的高电压（接近 2 万 V），不可触摸它们。

- 更换灯泡时，应按维修手册规定进行。
- 灯泡完全安装后，才可试灯。

13. 故障保护功能

灯光控制 ECU 会判断已发生的故障，并在下述条件下触发故障安全功能。

（1）检测到输入故障

如果输入电压超出运行电压范围（9~16V），故障安全功能将关闭放电前照灯。如果发生此情况，一旦运行电压恢复，放电前照灯马上点亮。

（2）检测到输出故障（开 / 短路）/ 检测到灯光闪烁

如果输出电压有故障或放电前照灯闪烁，故障安全功能将关闭放电前照灯。如果发生这种情况，ECU 不能确定输出故障的原因，在检查熔丝和线束系统的故障后，更换前照灯灯泡。如果问题还没有解决，则应更换灯光控制 ECU。

（3）检测到灯泡开路

如果在前照灯灯泡插座中没有灯泡，会检测到灯泡开路。故障保护功能将停止产生高电压。如果发生此情况，关掉点火开关并安装灯泡。

（四）LED 照明系统

丰田 2008 款雷克萨斯 LS600Ch 是率先部分应用 LED 前照灯的车型。随后奥迪 R8 车型又推出了全 LED 前照灯。由于 LED 光源体积非常小，使灯内布局更随意，LED 可采用多光源组合形式，这完全改变了汽车前照灯的形状和布置方式。

1. 普通 LED 前照灯

奥迪 A6L（C7）LED 照明系统的 LED 前照灯总成是用 LED 作为光源的，如图 4-92 所示。一个 LED 前照灯共有 78 个发光二极管并带有散热片。前照灯内部集成有一个风扇，用于防止电子元件过热。根据灯的功能情况，使用了反射镜或者投射模块。驻车灯 / 日行灯和转向灯使用厚壁型光学器件，以便能获得均匀的灯光形状。

图 4-92　LED 前照灯总成

2. 日行灯 / 驻车灯

日行灯以及驻车灯都是由 24 个发光二极管组成的，由脉冲宽度调制信号来触发，如

图 4-93 所示。在使用驻车灯功能时，灯泡亮度降低一些。

3. 转向灯

转向灯使用 24 个黄色 LED，如图 4-94 所示。在转向灯闪烁过程中，白天行车灯的发光二极管就会关闭。

4. 近光灯

在近光灯工作时，带有总共 14 个 LED 的 9 个投射模块被激活，如图 4-95 所示。日行灯的 LED 变暗至驻车灯状态。

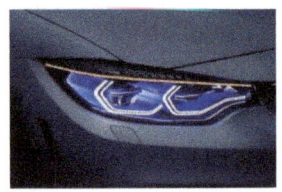
图 4-93 日行灯/驻车灯

图 4-94 转向灯

图 4-95 近光灯

5. 远光灯

在远光灯工作时，除了近光灯和驻车灯 LED 点亮以外，还会激活 3 组 LED 芯片，如图 4-96 所示。远光灯是通过远光灯拨杆或者远光灯辅助系统来激活的。

图 4-96 远光灯

（五）矩阵式 LED 前照灯

矩阵式 LED 前照灯由多个 LED 组成，如图 4-97 所示，单个 LED 发光元件均可单独打开、调暗或关闭，如果在数量足够的情况下，矩阵式 LED 前照灯甚至能组合上百万种灯光。矩阵式 LED 前照灯是现阶段豪华汽车品牌在高端车型上最主流的灯光配置，奥迪 A8L 是第一款搭载该装备的车型。

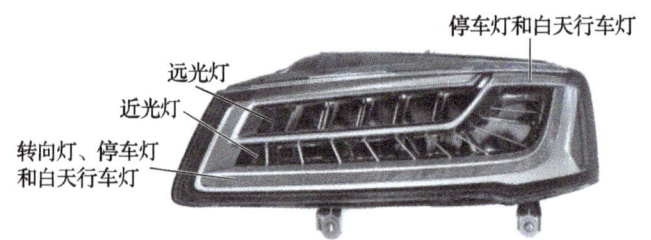
图 4-97 矩阵式 LED 前照灯

奥迪矩阵式 LED 前照灯的结构如图 4-98 所示。

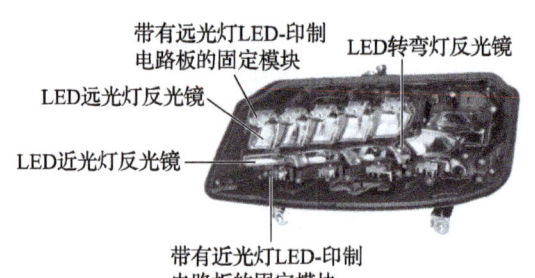
图 4-98 奥迪矩阵式 LED 前照灯结构

奥迪矩阵式 LED 前照灯的远光灯，由五个单独的印制电路板和五个串联的 LED 构成。因此，每个前照灯上的共计 25 个远光灯 LED 就可以单独操控了，它们与另一个前照灯的远光灯模块一起形成远光灯光束（光锥）。

每个 LED 负责照亮远光灯的一个区段，每个单独的区段是有重叠的，如图 4-99 所示。

奥迪矩阵式 LED 前照灯的功率模块如图 4-100 所示。

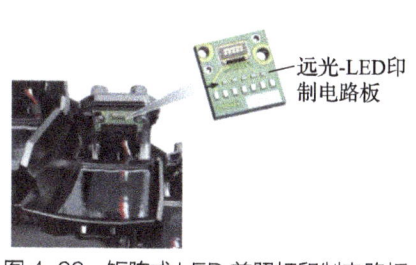
图 4-99　矩阵式 LED 前照灯印制电路板和五个串联的 LED

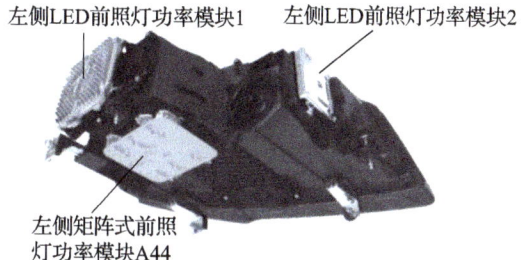
图 4-100　矩阵式 LED 前照灯功率模块

1. 远光

驾驶人通过矩阵式 LED 前照灯可以使用矩阵光柱技术，使用该系统可免除驾驶人夜间行车时不停变光的麻烦，就是说该系统可承担自动变光任务。矩阵光柱远光灯由 25 个光段组合而成，这些光段相互重叠在一起，组成了远光光束。

当识别出道路上有别的车辆时，可以只把此时导致别人眩目的那部分远光灯光段关闭，无论是针对前行车辆还是对向来车均可执行这种操作。这种技术的一个突出优点是：其余那部分远光灯光段（此时并未引起别人眩目的那部分）仍然以远光灯状态照亮着道路。因此就始终能为驾驶人提供尽可能好的道路照明，且最大限度利用远光灯。

前行车辆和对向来车是由摄像头控制单元来识别的。该摄像头控制单元内的图像处理软件通过搜寻别的车的尾灯或者前照灯来识别车辆。若识别出车辆，就会确定其与本车的角度和距离，这些数据随后就会被传至矩阵光柱控制单元。矩阵光柱控制单元计算出哪些远光灯光段可以接通，以及哪些远光灯光段必须关闭，以避免其他车辆驾驶人产生眩目，这些信息会被传至奥迪矩阵式 LED 前照灯内的功率模块，功率模块会对远光灯的 LED 进行相应的操控。

2. 近光灯

在奥迪矩阵式 LED 前照灯上，近光灯采用非对称型光束（光锥），道路边缘被照亮得更宽，因此就能更快地识别出潜在的危险了。与此相对应的是，道路中间被照亮的距离比较短，因为此时最重要的是要避免给对向来车造成眩目。

在每个奥迪矩阵式 LED 前照灯上，近光灯采用 15 个 LED。近光灯光束（光锥）可以照到紧靠车辆的前部区域和再往前的区域，后者中的光束也含有不对称的成分。照到紧靠车辆的前部区域的光束由 9 个 LED 负责，照到再往前的区域的光束由 6 个 LED 负责。

（六）自适应照明系统

自适应前照灯系统（Adaptive Front-lighting System，AFS），是一种能适应各种不同环境条件的智能前照灯系统，其根据车辆的不同速度、所处环境及天气状况，能通过改变前照灯光束状态自动优化照明，对汽车安全起到极大的作用。自适应前照灯组成如图 4-101 所示。

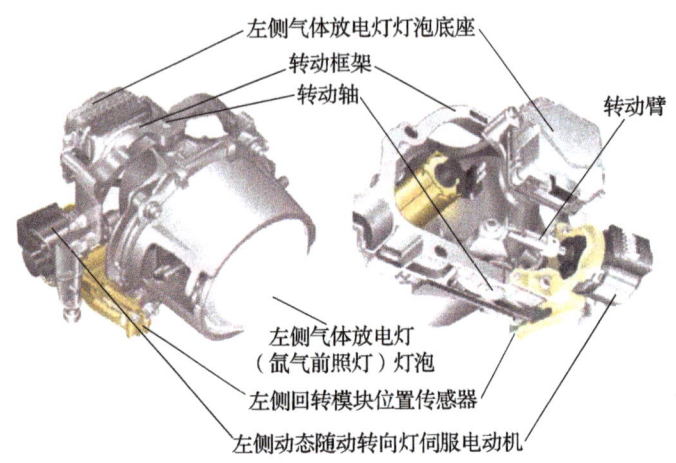

图 4-101 自适应前照灯组成

AFS 是一个由传感器、电子控制器和执行机构组成的自动控制系统，该系统能根据汽车的行驶方向、速度及俯仰角度的变化，对前照灯的照明方向或照明角度进行自动调整，以使驾驶人获得较好的视觉效果。由于需要对多种车辆行驶状态做出综合判断，因此 AFS 是一个多输入、多输出的复杂系统，组成如图 4-102 所示。

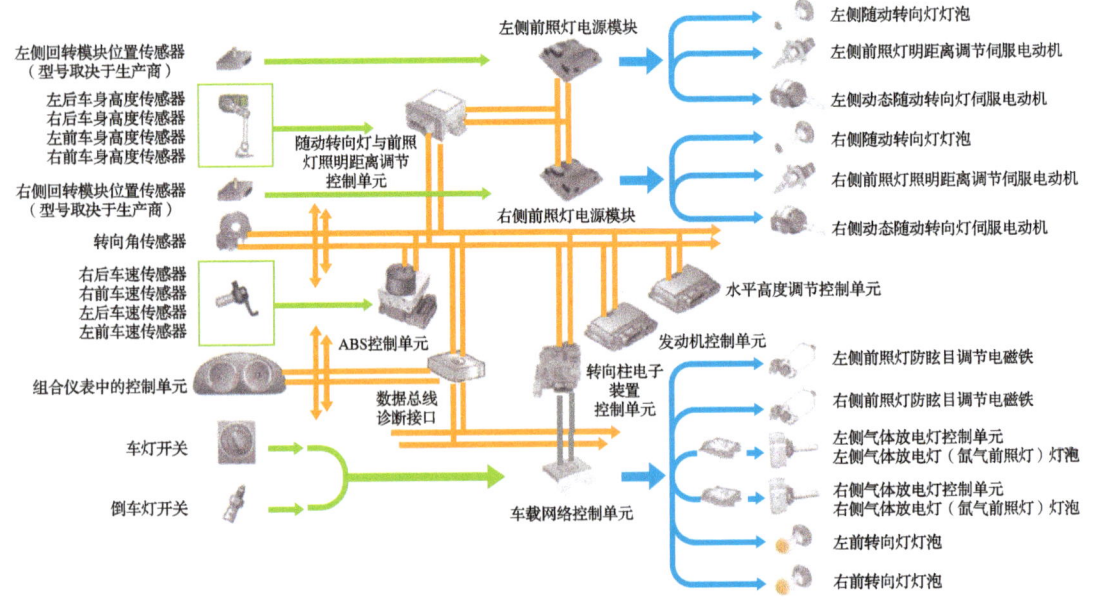

图 4-102 AFS 组成

1. 传感器

AFS 需要从不同的传感器取得车辆的各种行驶信息。例如，为了实现弯道旋转照明的功能，除了要从车速传感器获取车速、转向盘角度传感器获取转向盘转角、车身高度传感器获得车身倾斜角度以外，还必须通过其他一些特殊的传感器获取车辆实际转向角度的信息。

2. 电子控制单元

电子控制单元采集传感器信号，辨识汽车所处的状态及计算车灯所需要的转角，再根据前照灯总成的状态反馈信号，通过控制算法计算出电动机运行频率和转动方向，以便快速而准确地实现车灯需要的转角。

3. 执行机构

AFS 由照明距离调节伺服电动机和动态随动转向灯伺服电动机完成距离调节、随动操作。

4. 转弯模式的水平方向调节

当车辆进入弯道时，传统前照灯的光线因为和车辆行驶方向保持一致，所以不可避免地存在照明的暗区。一旦在弯道上存在障碍物，极易因为驾驶人准备不足引发交通事故。自适应前照灯可以在转弯时对灯光进行动态调节。前照灯内的电动机可以在车辆转弯时在水平方向上改变灯光的照射方向。前照灯的透镜和框架并不转动，灯光转动的角度在转弯方向内侧约 15°，外侧约 7.5°。这些角度变化可使车辆在转弯时获得更好的照明效果，可在相同灯光强度下得到更大的照亮范围。

自适应前照灯系统在车速小于 6km/h 时不工作，当车速超过 10km/h 时，灯光回转的角度主要取决于转向盘转动的角度。

三、仪表系统

为了使驾驶人能随时掌握车辆各系统和主要部件的工作状况，了解汽车和发动机各种工作参数是否正常，以便及时采取措施，防止发生意外事故，汽车上使用了多种仪表，如冷却液温度表、机油压力表、燃油表、车速里程表等。随着汽车行驶里程的增加，汽车仪表可能出现一些故障，如图 4-103 所示。

图 4-103 汽车仪表

（一）仪表的组成

仪表能迅速、准确地以数字、文字或图形的形式提供大量复杂的信息，醒目、直观，方便驾驶人更好地了解汽车运行参数信息，如图 4-104 所示。

汽车仪表主要有机油压力表、冷却液温度表、燃油表、发动机转速表和车速里程表等，现代汽车的仪表板上，除了安装一些基本的仪表以外，还将各种警告灯和指示灯也集成在仪表板内，由此形成组合式仪表板。这也是现代客车、乘用车上使用较

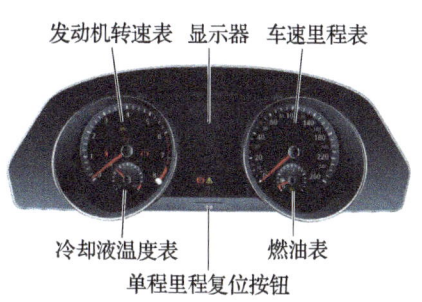

图 4-104 仪表的组成

多的一种新型组合仪表，如图 4-105 所示。

汽车仪表的功能已不仅仅是单纯的显示，而是通过对汽车各部件参数的监测和微机处理相配套，从而达到控制汽车各种运行工况的目的，如图 4-106 所示。

图 4-105　组合仪表作用

图 4-106　电子数字显示及图像显示仪表

（二）仪表指示灯

仪表指示灯是提示车辆各功能的状况，例如灯光信号灯、转向信号灯、驻车灯等，一般分为警告灯、故障灯。

警告灯具有警示功能，一般警告灯在驾驶人进行相应动作后熄灭，燃油指示灯、车门状态指示灯、安全带指示灯等。

故障灯在起动发动机后，车辆自检会点亮片刻后熄灭，如果故障指示灯常亮，表明车辆已经出现故障或者异常。发电机故障指示灯、ABS 故障指示灯、变速器故障指示灯等。

仪表指示灯含义见表 4-1。

表 4-1　仪表指示灯含义

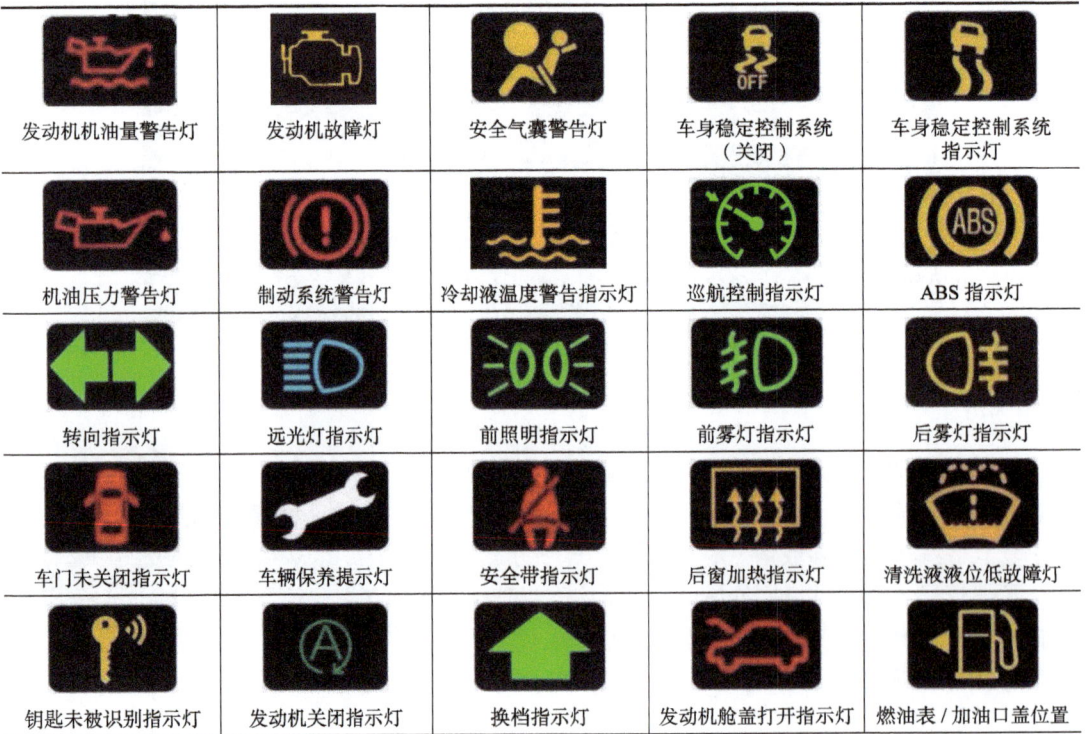

（续）

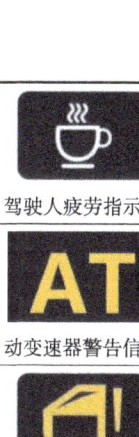 驾驶人疲劳指示灯	 下坡行驶辅助指示灯	 制动踏板未踩下指示灯	 车身太低警告灯	 冷却液液位过低警告灯
 自动变速器警告信号灯	 自适应前照灯系统关闭	 减振器调节指示灯	 钥匙未在车内指示灯	 ABC 主动车身控制系统
 车窗防夹功能指示灯	 自动驻车制动指示灯	 盲区监测指示灯	 车道保持指示灯	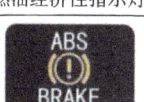 燃油经济性指示灯
 电子转向盘锁止警告灯	 超出限速警告灯	 发动机转速低指示灯	 运动模式指示灯	 制动温度过高警告灯
 踩制动/离合器踏板指示灯	 汽车需要维修警告灯	 灯泡损坏故障灯	 燃油滤清器警告灯	 轮胎压力监测指示灯
 胎压低警告灯	 可调空气悬架指示灯	 驻车辅助指示灯	 DTC 指示灯	 坡道起步辅助警告灯
 VSA 指示灯	 天窗防夹功能指示灯	 传动系统警告灯	 升档提示灯	 变速器温度过热警告灯
 低压轮胎位置指示灯	 TCS 指示灯	 系统信息指示灯	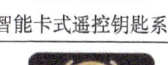 智能卡式遥控钥匙系统	 AFS 自适应前照灯
 动力转向警告灯	 低水温指示灯	 EPS 指示灯	 制动片磨损指示灯	 转向系统警告灯
 点火警告灯	 空调滤清器故障灯	 灯泡损坏故障灯	 发动机转速高指示灯	 车距警告灯
 发动机动力部分损失	 HDC 坡道车速控制系统	 限速警告指示灯	燃油不足警告灯	EPC 发动机功率控制系统

（续）

安全气囊警告灯	点火警告灯	燃油液位低警告灯	制动系统警告灯	转向锁止系统故障灯
转向助力系统故障灯	驻车制动与制动油位提示灯	发动机电子防盗指示灯	霜冻指示灯	光线/雨量传感器故障灯
自动变速器油温警告灯	智能进入和起动系统	四驱系统警告灯	系统故障警告灯	换档杆不可设置P位指示灯
自适应弯道灯故障指示灯	动态稳定控制系统	遥控器电量低警告灯	发动机排放系统警告灯	自适应前照灯系统故障灯
超声波倒车辅助指示灯	向前碰撞预警提示灯	DBC指示灯	手动变速器换档指示器	牵引力控制系统
转速限制功能指示灯	车窗刮水器指示灯	防盗起动锁止系统指示灯	牵引力关闭指示灯	电子驻车制动系统警告灯
车道保持辅助系统指示灯	遥控钥匙电量低指示灯	发动机未被关闭指示灯	动力蓄电池故障指示灯	发动机起动系统故障灯
发动机防盗锁止系统	清洗液液位低故障灯	钥匙不在车内提示灯	行李舱盖未关闭指示灯	EBD电子制动力分配

四、辅助电器设备

辅助电器设备代表性的几个装置是刮水器、清洗与除霜装置、电动座椅、电动车窗、电动后视镜、中控门锁及汽车防盗系统等，如图4-107所示。

汽车电器设备除了前面任务中介绍的电源系统、起动系统、照明与信号系统和空调系统之外，还包括辅助电器设备，它们提高

图4-107 汽车上的辅助电器设备

了汽车行驶的安全性、可靠性和舒适性。

（一）刮水器／洗涤器系统

刮水器／洗涤器系统是汽车的标准配置，主要用于清洗和刷除风窗玻璃上的雨水、雪和灰尘，以保证驾驶人的视觉效果。有的汽车前照灯也有刮水器／洗涤器系统，以保证雨雪天气尤其是夜间的行车安全。电动刮水器／洗涤器系统在汽车上的位置如图4-108所示。

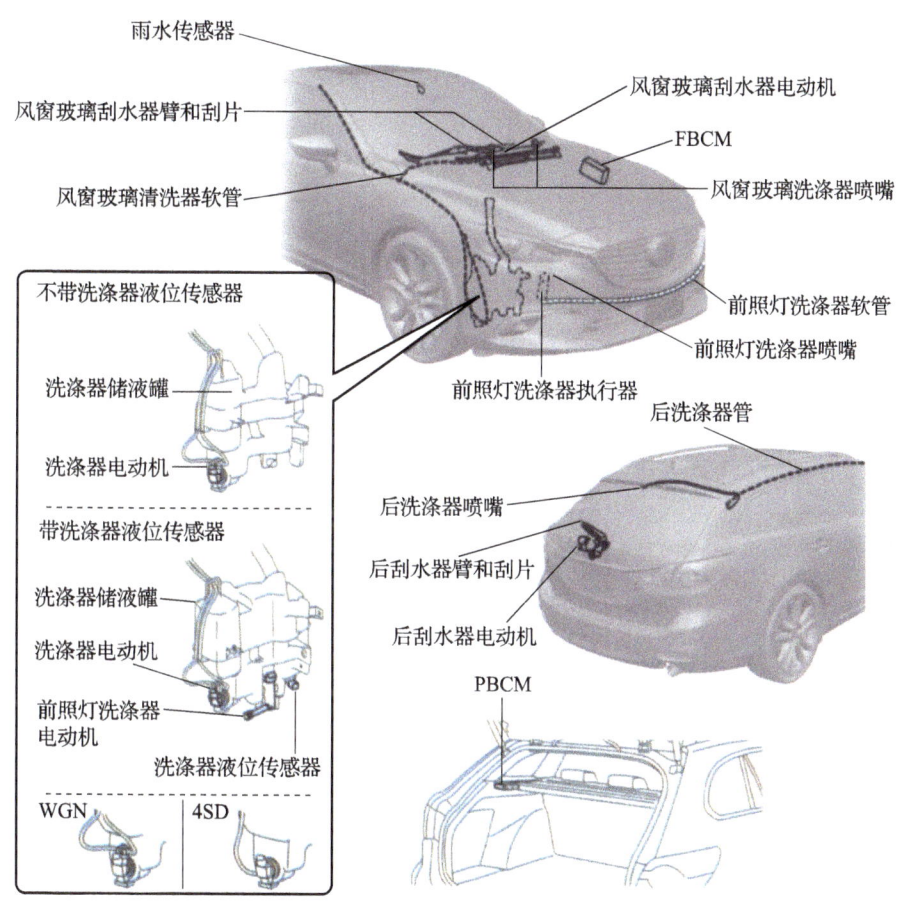

图4-108 电动刮水器／洗涤器系统

为了保证汽车在雨天或雪天时驾驶人有良好的视线，确保行车安全，在汽车的风窗玻璃上装有刮水器。刮水器的作用是刮除汽车风窗玻璃上的雨水、雪或灰尘，确保驾驶人有良好的视线，电动洗涤器与其配合工作，如图4-109所示。

1. 刮水器

汽车上采用的刮水器根据其动力不同分为真空式、气动式和电动式3种。目前汽车上广泛采用的是电动式刮水器。其开关具有高速、低速及间歇三个工作档位，而且在每个工作档位关断开关时，刮水器臂都有自动复位的功能。

图4-109 刮水器确保行车安全

刮水器主要由电动机、传动机构和刮水片三部分组成。刮水器的组成如图 4-110 所示。

刮水器是由微型直流电动机驱动，通过传动机构，使风窗玻璃外表面的刮水片来回摆动。刮水片是一种橡胶合成物，刮水器摇臂处的压紧弹簧将刮水片紧紧地压在玻璃上，以刮除风窗玻璃上的雨水、雪或灰尘。

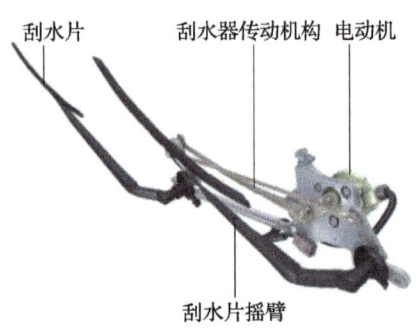

图 4-110　刮水器的组成

刮水器的电动机绝大多数都是永磁式电动机，其结构简单、体积小、可靠性好，故广泛使用，永磁式电动机结构如图 4-111 所示。

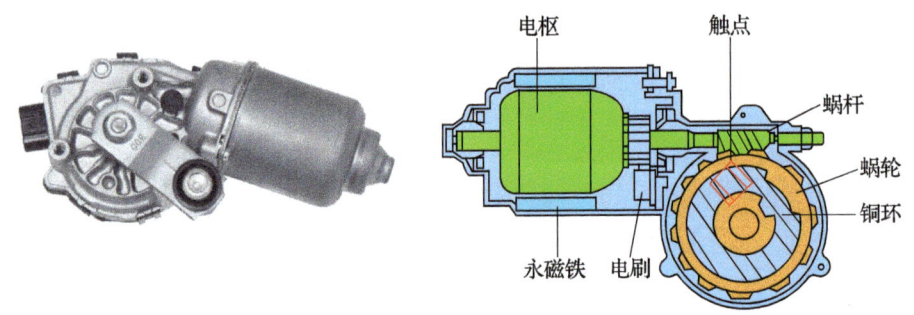

图 4-111　永磁式电动机结构

2. 刮水器工作原理

刮水器工作原理是永磁式电动机的动力经一个蜗轮蜗杆传动机构进行降速增矩，通过 3 个电刷产生两种速度。常规速度是通过安置在相反位置的两个电刷来实现的。

高速时，第三个电刷开始工作，可以减少它们之间产生有效反电动势的电枢绕组数目，从而减少阻力，增加了速度。

接通点火开关后，把电动刮水器开关拨到"2"档（低速档），电流流向为：蓄电池正极→熔丝→点火开关→电动刮水器开关→电刷 LO→电枢→电刷→搭铁→蓄电池负极，如图 4-112 所示。这时电枢在永磁铁的磁场作用下而转动，此时磁场强，转速低。

当变速开关拉到"3"档（高速档）位置时，电流流向为：蓄电池正极→熔丝→点火开关→电动刮水器开关→电刷 HI→电枢→电刷→搭铁→蓄电池负极。由于电刷 HI 比电刷 LO 偏转了 90°，使电枢磁通发生了歪曲，所以合成磁场被削弱，电动机的转速就随着升高，如图 4-113 所示。

当刮水器停止工作时，为了不影响驾驶人的视线，刮水片应能够自动回到风窗玻璃的下部。为此，在刮水器中一般都装有自动复位功能装置。

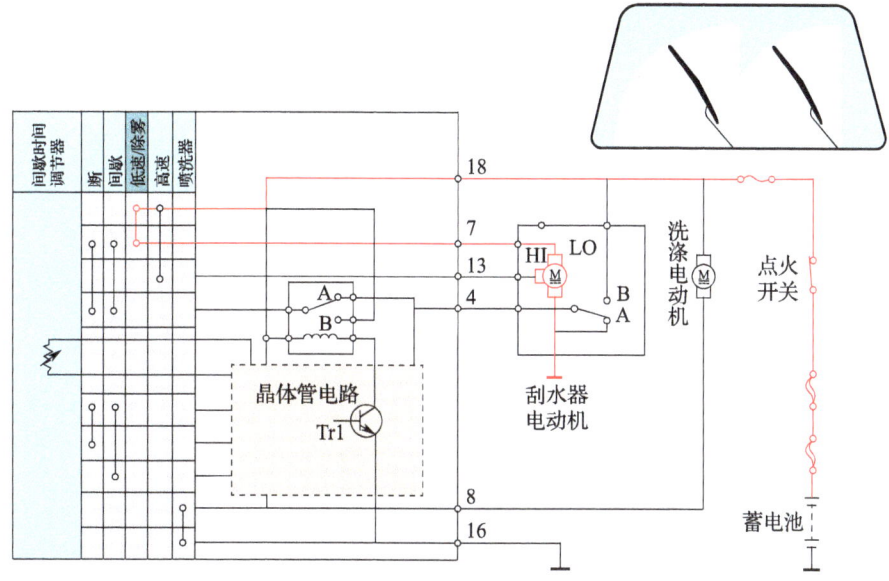

图 4-112 永磁式电动刮水器低速档

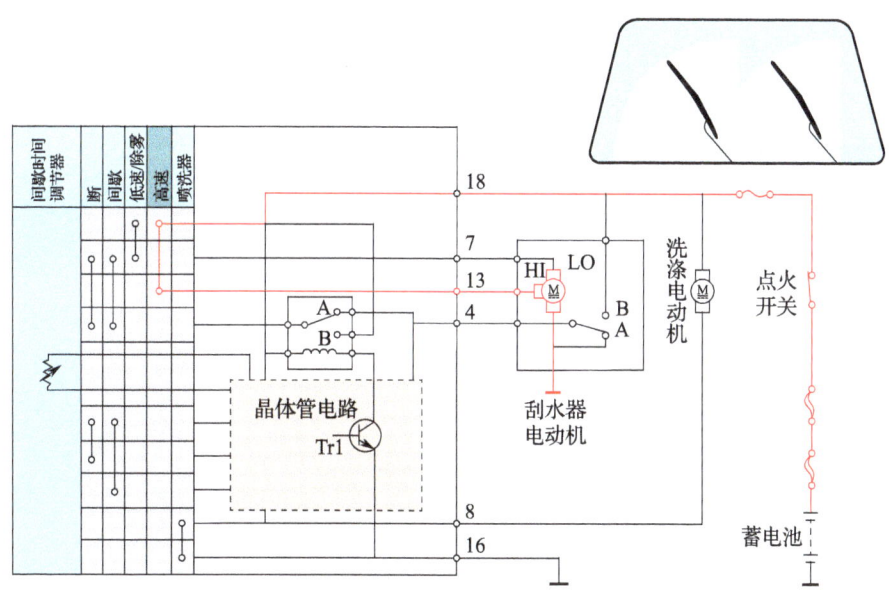

图 4-113 永磁式电动刮水器高速档

当刮水器开关推到"0"档时,如果刮水片没有停在规定的位置,这时自动停位器触点与触点 B 接触,电流继续流入电枢,其电路为:→熔断器→点火开关→熔丝→自动停位器触点与触点 B 接触→电动刮水器开关→电刷 LO→电枢→电刷→搭铁→蓄电池负极,电动机以低速运转直至蜗轮旋转到特定位置,这时自动停止器的触点和触点 A 接触,电路中断,使刮水片停在规定的位置。与此同时,电枢由于惯性而感应电流,产生制动力矩,电动机迅速停止转动,如图 4-114 所示。

汽车在小雨或雾天行驶,如用前述刮水器的一般速度刮拭,就会使风窗玻璃上的微量水分和灰尘形成一个发黏的表面。这样,不仅不能将风窗玻璃刮拭干净,相反会使风窗玻璃模糊不清,留下污斑,从而影响驾驶人的视线。有时还会引起刮片颤动和刮伤玻璃。因此，现代汽车刮水器都加装了电子间歇控制系统，如图 4-115 所示。

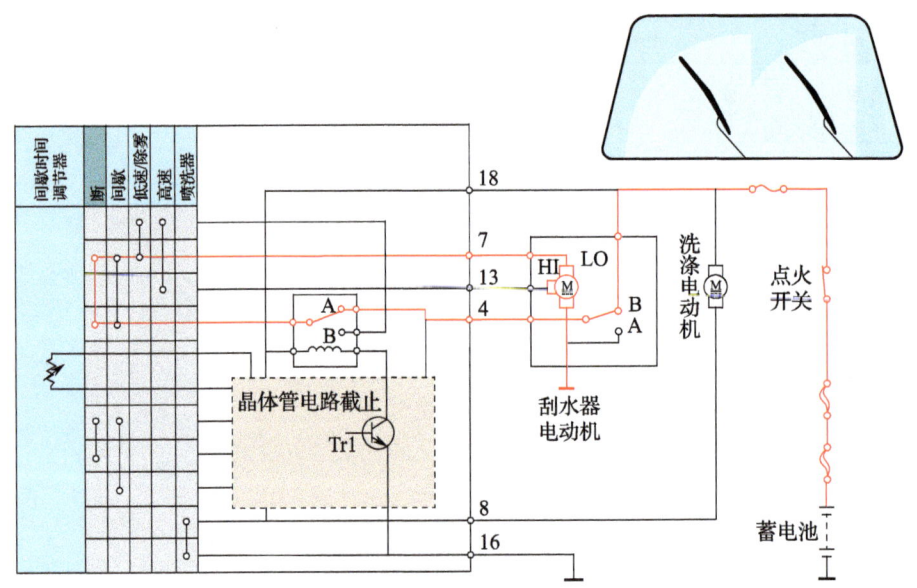

图 4-114　永磁式电动刮水器自动复位

在遇到上述天气时，开动间歇开关，使刮水器按一定周期自动间歇工作，即每一次后停止 2~12s，这样可使驾驶人获得更好的视线。

接通点火开关后，把电动刮水器开关拨到"1"档（间歇档），电流流向为：蓄电池正极→熔断器→点火开关→间歇继电器→电动刮水器开关→电刷 LO→电枢→电刷→搭铁→蓄电池负极，如图 4-116 所示。

图 4-115　刮水器间歇继电器

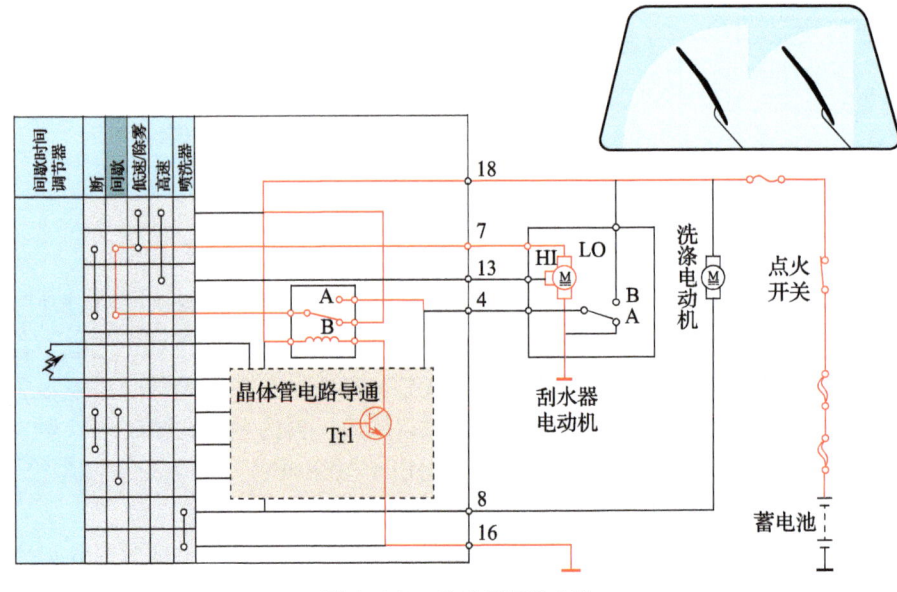

图 4-116　刮水器间歇电路

248

3. 刮水器开关

刮水器和洗涤开关布置在转向盘右下方，如图 4-117 所示。

（1）刮水器开关

刮水器开关为旋钮式开关，有"MIST""OFF""间歇""LO"及"HI"四个位置。旋钮处于"OFF"位置时，刮水器电路断开，刮水器不工作；旋钮处于"MIST"位置时，洗涤器电动机通电、洗涤器喷嘴向风窗玻璃喷出洗涤液，刮水器电动机电路接通，刮水器低速运转，刮水片慢刮；旋钮处于"LO"位置时，刮水器电动机电路接通，刮水器低速运转，刮水片慢刮；旋钮处于"HI"位置时，刮水器电路高速档接通，刮水片作快速刮扫运动。

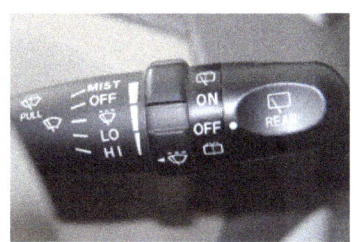

图 4-117 刮水器和洗涤开关

（2）洗涤器开关

将洗涤器开关操纵杆向上抬时，洗涤器电动机通电、洗涤器喷嘴向风窗玻璃喷出洗涤液，以利于风窗玻璃的清洗。

电动洗涤器电器电路很简单，如图 4-118 所示。它是一个单线串联电路。工作时接通冲洗开关，电动机驱动清洗泵工作，把洗涤液从储油罐中吸出，经吸液阀从喷嘴喷洒到风窗玻璃上。

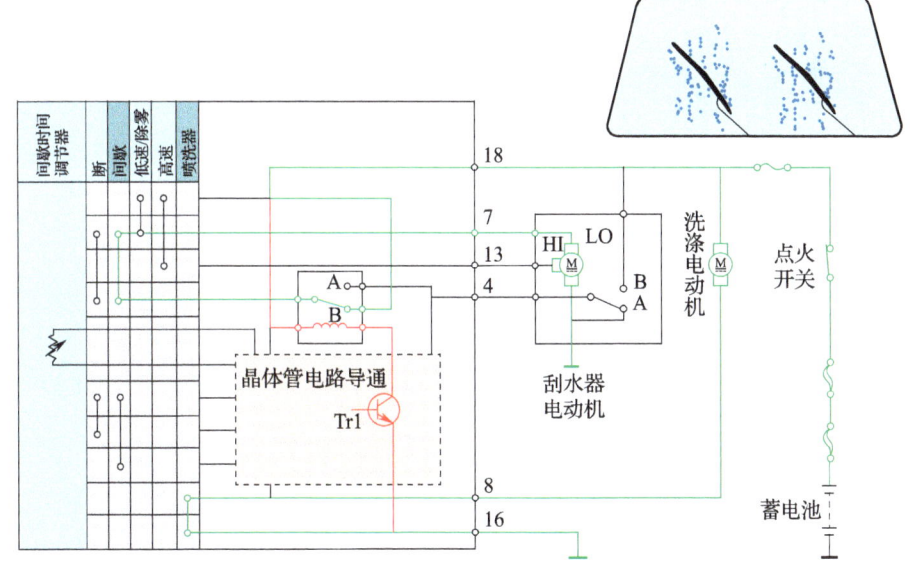

图 4-118 洗涤器电路图

4. 雨量传感器

汽车中已经安装了越来越多的传感器以增加行车时的主动和被动安全性，同时增加舒适性。很多汽车设有雨量传感器，以使驾驶人在下雨时无需手动控制刮水片的运动速度，而由雨量传感器感知雨量的大小从而控制刮水片的运动速度，以使驾驶人可以集中精力开车。

雨量传感器和光强度传感器通常为组合一体，装配在车内后视镜的安装底座内，如图

4-119 所示。

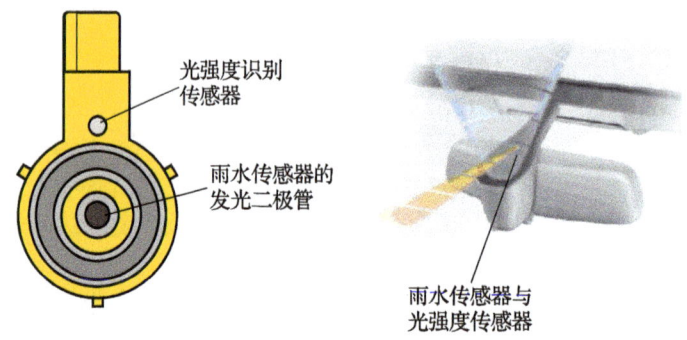

图 4-119　雨量传感器及安装位置

大多数的雨量传感器使用的是光学系统，由发光二极管、光电二极管、电控单元（ECU）等组成，当光线以小角度照射到折射率高和折射率低的材料之间的界面时，光束就会被全反射。光线从发光二极管到光电二极管一共被反射 4 次。

如果风窗玻璃变脏或变湿，一部分光线会投射出风窗玻璃，接收到的光线由雨量传感器进行评估，并转化为一个信号值。雨量传感器中的微控元件会检测信号的变化，并通过 K 总线传给 ECU，以启动合适的间隙时间，从而自动控制刮水片的运动速度。

部分车型刮水器加装的电子调速器附带雨量感应功能，能根据雨量的大小自动调节刮水器臂的摆动速度，雨大时刮水器臂转得快，雨小时刮水器臂转得慢，雨停时刮水器臂也停止转动。奥迪 A6 汽车刮水器就具有根据雨量大小自动调节刮水器臂转动速度的功能。

（二）中央门锁系统

中央门锁是指电动门锁，其作用是驾驶人通过操纵门锁开关（转动钥匙或按动按钮），可同时锁住或打开车上的所有门锁。中央门锁由微电脑根据各个开关信号控制门锁的开闭，而且常常和汽车的防盗系统结合在一起，提高了汽车的防盗性能，如图 4-120 所示。

1. 中央门锁系统的组成

中央门锁系统主要由门锁控制开关、门锁控制器及执行机构组成，如图 4-121 所示。中控门锁系统是通过门锁控制开关和钥匙的操作控制电动机，同时控制所有车门关闭与开启的装置，其作用是增加汽车使用的方便性和安全性。

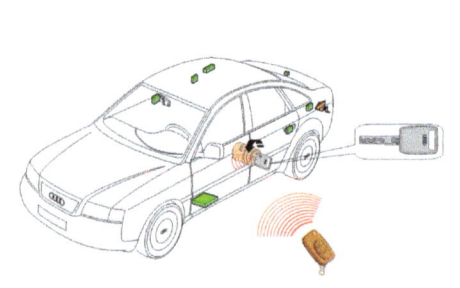

图 4-120　中央门锁

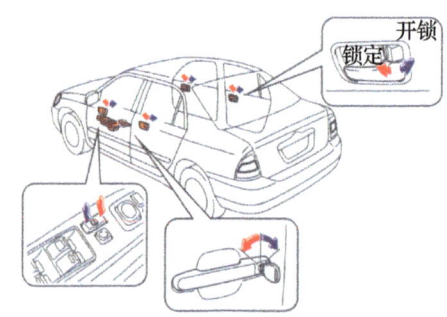

图 4-121　中央门锁系统

1）门锁控制开关一般安装在驾驶人侧前门扶手上，通过门锁控制开关可以同时锁上和打开所有的车门，如图 4-122 所示。

2）钥匙控制开关安装在左前门和右前门的外侧锁上（图4-123）。当从车外用车门钥匙开门或锁门时，钥匙控制开关便发出开门或锁门信号给门锁控制ECU，实现车门打开或锁止。

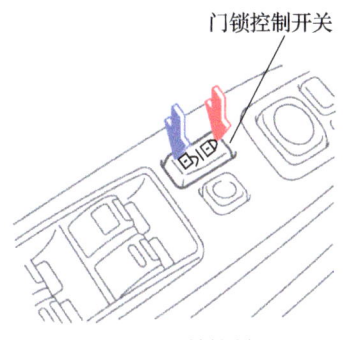
图4-122 门锁控制开关

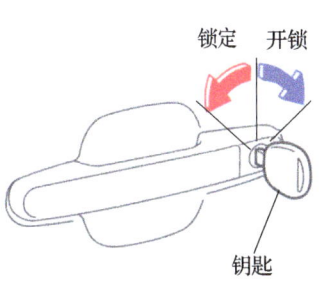
图4-123 钥匙控制开关

3）门控开关用来检测车门开闭的情况。车门打开时，门控开关接通；车门关闭时，门控开关断开。

4）中控门锁用电磁驱动方式进行门锁的开启与关闭。目前，门锁执行机构主要有电磁线圈式和直流电动机式。

电磁线圈式门锁执行机构采用双电磁线圈，在锁门时，给锁门电磁线圈加正向电流，衔铁带动连杆左移，扣住门锁舌片；在开门时，给开锁电磁线圈加反向电流，衔铁带动连杆左移，脱离门锁舌片。

直流电动机（图4-124）的连杆由可逆转的直流电动机驱动，利用电动机的正转和反转完成锁门和开门的动作。

5）当门锁电动机运转时，通过门锁连杆操纵门锁锁定或开启，如图4-125所示。

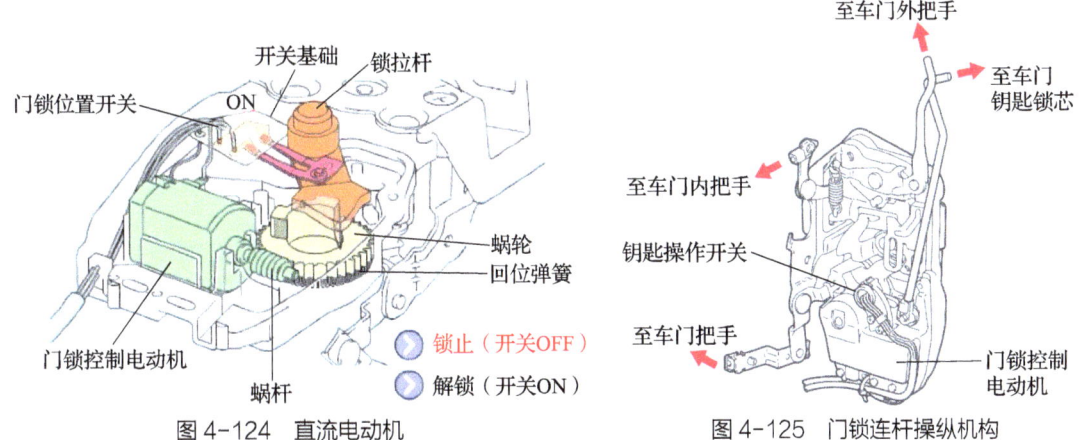
图4-124 直流电动机　　　　图4-125 门锁连杆操纵机构

2. 遥控中控门锁系统

遥控中控门锁系统也称无钥匙进入系统，其作用是从远处锁止和解锁所有车门，为驾驶人提供便利，如图4-126所示。遥控中控门锁系统在普通中控门锁系统的基础上增加发射器（钥匙）、车门控制接收器、集成继电器（含有防盗ECU）等部件。

遥控器有分开型和组合型两种。组合型遥控器的发射天线由钥匙板兼任。身份代码存储器中存储的身份代码，通过输出部分经由发射天线发射出去。车门控制接收器对接收的信号进行放大和调制后,发送给防盗 ECU,防盗 ECU 检查身份代码是否相符,当代码一致时,确定继电器动作,控制相应执行器。

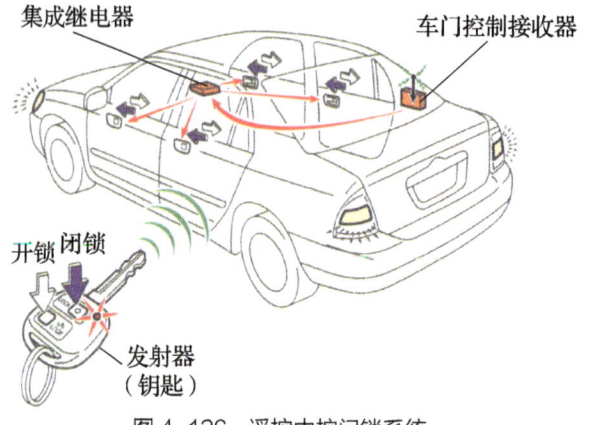

图 4-126 遥控中控门锁系统

(三) 防盗系统

防盗系统的功能是在所有车门均锁上后,如果任何车门和罩盖被强制打开,或者蓄电池的端子被断开后重新连上,它会发出警告,如图 4-127 所示。

警告装置立即使喇叭发声以及前照灯、尾灯和其他外部灯光闪烁。安全指示灯闪烁,告知车辆周围的人此车装有防盗系统。

- 警告装置根据区域不同而不同。
- 防盗系统利用车辆门锁系统的功能。
- 在某些车型上,警告装置工作期间系统阻止起动机继电器的工作,因此起动机也不工作。

防盗系统和中央门锁系统让汽车的使用更加方便和安全,两者是既相互联系,又有区别的两个系统。防盗系统属于电控防盗系统,一般由防盗 ECU、感应传感器、门控开关、车身 ECU 和钥匙未锁警告开关等组成,如图 4-128 所示。

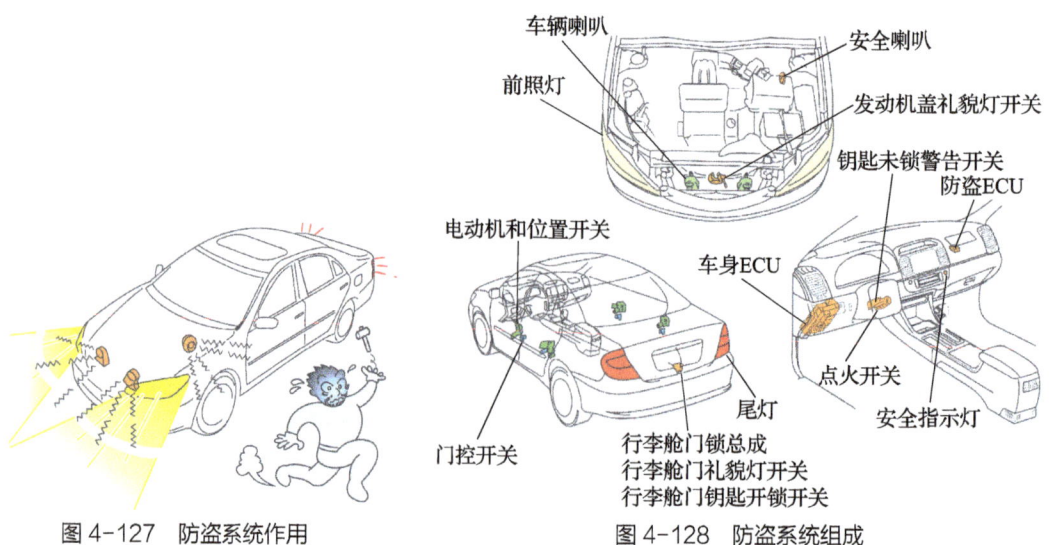

图 4-127 防盗系统作用　　图 4-128 防盗系统组成

1. 防盗 ECU

防盗 ECU 是电控防盗系统的核心，它接收各种传感器如防盗传感器、车速传感器、各种门的开关信号，根据预先存储的数据和编制的程序，通过计算和判断，确定车门是否锁定和车辆是否非法移动、被盗，以便控制各执行器，从而使汽车处于报警状态。

2. 警告装置

警告装置的作用是通过各种警告信号提示有人擅自侵入车内，可触发声音和视觉警报。它工作的前提是必须已启用警告装置。警告装置通常采用喇叭鸣叫和灯光闪烁的方式发出警告，主要包括安全喇叭、车辆喇叭。

3. 信号收集装置

信号收集装置除了各种门的开关信号之外，还包括其他检测车辆状态的传感器，比如超声波传感器、车身高度传感器、玻璃破碎传感器等，用来检测车内是否有非法侵入、车辆发生振动或者倾斜、车窗玻璃被破坏等现象。

4. 发动机锁定器系统

发动机锁定器系统是一种车辆防盗系统。除了用已注册的有 ID 代码的钥匙外，用其他任何钥匙时，此系统禁止发动机起动和喷射燃油，如图 4-129 所示。

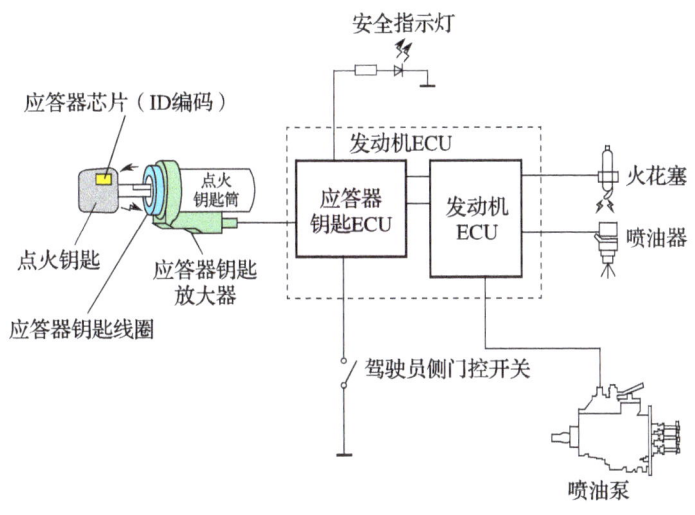

图 4-129 发动机锁定器系统

发动机锁定器系统被设置过后，安全指示灯闪光表示指示系统已被设置。发动机锁定器系统由应答器芯片、应答器钥匙线圈、发送应答器钥匙放大器、发送应答器钥匙 ECU、发动机 ECU 等组成，如图 4-130 所示。

发动机锁定器系统有两种，一种是通过单独的 ECU 控制（应答器钥匙 ECU），另一种通过和应答器钥匙 ECU 集成的 ECU（发动机 ECU）控制。

（四）音响系统

随着电子技术的发展和驾驶人对视听享受的

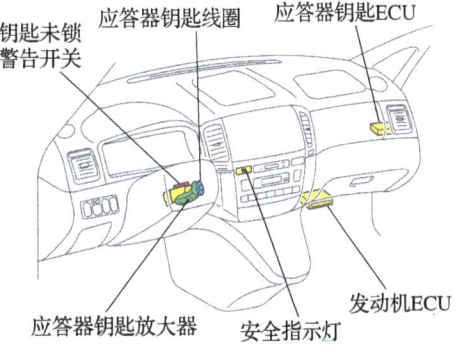

图 4-130 发动机锁定器系统元件安装位置

追求越来越高，汽车音响系统越来越受到人们的重视，已经成为评价轿车舒适性的指标之一。驾驶人可以通过汽车音响系统听到优美的音乐，也可接听驾驶所需要的交通信息和新闻。汽车音响系统主要由天线、主机、功率放大器和扬声器组成，如图 4-131 所示。

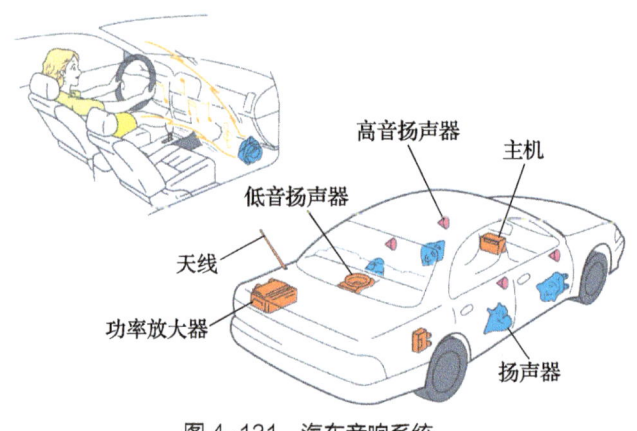

图 4-131　汽车音响系统

1. 天线

天线的作用是接收广播电台发射的无线电波，并通过高频电缆传送给无线电调频装置。天线可分为在车身外伸出的金属式天线和装在车身玻璃上的天线。

（1）印在后窗上的天线

印在后窗上的天线就像图 4-132 所示的图案，由于下述原因，天线收到的电气信号应该用增压放大器来放大。

- 其灵敏度不如拉杆天线。
- 天线和收音机之间的距离远则收到的信号就被减弱。

如图 4-132 所示，车窗除雾器线路中有扼流圈，它通过将后窗除雾器电源所含的干扰电流搭铁来阻止噪声进入收音机。

（2）车顶天线

作为一种改善灵敏度的设备，在天线底座处安装一只天线放大器，这样它的接收水平不比正常拉杆天线差。当天线损坏时，车顶天线可以通过逆时针旋转将它取下，如图 4-133 所示。

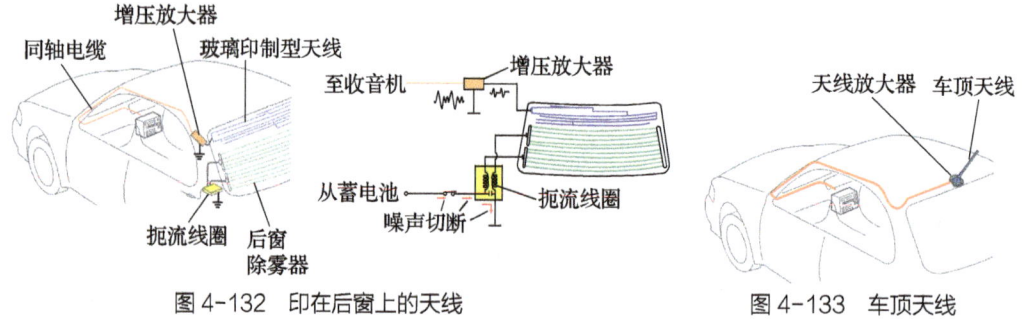

图 4-132　印在后窗上的天线　　　　图 4-133　车顶天线

2. 主机

主机也称信号源，是汽车多媒体系统的节目源，如图 4-134 所示。

3. 功率放大器

功率放大器的作用是将音频信号进行电压放大和功率放大，然后推动扬声器发出声音。按功能不同，汽车放大器可分为前置放大器、功率放大器和环绕声放大器等类型，如图 4-135 所示。

4. 扬声器

扬声器的主要功能是把音频信号还原成声音传达出来，是汽车音响系统的终端，决定乘员舱内的音响性能。扬声器的数量、口径和安装位置根据汽车舒适性的要求而定，为了能欣赏到立体声效果，车内至少需要安装两个扬声器，如图 4-136 所示。

图 4-134　主机

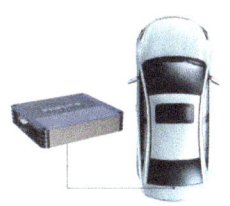
图 4-135　功率放大器

图 4-136　扬声器

（五）巡航控制系统

巡航控制系统（Cruise Control System，简称 CCS），一般又称为定速巡航行驶装置、速度控制系统。它是一种利用电子控制技术保持汽车自动匀速行驶的系统。驾驶人可以通过操作调整开关进行车辆速度的调整与锁定，不用踩加速踏板就可自动保持固定车速行驶，可以有效减轻驾驶人在高速上长时间行驶的疲劳，同时还能节省燃油消耗，如图 4-137 所示。

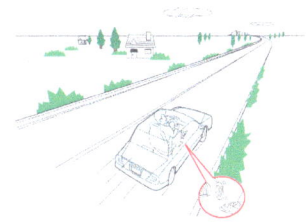
图 4-137　巡航控制系统

1. 巡航控制系统的组成

巡航控制系统主要由传感器、巡航控制开关、巡航控制 ECU 及执行器等组成。巡航控制系统的组成如图 4-138 所示。

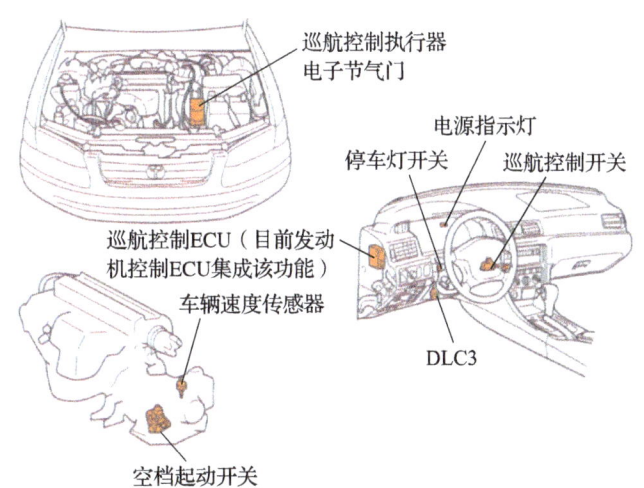
图 4-138　巡航控制系统的组成

（1）巡航传感器

汽车在巡航行驶时，巡航控制 ECU 主要通过车速传感器和节气门位置传感器获得车速和节气门位置信号，进行车速稳定控制。

（2）取消巡航开关

当汽车制动、换档和停车时，巡航控制功能将自动取消。巡航控制 ECU 通过相应的开关取得、取消巡航设定信号。这些开关主要为停车灯开关、空档起动开关、离合器开关、驻车制动器开关。

（3）巡航控制开关

驾驶人可以通过操作巡航控制开关进行巡航系统的开闭，以及巡航车速的设定。巡航控制开关分为主开关和控制开关，如图 4-139 所示。

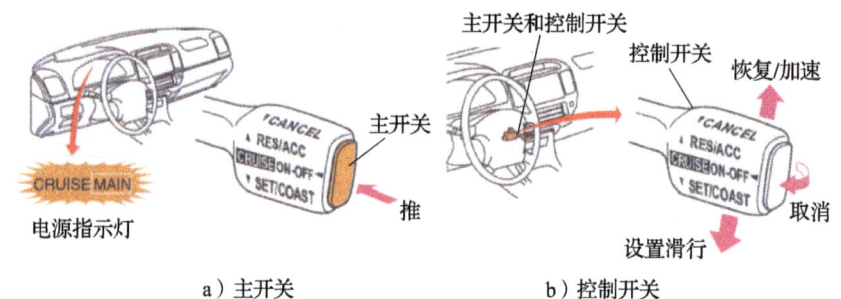

图 4-139　巡航控制开关

主开关是巡航控制系统的主电源开关，通常采用按键方式，每按下一次，开关接通或关断。在主开关接通状态下关断点火开关，主开关也关断，再接通点火开关时，主开关仍保持关闭状态，需再按一下主开关才能接通巡航控制系统电源。

控制开关用于设定（SET）、滑行（COAST）、恢复（RES）、加速（ACC）、取消（CANCEL）等操作，一般处于组合开关内，位于转向盘下方的操纵手柄上，也有采用按钮的。

（4）执行器

执行器接收来至 ECU 的控制指令信号，以电动或气动的方式操纵节气门，调节节气门开度，使汽车加速、减速或定速行驶。电动式执行器用电动机来驱动节气门动作，气动式巡航控制执行器利用进气歧管真空度或真空泵产生的真空度作为操纵节气门的动力。

2. 巡航控制系统的工作原理

驾驶人通过控制开关设定的车速被巡航控制 ECU 中的存储器记忆，ECU 将车速传感器反馈的实际车速与存储器中的设定车速进行比较。当两个车速存在误差时，ECU 会输出控制信号，通过驱动电路使节气门的执行器动作，调节节气门开度，从而使汽车在设定的车速下稳定行驶。

（六）自适应巡航控制系统

自适应巡航控制系统（Adaptive Cruise Control，简称 ACC），是一种智能化自动控制系统，它是在传统的巡航控制技术基础上发展而来的。自适应巡航控制系统与传统的车速巡航控制系统相比，在功能上有较大的扩展。

1. 基本原理

通过车距传感器的反馈信号，ACC控制单元可以根据靠近车辆物体的移动速度判断道路情况，并控制车辆的行驶状态；通过反馈式加速踏板感知驾驶人施加在踏板上的力，ACC控制单元可以决定是否执行巡航控制，以减轻驾驶人的疲劳。

自适应巡航控制系统一般在车速大于25km/h时才会起作用，而当车速降低到25km/h以下时，就需要驾驶人进行人工控制。通过系统软件的升级，自适应巡航控制系统可以实现"停车/起步"功能，以应对在城市中行驶时频繁的停车和起步情况。自适应巡航控制系统的这种扩展功能，可以使汽车在非常低的车速时也能与前车保持设定的距离。当前方车辆起步后，自适应巡航控制系统会提醒驾驶人，驾驶人通过踩加速踏板或按下按钮发出信号，车辆就可以起步行驶。

自适应巡航控制系统使车辆的编队行驶更加轻松。ACC控制单元可以设定自动跟踪的车辆，当本车跟随前车行驶时，ACC控制单元可以将车速调整为与前车相同，同时保持稳定的车距，而且这个距离可以通过转向盘附近的控制杆上的设置按钮进行选择。

自适应巡航控制系统主要由转向角传感器、车距调节控制单元、信息电子控制单元、摄像头控制单元、图像处理控制单元等组成，如图4-140所示。

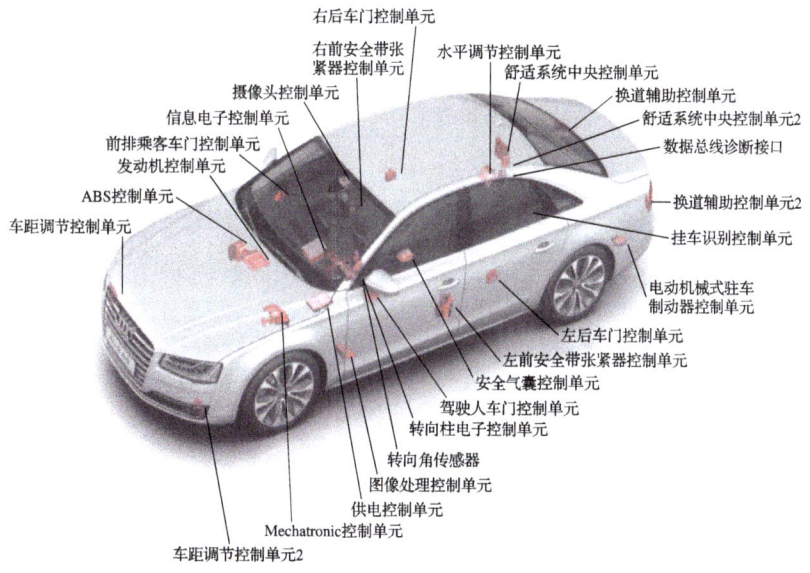

图4-140 自适应巡航控制系统

2. 车距调节控制单元

车距调节控制单元是含雷达发生器与信号处理的雷达传感器总成部件，如图4-141所示。它的作用是接收分析处理雷达信息，再通过车载网络系统将该信息传递给发动机控制单元、自动变速器控制单元、ABS控制单元等，从而通过改变发动机功率、变速器档位或施加制动以控制车距。

雷达是利用电磁波探测目标的电子设备。雷达发射电磁波对目标进行照射，并接收和处理回波信号，由此获得目标至电磁波发

图4-141 车距调节控制单元

射点的距离、距离变化率（径向速度）、方位、高度等信息。

在车辆行驶过程中，安装在车辆前部的车距传感器（雷达）持续扫描车辆前方道路，同时轮速传感器采集车速信号。当与前车之间的距离过小时，控制单元可以通过与防抱死制动系统、发动机控制系统协调动作，使车轮适当制动，并使发动机输出功率下降，以使车辆与前方车辆始终保持安全距离。自适应巡航控制系统在控制车辆制动时，通常会将制动减速度限制在不影响舒适的程度，当需要更大的减速度时，控制单元会发出声光信号通知驾驶人主动采取制动操作。当与前车之间的距离增加到安全距离时，控制单元控制车辆按照设定的车速行驶。

（七）电动车窗系统

许多汽车采用了电动车窗，驾驶人坐在驾驶座上，即可利用控制开关使全部车窗玻璃自动升降，操作简便，且有利于行车安全，如图4-142所示。

电动车窗可使驾驶人和乘客坐在座位上，利用开关使车窗玻璃自动升降，操作简单、便利，有利于行车安全。电动车窗主要由车窗电动机、车窗升降调节器和控制开关等组成，如图4-143所示。

图4-142 电动车窗功能

电动车窗主要由车窗玻璃、车窗玻璃升降器、电动机和控制开关等组成，电动车窗的核心元件是玻璃升降器，其升降的基本原理是：在每个车门内设置一个可变换运转方向的直流串励电动机，通过转换开关，使电动机运转，由于车窗的动作是双向（升降）的，所以采用直流双向电动机——即工作电流方向不同，电动机的转向不同。每个车门各有一个电动机，通过开关控制电动机的电流方向，从而控制玻璃的升降，如图4-144所示。

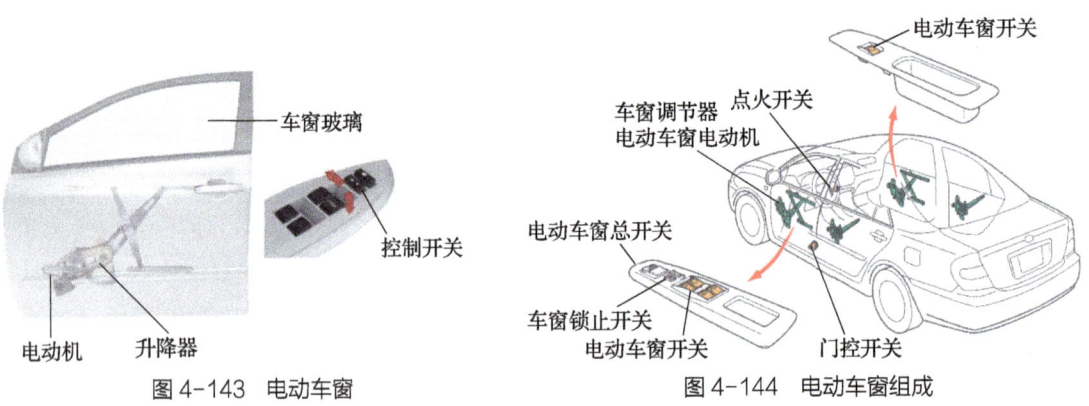

图4-143 电动车窗　　　　　　图4-144 电动车窗组成

1. 升降调节器

汽车车窗升降调节器的常见类型有交叉臂式、钢丝式。

（1）交叉臂式玻璃升降器

交叉臂式玻璃升降器是用交叉臂式来实现换向作用，如图4-145所示。交叉臂式上连有螺旋弹簧。当车窗下降时，连接在扇形齿轮上的螺旋弹簧卷起来，被卷绕的弹簧必然储存能量，当车窗升高时，弹簧松开，释放能量，协助升高车窗。弹簧的作用力补偿车窗的重力。没有螺旋弹簧，车窗下降时可能需要较小的力量，但升高时需要更大的力量。螺旋弹簧的作用就是使车窗上升或下降时驱动电动机承受相同的负荷。当电动机转动时，通过蜗轮蜗杆减速并改变旋转方向，使交叉臂式转动，并带着车窗玻璃上下进行升降。

（2）钢丝式玻璃升降器

钢丝式玻璃升降器使用柔性齿轮，如图 4-146 所示。车窗连在钢丝的一端，当电动机转动时，通过蜗轮蜗杆机构将动力传给小齿轮，小齿轮又使钢丝移动，通过拉动钢丝带动车窗进行升降。

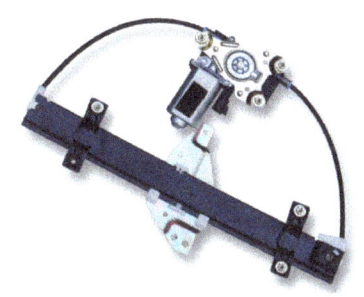
图 4-145　交叉臂式

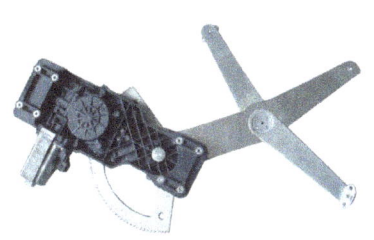
图 4-146　钢丝式玻璃升降器

2. 电动机

电动车窗一般使用双向永磁式电动机，每个车窗一般安装一个电动机。按下或抬起电动车窗开关，电动机正向或反向转动，通过传动机构将动力传给车窗升降调节器，使车窗玻璃升高或降低，如图 4-147 所示。

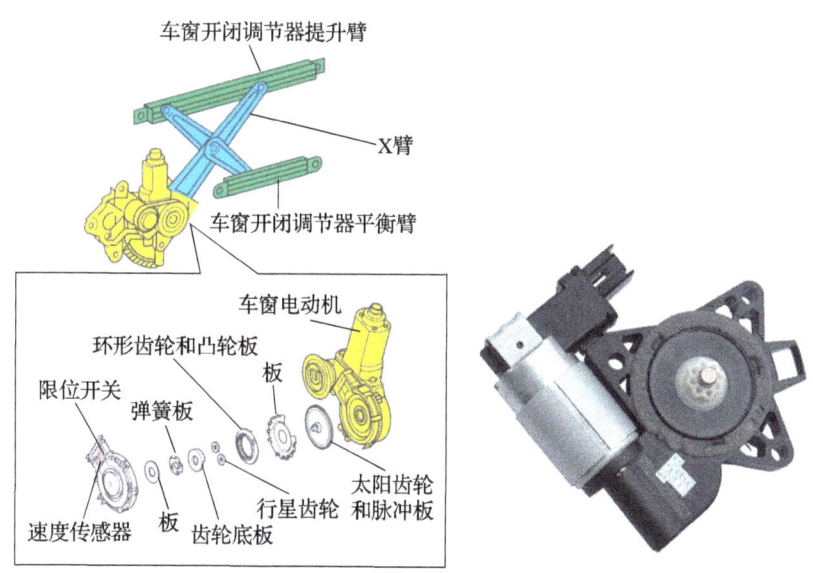
图 4-147　双向永磁式电动机

3. 控制开关

电动车窗控制开关分为主控开关（驾驶人侧）和分控开关（各乘客侧），如图 4-148 所示。主控开关上的各车窗控制开关可控制相应车窗的升降，具有"Auto"功能的驾驶人侧车窗开关，还可实现该侧车窗的自动升降功能。车窗锁止开关可切断各分控开关的控制功能。分控开关只能控制对应车窗的升降。

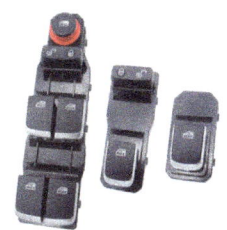
图 4-148　控制开关

（八）电动天窗系统

现在越来越多的中高档轿车都装备了电动天窗，汽车电动天窗是依靠汽车在行驶过程中气流在汽车顶部的快速流动，使车内空气流通，增加新鲜空气进入，为车主带来健康、舒适的享受。电动天窗主要由导轨、滑动机构、天窗电动机、车身控制模块等组成，如图4-149所示。

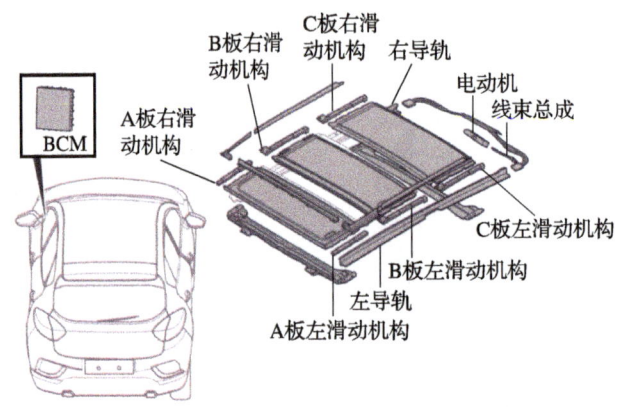

图 4-149 电动天窗

1. 天窗电动机

天窗电动机通过传动装置向天窗的开闭提供动力，能双向转动，即通过改变电流的方向改变电动机的旋转方向，实现天窗的开闭，如图4-150所示。

图 4-150 天窗电动机

2. 控制开关

控制开关主要包括滑动开关和斜升开关。滑动开关有滑动打开、滑动关闭和断开（中间位置）3个档位，如图4-151所示。斜升开关也有斜升、斜降和断开（中间位置）3个档位。通过操作这些开关，可指令天窗驱动机构的电动机实现正反转，在不同状态下正常工作。

图 4-151 控制开关

3. 限位开关

限位开关主要用来检测天窗所处的位置。限位开关靠凸轮转动来实现断开和闭合。凸轮安装在驱动机构的动力输出端。当电动机将动力输出时，通过驱动齿轮和滑动螺杆减速以后带动凸轮转动，于是凸轮周边的凸起部位触动开关使其开闭，以实现对天窗的自动控制。

4. 车身控制模块

车身控制模块是一个数字控制电路，并设有定时器、蜂鸣器和继电器等，它的作用是接收开关输入的信息，通过数字电路进行逻辑运算，确定继电器的动作，控制天窗开闭。

（九）电动后视镜系统

汽车后视镜的位置直接关系到驾驶人能否观察到后方情况，与汽车安全有着密切的关系。越来越多的轿车采用电动后视镜，通过开关进行调节，操作方便。电动后视镜一般由镜片、驱动电机、控制电路及操纵开关等组成，如图4-152所示。

在每个后视镜镜片的背后都有两个双向电动机，可操纵其上下及左右运动，如图 4-153 所示。通常上下方向的倾斜运动由上/下调节电动机控制，左右方向倾斜运动由左/右调节电动机控制。通过改变电动机的电流方向，即可完成后视镜的位置调整。有的电动机还具有伸缩/回位功能。

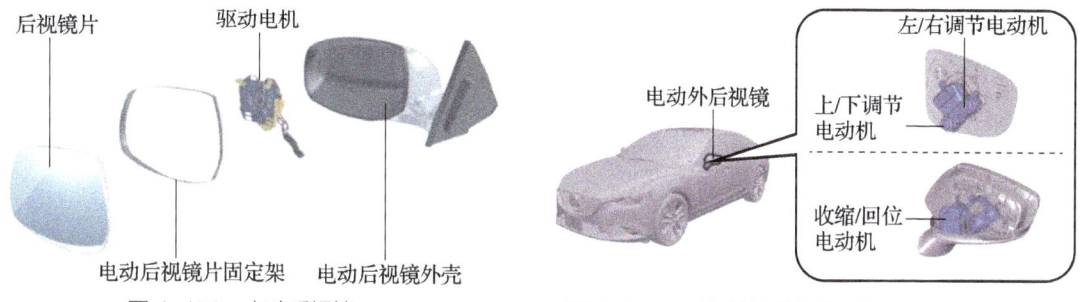

图 4-152　电动后视镜　　　　图 4-153　后视镜镜片的背后都有两个双向电动机

后视镜由一个开关杆控制。开关杆能够多方向运动，它可以使一个电动机工作或两个电动机同时工作，如图 4-154 所示。

很多后视镜的镜片后都布置了一种尺寸很小的加热元件，它们在前照灯第一次照明时会工作几分钟。这个系统同时还可与后窗加热电路相连，如图 4-155 所示。

（十）电动座椅系统

汽车座椅的主要功能是为驾驶人提供便于操作、舒适而安全的驾驶位置，为乘客提供不易疲劳、舒适而又安全的乘坐位置，如图 4-156 所示。

图 4-154　后视镜控制开关　　图 4-155　后视镜镜片加热元件　　图 4-156　汽车座椅

电动座椅一般由电动机、传感器、调节开关、传动机构等组成，部分车型电动座椅还带有座椅加热及通风等功能，如图 4-157 所示。

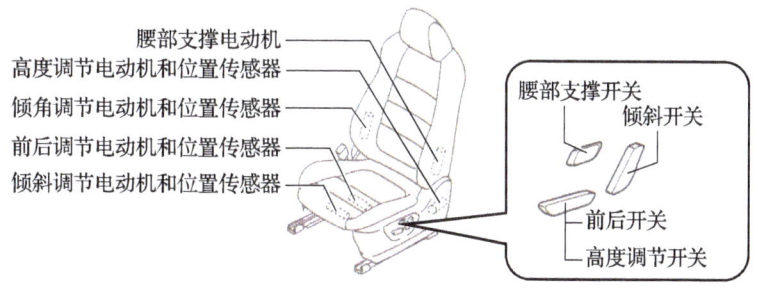

图 4-157　电动座椅组成

电动座椅由若干个双向电动机、传动装置和座椅调节器、控制开关等组成,当按动某一按钮时,电流就由蓄电池出发,经过所操作的开关进入相应的电动机,最后到达搭铁点,电动机通入电流开始旋转,带动传动机构运动进行调节;当驾驶人松开按钮后,调节动作终止。电动机的旋转运动通过传动机构改变座椅的空间位置,如图4-158所示。

1. 电动机

电动座椅中使用的电动机一般为永磁式双向直流电动机。通过控制开关改变流经电动机内部的电流方向,从而实现转动方向的改变,如图4-159所示。

2. 传动装置

传动装置把电动机产生的动力传至座椅,主要包括变速器、联轴器软轴及齿轮传动,如图4-160所示。

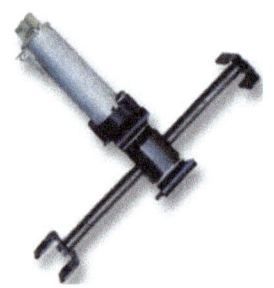
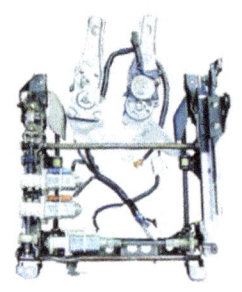

图4-158 电动座椅电动机和传动装置　　图4-159 电动座椅电动机　　图4-160 座椅传动装置

（1）高度调整

高度调整机构由蜗杆、蜗轮、齿条、心轴等组成,调整时,蜗杆在电动机的驱动下带动蜗轮转动,从而保证心轴旋进或旋出,实现座椅的上升或下降。

（2）前后调整

纵向调整机构由蜗杆、蜗轮、齿条、导轨等组成,齿条装在导轨上。调整时,电动机转矩经蜗杆传至蜗轮,经导轨上的齿条,带动座椅向前或向后移动。

（3）倾角调节

靠背调整机构由2个调整齿轮与连杆组成。调整时,电动机带动两侧的调整齿轮转动,调整齿轮与连杆联动,通过连杆的动作可调整靠背倾角。

五、汽车空调系统

汽车空调系统可以为车内乘客创造一个舒适的环境,从而提高了汽车整体舒适性。汽车空调系统具有对汽车内部的温度、湿度、气流速度进行调节和净化空气的功能。除此之外,汽车空调还能去除车辆风窗玻璃上的雾、霜、冰、雪,给驾驶人提供一个清晰的视野,确保行车安全,如图4-161所示。

汽车空调系统是汽车空气调节系统的简称,即采用专用设备调节车内的温度、湿度、气流速度、洁净度等指标,从而创造清新舒适的车内环境,如图4-162所示。

现代汽车所配置的自动空调系统其功能较为完整,它包括了采暖、制冷、空气净化、通风与空气温度调节、自动空气调节等功能。

1）采暖功能。由采暖系统对车内空气或车外进入车内的新鲜空气进行加热、除湿,使车内达到"温暖"的舒适程度。

图 4-161 汽车空调作用

图 4-162 汽车空调的功能

2)制冷功能。通过制冷系统对车内空气或车外进入车内的新鲜空气进行冷却、除湿，使车内达到"凉爽"的舒适程度。

3)空气净化功能。通过空气净化装置除去进入车内空气中的尘埃、异味，使车内空气变得清洁，目前普通汽车上所用的空调系统通常不具备空气净化功能，或只是简单的除尘过滤，空气净化功能较为完备的空调系统在一些高级轿车或豪华客车上有较多的应用。

4)通风与空气温度调节功能。通风系统将车外的新鲜空气引进车内，以达到通风、换气的目的；空气温度调节功能是将冷风、热风、新鲜空气有机地混合，形成适宜的气流供给车内。

5)自动控制功能。现代汽车自动空调系统通过空调的电子控制系统可自动实现制冷、采暖和换气的有机组合，向车内提供冷暖适宜、风量与风向适当的空气，即具有自动对车内环境进行全季节、全方位、多功能的最佳控制功能。

（一）汽车空调系统的组成和功能

空调机控制车内的温度。除了它的制热和制冷控制功能之外，它还起到除湿器的作用，可以除去车窗内表面的诸如霜、冰和冷凝水等视觉障碍物。

1. 加热器

为了加热空气，选定加热器芯作为热交换器。加热器芯吸入加热的发动机冷却液，并使用此热量加热来自送风机的空气，因此冷却液温度变高之前，加热器芯的温度不高。为此，发动机起动后短时间内，加热器芯不起加热作用。加热器如图 4-163 所示。

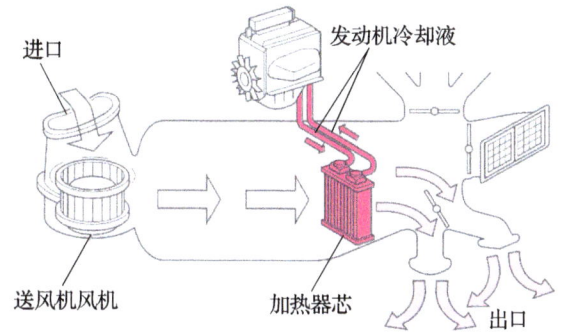
图 4-163 加热器

2. 冷却系统

为了冷却空气，选定蒸发器作为热交换。当空调器开关打开时，压缩机开始运行并将制冷剂送到蒸发器。

蒸发器被制冷剂冷却，它再冷却来自送风机的空气。加热取决于发动机冷却液的温度,但是制冷操作是独立的,与发动机冷却液温度无关。

当空气温度变高,空气中的水分增加,空气温度变低,空气中的水分减少。当经过蒸发器时,空气被冷却。空气中的水分将冷凝并附着于蒸发器的散热片上。结果,车内的湿气被去除。附着在散热片上的水变成露水并存在滴水盘中,最后,用排水软管排出车外,如图4-164所示。

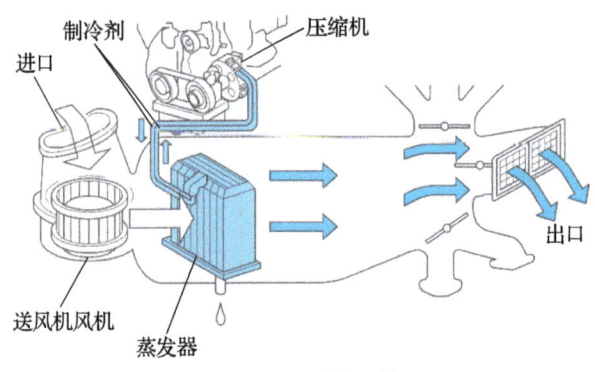

图4-164 冷却系统

3. 温度控制

汽车空调通过使用加热器芯和蒸发器,并通过调整空气混合挡板和水阀的位置来调节温度,用控制盘上的温度选择器使空气混合挡板和水阀进行工作,如图4-165所示。

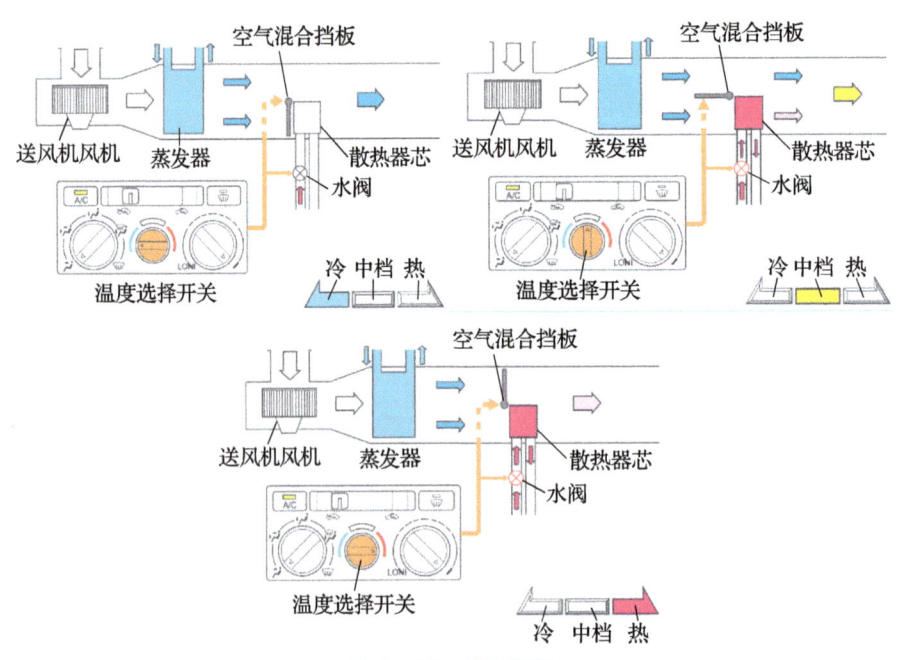

图4-165 温度控制

小提示:
不带水阀的车型越来越多。

4. 空气循环控制

(1)自然气流通风器

由车辆运动产生的气压将外部空气吸入车内,这被称为自然气流通风。当车辆移动时，车辆外面的气压分布如图4-166所示，在一些地方产生正压，在一些地方产生负压。空气入口位于正压处，排风口位于负压处。

（2）强制通风（辅助通风）

在强制通风系统中，使用一电动风扇强制空气流过车辆。进气口和排气口一般与自然通风的风口在相同位置。一般来说，这类通风系统与另一系统（例如加热器或A/C）一起使用，如图4-167所示。

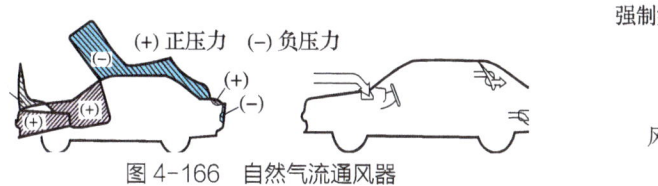 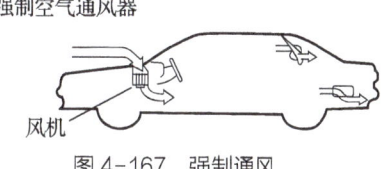

图4-166 自然气流通风器　　　　图4-167 强制通风

5. 清洁空气过滤器

为了净化进气，空调器的进气口装有过滤器，如图4-168所示。当清洁空气过滤器阻塞时，吸入空气困难，导致空调效果差为了防止这一情况，要定期检查和更换清洁空气过滤器。检查或更换空气过滤器的时间取决于车型或运行情况。

清洁空气过滤器有两种：一种只除去灰尘，另一种带有活性炭，有除臭作用。最新型的车装有此清洁空气过滤器，过滤器很容易拆卸。

6. 空气净化器

空气净化器可以除去香烟烟雾、灰尘等，净化车内的空气，如图4-169所示。

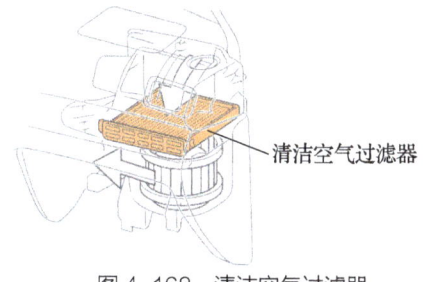 

图4-168 清洁空气过滤器　　　　图4-169 空气净化器作用

空气净化器由送风机、送风机电动机、烟雾传感器、放大器、电阻器和带有活性炭的过滤器组成，如图4-170所示。

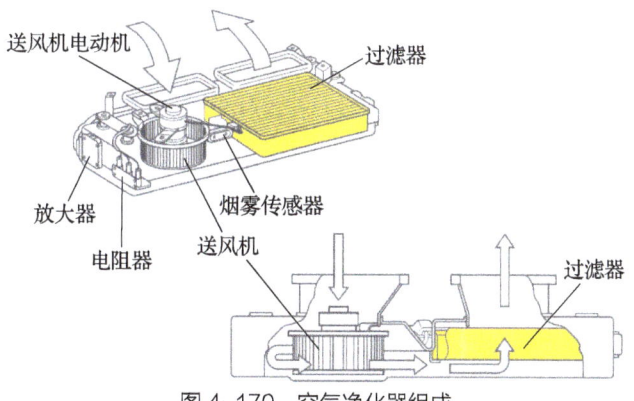

图4-170 空气净化器组成

空气净化器使用送风机电动机吸入车内的空气，并通过带有活性炭的过滤器净化空气并吸收气味。另外，某些车型安装烟雾传感器，它检测香烟烟雾并自动地使送风机电动机以高速运行。

7. 出风口控制开关

（1）出风口控制开关

可以通过操作控制盘上的选择器进行进气调节、温度控制和出口切换。进气口风挡开关进气口、空气混合挡板执行温度控制、气流挡板开关空气出口。这些风挡通过线缆或通过电动机运行，如图 4-171 所示。

（2）进风口切换功能

进气口选择器用来执行进气口控制；或是车内循环或是将新鲜的车外空气引入车内。正常使用时考虑到车内的通风，选择吸入外部空气。当选择吸入外部空气时，进气口风挡打开外部空气吸入口，并关闭内部空气导入口。当外面空气污染时，用选择器切换到内部循环，如图 4-172 所示。

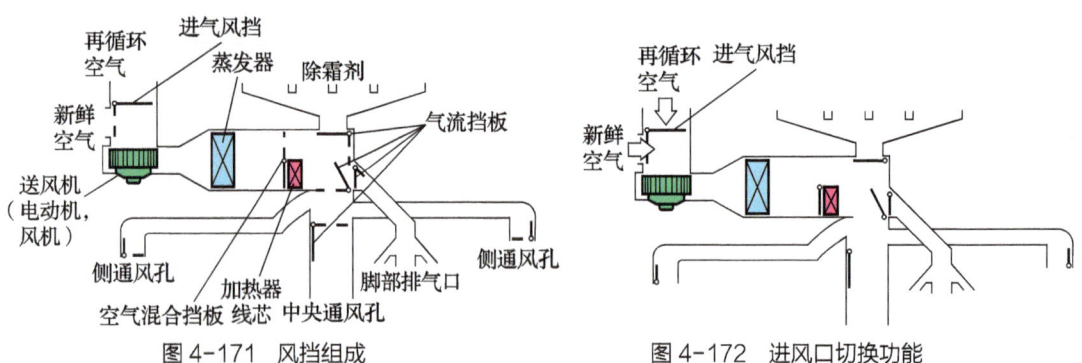

图 4-171 风挡组成　　　图 4-172 进风口切换功能

（3）温度控制功能

它通过移动空气混合风挡，通过改变经过蒸发器的冷空气与经过加热器芯的热空气的比例来控制温度，如图 4-173 所示。

（4）出口切换功能

移动风挡出口的切换有五种模式。

FACE：吹身体上半部，如图 4-174 所示。

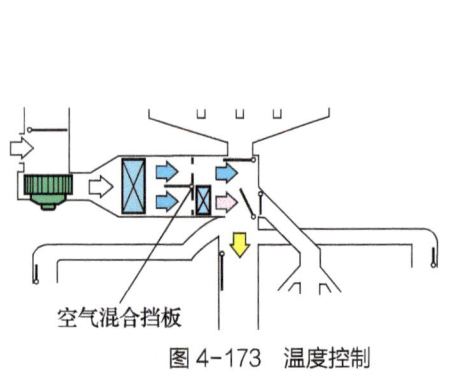

图 4-173 温度控制

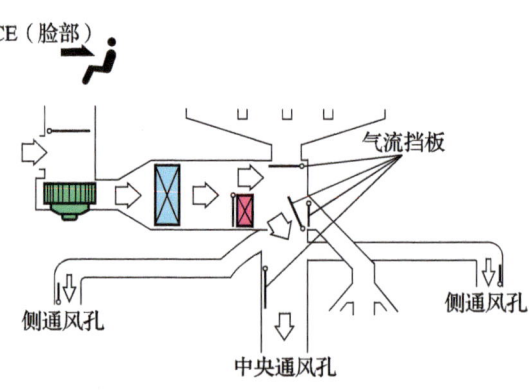

图 4-174 吹身体的上半部

Bl-LEVEL：吹身体上半部和脚部，如图 4-175 所示。
FOOT：吹脚部，如图 4-176 所示。

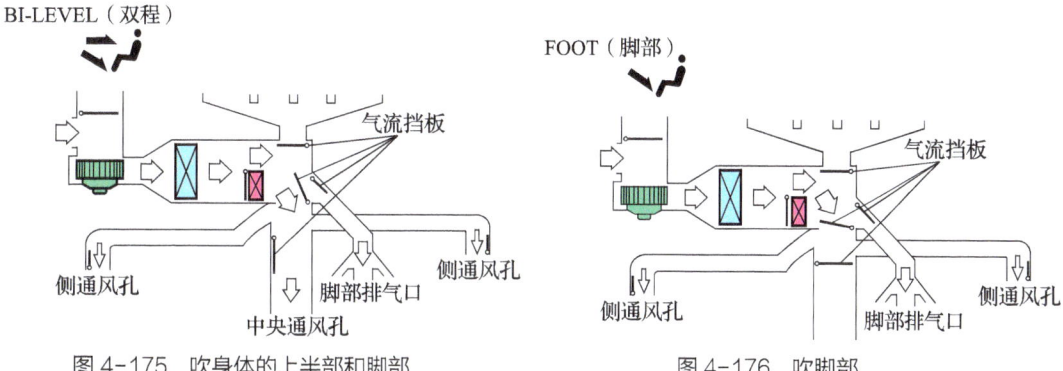

图 4-175　吹身体的上半部和脚部　　　　图 4-176　吹脚部

DEF：前窗除雾，如图 4-177 所示。
FOOT-DEF：吹脚部并前窗除雾，如图 4-178 所示。

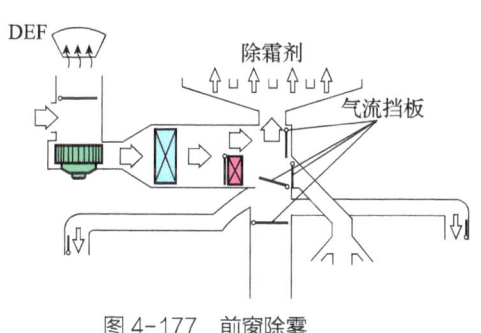 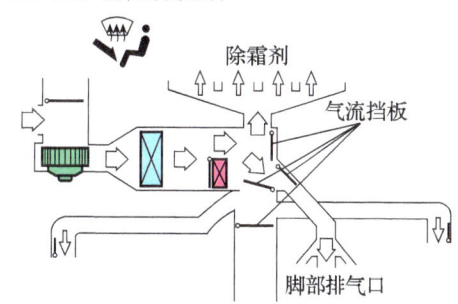

图 4-177　前窗除雾　　　　图 4-178　吹脚部并前窗除雾

8. 汽车自动空调与手动空调的区别

汽车空调按自动化控制程度可分为手动空调（MTC）和自动空调（ATC）两种，手动空调由驾驶人通过旋钮或拨杆对出风温度、出风速度等进行调节，无法根据阳光照射强度、发动机热辐射和人体热负荷等因素的变化进行调节，都是驾驶人通过旋钮或拨杆进行手动调节选择的，如图 4-179 所示。

自动空调利用各种传感器随时检测车内外温度、阳光强度的变化，并把传感器的信号送到空调系统 ECU，电子控制单元按照预先编制的程序对传感器信号处理，并通过执行元件不断地对工作状况进行调节，从而使空调系统始终保持在驾驶人设定的水平上，如图 4-180 所示。

图 4-179　手动空调（MTC）控制装置　　图 4-180　自动空调（ATC）控制装置

自动空调在通风配气系统和控制系统上与手动空调有差别，自动空调由各传感器检测相关信息输送给空调单元，各风门的控制改由伺服电动机控制，鼓风机可以自动改变转速。

9. 自动空调控制系统

自动空调控制系统如图 4-181 所示，自动空调控制系统由车内温度传感器、车外温度传感器、阳光传感器、散热器、控制单元等组成。

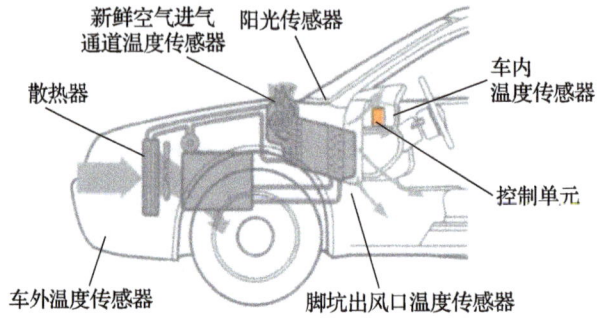

图 4-181　自动空调控制系统

自动空调控制系统根据各传感器检测到车内的温度、蒸发器温度、发动机冷却液温度以及其他有关的开关信号等输出控制信号，控制散热器风扇、冷凝器风扇、压缩机离合器、鼓风机电动机及通风控制电动机的工作状态，实现车内温度、湿度、风速自动控制在设定的模式。

（二）汽车空调系统工作原理

1. 应用物理学

众所周知，许多物质具有三种聚集状态。

例如，水的三种状态：固态—液态—气态，制冷就遵循这个物理规律，见表 4-2。

表 4-2　水的三种状态

冰（固态）	冰（在吸收热量时变成液态）	水（在吸收热量时变成气态）

在冰（固态）转换成水的过程中，物体的热量就被吸收了，物体也就凉下来了，于是冰就融化了，成为液态的水。如果对水继续加热，那么水会沸腾并蒸发，于是水就转化为气态。

气态物质可以通过冷却再转化成液态，再进一步冷却就可以转化成固态。这个原理对几乎所有物质都适用。

- 物质在从液态转化成气态时要吸收热量。
- 物质在从气态转化成液态时要放出热量。
- 热量总是从较热的物质向较冷的物质流动。

物质在某一临界点发生状态变化的这个热交换效应就被应用到空调技术上了。

2. 制冷的基础理论

水从身体上蒸发时带走身体的热量，如图 4-182 所示。

同理，当我们将酒精涂到手臂上时，会感到凉快；当它蒸发时，酒精从手臂带走热量。我们可以使用这些自然现象使物体变凉，例如，让液体蒸发带走物体上的热量。

在绝热良好的箱子中，放置一带有龙头的容器。容器中放有大气温度的液体。当龙头打开时，容器内的液体将从箱内空气带走汽化所必需的热量，变成气体并且逸出。这时，箱内空气的温度将变得低于龙头打开之前，如图 4-183 所示。

图 4-182 水从身体上蒸发时带走身体的热量

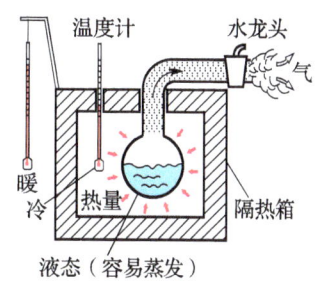

图 4-183 箱内部空气的温度变低实验

3. 制冷原理

（1）制冷系统结构

空调制冷系统主要由空调压缩机、冷凝器、储液干燥器、高低压管路、膨胀阀、蒸发器等组成，如图 4-184 所示。

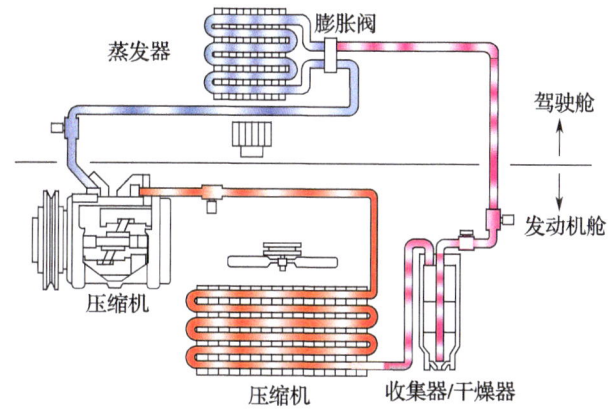

图 4-184 空调制冷系统组成

（2）制冷剂回路

如果什么东西被冷却了，那么它一定会放出热量。为此在车上使用一种压缩式制冷装置，制冷剂在封闭的管路中循环流动，并不断地在液态和气态之间来回转换。

就是：
- 将气体压缩。
- 通过放出热量使气体液化（冷凝）。
- 在吸收热量的情况下通过减压来使液体汽化。

这不是制冷，而是抽走车上空气中的热量。

通过制冷剂在系统内循环流动，从液态变为气态的转换过程将车内的热量传递到车外，以实现车内降温。制冷剂在空调制冷循环系统内的四个工作过程分别为：压缩—冷凝（放热）—膨胀（节流）—蒸发（汽化）。它的工作过程，如图 4-185 所示。

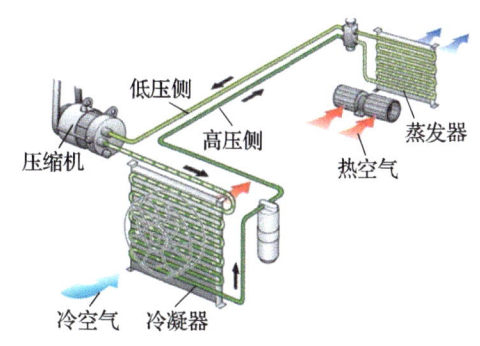

图 4-185 制冷剂回路

（3）制冷原理（表4-3）

表4-3　制冷原理

压缩机抽取凉的低压气态制冷剂 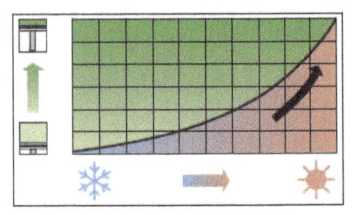	制冷剂在压缩机内被压缩，温度会升高。这样的制冷剂被压入循环管路中（高压侧） 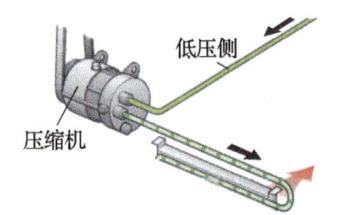	在这个阶段，循环管路中制冷剂是气态的，并处于高温、高压下 
制冷剂经过很短的路程进入冷凝器（液化器）内 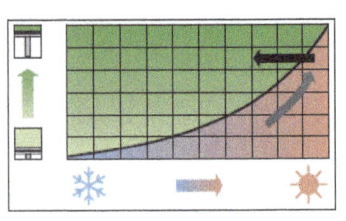	冷凝器内已被压缩且变热的气体被流过的空气（迎风空气和风扇空气）带走了热量。在达到由压力决定的露点时，制冷剂气体开始冷凝，也就变成了液体 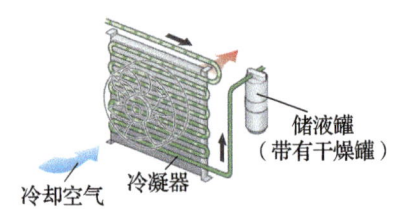	在这个阶段，制冷剂是液态的，压力高，温度为中等 
液态的压缩后的制冷剂继续流到一个狭窄点处。这个狭窄点可能是一个节流阀或膨胀阀。制冷剂在这里被喷入蒸发器内，于是压力降低（低压侧） 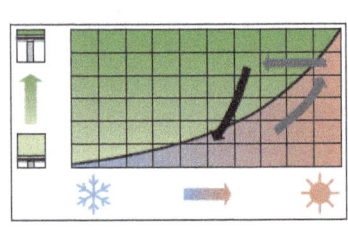	在蒸发器中，喷入的液态制冷剂卸压并蒸发（汽化）。为此所需要的汽化热从流经蒸发器薄片的热新鲜空气中获取，于是空气就凉了下来。因而车内就会很凉快了 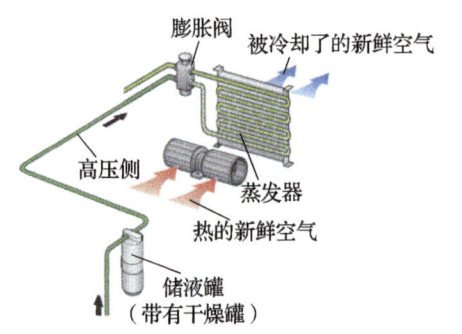	在这个阶段，制冷剂处于蒸汽状态，压力低，温度也低 
变成气态的制冷剂从蒸发器中流出 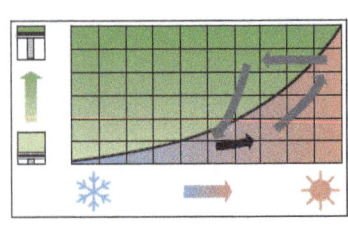	它被压缩机再次抽取，重新在回路中运动，那么这个循环过程就结束了 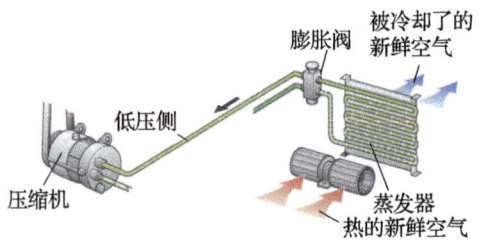	在这个阶段，制冷剂又变成气态，压力低，温度也低 

带有膨胀阀的制冷剂回路如图4-186所示。

车用空调的制冷能力取决于空调装置在车上的安装使用条件和车辆类型。部件压缩机到低压维修接头是每个制冷循环中都有的件。根据具体的结构及要求，可能还装备有维修接头、温度传感器、高/低压管路上的压力开关以及机油排放螺塞。循环管路的布置在每种车型上是不同的，有几种制冷装置在压缩机前还装有一个阻尼器，它用于减缓制冷剂的振动。制冷循环管路中的压力和温度总是取决于瞬时的工作状态。图 4-186 所给出的数据只能作为参考值。

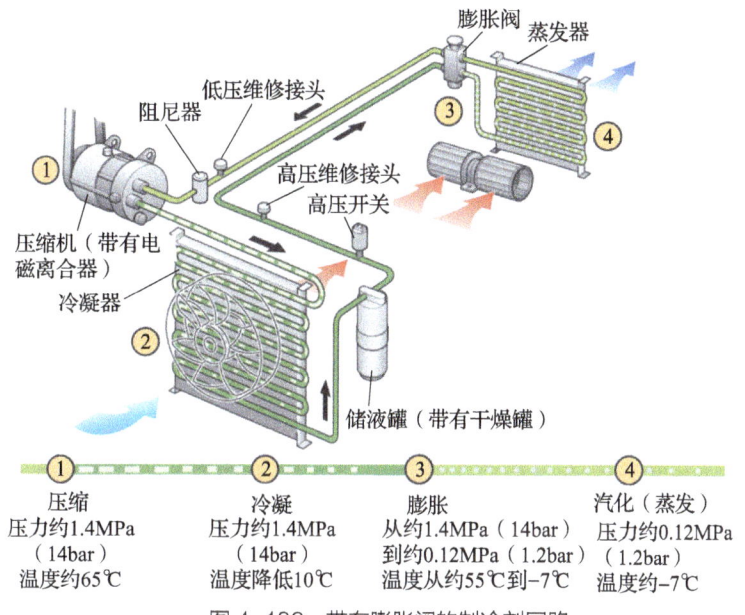

图 4-186　带有膨胀阀的制冷剂回路

（三）汽车空调系统主要零部件

汽车制冷系统主要由压缩机、冷凝器、储液罐/干燥器、膨胀阀和蒸发器组成，如图 4-187 所示。除基本元件外，还有送风机和清洁空气过滤器。

1. 汽车空调压缩机

汽车空调压缩机是制冷系统的"心脏"，其作用是吸入来自蒸发器的低温、低压气态制冷剂，将其压缩成高温、高压气态后送往冷凝器，保证制冷剂在系统中循环流动，如图 4-188 所示。目前，汽车常用的压缩机有斜盘型压缩机、涡管型压缩机两种。

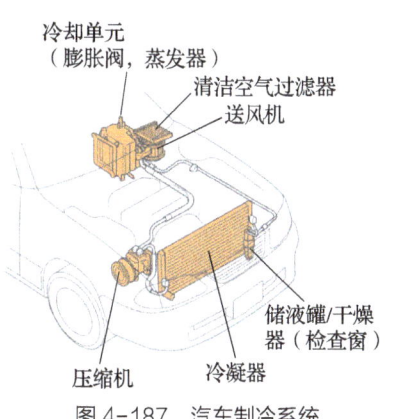

图 4-187　汽车制冷系统

图 4-188　空调压缩机

（1）旋转斜盘型压缩机

10 缸压缩机的 5 对活塞以 72° 为间隔安装在旋转斜盘上，而 6 缸压缩机的 3 对活塞以

120°为间隔安装在旋转斜盘上。当一边的活塞处于压缩行程，另一边处于吸入行程，如图4-189所示。

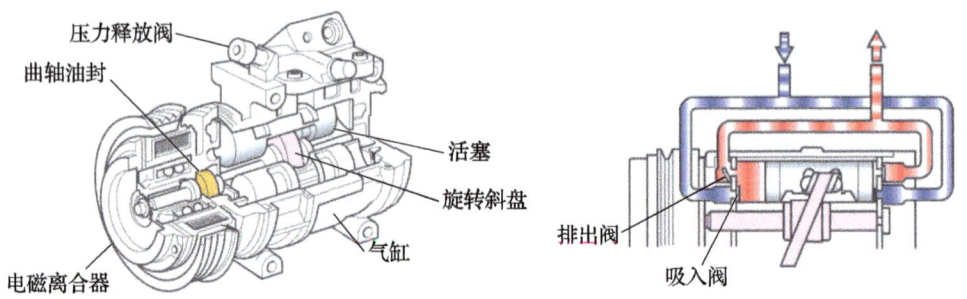

图4-189 旋转斜盘型压缩机

活塞与旋转斜盘的转动同步左右移动，旋转斜盘与轴合成一体并压缩制冷剂。当活塞移进去时，由于压差，吸入阀打开并将制冷剂吸入缸内。当活塞移出时，吸入阀关闭以便压缩制冷剂。由于制冷剂的压力，排出阀打开并放出制冷剂。吸入阀和排出阀也防止制冷剂回流，工作过程如图4-190所示。

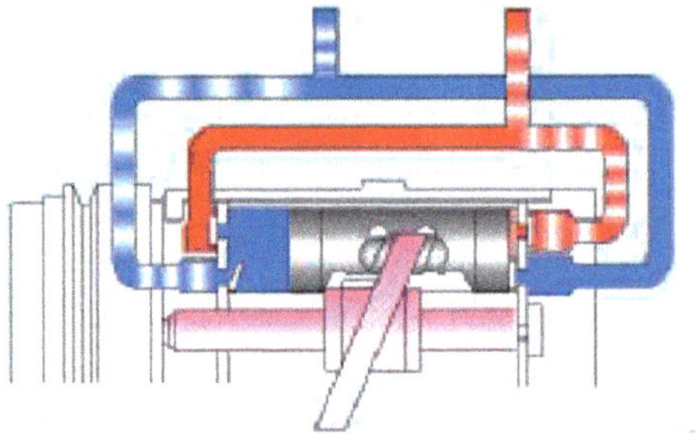

（2）涡管型压缩机

涡管型压缩机由固定涡管件和旋转涡管件组成，如图4-191所示。

图4-190 旋转斜盘型压缩机工作过程

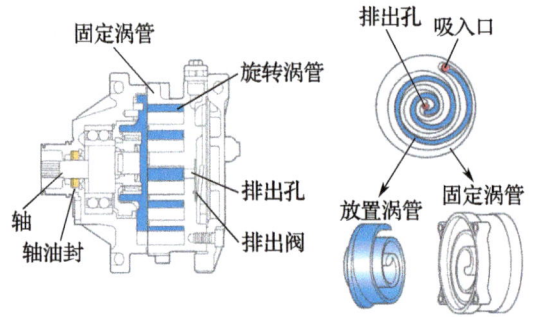

图4-191 涡管型压缩机

随着涡管件的旋转运动，在旋转件与固定件之间的三个空间逐步移动到体积越来越小。也就是说，通过吸入孔吸入的制冷剂由于移动涡管件的旋转运动被压缩，旋转件每完成3圈旋转制冷剂便从排放口放出，每圈均排放制冷剂，工作过程如图4-192所示。

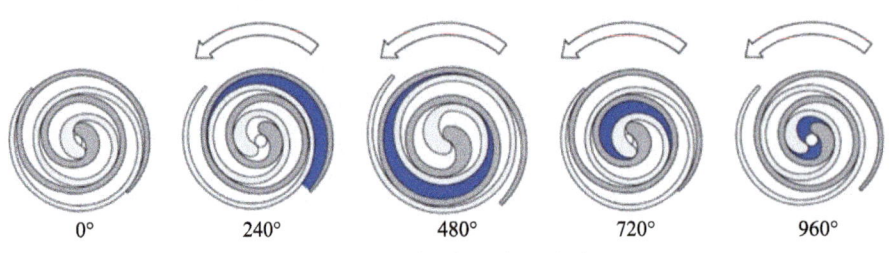

图4-192 涡管型压缩机工作过程

（3）斜盘型压缩机

当轴转动时，导杆通过直接连接轴的焊耳转动旋转斜盘。旋转斜盘的这种旋转运动转变成气缸中活塞的运动，执行吸入、压缩和排出制冷剂，如图4-193所示。

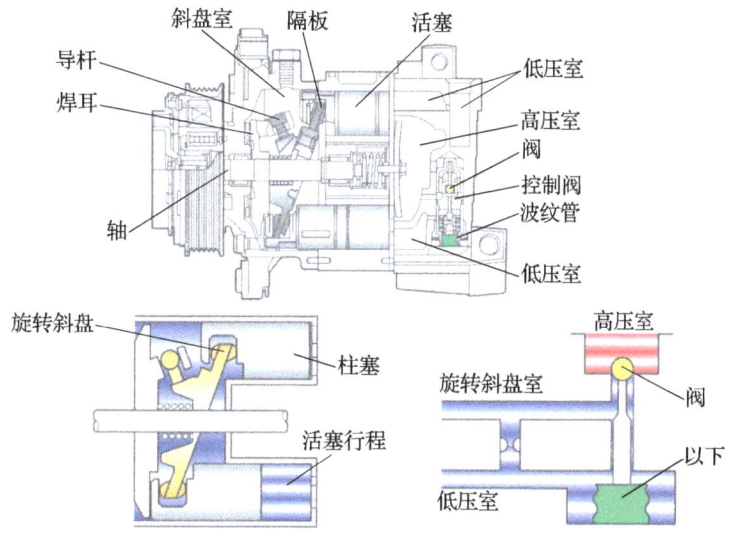

图4-193 斜盘型压缩机

控制阀根据冷负荷改变旋转斜盘室内的压力，它使用导杆和轴作为支点改变旋转斜盘角度和活塞行程，以便控制压缩机合适地运转。当冷负荷较小时，由于冷负荷变小，低压室的压力变得更低——当波纹管内压力大于低压室压力时，阀打开——高压室的压力施加到旋转斜盘室，向右压力低于向左压力。结果通过右移，活塞行程变小，工作过程如图4-194所示。

要改变压缩机的能力，有两种方法。一种是如上所述的调节阀型，另一种是电磁阀控制型。

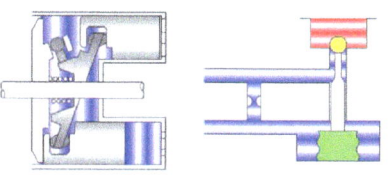

图4-194 斜盘型压缩机工作过程

（4）更换零件后补油

一旦制冷系统向大气敞开，制冷剂将蒸发并且被排出系统。然而，压缩机油在室温下不蒸发，它几乎全部保留在系统中。因此，当更换储液罐、蒸发器、冷凝器等部件时，必须给新部件加入与老部件原来相等的油量，如图4-195所示。

2. 电磁离合器

电磁离合器由发动机通过传动带驱动。电磁离合器是连接发动机和压缩机的装置。电磁离合器根据需要停止和驱动压缩机。

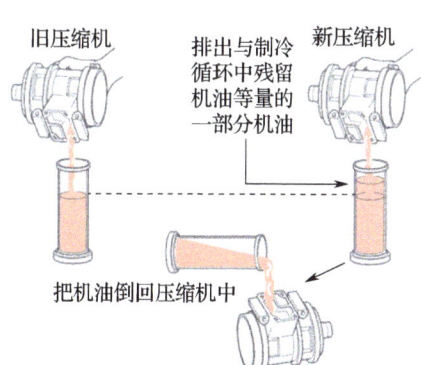

图4-195 更换零件后补油

（1）芯棒式

电磁离合器由定子（电磁体）、带轮、芯棒等元件组成。芯棒和压缩机轴安装在一起，定子安装在压缩机的前室。

- 当电磁离合器ON时，电流通过定子线圈，使定子成为强磁体。结果，定子以强磁力拉芯棒，这样，压缩机和带轮一起转动，如图 4-196 所示。

● 当电磁离合器 OFF 时，电流不流过定子线圈，芯棒不被拉住，只有传动带轮空转，如图 4-197 所示。

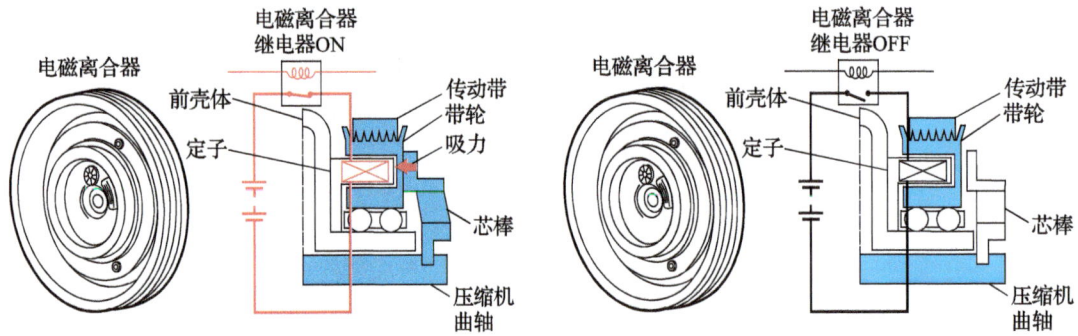

图 4-196　电磁离合器 ON 时，电流通过定子线圈　　图 4-197　当电磁离合器 OFF 时，电流不流过定子线圈

（2）弹片式

电磁离合器由带轮、电磁线圈、带有毂的弹簧片等主要部件组成，如图 4-198a 所示。弹簧片的毂固定在压缩机驱动轴上。带轮装在压缩机壳体上的轴输出端，并可转动。电磁线圈与压缩机壳体刚性连接在一起，弹簧片和带轮之间有一个间隙"A"。

发动机通过传动带来驱动带轮，在压缩机关闭时带轮在空转，如图 4-198b 所示。如果接通了压缩机，那么电磁线圈中就有电流流过，于是产生一个磁场。该磁场将弹簧片拉靠到旋转着的带轮上（此时，间隙"A"不存在），于是就在带轮和压缩机的驱动轴之间建立起力的传递关系，这时压缩机开始工作。

只要电磁线圈中的电流不中断，压缩机就一直工作。电磁线圈电流中断后，弹簧力就将弹簧片从带轮上拉开，这时带轮又开始自由转动（不与压缩机一同转动）。用塞尺测量带轮与压盘之间的间隙，检测结果应符合规定值（0.35～0.6mm）。

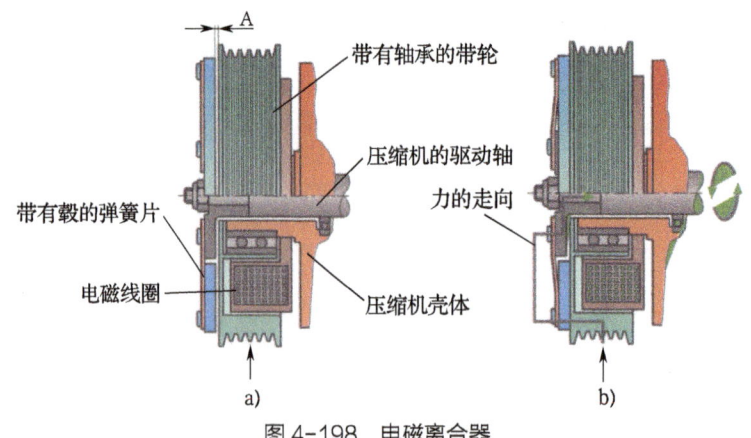

图 4-198　电磁离合器

电磁离合器电磁线圈的电阻应符合规定（4～4.5Ω），否则应更换电磁离合器。

3. 冷凝器和蒸发器

冷凝器（图 4-199）和蒸发器（图 4-200）是用来实现两种不同温度流体之间的热量交换的装置。

图4-199 冷凝器　　　　　　　　图4-200 蒸发器

（1）冷凝器

冷凝器的作用是将压缩机排出的高温、高压制冷剂蒸气进行冷却，使之凝结为液体。一般安装在散热器之前，利用发动机冷却风扇将放出的热量传到空气中，其结构如图4-201所示。

冷凝器主要由管路与散热片组成，有一个进口和一个出口。冷凝器和蒸发器结构类似，通常又称为换热器。冷凝器是将压缩机排出的高温高压过热制冷剂蒸气，通过金属管壁和散热片放出热量，以此实现管道内物质与外界空气的热交换，从而使过热气态制冷剂冷凝成低温高压的液体，工作过程如图4-202所示。

汽车空调的冷凝器有管片式、管带式和平行流式三种结构形式。

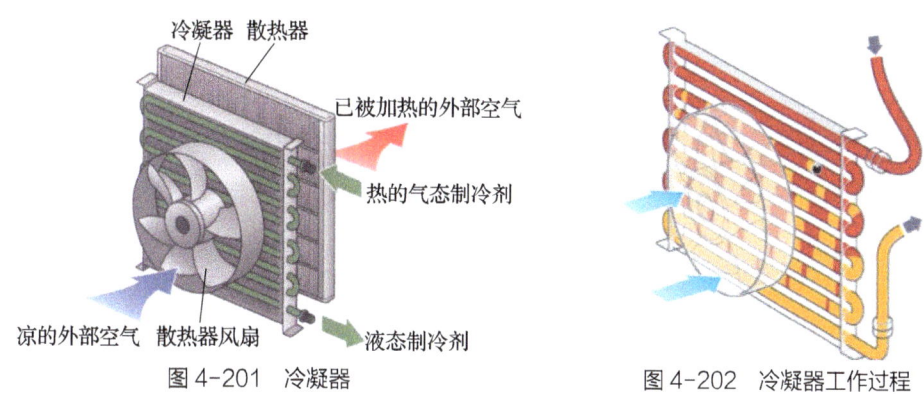

图4-201 冷凝器　　　　　　　　图4-202 冷凝器工作过程

（2）蒸发器

蒸发器的作用是将膨胀阀出来的液态制冷剂汽化，并吸收蒸发器周围空气的热量而使之降温，鼓风机再将冷风吹到乘客舱内，让乘客舱内的空气冷却，如图4-203所示。

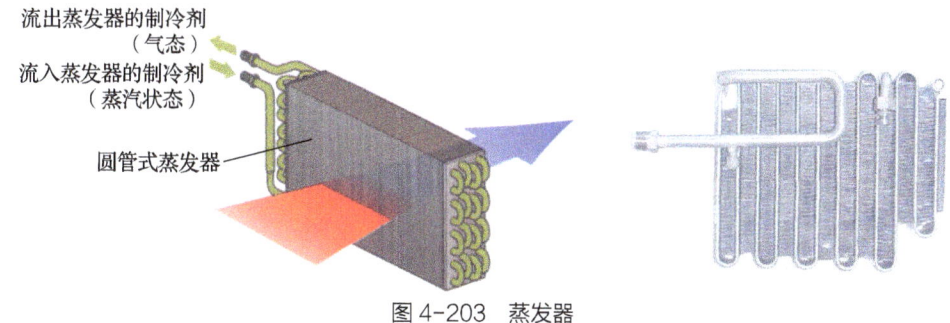

图4-203 蒸发器

它多安装于汽车驾驶室仪表台下方的再循环外壳内。蒸发器安装位置如图4-204所示。

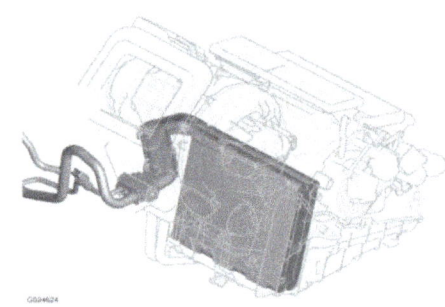
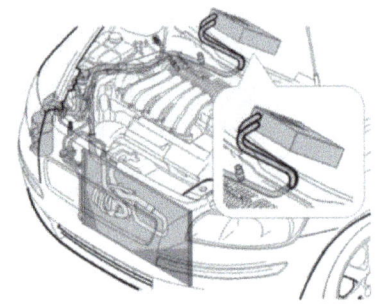

图 4-204　蒸发器安装位置

蒸发器使得经过膨胀阀变成的低温、低压的气雾制冷剂蒸发，并冷却蒸发器周围的空气。

蒸发器由箱、管和散热片组成。管子穿过散热片，形成小通道以便有良好的传热率，如图 4-205 所示。

送风机将空气送入蒸发器。制冷剂从空气吸取蒸发热并且被受热变成气体。空气经过蒸发器时被冷却，空气中的潮气被凝结并附在散热片上。潮气变成小滴并保存在滴水盘中，通过排水软管排出车外。

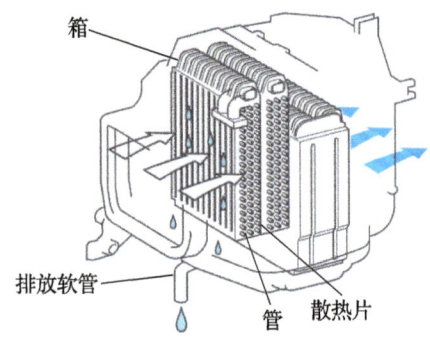

图 4-205　蒸发器结构

4. 储液干燥过滤器和制冷剂储液罐

从压缩机来的液态制冷剂从侧面进入制冷剂储液罐，在这里汇集并流过干燥器，再经立管以不间断、无气泡液流状态流向膨胀阀或压缩机，如图 4-206 所示。

（1）储液干燥装置的工作原理

对于膨胀阀式制冷系统和节流管式制冷系统，由于系统构成不同，因此储液干燥装置的位置、结构及工作原理有所不同，如图 4-207 所示。

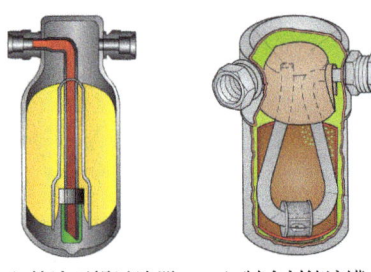

a）储液干燥过滤器　　b）制冷剂储液罐

图 4-206　储液干燥过滤器和制冷剂储液罐

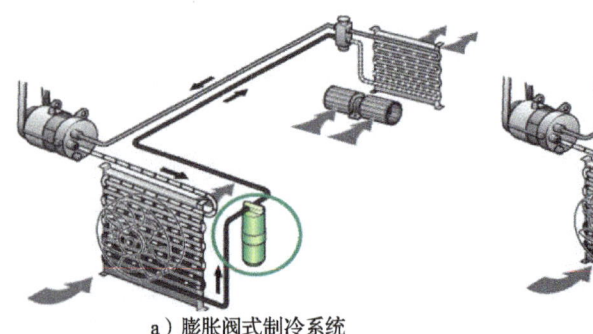
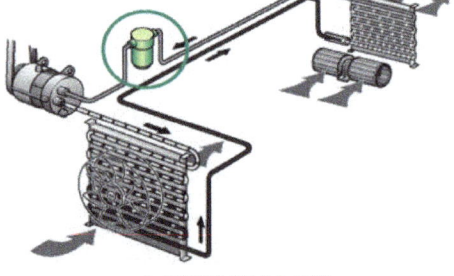

a）膨胀阀式制冷系统　　　　　　　b）节流管式制冷系统

图 4-207　储液干燥装置

（2）储液干燥瓶

膨胀阀式制冷系统的储液干燥装置称为储液干燥瓶，它装在冷凝器与膨胀阀之间。除了对制冷剂进行干燥和过滤外，储液干燥瓶能够储存制冷剂并保证向膨胀阀提供液态制冷剂。

储液干燥器与冷凝器整合在一起,其内部有一个可更换的过滤器,用于过滤异物和吸附水分。储液干燥器只能吸收有限的水分,若超过水分吸附能力,就会结冰,堵塞膨胀阀。因此,如果制冷系统的管路被打开10min以上或者泄漏了一段时间,那么必须更换储液干燥器。新的储液干燥器含有荧光剂,安装后一旦制冷系统启动,荧光剂就会散布整个系统,用于泄漏检测。

(3)制冷剂储液罐

节流管式制冷系统的制冷剂储液装置称为收集干燥瓶,它装在蒸发器与压缩机之间。除了对制冷剂进行干燥和过滤外,收集干燥瓶能够储存制冷剂并保证向压缩机提供气态制冷剂,防止压缩机出现液击现象。

从蒸发器流出的制冷剂进入储液干燥瓶,如果含有水分,会通过干燥器滤掉,同时滤网可以滤除制冷剂中的杂质。气态制冷剂被收集在塑料盖的顶部,再通过U形管进入压缩机,以确保制冷剂吸入的全部为气态制冷剂。

储液干燥瓶本身有干燥剂和过滤器,用于清除制冷循环中的异物或潮气。如果制冷循环有潮气,它会腐蚀膨胀阀或使它内部冰冻,进而导致阻塞。

5.膨胀节流装置

膨胀节流装置又称为节流阀,汽车空调系统使用的膨胀阀为温度控制式节流装置,故又称为热力节流装置。热力膨胀节流装置是空调系统的重要制冷部件之一,安装在蒸发器入口处,如图4-208所示。

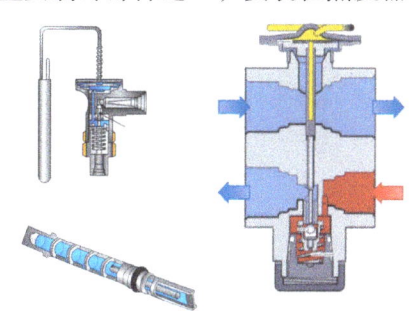

图4-208 膨胀节流装置

(四)空调系统检查/检测

1.空调系统维修的注意事项

(1)当处理制冷剂时,必须遵守下列预防措施

- 不得在封闭区或明火附近处理制冷剂。
- 坚持带防护眼镜。
- 当心液态制冷剂不要进入你的眼睛或沾到你的皮肤。

(2)如果液体制冷剂碰到你的眼睛或皮肤时

- 不要揉擦。
- 用大量冷水冲洗此区域。
- 对皮肤涂干净的凡士林。
- 立刻看医师或去医院进行专业处理。
- 不要企图自己处理。

(3)当在制冷剂管路上更换零件时

- 用制冷剂回收机回收制冷剂。
- 在拆开部分立刻插入一塞子防止潮气和灰尘进入。
- 拆卸新压缩机塞子前,从加液阀放掉氮气。否则,拆卸塞子时压缩机油会随氮气喷出。

- 不得用喷灯弯曲管子，如图 4-209 所示。

2. 视、听检查

（1）传动带松不松？

如果传动带松，它将打滑，这将造成磨损。

（2）鼓风量不足

检查清洁空气过滤器的污垢和阻塞。

（3）压缩机附近听到噪声

检查压缩机安装螺钉和托架螺栓。

（4）听到压缩机内部有噪声

内部构件损坏会产生噪声。

（5）冷凝器散热片被污垢和灰尘覆盖

如果该冷凝器散热片覆盖有污垢和灰尘，该冷凝器的冷却效率可能大大降低，应从冷凝器洗刷掉所有的污垢和灰尘。

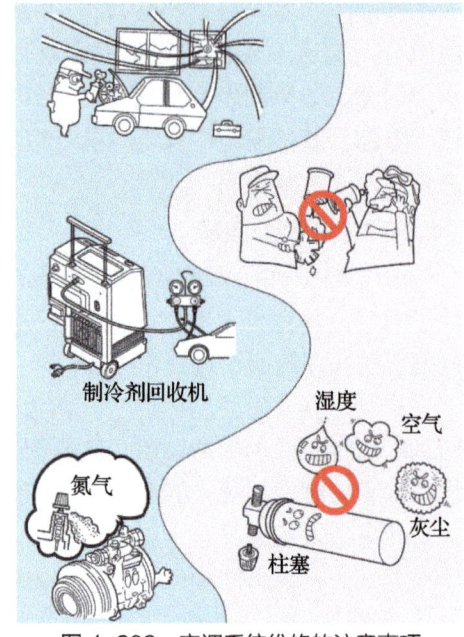

图 4-209　空调系统维修的注意事项

（6）制冷系统连接处或接头上有油污

连接处或接头上有油污会导致制冷剂泄漏。如果发现这种油污，应该重新上紧零件，或根据需要更换，以便停止气体渗漏。

（7）送风机附近听到噪声

将送风机电动机旋到 LO、MED 和 HI，如果产生异常噪声或电动机旋转不适当，更换送风机电动机。异物进入送风机也产生噪声，电动机安放不合适可能导致异常旋转，因此更换送风机电动机前充分检查这些因素。

（8）通过观察孔检查制冷剂量

如果在观察孔可以看到大量气泡流过，说明制冷剂不足，因此补加制冷剂到恰当的程度。在这时候也要如前所述检查油渍，确信没有制冷剂渗漏。如果从观察孔看不到气泡，即使倒水于冷凝器上也看不到，制冷系统中制冷剂过多，排放制冷剂直到保持适量余留，如图 4-210 所示。

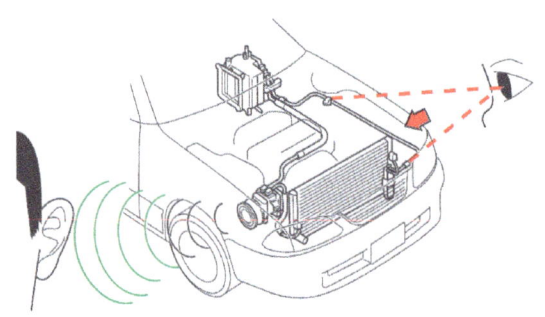

图 4-210　视、听检查

3. 制冷循环中的故障诊断

用歧管压力表寻找故障，见表 4-4。

表 4-4 用歧管压力表寻找故障

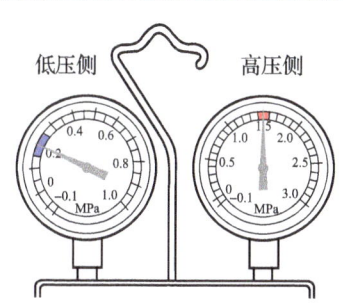	（1）正常 如果制冷循环正常，表压如下 • 低压侧：0.15~0.25MPa（1.5~2.5kgf/cm²）。 • 高压侧：1.37~1.57MPa（14~16kgf/cm²）
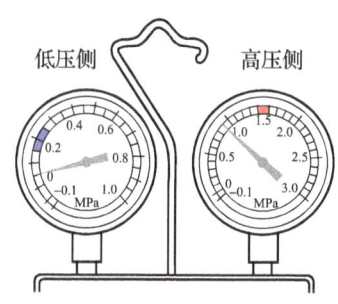	（2）制冷剂量不足 加热器和空调器系统如图所示，如果该制冷剂量不足，低压和高压侧两者的表压低于标准值。 1）症状 • 低压和高压侧压力均低。 • 观察孔可以看见气泡。 • 冷却不足。 2）原因 • 制冷剂量少。 • 漏气。 3）补救 • 检查气体泄漏并修理。 • 补加制冷剂
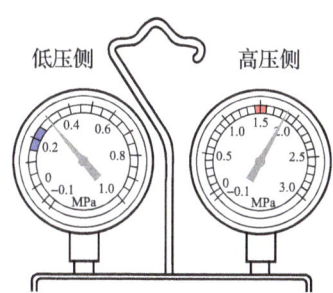	（3）制冷剂过多或冷凝器冷却不足 如果制冷剂过多或冷凝器冷却不足，低压和高压侧表压显示高于标准值。 1）症状 • 低压和高压侧压力均高。 • 甚至低速运行时，观察孔也看不到气泡。 • 冷却不足。 2）原因 • 制冷剂过多。 • 冷凝器散热差。 3）补救 • 调节正确的制冷剂量。 • 清理冷凝器。 • 检查车辆的冷却系统（风扇等）
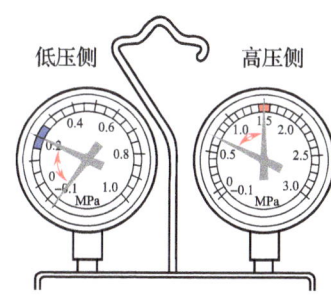	（4）制冷循环有潮气 当潮气渗透到循环中时，在空调运行开始时表压正常。经过一段时间以后，低压侧逐渐指示有一真空压力。在几秒至几分钟以后，表压被恢复到标准值。这一周期反复。当有潮气渗透时，在膨胀阀附近反复冰冻和融化，这一现象反复发生。 1）症状 • 空调器起动时操作正常，经过一段时间以后低压侧逐渐指示有一真空压力。 2）原因 • 潮气渗入。 3）补救 • 更换储液罐。 • 在重新加制冷剂之前，系统彻底排空。这将除去系统的潮气

（续）

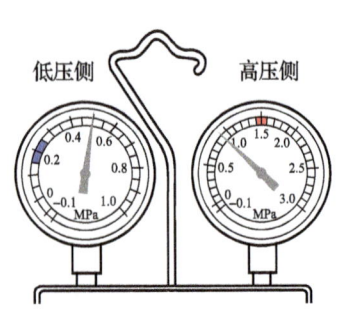	（5）压缩机中的压缩缺陷 当在压缩机中有压缩缺陷发生时，低压侧表压高于标准值。高压侧表压低于标准值。 1）症状 ● 低压侧高、高压侧低。 ● 立刻关掉空调器，将高压侧和低压侧恢复到同一压力。 ● 压缩机组不烫手。 ● 冷却不足。 2）原因 ● 压缩机缺陷。 3）补救 ● 检查和修理压缩机
	（6）制冷循环中阻塞 由于制冷剂没能循环（由于冷冻剂循环阻塞），低压侧表压指示一真空压力。高压侧表压变得低于标准值。 1）症状 ● 对于完全阻塞，低压侧立刻指示真空压力（不能制冷）。 ● 有阻塞趋向时，低压侧逐渐指示一真空压力（制冷取决于阻塞程度）。 ● 在阻塞部分前后有温差。 2）原因 ● 灰尘或冰冻潮气堵塞膨胀阀、EPR 或其他的孔阻止制冷剂的流动。 ● 热传感杆漏气。 3）补救 ● 弄清楚阻塞原因。更换造成阻塞的部件。 ● 冷却系统彻底排空
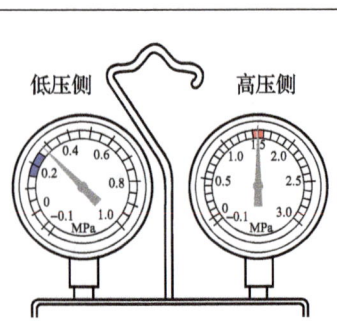	（7）制冷循环中有空气 当空气渗透入制冷循环时，低压和高压侧表压均高于标准值。 1）症状 ● 低压和高压侧压力均高。 ● 冷却性能与低压的降低成比例。 ● 如果制冷剂量是正确的，从观察孔看到的气泡流动与正常运行期间相同。 2）原因 ● 空气渗入。 3）补救 ● 更换制冷剂。 ● 彻底对系统排空
	（8）膨胀阀开启过度 当膨胀阀开启过大时，低压侧表压变得高于标准值。这降低了冷却性能。 1）症状 ● 低压侧压力上升并且冷却性能降低（高压侧压力显示几乎无变化）。 ● 霜附着于低压管路。 2）原因 ● 膨胀阀中的操作缺陷。 3）症状 ● 检查并修理热传感管的安装情况

六、SRS 被动安全系统

安全气囊（Supplemental Restraint System，SRS），是一种在汽车内发生二次碰撞前，

使气囊迅速膨胀的缓冲装置，使乘员因惯性而移动时扑在"气垫"上，从而缓和乘员受到的冲击并吸收碰撞能量，减轻乘员的伤害程度，它是一种被动安全装置。SRS 被动安全系统主要由传感器、ECU、安全气囊组件等组成。SRS 被动安全系统与座椅安全带配合使用，可以为乘员提供有效的防撞保护，如图 4-211 所示。

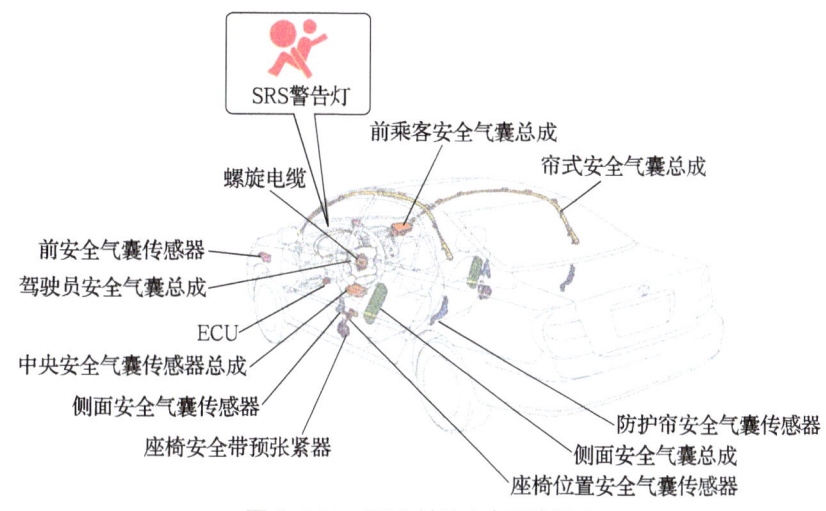

图 4-211　SRS 被动安全系统组成

根据安装位置不同，安全气囊分为正面碰撞防护安全气囊系统、侧面碰撞防护安全气囊系统、后排碰撞防护安全气囊系统、顶部碰撞防护安全气囊系统和膝部碰撞防护安全气囊系统等。

（一）SRS 被动安全系统工作原理

1. 工作原理

接通点火开关后，安全气囊系统便开始工作，中央处理器用自检子程序通过检测电路对安全气囊系统器件和电路逐个进行检查，如果有异常，SRS 警告灯就闪亮不熄，提示安全气囊系统有故障，需要读取故障码，检查并排除故障。

当汽车在行驶过程中发生碰撞事故时，首先由安全气囊传感器接收撞击信号，只要达到规定的强度，传感器即产生动作并向电子控制器发出信号。电子控制器接收到信号后，与其原存储信号进行比较，如果达到气囊展开条件，则由驱动电路向气囊组件中的气体发生器送去启动信号。气体发生器接到信号后引燃气体发生剂，产生大量气体，经过滤并冷却后进入气囊，使气囊在极短的时间内突破衬垫迅速展开，在驾驶人或乘员的前部形成弹性气垫并及时泄漏、收缩，吸收冲击能量，从而有效地保护人体头部和胸部，使之免于伤害或减轻伤害程度，其工作原理如图 4-212 所示。

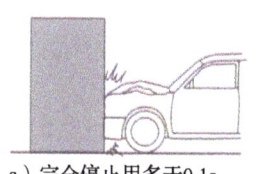
a）完全停止用多于0.1s
（碰撞速度在50km/h）

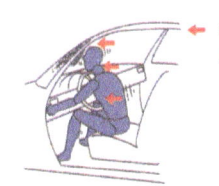
b）没有安全气囊的汽车
（当乘员没有系好座椅安全带时）

c）带有安全气囊的汽车
（当乘员系紧他们的座椅安全带时）

图 4-212　SRS 被动安全系统工作原理

2. 工作过程

当汽车以 60km/h 车速与前面障碍物碰撞，驾驶人侧安全气囊系统的动作过程。

1）碰撞约 10ms 后，安全气囊系统达到引爆极限，点火器引爆气体发生剂并产生大量热量，使气体发生剂受热分解，驾驶人此时尚未移动。

2）碰撞约 20ms 后，驾驶人由于惯性力的作用开始向前冲，但还没有到达气囊。

3）碰撞约 40ms 后，气囊完全膨胀展开，体积达到最大，安全带被拉长并起到一定缓冲作用。

4）碰撞约 60ms 后，驾驶人的头部已经开始压向气囊。

5）碰撞约 80ms 后，驾驶人的头部和身体上部继续压向气囊。气囊背后的排气孔打开，在气囊内部的气体压力和人体压力作用下排气，利用排气孔的节流作用吸收能量。

6）碰撞约 100ms 后，驾驶人冲击能量减弱，危险期已接近结束。

7）碰撞约 110ms 后，驾驶人惯性冲击能量消失，随后身体开始后移回到座椅靠背上。这时候，大部分气体已经从气囊中逸出，汽车前方视野恢复。

安全气囊起保护作用的过程中，安全带的缓冲作用为气囊抢在人冲向硬物之前膨胀展开赢得了宝贵的时间。因此，系好安全带对提高汽车被动安全性至关重要。

（二）SRS 系统主要零部件

1. 前安全气囊传感器

前安全气囊传感器一般安装在保险杠后与挡泥板之间，并装在一个密封的防振保护盒，它的作用是感测低速冲撞的信号，如图 4-213 所示。

前安全气囊传感器大多数使用偏心锤式。在传感器本体外侧有一个电阻 R，其作用是对系统进行自检时，检测电子控制器与该传感器之间的线路是正常，还是存在断路或短路。

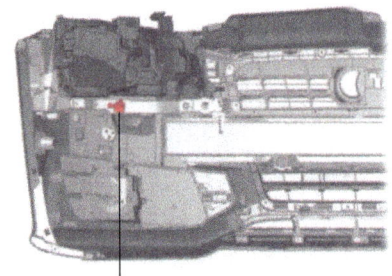

图 4-213 前安全气囊传感器

它的工作原理是：汽车正常行驶时，扭力弹簧将动、静触头定在止点位置，传感器没有触发信号给电子控制器。当汽车冲撞时，惯性力克服弹簧的扭力而使其产生运动，带动触头转动，使动、静触头接触。此时，传感器向电子控制器发生"接通"信号。

在正常情况下，偏心转子和偏心重块在螺旋弹簧力的作用下，紧靠在与外壳相连的止动器上。此时，固定触点和旋转触点并未接合。当发生正面碰撞时，如果碰撞的减速度超过预定值时，由于偏心重块的惯性作用，使偏心重块连同偏心转子和旋转触点作为整体一起转动，使固定触点和旋转触点接触，安全气囊传感器输出电信号。

2. 中央安全气囊传感器

中央传感器安装在电子控制器内，用来检测汽车高速时碰撞的激烈程度。电子式中央安全气囊传感器是一个半导体压力传感器，它将传感元件、信号适配器和滤波器等集成在一块集成电路上，具有可靠性高、功能强等优点。

传感器的悬臂架压在半导体应变片的两端，悬臂的质量就是惯性质量，当传感器承受冲击时，悬臂梁会发生弯曲。这一弯曲变形应变电阻片测出，并转换成电信号输出。车速越快，发生碰撞后产生减速度的力就越大，因此输出的电压也越大。

3. 安全传感器

安全传感器又称触发传感器，通常有两个，一般安装在安全气囊ECU内部。它的信号供给安全气囊电控单元，以判断是否真的发生了碰撞，用来防止在非碰撞时气囊出现误动作。

当汽车发生碰撞时，减速度将使其产生惯性力。惯性力在其运动方向的分力将其抛向传感器电极，从而将电路接通。

4. 乘客座椅占用识别传感器

乘客座椅占用识别传感器是一种薄膜型触点传感器，该传感器的触点均匀分布在座椅的受力表面，当座椅受来自外部的压力时产生一个触发信号，因此它可以感知座位上有没有人，假如没有人，气囊就不会打开，避免安全气囊的浪费。

乘客座椅占用识别传感器工作原理如图4-214所示。为了识别到座椅占用情况，必须有两个压力传感器探测到压力，也就是传感器S1~S4中的一个压力传感器和传感器S5~S8中的一个压力传感器分别探测到压力。

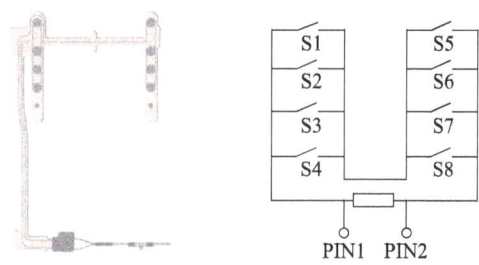

图4-214　乘客座椅占用识别传感器工作原理

5. 座椅位置安全气囊传感器

为了能够探测座椅位置，驾驶人和前排乘客座椅装备了座椅位置安全气囊传感器，这些传感器都是霍尔式传感器，如图4-215所示。根据座椅位置传感器的耗电量，安全气囊控制单元识别到座椅是位于座椅调节范围的前三分之一还是后三分之二区域。安全气囊控制单元利用这个信息，在正确的时间激活安全带预张紧器并且实现前排安全气囊的引爆时间自适应性。

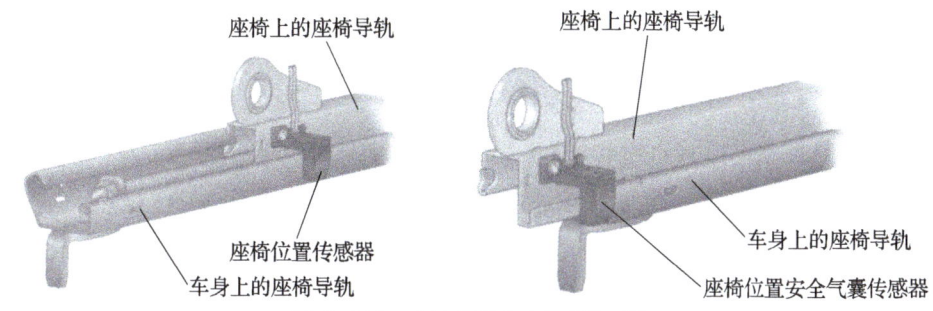

图4-215　座椅位置安全气囊传感器

（三）安全气囊装置

安全气囊装置主要由安全气囊、气体发生器及点火器等组成。

1. 安全气囊

驾驶人防撞安全气囊装置在转向盘中心处，前排乘客防撞安全气囊一般装在仪表板上，如图 4-216 所示。

安全气囊不工作时，折叠成包后安放在气体发生器上部与气囊饰盖之间，如图 4-217 所示。

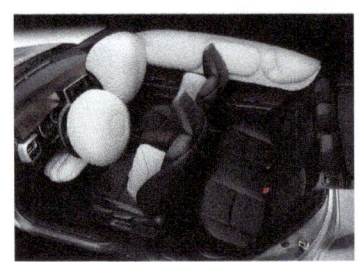

图 4-216 安全气囊安装位置

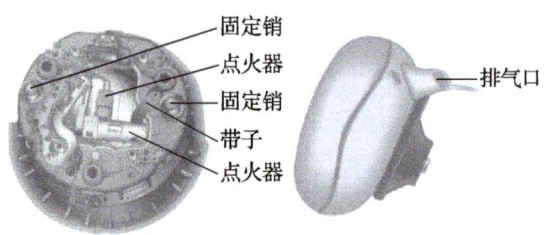

图 4-217 安全气囊

气囊一般以尼龙纤维材料为主，上面设置有排气孔，充气结束后排气孔立即排气使气囊变软，以起到缓冲作用，减轻碰撞对驾乘人员的伤害。安全气囊工作如图 4-218 所示。

2. 气体发生器与点火器

气体发生器的功用是在点火器引爆产气药（气体发生剂）时，产生气体向气囊充气，使气囊张开。根据驾驶人侧或前排乘客侧的使用情况不同，所用的气体发生装置也不同。

驾驶人侧气体发生器结构如图 4-219 所示。当车辆正面发生严重碰撞减速时，使气囊传感器触发导通，电流流入点火器，点燃起爆药。火焰随即传播到产气药，产气药是由叠氮化钠为原料制成的片状颗粒，产气药受热后产生大量氮气，这些氮气经金属过滤器将灰烬除去再降温后进入气囊。气囊迅速充气并急剧膨胀，冲破转向盘衬垫，缓冲了驾驶人的碰撞冲击。

图 4-218 安全气囊工作

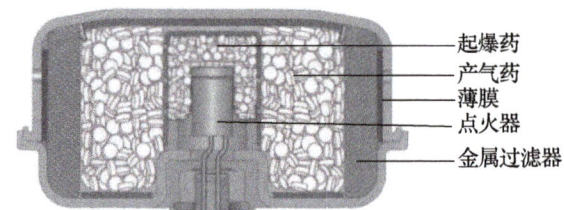

图 4-219 驾驶人侧气体发生器结构

前排乘客侧气体发生器，点火器点燃后引燃爆破片 1，随后引起起爆药点火，传播到产气药，进而产生大量气体，并经气体释放孔到达气囊，使气囊迅速膨胀，如图 4-220 所示。

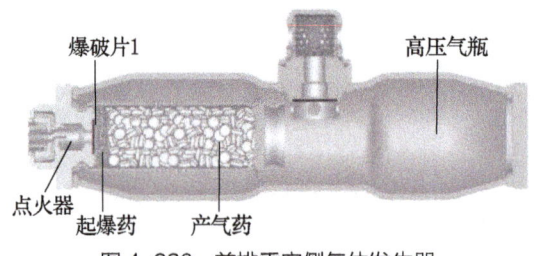

图 4-220 前排乘客侧气体发生器

3. 电子控制单元与 SRS 警告灯

（1）电子控制单元（ECU）

ECU 是 SRS 的控制中心，其组成和功能见表 4-5。

表 4-5 ECU 组成和功能

组成	功能
备用电源	备用电源由备用电容器和直流-直流变压器组成。在碰撞期间一旦电源系统发生故障，备用电容器放电并向系统提供电力。当蓄电池电压下降到一定值时，直流-直流变压器用于提高电压
点火控制与驱动电路	点火控制与驱动电路对中央安全气囊传感器来的信号进行计算，如果计算值比预定值大，就会触发点火，使气囊充气
安全传感器电路	碰撞产生的减速力大于预设值时导通
诊断电路	此电路持续诊断 SRS 系统故障。当检测到故障时，将打开组合仪表上的 SRS 警告灯，对驾驶人进行警告
存储电路	当诊断电路检测到故障时，故障被编成故障码并储存在存储电路中

（2）SRS 警告灯

SRS 警告灯装在组合仪表上，一般用图形表示，如图 4-221 所示。在正常情况下，点火开关转到 ACC 或 ON 位置时，该灯亮约 6s，然后熄灭，若 6s 后依然闪烁或长亮不熄，表示安全气囊系统出现故障，提示应进行检修。

4. 线束插接器和保险机构

为了便于排除故障隐患，将安全气囊系统线束与其他电气系统线束区别开，目前大多数汽车的安全气囊系统线束采用黄色插接器。插接器采用了导电性能和耐久性能良好的镀金端子，并设计有防止气囊误爆机构，如电子双锁机构、连接器双锁机构等，以保证气囊系统可靠工作。

为了保证转向盘具有足够的转动角度而又不至于损伤气囊组件的连接线束，在转向盘和转向柱之间采用了螺旋线束，也就是将线束安装在螺旋形的线盘内，如图 4-222 所示。

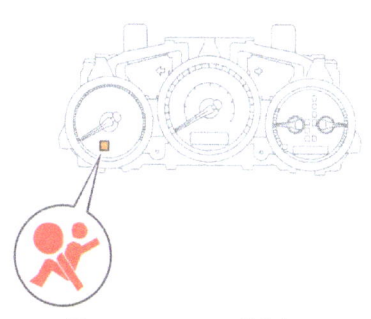

图 4-221 SRS 警告灯

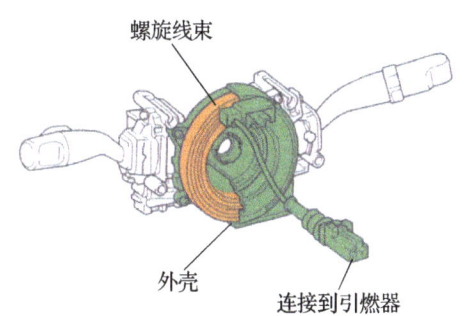

图 4-222 螺旋线束

安全气囊维修注意事项：

1）由于安全气囊系统故障症状难以确诊，所以故障码就成为排除故障时最重要的信息来源。因此在断开蓄电池搭铁线之前，务必要检查故障码。

2）检修工作务必在断开蓄电池搭铁线之后至少等待 90s 后才能开始。这是因为安全气囊系统配有备用电源，如果检修工作在断开蓄电池搭铁线 90s 内进行，有可能使安全气囊打开。

3）安全气囊系统部件通常不可维修，因此不要试图分解、修理安全气囊控制单元、传感器、安全气囊，也不要使用其他车型的配件进行替代试验。如果这些部件的紧固件已经脱落，或在壳体、托架、插接器上有裂纹、凹陷等缺陷，应更换新件。

4）拆卸或搬运安全气囊组件时，安全气囊饰盖一面应朝上。切忌将安全气囊组件重叠堆放，以防安全气囊误爆造成严重事故。

5）在报废汽车或安全气囊系统时，应在报废之前使用专用维修工具将安全气囊引爆。引爆有车内引爆和车外引爆两种方式。

（四）前部预碰撞安全系统

大部分交通意外从发现状况到实际撞击，间隔有近1s的时间，而现有的安全系统，例如安全气囊、安全带收紧装置，只需1ms即可启动。这么长的间隔时间足以启动更安全的预防装置，保障乘客的安全。前部预碰撞安全系统采用防患于未然的主动安全理念，充分利用碰撞前的宝贵时间，尽量避免碰撞，当碰撞不可避免时，提前做好碰撞的防护措施，最大限度地保证驾乘者安全。前部预碰撞安全系统工作示意图如图4-223所示。

图4-223 前部预碰撞安全系统工作示意图

1. 前部预碰撞安全系统

前部预碰撞安全系统主要由信号采集装置、数据处理装置、执行机构等组成。

1）信号采集装置。采用毫米波雷达、激光、声呐、红外线、摄像头等技术自动测出自身车辆速度、前车速度以及两车之间的距离。

2）电子控制单元（ECU）。ECU对两车距离以及两车的瞬时相对速度进行处理后，判断两车的安全距离，如果两车车距小于安全距离，ECU就会发出指令。另一种是计算机计算两车碰撞时间来计算危险程度，进而做出报警及制动指令。

3）执行机构。负责实施ECU发来的指令，发出警报，提醒驾驶人制动。如果驾驶人没有执行指令，执行机构将采取措施，例如关闭车窗、调整座椅位置、锁紧安全带、锁死转向盘、自动制动等。

2. 毫米波雷达测距原理

毫米波是指波长介于1~10mm之间的电磁波，车用雷达采用的是30GHz以上毫米波雷达。雷达是利用目标对电磁波反射来发现目标并测定其位置的。

毫米波频率高、波长短，一方面可缩小从天线辐射出的电磁波射束角幅度，从而减少由于不必要的反射所引起的误动作和干扰，另一方面由于毫米波多普勒频移大，相对速度的测量精度高。毫米波雷达的主要特点如下：

1）稳定的探测性能。不受被测物体表面形状、颜色等的影响，对大气紊流、气涡等同样具有适应性。

2）较好的环境适应性。毫米波雷达的穿透能力很强，其测距精度受雨、雪、雾等天气因素和杂波、污染等环境的影响较小，可以保证车辆在任何天气下的正常运行。

作为车载雷达，目前适用的主要有脉冲多普勒雷达、双频CW雷达和FM雷达三种。用雷达测距时，需要防止电磁波干扰，雷达彼此之间的电磁波和其他通信设施的电磁波对其测距性能都有影响。由于应用毫米波雷达测距易受电磁干扰，而且成本太高，结构复杂，一般使用于高档轿车。

3. 前部预碰撞安全系统的工作原理

毫米级微波雷达安装在车头前，用于探测前方车辆及障碍物。ECU 将微波雷达及其他传感器信息加以采集与运算。当前部预碰撞安全系统判断可能发生碰撞时便发出蜂鸣，并显示警告信号，提醒驾驶人注意危险状况，及时躲避。同时，前部预碰撞安全系统处于待机状态，随时为驾驶人进行紧急避让操作提供支持。当车辆进一步接近障碍物而驾驶人未作出及时、正确的制动或躲避反应时，前部预碰撞安全系统会判断碰撞不可避免，将在碰撞发生前提前锁紧安全带，施加制动力（如果驾驶人没有施加制动），或者加大制动力（相对于驾驶人施加的制动力）。

拓展阅读

匠心追梦　技能报国

社会主义是干出来的，新时代是奋斗出来的。在新时代大力弘扬工匠精神，对于凝心聚力建设社会主义现代化强国、实现中华民族伟大复兴，具有十分重要的意义。

新时代弘扬工匠精神，助力培养高素质的技能人才队伍。劳动者素质对于一个国家、一个民族的发展至关重要。高素质的产业、技术工人队伍是支撑中国制造、中国创造的基础，对推动经济、社会高质量发展具有重要作用。在全社会弘扬工匠精神，有助于增强我国工人阶级的主人翁意识，激励更多工人尤其是青年一代走技能成才、技能报国之路，培养出更多高技能人才、大国工匠、能工巧匠，建设成一支知识型、技能型、创新型的劳动者大军，为全面建设社会主义现代化国家提供有力的人才保障。

新时代弘扬工匠精神，助力实现制造强国战略目标。制造业是立国之本、强国之基，发展高端制造业是国家的重大战略需求。面向未来，中国坚定不移继续深入实施制造强国战略。大力弘扬工匠精神，有助于巩固我国制造业中的"长板"、补足"短板"，完善我国制造业体系。有助于深入推进质量提升行动，促进以精工细作提升中国品质、以制造实力打造中国品牌，实现中国速度向中国质量转变、中国产品向中国品牌转变、中国制造向中国创造转变，并最终达成制造强国的目标。

新时代弘扬工匠精神，助力实施创新驱动发展战略。科技兴则民族兴，科技强则国家强。大力弘扬工匠精神，有助于极大调动科技工作者的创新创造精神，集合人民群众的智慧和创造力，着力攻克核心关键技术，解决我国基础和关键领域的"卡脖子"难题；有助于坚定中国特色自主创新道路，推动我国掌握全球科技竞争先机，促进我国整体科技水平从跟跑向并行、领跑的战略性转变，并最终建成科技强国。

新时代弘扬工匠精神，助力广泛凝聚起全社会奋斗力量。实现第二个百年奋斗目标和中华民族伟大复兴的中国梦，必须依靠全体人民不懈奋斗。在全社会大力弘扬工匠精神，让劳动最光荣、劳动最崇高、劳动最伟大、劳动最美丽蔚然成风，形成尊重劳动、崇尚劳动的时代风尚和精益求精的敬业风气，汇聚起向上向善的强大奋斗力量。

任务评价

1. 充电系统的功用及组成,你清楚了吗?
2. 起动系统的功用及组成,你是否清楚?
3. 照明系统的功能及名称,你是否清楚?
4. 仪表显示信息,你能否说出?
5. 车载网络的类型及特点,你是否清楚?
6. 防盗系统的组成,你是否清楚?
7. 电动车窗玻璃的组成部件有哪些?
8. 电动天窗的功能是什么?
9. 电动后视镜的组件有哪些?
10. 盲点信息系统的功能是什么?
11. 电动尾门系统的组件有哪些?
12. 胎压监控系统的组件有哪些?

课堂练习

一、填空题

1. 车辆的车身网络有____种,分别是_____。
2. 充电系统的组件包含:_____。
3. 空调系统由_____组成。

二、不定项选择题

1. 关于风窗玻璃清洗系统的组成,下面说法正确的是:
   A. 刮水器开关   B. 刮水片   C. 玻璃液清洗泵   D. 机械结构
2. 关于起动系统的组成,下面说法正确的是:
   A. 起动机   B. 点火开关   C. 起动继电器   D. 电气线路
3. 关于安全气囊系统的组成,下面说法正确的是:
   A. 控制模块   B. 接触卷轴   C. 安全气囊   D. 碰撞传感器

三、问答题

1. 中央门锁系统由哪些部件组成?

2. 防盗系统由哪些部件组成?